पाठ्यचर्या: कल आज और कल

CURRICULUM: YESTERDAY, TODAY AND TOMORROW

पाठ्यचर्याः कल आज और कल

CURRICULUM: YESTERDAY, TODAY AND TOMORROW

डॉ. हंसराज पाल
उपाचार्य,
शिक्षा संस्थान, देवी अहिल्या विश्वविद्यालय,
इन्दौर

डॉ. राजेन्द्र पाल
वरिष्ठ प्रवक्ता,
केन्द्रीय शैक्षिक प्रौद्योगिकी संस्थान,
राष्ट्रीय शैक्षिक अनुसंधान और प्रशिक्षण परिषद्,
नई दिल्ली–110016

SHIPRA

First published in India in 2006

Rs. 950

ISBN: 978-93-88691-08-6

2019 Impression

पाठयचर्या: कल, आज और कल

Curriculum: Yesterday, Today and Tomorrow

Published by:

SHIPRA PUBLICATIONS

LG 18-19, Pankaj Central Market,
I.P. Ext., Patparganj, Delhi 110092, India
Ph.: +91 11 22235152/6152
Email: info@shiprapublication.com
www.shiprapublication.com

प्राक्कथन

शिक्षा में पाठ्यचर्या का सर्वोपरि स्थान है। अंग्रेजी भाषा में पाठ्यचर्या विषय पर पर्याप्त संख्या में स्तरीय पुस्तकें उपलब्ध हैं, किन्तु हिन्दी भाषा में ऐसी पुस्तकों का अभाव है जो सरल एवं रोचक हो तथा जिनमें पाठ्यचर्या के सम्पूर्ण अथवा अधिकांश पहलुओं का समावेश हों। लगभग तीन दशकों से बी.एड. एवं एम.एड. के विद्यार्थियों से सम्बन्धित होने तथा पाठ्यचर्या के क्षेत्र में ही शोध कार्य (पी.एच.डी.) करने के कारण इस विषय पर पुस्तक लिखने की प्रेरणा मिली। पुस्तक के प्रथम प्रारूप का परीक्षण विद्यार्थियों के लघु समूह पर कर उनके सुझावों एवं कठिनाइयों के आधार पर प्रकाशन से पूर्व पुस्तक में आवश्यक संशोधन किए गए हैं। पुस्तक को अधिक बोधगम्य बनाने के लिए पुस्तक के अन्त में शब्द सूची दी गयी है। साथ ही विस्तृत सन्दर्भ सूची भी दी गयी है जिसका उपयोग जिज्ञासु विद्यार्थी, शोधछात्र एवं अध्यापक कर सकेंगे। पुस्तक का यह प्रथम संस्करण है इसमें त्रुटियाँ हो सकती हैं, विद्यार्थियों से अनुरोध है कि वे अपनी कठिनाइयों से अवगत कराएँ, साथ ही साथ अध्यापकों से भी अनुरोध है कि वे पुस्तक की न्यूनताएँ बताएँ ताकि अगले संस्करण में उन्हें सुधारा जा सके। लेखक इसके लिए उनके ऋणी रहेंगे।

पुस्तक लिखने में सन्दर्भ सूची में दर्शायी पुस्तकों, शोध पत्रिकाओं, विश्वकोशों एवं अन्य सामग्रियों का प्रत्यक्ष अथवा परोक्ष रूप से उपयोग किया गया है। साथ ही साथ चित्रों का उपयोग भी किया गया है, उक्त सभी के लेखकों के प्रति हम ह्रदय से आभारी हैं। पुस्तक लेखन में प्रो. डी.एन. सनसनवाल, निदेशक, शिक्षा संस्थान दे.अ.वि.वि. इन्दौर ने प्रोत्साहन देकर उत्साह बढ़ाया इसके लिए हम उनके आभारी हैं। डॉ. आशा पाल ने पुस्तक लेखन के समय जो धैर्य दिखाया एवं उत्साह बढ़ाया उसे विस्मृत नहीं किया जा सकता है। अनुज अमित लेक्चरर (दिल्ली इंजीनियरिंग कालेज) ने चित्र निर्माण एवं साहित्य संकलन में सहयोग दिया, प्रो. मंजुलता शर्मा लेक्चरर (श्री वैष्णव टीचर्स ट्रेनिंग कालेज इन्दौर) एवं अनुज **मनोहर ने** भाषागत

त्रुटियों के निवारण में सहयोग दिया इसके लिए इन सभी को साधुवाद। संस्थागत पुस्तकालय की ग्रंथपाल श्रीमती स्वाति मजुमदार ने सहर्ष पुस्तकें प्रदान की इसके लिए हम उनके आभारी हैं।

1 नवम्बर 2005

हंसराज पाल
राजेन्द्र पाल

विषय-सूची

1

पाठ्यचर्या का क्षेत्र

पाठ्यचर्या का संकल्पन (Conceptions of Curriculum)

पाठ्यचर्या अंग्रेजी शब्द 'क्यूरीक्यूलम' का हिन्दी पर्याय है, जिसका उद्‌भव लेटिन शब्द 'क्यूरेरे' से हुआ है, जिसका अर्थ है, दौड़ना। यह बताता है 'दौड़ का मैदान' अथवा लक्ष्य तक पहुँचने के लिए दौड़ का मार्ग। इसका उपयोग भिन्न अर्थों में होता है, यहाँ तक कि व्यावसायिक शिक्षक भी इसका उपयोग भिन्न अर्थों में करते हैं। हालाँकि पाठ्यचर्या विशेषज्ञों ने पाठ्यचर्या की संकल्पना को स्पष्ट करने के लिए इसके सीमांकन के प्रयास किये, किन्तु अभी तक इसकी एक सर्वसम्मत परिभाषा नहीं बन सकी। प्रायः 'पाठ्यचर्या' विशेषज्ञ पाठ्यचर्या शब्द का उपयोग दो प्रकार से करते हैं –(1) शिक्षार्थियों की शिक्षा को दर्शाने के लिए एक योजना एवं (2) अध्ययन क्षेत्र की पहचान के लिए। पाठ्यचर्या को परिभाषित करते हुए विद्वानों ने इसकी संकल्पना को विभिन्न दृष्टिकोणों से देखा है। इसी आधार पर उन्होंने पाठ्यचर्या की विभिन्न परिभाषाएँ भी दी हैं, जो यहाँ प्रस्तुत हैं–

अध्ययन कार्यक्रम के रूप में पाठ्यचर्या (Curriculum as the Programme of Studies)

यदि किसी व्यक्ति से किसी विद्यालय की पाठ्यचर्या का वर्णन करने को कहा जाए, तो वह विद्यालय में पढ़ाये जाने वाले विषयों को बतायेगा। उसका उत्तर हो सकता है अंग्रेजी, गणित, इतिहास, अर्थशास्त्र। इससे अधिक विशिष्ट उत्तर के रूप में वह अध्ययन के पाठ्यक्रमों के शीर्षक जैसे–यूरोपीय इतिहास, बीजगणित, त्रिकोणमिति 'इत्यादि' बता सकता है। इन शीर्षकों के द्वारा हमें अधिगम परिणामों से सम्बन्धित अल्प सूचना ही प्राप्त होती है। इन्हीं कारणों से पाठ्यचर्या क्षेत्र के विशेषज्ञ विद्यालयीन विषयों और पाठ्यक्रमों के लिए पाठ्यचर्या के स्थान पर अध्ययन कार्यक्रम का उपयोग करते हैं।

पाठ्यक्रम की विषयवस्तु के रूप में पाठ्यचर्या
(Curriculum as Course Content)

किसी विषय के पाठ्यक्रम को भी पाठ्यचर्या कहा जाता है। उदाहरण के लिए यदि किसी से हिन्दी की पाठ्यचर्या बताने को कहा जाता है, तब उसका पाठ्यक्रम (Course) ही बताता है। इसके अनुसार पाठ्यचर्या निर्देशिका अथवा पाठ्य–पुस्तक में अंकित प्रदत्त एवं सूचनाएँ हैं। इस संकल्पना के अनुसार पाठ्यचर्या अधिगमक द्वारा अर्जित की जाने वाली सूचनाओं का चयन एवं संगठन की योजना तक ही सीमित है। इस संकल्पना में अधिगमक जिन स्थितियों में विषयवस्तु से अन्तर्क्रिया करते हैं, उसके उल्लेख की आवश्यकता है।

नियोजित अधिगम अनुभवों के रूप में पाठ्यचर्या
(Curriculum as a Planned Learning Experiences)

पुनः पाठ्यचर्या को नियोजित अधिगम अनुभवों के रूप में स्वीकार किया गया है। क्रग (1956) के अनुसार विद्यालय द्वारा विद्यार्थियों में वांछित अधिगम अनुभव प्रदान करने के लिए अपनाये गये सभी उपायों का तात्पर्य पाठ्यचर्या से होता है। डॉल (1964) ने बताया कि पाठ्यचर्या की स्वीकृत परिभाषा, अध्ययन के पाठ्यक्रम की विषयवस्तु, विषयों एवं पाठ्यक्रमों की सूची से परिवर्तित होकर, विद्यालय के तत्वावधान या निर्देशन में शिक्षार्थी को प्रदान किये गये सभी अनुभवों में बदल गयी है। अधिकांश विद्वान आज इसी परिभाषा का उपयोग करते हैं।

संरचित इच्छित अधिगम परिणामों की माला के रूप में पाठ्यचर्या
(Curriculum as a Structured Series of Intended Learning Outcomes)

जॉनसन (1967) ने नियोजित अधिगम अनुभवों की पाठ्यचर्या की परिभाषा को अधिक विस्तृत बताया। उन्होंने बताया कि व्यक्ति एवं पर्यावरण की वास्तविक अन्तर्क्रिया के बिना कोई अनुभव हो ही नहीं सकता।

स्पष्ट रूप से वह अन्तर्क्रिया, अनुदेशन है न कि पाठ्यचर्या। उनका तर्क है चूँकि पाठ्यचर्या अनुदेशन की मार्गदर्शिका का निर्माण करती है, अतः इसे पूर्वाभासी (Anticipatory) के रूप में जानना चाहिये न कि प्रतिवेदनात्मक (Reportional) के रूप में। पाठ्यचर्या अनुदेशन का परिणाम निर्धारित करती है तथा यह साधन (Means) जैसे गतिविधियाँ, सामग्री अथवा परिणामों को प्राप्त करने के लिए उपयोग में लायी जाने वाली अनुदेशनात्मक विषयवस्तु को भी निर्धारित करती है। इस प्रकार

उन्होंने पाठ्यचर्या को संरचित वांछित अधिगम परिणामों की माला के रूप में माना है।

विद्यालय के तत्वावधान में हुए अनुभवों के रूप में पाठ्यचर्या (Curriculum as Experiences 'HAD' under the Auspices of the School)

ज़ैस (1976) ने बताया जो लेखक पाठ्यचर्या की व्यापक परिभाषा का पक्ष लेते हैं, वे कभी–कभी अदृश्य पाठ्यचर्या (Invisible Curriculum) अथवा गुप्त पाठ्यचर्या (Hidden Curriculum) अर्थात् पाठ्यचर्या के उन पहलुओं को जो अनियोजित तथा अनैच्छिक (Unintended) और अनदेखे किये जाते हैं का सन्दर्भ देते हैं, वे बताते हैं कि कुछ नियोजित पाठ्यचर्या अनुभव अभिकल्पित किये जाते हैं, जैसे विद्यार्थियों को पठन के लिए पढ़ाना, किन्तु विद्यार्थियों द्वारा किये गये अन्य अनुभवों के परिणामस्वरूप वे पढ़ने को नापसन्द कर सीखना चाहेंगे। इस प्रकार दोनों ही प्रकार के अनुभव पाठ्यचर्या के अंश के रूप में गिने जायेंगे, जो विद्यार्थियों को पढ़ाना सिखायेंगे एवं जो विद्यार्थियों को पढ़ने को नापसन्द करना सिखायेंगे, हालाँकि बाद के अनुभव नियोजित नहीं किये गये थे एवं अनैच्छिक थे। कुछ आलोचकों का कहना है कि जब विद्यार्थी माध्यमिक विद्यालयों में विभिन्न विषयक्षेत्र पढ़ते हैं एवं अनुभव करते हैं, वे संस्था की सत्तावादी (Authoritarian) संरचना का भी अनुभव करते हैं। जैसे प्राचार्य का कर्मचारियों के साथ व्यवहार। इस प्रकार वे बीजगणित, इतिहास एवं अंग्रेजी के साथ ही सत्ता का अनुमोदन (Confirmity) भी सीखते हैं।

कार्य योजना (लिखित) के रूप में पाठ्यचर्या (Curriculum as 'Written' Plan for Action)

मॅकडोनाल्ड (1965) ने प्रस्तावित किया कि विद्यालयीन गतिविधियों को चार पद्धतियों की अन्तर्क्रिया के रूप में संकल्पित करना चाहिये। इनमें से प्रथम है, अध्यापन। इसे व्यवसायिक रूप से उन्मुख अध्यापक करते हैं। द्वितीय पद्धति है, अधिगम। इसे विद्यार्थियों द्वारा निष्पादित कार्य जिन्हें अध्यापक कार्य सम्बन्धित रूप में देखते हैं। तीसरी पद्धति है, अनुदेशन। इसे कार्य सन्दर्भ जहाँ औपचारिक अध्यापन–अधिगम व्यवहार होता है, के रूप में परिभाषित किया गया है। विद्यालय की चौथी पद्धति है, पाठ्यचर्या। यह अनुदेशन की तरह एक सामाजिक पद्धति है। मॅकडोनाल्ड पाठ्यचर्या को कार्य योजना याने कि योजना जो अनुदेशन को निर्देशित करती है, मानते हैं। उसने योजना के क्रियान्वयन के सिद्धान्त का उपयोग पाठ्यचर्या एवं अनुदेशन में भेद के लिए आधार के

रूप में किया। एक बार जब योजना क्रियान्वित की जाती है, अनुदेशन प्रारम्भ हो जाता है।

पाठ्यचर्या से सम्बन्धित विभिन्न संकल्पनाओं का वर्णन निम्न अग्रलिखित है–

पाठ्यचर्या अभियान्त्रिकी (Curriculum Engineering)

ब्यूचेम्प (1968) ने पाठ्यचर्या अभियान्त्रिकी को परिभाषित करते हुए कहा है कि "वे समस्त प्रक्रियाएँ, जो विद्यालय में पाठ्यचर्या अभियान्त्रिकी के अन्तर्गत आती हैं। पाठ्यचर्या पद्धति के तीन प्राथमिक कार्य होते हैं–(1) पाठ्यचर्या को तैयार करना, (2) पाठ्यचर्या का कार्यान्वयन करना, (3) पाठ्यचर्या एवं पाठ्यचर्या–पद्धति की प्रभाविता का मूल्यांकन करना।"

पाठ्यचर्या सुधार बनाम पाठ्यचर्या परिवर्तन (Curriculum Improvement versus Curriculum Change)

टॉबा (1962) ने बताया कि "पाठ्यचर्या सुधार से तात्पर्य है, पाठ्यचर्या की मौलिक संकल्पनाओं एवं संगठन को बिना बदले इसके कुछ पहलुओं में परिवर्तन, जबकि पाठ्यचर्या परिवर्तन में सम्पूर्ण पाठ्यक्रम योजना जिसमें अभिकल्पित लक्ष्य, विषय–वस्तु, अधिगम, गतिविधियाँ, क्षेत्र शामिल हैं, में परिवर्तन है।

पाठ्यचर्या निर्देशिका (Curriculum Guide)

पाठ्यचर्या निर्देशिका एक लिखित पाठ्यचर्या योजना होती है। पाठ्यचर्या निर्देशिका अनेक प्रकार की लिखित सामग्री के वर्णन के लिए उपयोग में लायी जाती है। यह निर्देशिका अध्यापकों एवं अन्य को अधिगम स्थितियों में पाठ्यक्रमों के अन्तिम विकास में मार्गदर्शन प्रदान करती है। पाठ्यचर्या कार्यक्षेत्र के कथन और क्रम, विभिन्न स्तर एवं विषयों के लिए अध्ययन के पाठ्यक्रम, स्रोत इकाइयाँ, कार्य इकाइयों से सम्बन्धित विभिन्न अधिगम स्थितियों में विकसित की जाने वाली सामग्री, अध्यापन के बारे में सुझाव इत्यादि पाठ्यचर्या निर्देशिका में वर्णित होते हैं।

पाठ्यचर्या योजना (Curriculum Plan)

पाठ्यचर्या योजना निश्चित शिक्षार्थियों के लिए अधिगम अवसरों की अग्रिम व्यवस्था है। प्रायः जब हम किसी निश्चित विद्यालय पद्धति की पाठ्यचर्या की बात करते हैं, तब हम वास्तव में उस विद्यालय के समस्त विद्यार्थियों के लिए योजना की बात करते हैं।

पाठ्यचर्या अभिकल्प (Curriculum Design)

प्रायः सामान्य रूप से पाठ्यचर्या अभिकल्प का तात्पर्य पाठ्यचर्या के घटकों अथवा तत्वों की व्यवस्था से होता है। पाठ्यचर्या संगठन का उपयोग भी पाठ्यचर्या अभिकल्प के लिए किया जाता है। सामान्य तौर से पाठ्यचर्या में सम्मिलित किये जाने वाले तत्व हैं: (1) अभिप्राय, लक्ष्य, उद्देश्य, (2) विषय–सामग्री अथवा विषय–वस्तु, (3) अधिगम गतिविधियाँ और (4) मूल्यांकन। इस प्रकार इन तत्वों की प्रकृति एवं संगठन की बनावट जिसमें वे एक साथ एकीकृत पाठ्यचर्या के रूप में लाये गये हैं, से पाठ्यचर्या अभिकल्प का निर्माण होता है।

अध्यापक मार्गदर्शिका / निर्देशिका (Teacher's Guide)

अध्यापक मार्गदर्शिका एक उपकरण है, जिसकी सहायता से अध्यापक पाठ्यचर्या प्रस्तुत करता है। प्रायः मार्गदर्शिका का निर्माण विशिष्ट पाठ्यपुस्तक के उपयोग के लिए किया जाता है। कभी–कभी, यद्यपि निर्देशिका पाठ्यसामग्री से स्वतन्त्र होती है तथा इसमें पर्याप्त पृष्ठभूमि सामग्री, गतिविधियाँ, प्रश्न तथा सीमित प्रकरणों के अध्यापन के लिए पाठयोजनाएँ भी होती हैं। इसे अध्यापक हस्तपुस्तिका, अध्यापक संस्करण भी कहा जाता है।

वमेक्नेल (1985) ने इससे सम्बन्धित चार बिन्दु दिये हैं:–

1. *अध्यापक निर्देशिका का स्तर (Status of Teacher's Guide)*

सन् 1940 के प्रारम्भ तक अध्यापक निर्देशिका मुख्यतः प्रारम्भिक विद्यालय के अध्यापकों तक सीमित थी तथा इसमें किसी विद्यार्थी की किसी पाठ्यपुस्तक का प्रस्तुतीकरण दिया रहता था; किन्तु 1940 में इसका विस्तारकर इसमें अनुदेशन के सामान्य सिद्धान्त, बालक की अभिवृद्धि एवं विकास को भी शामिल किया गया। इसी समय माध्यमिक कक्षाओं के लिए अध्यापक निर्देशिका की माँग उठी (डिग्टन, 1971)। कालान्तर में इनकी आलोचना भी हुई एवं इनके सरल रूप प्रकट हुए। अध्यापक संस्करण के अलग उपभाग में अनुदेशन पुस्तिकाओं का औचित्य, क्षेत्र की रूपरेखा तथा अन्य पूरक सामग्रियों का क्रम वर्णन दिया गया है। पाठ के प्रारम्भ में उद्देश्यों के स्पष्ट कथन तथा अनुगामी गतिविधियाँ अध्यापक निर्देशिका के नवीनतम गुण हैं।

2. *निर्देशिकाओं के मूल्यांकनात्मक अध्ययन (Evaluative Study of Guides)*

तीन प्रकार के मूल्यांकन उपागमों का उपयोग किया जाता है:–(i) यहाँ मूल्यांकक निश्चित निकर्ष का उपयोग करता है, जैसे कि निर्देशिका में

दिये गये प्रश्नों का स्तर; (ii) निर्देशिका में क्या दिया गया है की तुलना अध्यापक वास्तव में क्या चाहते हैं, से करना एवं (iii) निर्देशिका का कैसे उपयोग किया जाता है, इनका क्या प्रभाव है।

3. *निर्देशिका का उपयोग* (Utilization of Guides)

अनेक अध्यापक विषय–वस्तु के क्रम अनुदेशन व्यूहरचनाओं के लिए निर्देशिका का उपयोग करते हैं। अध्यापक इनका उपयोग इसलिए भी करते हैं कि यह विद्यालय चलाने का आसान तरीका है। कोलसन (1960) ने यह पाया कि 90 प्रतिशत अध्यापक निर्देशिका में दी गई प्रक्रियाओं का उपयोग करते हैं। 40 प्रतिशत अध्यापकों ने यह बताया कि निर्देशिका ने उन्हें गणित समझने में सहायता की।

4. *शोध के अवसर* (Opportunities for Research)

अध्यापक निर्देशन के क्षेत्र में अध्यापक निर्देशिका के संबंध में शोध की कमी है। अध्यापक निर्देशिका अधिक प्रभावी अध्यापन विधियों को प्रारम्भ करने का साधन हो सकती है। हो सकता है कि इनकी सहायता से विद्यार्थियों की उपलब्धियाँ भी बेहतर हों।

पाठ्यचर्या के आधार (Foundations of Curriculum)

पाठ्यचर्या के आधार वे बुनियादी बल हैं, जो पाठ्यचर्या की विषय–वस्तु एवं संगठन को प्रभावित करते हैं एवं गढ़ते हैं। प्रायः साहित्य में पाठ्यचर्या आधार से तात्पर्य पाठ्यचर्या के स्रोतों एवं निर्धारकों से है। यद्यपि पाठ्यचर्या आधार में सम्मिलित किये जाने वाले क्षेत्रों के बारे में विशेषज्ञों में मतभेद हैं।

ज़ैस (1976) ने पाठ्यचर्या के निम्न आधार बताये हैं–

(अ) दर्शनशास्त्र एवं ज्ञान की प्रकृति;
(ब) समाज एवं संस्कृति;
(स) व्यक्ति; और
(द) अधिगम सिद्धान्त।

दर्शनशास्त्र एवं ज्ञान की प्रकृति (Philosophy and the Nature of Knowledge)

शिक्षा का केन्द्र ज्ञान एवं अधिगम हैं, इसलिए दर्शनशास्त्र एवं ज्ञान की प्रकृति पाठ्यचर्या के लिए सार्थक है एवं उसे प्रभावित करती है। पाठ्यचर्या के अभिप्राय एवं विषय–वस्तु इस बात पर निर्भर होते हैं कि (1) 'सत्य' ज्ञान वास्तविक संसार में है और (2) 'सत्य' ज्ञान आन्तरिक रूप से व्यक्ति के मस्तिष्क की विषयात्मक विश्रान्तियों में है।

पहले में पाठ्यचर्या में विश्रान्तियों में उद्देश्यों पर केन्द्रित गतिविधियों या वैज्ञानिक अध्ययनों एवं निश्चित एवं वस्तुनिष्ठ विचारों एवं संकल्पनाओं को सीखने पर बल दिया जायेगा, जबकि दूसरे में पाठ्यंचर्या में सांकेतिक एवं लाक्षणिक अध्ययनों जैसे साहित्य एवं कला पर बल दिया जायेगा।

समाज एवं संस्कृति (Society and Culture)

समाज एवं संस्कृति का पाठ्यचर्या पर प्रभाव पड़ता है। महत्त्वपूर्ण एवं अमहत्त्वपूर्ण क्या है? अच्छा एवं बुरा क्या है? अर्थात् समाज एवं संस्कृति के बारे में परम्परागत मान्यताएँ, मूल्य और विचारों को पाठ्यचर्या उद्देश्यों, विषय–वस्तु एवं अधिगम गतिविधियों में बदला जाता है।

व्यक्ति (The Individual)

व्यक्ति की प्रकृति पाठ्यचर्या को दो स्तरों पर प्रभावित करती है। प्रथम, मनुष्य की जीवमनोवैज्ञानिक प्रकृति, पाठ्यचर्या की विषय–वस्तु एवं संगठन पर कुछ सीमाएँ रखती है। मनुष्य वही सीखेगा, जिनकी अनुमति उसके 'जीन' देंगे। दूसरे, मनुष्य की प्रकृति के बारे में उसकी दार्शनिक अवधारणा पाठ्यचर्या को प्रभावित करेगी।

अधिगम सिद्धान्त (Learning Theory)

मनुष्य कैसे सीखता है–यह पाठ्यचर्या के आकार को प्रभावित करता है। 19वीं शताब्दी में संकाय मनोविज्ञान में कहा गया कि मानव मस्तिष्क की शक्ति को मानसिक अभ्यास के द्वारा विकसित किया जा सकता है।

पाठ्यचर्या के दार्शनिक, सामाजिक एवं सांस्कृतिक, मनोवैज्ञानिक तथा ऐतिहासिक आधारों का वर्णन अगले अध्यायों में किया गया है।

पाठ्यचर्या की प्रकृति (Nature of Curriculum)

प्रेट (1980) ने पाठ्यचर्या को औपचारिक शिक्षा और/अथवा प्रशिक्षण इरादों के संगठित समूह के रूप में परिभाषित किया है। यदि उक्त परिभाषा का विश्लेषण करें, तब हम पाते हैं कि–

(क) पाठ्यचर्या योजनाएँ हैं।

(ख) गतिविधियाँ पाठ्यचर्या नहीं हैं, अपितु पाठ्यचर्या गतिविधियों की योजनाएँ हैं।

(ग) पाठ्यचर्या में अनेक प्रकार के इरादे सम्मिलित होते हैं। जैसे विद्यार्थियों को क्या सिखायें? सीखने का मूल्यांकन कैसे करें?

विद्यार्थियों को किसी कक्षा में प्रवेश देने का निकष, उपयोग किये जाने वाले उपकरण एवं सामग्री, अध्यापकों के लिए आवश्यक गुण।

(घ) औपचारिक इरादे जैसे अधिगम की उन्नति।

(ड़) संगठित इरादों के समूह के रूप में इसके विभिन्न तत्वों (उद्देश्य, विषय–वस्तु, मूल्यांकन) के सम्बन्ध को स्पष्ट करती है।

पाठ्यचर्या उपागम (Curriculum Approaches)

पाठ्यचर्या उपागम–पाठ्यचर्या के मूल आधार (व्यक्ति का दर्शन, इतिहास का दृष्टिकोण, मनोविज्ञान एवं अधिगम सिद्धान्त का दृष्टिकोण तथा सामाजिक मुद्दों का दृष्टिकोण), पाठ्यचर्या के पक्षों (सामान्य एवं महत्त्वपूर्ण ज्ञान के क्षेत्र के अन्तर्गत) तथा पाठ्यचर्या के सैद्धान्तिक एवं प्रायोगिक नियमों के साथ समग्र स्थिति अथवा मध्य उन्मुखीकरण को प्रदर्शित करता है (आर्न्स्टिन एवं हन्किन्स 1988)। उपागम पाठ्यचर्या विकास एवं पाठ्यचर्या अभिकल्प, शिक्षार्थी एवं शिक्षक तथा पाठ्यचर्या विशेषज्ञों की नियोजन में भूमिका, पाठ्यचर्या के लक्ष्य एवं उद्देश्य तथा ऐसे महत्त्वपूर्ण मुद्दे, जिनके परीक्षण की आवश्यकता है, उनके दृष्टिकोण को व्यक्त करता है।

पाठ्यचर्या उपागमों को तकनीकी, गैर–तकनीकी अथवा वैज्ञानिक एवं गैर–वैज्ञानिक सन्दर्भ में देखा जा सकता है। तकनीकी–वैज्ञानिक उपागम शिक्षा के परम्परागत सिद्धान्तों एवं प्रतिमानों से मेल खाते हैं तथा विद्यालयों की स्थापित एवं औपचारिक विधियों को प्रदर्शित करते हैं। गैर–तकनीकी एवं गैर–वैज्ञानिक उपागमों का उदय प्रयोगात्मक दर्शनों एवं शिक्षा नीतियों से हुआ, यह स्थापित एवं औपचारिक शिक्षा अभ्यासों को चुनौती देने का प्रयास करता है।

प्रमुख पाठ्यचर्या उपागमों का संक्षिप्त परिचय निम्नलिखित है, जिसमें प्रथम तीन को तकनीकी एवं वैज्ञानिक उपागम के अन्तर्गत वर्गीकृत किया जा सकता है तथा अन्तिम दो को गैर–तकनीकी एवं गैर–वैज्ञानिक उपागम के अन्तर्गत।

व्यवहारिक तर्कनापरक उपागम (Behavioral Rational Approach)

प्रस्तुत उपागम तकनीकी एवं वैज्ञानिक सिद्धान्तों पर आधारित होते हैं। ये उपागम पाठ्यचर्या निर्माण के लिए प्रतिमानों, योजनाओं एवं सोपानानुसार व्यूह रचना करते हैं। इनमें लक्ष्य एवं उद्देश्य विशेष उल्लेखित किये जाते हैं। विषय–वस्तु एवं गतिविधियों का क्रम निर्धारित

उद्देश्यों के अनुरूप होता है तथा अधिगम परिणामों का मूल्यांकन, लक्ष्य एवं उद्देश्यों के सम्बन्ध में किया जाता है।

प्रस्तुत उपागम का उपयोग सभी विषयों के लिए सदी के दो तिहाई से अधिक समय तक किया गया। इस उपागम के लिए अनेक नामों का उपयोग किया गया जैसे तार्किक–व्यवहारवादी, संकल्पनात्मक–अनुभववादी (Empiricist), तर्कनापरक–वैज्ञानिक, प्रयोगवादी, शिल्पतान्त्रिक (Technocratic) इत्यादि अनेक नाम यह सुझाते हैं कि यह उपागम तकनीकी एवं वैज्ञानिक है। यह सिद्धान्तियों एवं व्यवसायियों के लिए नियमों पर विचार करता है।

पद्धतियाँ–प्रबन्धकीय उपागम (Systems-Managerial Approach)

प्रस्तुत उपागम विद्यालय को एक सामाजिक पद्धति के रूप में देखता है, जहाँ विद्यार्थी, अध्यापक, पाठ्यचर्या विशेषज्ञ एवं अन्य कुछ मापदण्डों एवं व्यवहारों के अनुसार अन्तर्क्रिया करते हैं। इस उपागम के समर्थक संगठित प्रकार से पाठ्यचर्या के योजना, कार्यक्रमों, अनुसूचियों, स्थान, सामग्रियों, कर्मचारियों एवं स्रोतों के विषय में बताते हैं। इनकी रुचि परिवर्तनों एवं नवाचारों तथा पाठ्यचर्या विशेषज्ञ एवं पर्यवेक्षक इन प्रक्रियाओं को कैसे आगे बढ़ाते हैं, में होती है। प्रस्तुत उपागम की जड़ें प्रारम्भिक विद्यालय संगठनात्मक एवं प्रशासकीय प्रतिमानों में 1920 एवं 1930 में मिलती है। इस उपागम ने 1950 एवं 1960 में पर्यवेक्षण एवं पाठ्यचर्या विकास समिति के लिए प्रभावी भूमिका निभायी।

बौद्धिक–शैक्षणिक उपागम (Intellectual Academic Approach)

प्रस्तुत उपागम पाठ्यचर्या की प्रमुख स्थितियों, प्रवृत्तियों एवं संकल्पनाओं के विश्लेषण एवं संश्लेषण का प्रयास करता है। इसकी प्रकृति का ज्यादा झुकाव ऐतिहासिक अथवा दार्शनिक है, किन्तु कुछ सीमा तक सामाजिक भी है।

प्रायः पाठ्यचर्या निर्माण की चर्चा विद्वतापूर्ण एवं सैद्धान्तिक होती है तथा शिक्षा अध्ययन सहित विद्यालय के कई व्यापक पहलुओं से सम्बन्धित होती है।

प्रस्तुत उपागम का उदय डिवी, मारीसन एवं बोडे के बौद्धिक एवं दार्शनिक कार्यों से हुआ। यह 1930 एवं 1950 में केसवेल एवं कैम्पवेल, हापकिन्स, नार्टन, स्मिथ तथा स्ट्रेटमेयर के कार्यों से प्रसिद्ध हुआ। पाठ्यचर्या में नये प्रकरणों का समावेश हुआ। नयी प्रवृत्तियों एवं मुद्दों को पाठ्यचर्या में शामिल किया गया। विभिन्न अनुदेशनात्मक, अध्यापन, अधिगम, निर्देशन, मूल्यांकन, पर्यवेक्षण एवं प्रशासकीय प्रक्रियाओं का

एकीकरण किया गया। 1950 के पश्चात् अनुशासनों की संरचना एवं गुणवत्तात्मक विधियों पर अधिक ध्यान केन्द्रित किया गया।

मानववादी–सौन्दर्यवादी उपागम (Humanistic Aesthetic Approach)

प्रस्तुत उपागम का उदय प्रगतिवादी दर्शन एवं गतिविधि पाठ्यचर्या आन्दोलन में 1920 एवं 1930 में हुआ। बोसनर, केसवेल, किलपैट्रिक, कोलिंग्स, हापकिन्स एवं रग ने बालकों की आवश्यकताओं एवं रुचियों पर बल दिया। इस आन्दोलन से मुख्यतः विद्यालयीन स्तर की अनेक प्रकार की पाठ्यचर्यात्मक व्यूहरचनाओं का उदय हुआ, जिनमें जीवन अनुभवों, सामूहिक परियोजनाओं, नाटकों, क्षेत्र भ्रमणों, रुचि केन्द्रों तथा बालकों एवं किशोरों की आवश्यकताओं पर आधारित पाठ योजनाएँ शामिल हैं। इन गतिविधियों में समस्या समाधान एवं विद्यार्थियों की सक्रिय सहभागिता शामिल है। इस उपागम में विद्यार्थियों के लिए समाजीकरण एवं जीवन समायोजन के साथ ही साथ मजबूत परिवार एवं विद्यालय समुदाय बन्धनों पर बल दिया जाता है।

इस उपागम के समर्थक पाठ्यचर्या विशेषज्ञ सहयोगात्मक अधिगम, स्वतन्त्र अधिगम, लघु समूह अधिगम तथा सामाजिक गतिविधियों को मानते हैं। इस उपागम के अनुसार प्रत्येक बालक पाठ्यचर्या में पर्याप्त निवेश रखता है तथा पाठ्यचर्या नियोजन में अभिभावकों, अध्यापकों एवं पाठ्यचर्या विशेषज्ञों से उत्तरदायित्व का भागीदार बनता है।

पुनर्संकल्पनावादी (Reconceptualist)

पाठ्यचर्या की पाठ्य पुस्तकों के कुछ लेखकों का मत है कि पुनर्संकल्पनावादी पाठ्यचर्या के एक उपागम का प्रतिनिधित्व करते हैं, किन्तु इनका पाठ्यचर्या विकास एवं अभिकल्प (अथवा तकनीकी सामग्रियों के लिए) का कोई प्रतिमान नहीं है। पुनर्संकल्पनावादी समाज की शिक्षा और आर्थिक एवं राजनीतिक संस्थाओं के दीर्घ वैचारिक (Ideological) एवं नैतिक मुद्दों पर ध्यान केन्द्रित करने का प्रयास करते हैं। इस कारण एवं उनके नियोजन एवं पाठ्यचर्या के प्रतिमान न होने के कारण उनकी चर्चा दार्शनिक अथवा राजनैतिक सन्दर्भ में ही की जानी चाहिये। (आर्न्स्टिन एवं हन्किन्स 1988)

पुनर्संकल्पनावादीगण विद्यालयों को समाज के विस्तार के रूप में देखते हैं। उनका मानना है कि पाठ्यचर्या का प्रयोजन उद्धारक (Emancipatory) होना चाहिये। इसका उदय प्रारम्भिक पुनर्संरचनावादियों जैसे काउन्ट्स रग एवं बेन्जामिन ने पाठ्यचर्या के रूढ़िगत, वैज्ञानिक तथा तर्कनापरक (Rational) दृष्टिकोणों को ही

चुनौती दी, अपितु उन्होंने उनकी अपने विषयगत एवं अपूर्ण मूल्यों के समूह को मूर्त रूप देने के लिए, धारणा करने के लिए आलोचना भी की। पाठ्यचर्या का उनका उपागम विषयनिष्ठ राजनैतिक एवं वैचारिक है तथा वे कठोर विज्ञानों अथवा प्रयोगात्मक विधियों पर उत्तरों के लिए आश्रित नहीं है।

पाठ्यचर्या–अनुदेशन सम्बन्ध के प्रतिमान (Models of the Curriculum-Instruction Relationship)

ओलिवा (1992) ने पाठ्यचर्या अनुदेशन सम्बन्ध को दर्शाने के लिए निम्न चार प्रतिमान बताये हैं:–

1. द्वैतीय प्रतिमान
2. अन्तःपासन प्रतिमान
3. संकेन्द्रित प्रतिमान
4. चक्रीय प्रतिमान

द्वैतीय प्रतिमान (Dualistic Models)

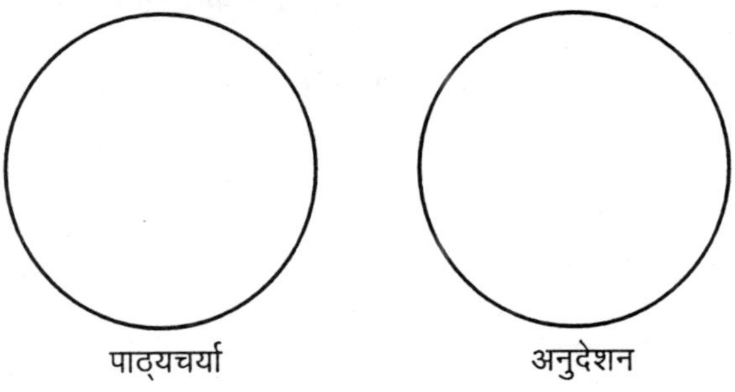

चित्र 1.1: द्वैतीय प्रतिमान

चित्र 1.1 द्वैतीय प्रतिमान को बताता है। पाठ्यचर्या एक ओर बढ़ती है तथा अनुदेशन दूसरी ओर; तथा दोनों कभी भी नहीं मिलते। दो सत्ताओं (Entities) के मध्य खाई रहती है। कक्षा में अध्यापक के निर्देशन में जो घटित होता है तथा प्रधान योजना (Master Plan) क्या रहती है कि कक्षा में क्या होना चाहिये, के मध्य बहुत ही अल्प सम्बन्ध दिखाई देता है। नियोजक अनुदेशनों को अनदेखा करते हैं। प्रस्तुत प्रतिमान के अन्तर्गत पाठ्यचर्या एवं अनुदेशन प्रक्रियाएँ बिना एक–दूसरे को सार्थक रूप से प्रभावित किये बदल सकती हैं।

अन्तःपासन प्रतिमान (Interlocking Model)

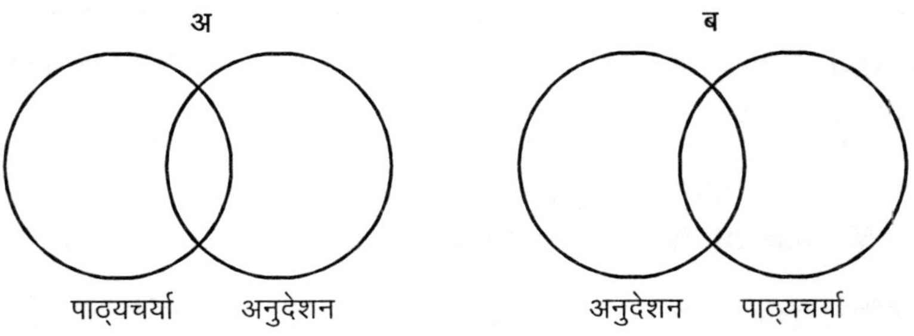

चित्र 1.2: अन्तःपासन प्रतिमान

यदि पाठ्यचर्या एवं अनुदेशन में चित्र 1.2 के अनुसार सम्बन्ध होता है। यह अन्तःपासन सम्बन्ध होता है तो पाठ्यचर्या एवं अनुदेशन की स्थिति के बारे में कोई निश्चित सार्थकता नहीं दी गई है। दोनों में एक ही सम्बन्ध होता है, यदि पाठ्यचर्या दायें अथवा बायें हो। यह प्रतिमान दो सत्ताओं के मध्य समन्वित सम्बन्ध को दर्शाता है। एक को दूसरे से अलग करना, दोनों को गम्भीर हानि पहुँचा सकता है।

संकेन्द्रित प्रतिमान (Concentric Model)

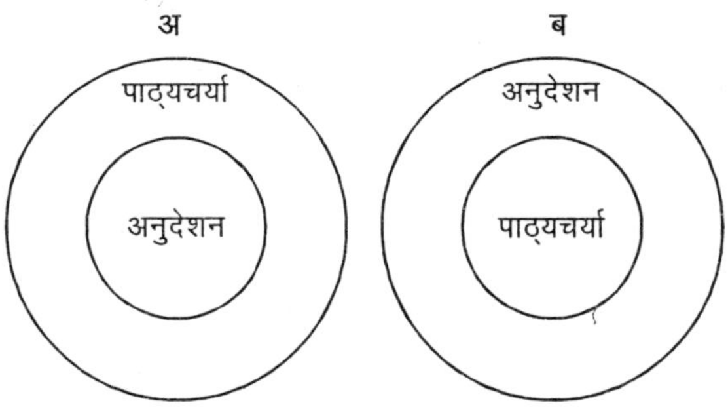

चित्र 1.3: संकेन्द्रित प्रतिमान

पारस्परिक आश्रितता संकेन्द्रित प्रतिमान का मुख्य गुण है: पाठ्यचर्या अनुदेशन सम्बन्ध के दो संकलन के अन्तर्गत एक को दूसरे की उपपद्धति बताया गया है।

संकेन्द्रित प्रतिमान "अ" में अनुदेशन को पाठ्यचर्या की उपपद्धति के रूप में दर्शाया गया है जबकि संकेन्द्रित प्रतिमान "ब" में पाठ्यचर्या को अनुदेशन की उपपद्धति के रूप में दर्शाया गया है। इन दोनों ही प्रतिमानों में स्पष्ट पदानुक्रमीय (Hierarchical) सम्बन्ध दर्शाया गया है।

प्रतिमान "अ" में पाठ्यचर्या की कोटि अनुदेशन से ऊँची है, वहीं प्रतिमान "ब" में अनुदेशन की कोटि पाठ्यचर्या से ऊँची है।

चक्रीय प्रतिमान (Cyclical Model)

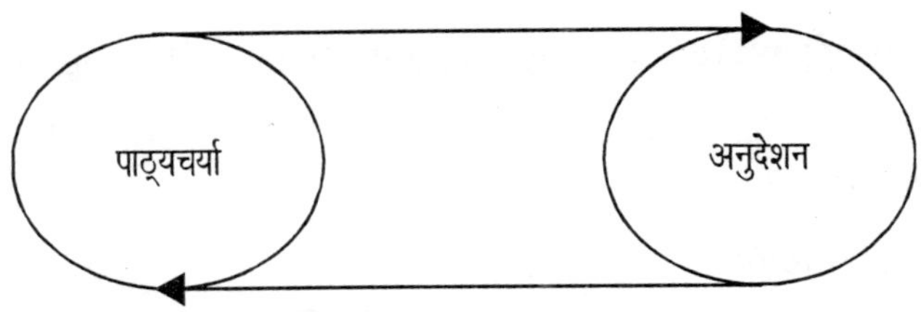

चित्र 1.4: चक्रीय प्रतिमान

प्रस्तुत प्रतिमान सरलीकृत पद्धति प्रतिमान है, जिसमें प्रतिपोष के आवश्यक तत्त्व पर बल दिया जाता है। पाठ्यचर्या एवं अनुदेशन, दो अलग सत्ताएँ हैं, जिनमें सतत् वृत्तीय सम्बन्ध हैं। पाठ्यचर्या, अनुदेशन पर सतत् प्रभाव डालती है, चक्रीय प्रतिमान बताता है कि अनुदेशनात्मक निर्णय के पश्चात् लिए जाते हैं। पाठ्यचर्या को अनुदेशनात्मक निर्णयों के क्रियान्वयन एवं मूल्यांकन के पश्चात् संशोधित किया जाता है।

समान विश्वास (Common Beliefs)

अधिकांश सिद्धान्ती आज निम्न कथनों के बारे में अपनी सहमति व्यक्त करते हैं:–

- पाठ्यचर्या एवं अनुदेशन सम्बन्धित हैं किन्तु अलग हैं।
- पाठ्यचर्या एवं अनुदेशन अन्तःपासन और अन्तरआश्रित है।
- पाठ्यचर्या एवं अनुदेशन का अलग सत्ता के रूप में अध्ययन एवं विश्लेषण किया जा सकता है किन्तु वे एकाकी रूप में कार्य नहीं कर सकते।

पाठ्यचर्या एवं अन्य संबंधित संकल्पनाएँ (Curriculum and other related Concepts)

अनुशासन के रूप में पाठ्यचर्या (Curriculum as a Discipline)

अनेक विद्वानों द्वारा पाठ्यचर्या एक अनुशासन अध्ययन का विषय तथा उच्च शिक्षा के स्नातक स्तर पर अध्ययन का मुख्य क्षेत्र माना गया है। इस प्रकार पाठ्यचर्या एक क्षेत्र है जहाँ व्यक्ति कार्य करते हैं तथा पढ़ाये जाने वाला विषय है। स्नातक स्तर पर विद्यार्थी पाठ्यचर्या विकास, पाठ्यचर्या सिद्धान्त, पाठ्यचर्या मूल्यांकन, माध्यमिक शिक्षा पाठ्यचर्या,

प्रारम्भिक विद्यालय पाठ्यचर्या, समुदाय महाविद्यालय पाठ्यचर्या इत्यादि विषय पढ़ते हैं।

क्या पाठ्यचर्या कहलाने वाला अनुशासन होता है। इसे जानने के लिए पहले हमें अनुशासन की विशेषताओं को जानना होगा।

अनुशासन की विशेषताएँ (The Characteristics of Discipline)

किसी अध्ययन के क्षेत्र को अनुशासन होने के लिए उसमें निम्न विशेषताएँ होनी चाहिये।

सिद्धान्त (Principle)

किसी भी अनुशासन में सैद्धान्तिक अन्वयों (Constructs) का संगठित समुच्चय होना चाहिये। निश्चित रूप में पाठ्यचर्या के क्षेत्र में सार्थक अंकों में सिद्धान्त विकसित किये हैं जो कि परखे एवं गैर परखे सत्यापित एवं गैर सत्यापित हैं। उनमें से कई उपयुक्त रूप से पाठ्यचर्या के विषय हैं।

ज्ञान एवं कौशल (Knowledge and Skill)

किसी भी अनुशासन में ज्ञान एवं कौशलों का निकाय उस अनुशासन के संगत (Pertinent) परिवलयन (Encompasses) होता है। पाठ्यचर्या के क्षेत्र ने अपनी विषयवस्तु अनेक शुद्ध एवं उत्पन्न अनुशासनों से अनुकूलित (Adapted) की एवं ली जाती है।

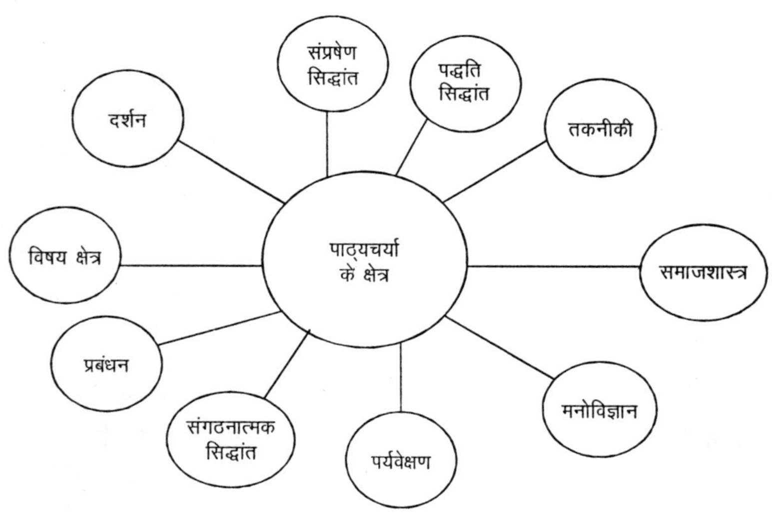

चित्र 1.5: पाठ्यचर्या के स्रोत

चित्र 1.5 में उन क्षेत्रों को दर्शाया गया है जहाँ से पाठ्यचर्या के क्षेत्र ने अन्वयों, सिद्धान्तों, ज्ञान एवं कौशल को लिया है। उदाहरणार्थ विद्यार्थियों द्वारा अध्ययन के लिए विषयवस्तु का चयन बिना समाजशास्त्र, मनोविज्ञान एवं विषयक्षेत्र के नहीं किया जा सकता है। पाठ्यचर्या के संगठन के लिए उन्हें प्रबन्धन के संगठनात्मक सिद्धान्त की आवश्यकता होती है। इसी प्रकार पाठ्यचर्या विकास के लिए पर्यवेक्षण, पद्धति सिद्धान्त की आवश्यकता होती है। अनेक क्षेत्रों से ज्ञान का चयन एवं अनुकूलन पाठ्यचर्या क्षेत्र द्वारा किया जाता है।

सिद्धान्ती एवं अभ्यासकर्ता **(Theoretician and Practitioners)**

अनुशासन के अपने सिद्धान्ती एवं अभ्यासकर्ता होते हैं। निश्चय ही पाठ्यचर्या के क्षेत्र में अनेक कार्यकर्ता होते है। ये हैं नियोजक, परामर्शक, समन्वयक, निदेशक एवं पाठ्यचर्या के आचार्य। ये सभी पाठ्यचर्या विशेषज्ञ होते हैं।

पाठ्यचर्या विशेषज्ञ अपने क्षेत्र के लिए विशिष्ट योगदान देते हैं। विशेषज्ञ यह जानते हैं कि पूर्व में किस प्रकार की पाठ्यचर्या किन स्थितियों में थी तथा उसे कितनी सफलता मिली। पाठ्यचर्या विशेषज्ञ नई पाठ्यचर्या उत्पन्न करते हैं अथवा उत्पन्न करने में सहायता करते हैं। वे इस स्थिति से पूर्व की पाठ्यचर्या को ध्यान में रखते हुए नई व्यवस्थाएँ बनाते हैं, वर्तमान उपागमों का अनुकूलन करते हैं अथवा पूर्णतः नए उपागमों का उपयोग करते हैं।

पाठ्यचर्या विशेषज्ञ नियोजन की तकनीक को जानते हैं, जिनसे विद्यार्थियों के उच्च अधिगम परिणाम प्राप्त किए जा सकते हैं। वे पाठ्यचर्या के विभिन्न प्रकारों से परिचित रहते हैं, जिसके कारण वे अपने सृजनात्मक विचारों की सहायता से नवाचार भी कर सकते हैं।

पाठ्यविवरण **(Syllabus)**

औपचारिक शिक्षा में पाठ्यविवरणों का उपयोग अध्यापन के उपकरण के रूप में किया जाता है। पाठ्यविवरण वे वाहन हैं, जिनके द्वारा इच्छित अधिगम का संगठन एवं संरचना अध्यापक से अध्यापक को एवं अध्यापक से छात्र को सम्प्रेषित की जाती है। कार्य संरचना के रूप में अनुदेशन के क्षेत्र में संगठन दस्तावेज है (चान्डलर, 1985)। ऐसी अनुदेशन पद्धति के अन्तर्गत ये उच्च रूप से औपचारिकृत, प्राधिकार (Authority) उन्मुख उपकरण हैं, जो कि अध्यापक एवं विद्यार्थी द्वारा लिये जाने वाले निर्णय लेने की मात्रा का नियन्त्रण करते हैं। अन्य पद्धतियों में ये अधिक औपचारिक दस्तावेज हैं, जो सामान्य निर्देशक के रूप में कार्य करते हैं (बुचानन, 1988)। पाठ्यविवरण के अनेक रूप एवं

आकार हो सकते हैं। यह एक पृष्ठ का पाठ्यक्रम विवरण हो सकता है, जो निश्चित समय में जैसे एक वर्ष अथवा सेमेस्टर में चलने वाले पाठ्यक्रम का वर्णन कर सकता है। यह दीर्घ दस्तावेज भी हो सकता है, जिसमें विषयसामग्री का पूर्ण विस्तार एवं संगठन हो तथा इसके कक्षा में क्रियान्वयन का तरीका भी दिया जा सकता है। पाठ्यविवरण एक पृष्ठ से तीन सौ पृष्ठ तक का हो सकता है किन्तु इसका मुख्य सम्बन्ध ज्ञान के प्रसारण से ही होता है। यह पाठ्यचर्या विकास का एक महत्वपूर्ण अंग होता है।

अनुदेशन के संगठन के रूप में पाठ्यविवरण की औपचारिकेतर शिक्षा में दीर्घ परम्परा है। पाठ्यविवरण ने शिक्षा अधिकारियों को कुछ आत्मविश्वास दिया है कि ज्ञान की एक निकाय रही है, जिसे अनेक अध्यापक विद्यार्थियों को प्रदान करते रहे हैं। पाठ्यविवरण के नियन्त्रण से पाठ्यचर्या नियन्त्रित होती है। ज्यादातर पाठ्यविवरण लिखित रूप में आए हैं। कार्य की इकाइयाँ, निर्देशिकायें, पढ़ाये जाने वाली सामग्रियों की सूची अध्यापक के लिए सुझायी अथवा आदेशित रहती है। वर्तमान में इलेक्ट्रानिक्स में हुई प्रगति के कारण पाठ्यविवरण कम्प्यूटर में अथवा (इंटरनेट) अन्तरजाल द्वारा भी प्राप्त की जा सकती है। सीबीएसई एवं यूजीसी के अनेक विषयों के पाठ्यविवरण उनकी वेबसाइट पर उपलब्ध हैं।

पाठ्यविवरण के संगठन में पहला कदम अनुदेशन के लिए नियोजित की गयी इकाई का औचित्य स्थापित करना होता है। इस औचित्य के अन्तर्गत सामान्यतः पाठ्यचर्या के विकासकर्ता यह तय करते हैं कि विषय सामग्री क्यों पढ़ाई जाये। यह निर्णय काफी महत्त्वपूर्ण होता है। विषय सामग्री के रखने के लिए समाज एवं अधिगमक की आवश्यकताएँ ध्यान में रखनी ही चाहिये। औचित्य प्रतिपादन के पश्चात् अभिप्राय एवं लक्ष्य निर्मित किये जाते हैं। तत्पश्चात् विशिष्ट विषय सामग्री (कार्यक्षेत्र एवं क्रम) कार्य सम्पादन का तरीका (अनुदेशन की प्रविधि) तथा मूल्यांकन तय किये जाते हैं। पाठ्यविवरण विद्यार्थी एवं अध्यापक दोनों के लिए विकसित किये जा सकते हैं।

अभिप्राय एवं उद्देश्य (Aims and Objectives)

अभिप्राय एवं उद्देश्य संकल्पनात्मक नक्शे को परिभाषित करते हैं, जिन पर पाठ्यविवरण आधारित होगा। यदि पाठ्यविवरण केन्द्रिय प्राधिकारियों द्वारा विकसित किया जाता है, तब अभिप्राय एवं लक्ष्य पर सावधानी पूर्वक ध्यान दिया जाना चाहिये। ये कक्षा गतिविधियों की निर्देशिका के रूप में कार्य करते हैं। इन्हीं के आधार पर विषय सामग्री तय की जाती है। उद्देश्यों के द्वारा अधिगम परिणामों का विशेष उल्लेख किया जाता है।

विषय सामग्री का संगठन विशेषकर क्या पढ़ाया जाना है एवं उनका क्रम पाठ्यविवरण में अपना मुख्य स्थान रखता है। विषयवस्तु का संगठन इच्छित अधिगम परिणामों की सूची हो सकती है। पाठ्यविवरण के द्वारा क्षेत्र का सीमांकन भी होता है। पाठ्यचर्या का क्रमण विभिन्न उपागमों के आधार पर किया जा सकता है, जैसेः–तार्किक, मनोवैज्ञानिक।

कार्य–सम्पादन का तरीका/प्रविधि (Modes of Transaction/Methodology)

अध्यापकों को पाठ्यविवरण के कार्य सम्पादन में उन्मुख किया जाता है। पाठ्यविवरण अध्यापकों को विद्यार्थी अधिगम में ज्यादा प्रभाविता प्राप्त करने के लिए सहायता करता है। पाठ्यविवरण में आवश्यक सामग्रियों की सूची होनी चाहिये, जिन्हें प्राप्तकर पाठ्यचर्या में क्रियान्वित किया जाना चाहिये। कुछ पाठ्यविवरण कार्य–सम्पादन का तरीका अनुदेशन योजना के रूप में प्रदान करते हैं, जो निम्न क्रम में होता हैः

(अ) प्रत्येक इकाई किसके बारे में है;

(ब) प्रत्येक इकाई का वांछित अभिप्राय अथवा अधिगम परिणाम क्या है;

(स) इच्छित अधिगम परिणामों को प्राप्त करने के लिए सामान्य प्रस्तावित और अध्यापन व्यूहरचना।

पाठ्यविवरण में मूल्यांकन (Evaluation in Syllabus)

अध्यापकों एवं शिक्षार्थियों द्वारा उपयोग किये जाने वाले मूल्यांकन उपकरण, पाठ्यविवरण कार्य–संरचना का अंश होते हैं। वे लिखित परीक्षणों एवं अन्य मापन उपकरणों के रूप में हो सकते हैं। पाठ्यविवरण, प्रदत्त संकलन एवं अनुदेशन के मुख्य प्रभावों हेतु सुझाव दे सकता है।

पाठ्यविवरण का मूल्यांकन (Evaluation of Syllabus)

पाठ्यविवरण के मूल्यांकन पर अपेक्षाकृत अल्प ध्यान दिया गया है। ज्ञान के बढ़ते प्रभाव, व्यक्ति की सूचनाओं को संसाधित करने की योग्यता, विषय किस प्रकार से संकल्पनात्मक रूप से संगठित किये जा सकते हैं, ऐसी अपेक्षा की जाती है कि पाठ्यविवरण परम्परागत लिखित रूप के स्थान पर नया रूप लेगा।

पाठ्यपुस्तकें (Textbooks)

अध्यापकों एवं विद्यालयों के लिए पुस्तकें शिक्षित करने का सर्वाधिक महत्त्वपूर्ण स्रोत हैं। शैक्षिक विकास एवं पाठ्यचर्या विकास में

पाठ्यपुस्तक चयन एवं लेखन शामिल रहता है। पाठ्यपुस्तक अथवा पुस्तक अनेक प्रकार के कार्य करती है। (वेस्टबरी, 1971)

शैक्षिक उपकरण के रूप में पुस्तक
(The Book as an Educational Tool)

पुस्तक को सूचनाओं एवं विचारों के भण्डार (Repository), विचार और सम्प्रेषण का सामान्य माध्यम माना गया है। वहीं औपचारिक शिक्षा में पाठ्यपुस्तक को उपकरण माना गया है। अध्यापक पाठ्यवस्तु में समाहित अर्थ को अपनी जागरूकता के कारण विद्यार्थी से अन्तर्क्रिया करते समय अर्थ को स्पष्ट करता है। अन्तर्क्रिया में पुस्तक की निम्न भूमिकाएँ हो सकती हैं। (गोविन्द, 1981)

(i) विचारों अथवा संवेदनशीलता की उत्कृष्टता के निकष के वाहन के रूप में;
(ii) पूर्व की घटनाओं के अभिलेख के रूप में, जिनमें नई घटनाओं के घटित होने का सामर्थ्य हो ;
(iii) संकल्पनाओं अथवा सूचनाओं के निर्णयों के संगठन के रूप में; और
(iv) अर्थ के गुणन के लिए उद्दीपक और अनुभवों को आगे बढ़ाने के उद्दीपक के रूप में।

शैक्षिक सिद्धान्त एवं शोध में पाठ्यपुस्तक
(The Textbook in Educational Theory and Research)

पाठ्यपुस्तक आधुनिक प्रौद्योगिकियों एवं विद्यालय पद्धतियों का एक समन्वित अंश है। यदि हम ऐतिहासिक परिप्रेक्ष्य में देखें, तब ये पद्धतियाँ (अ) पुस्तक वह सूचनाओं का भण्डार है, जिसे विद्यालय सम्प्रेषित करते हैं; (ब) पुस्तक के अस्तित्व के आसपास निर्मित हैं, जो पाठ्यचर्या संगठन का महत्त्वपूर्ण उपकरण है।

संगठित शिक्षा की समस्त पद्धतियाँ शिक्षा के लक्ष्य एवं साधनों की समझ का प्रमाण हैं। अनेक विद्यालयीन पद्धतियों में यह सामाजिक समाज पाठ्यचर्या में शामिल की गई है, जो कि पाठ्यपुस्तकों को इन अपेक्षाओं की पूर्ति के लिए एक वाहन मानते हैं।

पाठ्यपुस्तक की विषयवस्तु (Textbook Content)

विश्वविद्यालय का विषय उस क्षेत्र की सूचनाओं का निकाय है जिससे इस बात का पता चलता है कि किसका कार्य क्या है? एवं इसमें किस पर बल दिया जाना चाहिये? पाठ्यपुस्तक विषय के प्रस्तुतीकरण का एक साधन है। यह विषय का क्रमण भी है, जिसके आधार पर अध्यापन किया जाता है।

पाठ्यपुस्तक के पूर्वाग्रह (Textbook Bias)

विद्यालय में पढ़ाई जाने वाली अभिवृत्तियाँ एवं मूल्य विद्यार्थियों के माता–पिता की रुचि की होती हैं। यदि विद्यालय एवं माता–पिता के मूल्यों में विरोधाभास हो तब पूर्वाग्रह की सम्भावना बन जाती है। कई बार इसी कारण माता–पिता अपने बच्चों को उस विद्यालय से निकाल कर अन्य विद्यालयों में भर्ती करा देते हैं। हमारे देश में 2004 में केन्द्र में नई सरकार आने के बाद पाठ्यपुस्तकों में परिवर्तन की प्रक्रिया प्रारम्भ हो गई है।

पाठ्यपुस्तकों के विश्लेषण द्वारा पाठ्यपुस्तकों के पूर्वाग्रह आसानी से देखे जा सकते हैं।

पाठ्यपुस्तक विकास एवं वितरण (Textbook Development and Distribution)

अनेक देशों में पाठ्य पुस्तक विकास का कार्य अनेक वाणिज्यिक प्रकाशक कम्पनियाँ करती हैं। हमारे देश में प्रांतीय स्तर पर पाठ्यपुस्तक निगम यह कार्य कर रहे हैं। राष्ट्रीय शैक्षिक अनुसन्धान एवं प्रशिक्षण परिषद् (एन.सी.ई.आर.टी.) राष्ट्रीय स्तर पर यह कार्य कर रही है।

पाठ्यपुस्तकों के मूल्यांकन के लिए निकष (Criteria for Evaluating Textbooks)

पाठ्यपुस्तकों का चयन एक कठिन प्रक्रिया है। पाठ्यपुस्तक चयन समिति के सदस्यों, अध्यापकों एवं प्रशासकों के लिए पाठ्यपुस्तकों के चयन के निकष की आवश्यकता होती है, ताकि उनके चयन पर उँगली न उठाई जा सके। मार्श (1997) ने पुस्तक चयन का एक वृहत् निकष दिया है, जो कि निम्न हैः

तालिका 1: पाठ्यपुस्तक मूल्यांकन जांच सूची

अ	*विषय–वस्तु*	*सामग्रियाँ*	*हाँ/ नहीं*	*अनिश्चित/ लागू नहीं*
1.	विकासात्मक इतिहास	क्या पाठ्यपुस्तक के विकास का औचित्य बताया गया है?		
2.	उपागम	क्या लेखक ने उपागम के सुस्पष्ट विस्तार दिए हैं?		
		क्या उपागम का औचित्य बताया गया है?		
		क्या औचित्य संपूर्ण पाठ्यपुस्तक में एक रूप है?		

3.	उद्देश्य	क्या पाठ्यपुस्तक के लिए सुस्पष्ट उद्देश्य बनाए गए हैं? क्या इकाई के लिए सुस्पष्ट उद्देश्य बनाए गए हैं? क्या प्रत्येक इकाई के उद्देश्यों के उपयोग कर्ता द्वारा प्राप्त होने की सम्भावना है?		
4.	मुद्दों का उन्मुखीकरण	क्या पाठ्यपुस्तक में मुद्दे शामिल हैं? क्या ये मुद्दे सुस्पष्ट कहे गये हैं? क्या पुस्तक किसी निश्चित मुद्दे पर विरोधाभासी विचार प्रस्तुत करती है?		
5.	बहु–संस्कृतिवाद एवं यौन भूमिकाएँ	क्या विषय–वस्तु विभिन्न सांस्कृतिक एवं जातीय समूहों की संवेदनशीलताओं को ध्यान में रखती है। क्या पाठ्यपुस्तक में लैंगिक एकरसता से बचा गया है?		
6.	इकाई क्षेत्र	क्या लेखकों ने शामिल की गई सामग्रियों के क्रम का विस्तार दिया है?		
7.	क्रम एवं संयोजन	क्या लेखकों ने शामिल की गई सामग्रियों के क्रम का विस्तार दिया है? क्या लेखकों ने उनके द्वारा उपयोग में लाए गए संयोजनों का विस्तार दिया है? क्या लेखकों ने उपयोग किए गए क्रम एवं संयोजनों का औचित्य प्रतिपादन दिया है?		
ब	*अनुदेशनात्मक*	*सामग्रियों की विशेषताऐं*	*हाँ/ नहीं*	*अनिश्चित/ लागू नहीं*
8.	स्पष्टता	क्या पाठ्यपुस्तक की विषय–वस्तु विद्यार्थियों के लिए बोधगम्य है? क्या प्रवेश गुण पाठक की सहायता करते है?		
9.	पठनीयता	क्या पाठ्यपुस्तक में प्रयुक्त भाषा पाठक के लिए बोधगम्य है?		
10.	अन्य विषयों से समन्वय	क्या अन्य विषयों से एकीकरण के तरीकों का विस्तार दिया गया है?		

11. वैयक्तिकरण	क्या कक्षा के विभिन्न योग्यताओं के विद्यार्थियों के लिए वैकल्पिक गतिविधियाँ दी गई हैं?
12. अनुदेशनात्मक तरीके	क्या अनुदेशन अभिकल्प का विस्तृत वर्णन स्पष्ट रूप से अभिव्यक्त किया गया है? क्या संपूर्ण पुस्तक में प्रयुक्त अभिकल्प एकरूप है?
13. अधिगम की विशेषताएँ	क्या सामग्रियाँ इच्छित अधिगमकों के लिए उपयुक्त है?
14. अनुदेशन समय	क्या गतिविधियों को पूर्ण करने के लिए आवश्यक अनुदेशन समय के बारे में विस्तृत विवरण दिया गया है?
15. प्रबन्ध प्द्धति	विद्यार्थियों की प्रगति के अनुश्रवण के लिए अध्यापकों की सहायता के लिए प्रक्रियाएँ शामिल की गई थी? क्या अध्यापक के लिए सफल उपलब्धि के द्योतक/विद्यार्थियों की प्रगति के खोज के लिए दिए गए है?
16. अभिप्रेरणात्मक गुण	क्या पाठ्यपुस्तक की अनुदेशन सामग्रियां अधिगम का ध्यान आकर्षित करती है एवं बनाए रखती है?
17. मूल्यांकन	क्या औपचारिक निर्धारण सामग्रियाँ शामिल की गई हैं? क्या मूल्यांकन सामग्रियों अधिगम परिणाम का मापन करती हैं?
18. अनुदेशनात्मक व्यूह रचनाएँ	क्या पाठ्यपुस्तक में सामग्रियों व्यूह रचनाओं का विस्तार रखती है? क्या सामग्रियाँ उन व्यूह रचनाओं को रखती है जो उपागम के साथ एकरूप हैं?
19. माध्यम	क्या वहां एक से ज्यादा माध्यमों का उपयोग दिया गया है? क्या माध्यम का प्रारूप प्रमाण का छपाई सामग्रियों से एकीकरण दिया गया है।
20. पूर्व आवश्यक	विद्यार्थियों के पाठ्यपुस्तक प्रभावी ढंग से उपयोग करने से पूर्व

	क्या विशिष्ट अधिगम है? क्या उल्लेख स्पष्ट रूप से दिया गया है?		
21. विद्यार्थियों की भूमिका	क्या विद्यार्थियों की सहभागिता के लिए अवसरों की शृंखला है?		
22. अध्यापक की भूमिका	क्या अध्यापक की भूमिका की संभावना है? (अ) प्रबन्धक (ब) अनुदेशन (स) सुसाध्यक (द) समन्वयक (इ) अभिप्रेरक (ई) आदर्श बताइए कि उक्त भूमिका में से किसी की मुख्य होने की संभावना है? क्या चाहे गए अधिगमकों के लिए मुख्य भूमिका सर्वाधिक उपयुक्त है?		
स प्रकाशन	**विस्तृत वर्णन**	***हाँ/ नहीं***	***अनिश्चित/ लागू नहीं***
23. लेखक	क्या लेखक (गण) उचित रूप से योग्य हैं?		
24. मूल्य	क्या पाठ्यपुस्तक का उचित मूल्य है?		
25. विशिष्ट आवश्यकताएँ	क्या पाठ्यपुस्तक के उपयोग के लिए विशेष आवश्यकताएँ (कर्मचारी, उपकरण, सुविधाएँ) चाहिए? क्या विशिष्ट आवश्यकताएँ हैं, एवं क्या इन्हें स्पष्ट रूप से बताया गया है?		
26. अध्यापक प्रशिक्षण	क्या अध्यापकों को पाठ्यपुस्तक का उपयोग करने के लिए विशेष प्रशिक्षण की आवश्यकता है?		
27. घटक	क्या प्रकाशक पाठ्यपुस्तकों के घटकों की सूची प्रदान करता है?		
द भौतिक	**सामग्रियों के गुण**	***हाँ/ नहीं***	***अनिश्चित/ लागू नहीं***
28. सौन्दर्यात्मक अपील	क्या पाठ्यपुस्तक मजबूत दृश्यिक अपील करते हैं?		

	क्या पुस्तक का प्रारूप एवं आविर्भाव सकारात्मक अपील करते हैं?
29. टिकाऊपन	क्या पाठ्यपुस्तक उपयोग के लिए टिकाऊ है?
30. गुणवत्ता	क्या पाठ्यपुस्तक में अच्छी गुणवत्ता की सामग्री (कागज, जिल्द कवर) का उपयोग किया गया है?

पाठ्यपुस्तक विश्लेषण (Textbook Analysis)

पाठ्यपुस्तकों का विश्लेषण में पठनीयता सूत्र की प्रधानता रही है (कलारे, 1982)। इनके अलावा जाँच सूचियों का उपयोग भी किया जाता है। बाल (1976), जेविट्ज एवं मेन्ट्स (1979), क्राउसे (1976) ने बताया कि पाठ्यपुस्तकों के महत्त्वपूर्ण पहलुओं का विश्लेषण पठनीयता सूत्र से नहीं किया जा सकता है।

पाठ्य (The Text)

पाठ्यपुस्तक से पढ़ने में इसकी संरचना अधिगम पर प्रभाव डालती है। कुछ बुनियादी संरचनाएँ मानव विचारों के तरीकों को प्रदर्शित करती प्रतीत होती हैं:–(अ) सरल सूचीकरण, (ब) निष्कर्ष/साक्ष्य, (स) तुलना/वैषम्य–दो वस्तुओं के साम्यों एवं अन्तरों का वर्णन करना, (द) अस्थाई क्रम, (ई) कारण–कार्य सम्बन्ध, (फ) समस्या समाधान (एण्डरसन एवं आर्मब्रुस्टर, 1984)।

पाठ्य की संरचना अनेक प्रकार से सम्प्रेषित की जा सकती है:–(अ) सम्बन्धों को बताने वाले शब्द, (ब) संरचना के सुस्पष्ट कथन, (स) परिचयात्मक कथन एवं शीर्षक, (द) निष्कर्ष कथन। पाठ्य की सूचनाएँ जो संरचना के पहलुओं को बताती हैं, ''संकेतन'' कहलाती हैं, (मेयर, 1975)। शोध बताती है कि बेहतर संगठित पाठ्य से पाठकों की समझ बेहतर होती है, (मेयर, 1970)।

स्थानीय सम्बद्धता (Coherence) भी पाठ्य की वह विशेषता है, जिससे अधिगम परिणाम प्रभावित होते हैं, (हालीडे एवं हासन, 1976)। स्थानीय सम्बद्धता अनेक प्रकार की सरल, भाषा विज्ञानी कड़ियों अथवा गाँठ से प्राप्त की जा सकती है। जो विचारों को विचारों से एक ही वाक्य एवं वाक्यों में जोड़ती है। सर्वाधिक प्रचलित कड़ियों में विभिन्न प्रकार के सन्दर्भ (सर्वनाम, आद्य, पुनरुक्ति) सम्बन्ध (और, अथवा, किन्तु, चूँकि, यद्यपि) आते हैं। शोध ने यह सिद्ध किया है कि सम्बन्धात्मक गांठ पाठ्य की समझ एवं स्मरण करने में सहायक होती है,

(डिविलियर्स, 1974; हेवीलेण्ड एवं क्लार्क, 1974; मिलर एवं किट्सच, 1980)। विषयवस्तु की विशेषता स्वयं पठन से अधिगम को प्रभावित करती है। किट्सच एवं साथियों ने बताया कि अग्रवर्णित विशेषताओं में से एक पढ़ने में कठिनाई पैदा करती है, जैसे–विचार घनत्व। परिचित तत्त्वों से बनी विषयवस्तु शीघ्र याद हो जाती है।

विषयवस्तु का एक अन्य महत्त्वपूर्ण घटक है, जो अधिगम परिणामों को प्रभावित करता है, वह है विचार में प्रस्तुत महत्त्वपूर्ण एवं गैर महत्त्वपूर्ण विषयवस्तु का अनुपात (रेडर एवं एण्डरसन, 1980)।

संज्ञानात्मक व्यूह रचनाएँ (Cognitive Strategies)

संज्ञानात्मक संरचनाएँ वे हैं, जिनके द्वारा विद्यार्थी सूचनाओं को पाठ्यपृष्ठ से अपने मस्तिष्क में ले जाते हैं। इन सूचना संसाधन व्यूह रचनाओं में न केवल प्रारम्भिक ध्यान केन्द्रण एवं सूचनाओं का निकूटन शामिल रहता है, अपितु कार्यकारी स्तर भी शामिल रहते हैं। इनके प्रक्रियाओं के पहलू परासंज्ञान (Metacognition) कहलाते हैं। परासंज्ञान का तात्पर्य जागरूकता एवं नियन्त्रण दोनों से है, जो कि पाठक उनके चिन्तन एवं अधिगम पर रहते हैं, (बेकर एवं ब्राउन, 1983)। इनमें से कुछ व्यूह रचनाओं की चर्चा यहाँ की गई है:

एक लाभकारी व्यूह रचना है: चयनात्मक अवधान तथा सूचनाओं का संसाधन। अनेक शोध अध्ययनों में अधिगम परिणामों एवं अधिगमक के ज्ञान में स्पष्ट सम्बन्ध पाया गया है।

द्वितीय व्यूह रचना के अन्तर्गत चयनात्मक अवधान के साथ लेखक की संरचना आती है। परिपक्व पाठक पुस्तक में से अधिक महत्त्वपूर्ण सूचनाओं का पता लगाते हैं तथा उसे याद रखते हैं। पाठकों की इस योग्यता का विकास धीरे–धीरे होता है। दनसेरेड (1983) ने महाविद्यालयीन विद्यार्थियों हेतु पाठ्य की अन्तर्निर्हित पहचान एवं उपयोग का (अधिगम में) प्रशिक्षण दिया।

अभ्यास के लिए निहितार्थ (Implication for Practice)

पाठ्यपुस्तक का विश्लेषण इसलिए किया जाता है, ताकि कक्षा में उपयोग के लिए पुस्तक चयन करते समय शिक्षाशास्त्री बुद्धिमत्तापूर्ण निर्णय ले सकें। प्रायः इस हेतु पठन सूत्र एवं जाँच सूची का उपयोग किया जाता है। इन तकनीकों के अलावा कुछ प्रश्न भी पूछे जाने चाहिये। उनमें से प्रथम प्रकार के प्रश्न पाठ्य से सम्बन्धित हैं:

1. क्या पाठ्यपुस्तक नये विचारों को पूर्व में सीखे विचारों से जोड़ने का सुव्यवस्थित प्रयास करती है? क्या लेखक ने

परिचय एवं अध्यापकों के सार एवं तृतीय व्यूह रचनाओं के अन्तर्गत पूर्व ज्ञान का उपयोग कर नई सूचना का निर्वचन करते हुए उसे याद रखा हैं। शोध अध्ययन बताते हैं कि पूर्वज्ञान नया ज्ञान सीखने में सहायता करता है। (एण्डरसन एवं अन्य, 1977)

अन्य महत्त्वपूर्ण संज्ञानात्मक व्यूह रचना है सूचनाओं को इस प्रकार से निकूटित (Encode) करें ताकि यह याद हो सके। उदाहरणार्थ विद्यार्थियों को रूपरेखा निर्माण पढ़ाया गया। तब वे रूपरेखा का उपयोग अधिगम के सहायक के रूप में कर सकते हैं एवं प्रश्नों को शामिल किया है, जो विद्यार्थियों को पूर्वज्ञान के सार्थक उपयोग के लिए प्रोत्साहित करती है?

2. क्या पाठ्यपुस्तक सार्वभौम स्तर पर सुसंगत है? क्या यह सुसंरचित हैं एवं संरचना पाठकों को स्पष्ट है, यह अध्यायों के शीर्षकों, रूपरेखाओं, परिचयों, निष्कर्षों एवं प्रकरण वाक्यों से स्पष्ट होता है?
3. क्या पुस्तक तार्किक स्तर पर सुसंगत है? क्या सर्वनामों का स्पष्ट सन्दर्भ है?
4. क्या पाठ्यपुस्तक का महत्त्वपूर्ण प्रयोजन है?

निम्न प्रश्न विद्यार्थियों के अभ्यास से सम्बन्धित हैं:

(अ) क्या अध्यायों के अन्त में एवं कार्य पुस्तिकाओं में दिये गये अभ्यासों से विद्यार्थियों को सूचनाओं का पता लगाने एवं संसाधित करने में सहायता मिलती है।

(ब) क्या अध्यायों के अन्त में एवं कार्य पुस्तिकाओं में दिये गये अभ्यासों से विद्यार्थी को विभिन्न प्रकार की अध्ययन तकनीक सीखने में सहायता मिलती है।

(स) क्या अध्यापक पुस्तिकाएँ, अध्यापकों को यह बताती हैं कि कहाँ, कैसे और क्यों विद्यार्थियों को कुछ कठिन अध्ययन पहलुओं, (जैसे–पाठ्य संरचना एवं जब कोई बात समझ में न आये तो क्या करें) को पढ़ाया जायें?

(द) क्या अध्यापक पुस्तिकाएँ, अध्यापकों को यह बताती हैं कि विद्यार्थियों को कब, कहाँ, कैसे एवं क्यों पाठ्यपुस्तक पढ़ाई जानी चाहिये, ताकि वे अध्ययन के समय अपने स्वयं की संज्ञानात्मक प्रक्रिया का अनुश्रवण कर सके।

विषयवस्तु का एक अन्य महत्त्वपूर्ण घटक है, जो अधिगम परिणामों को प्रभावित करता है, वह है विचार में प्रस्तुत महत्त्वपूर्ण एवं गैर महत्त्वपूर्ण विषयवस्तु का अनुपात (रेडर एवं एण्डरसन, 1980)।

प्रतिरूपक उपागम (Module Approach)

प्रतिरूपक एक ऐसी शिक्षण सामग्री है, जिसमें किसी विषय के एक विशिष्ट भाग को सर्वांग रूप में प्रस्तुत किया जाता है। इसमें उस भाग के उद्देश्य, विषयवस्तु, शिक्षण अधिगम विधि, उसका अनुप्रयोग एवं मूल्यांकन सभी समाविष्ट होते हैं। (शिक्षा परिभाषा कोश, 1990)

क्रेगर एवं मूरे के अनुसार, प्रतिरूपक एक स्वतन्त्र अनुदेशन इकाई होती है, जिसमें प्रारम्भिक केन्द्रण कुछ सुपरिभाषित उद्देश्यों पर रहता है। प्रतिरूपक के तत्त्व, इन उद्देश्यों की प्राप्ति के लिए आवश्यक सामग्रियाँ एवं अनुदेशन होते हैं। प्रतिरूपक की सीमाएँ केवल कथनित उद्देश्यों के रूप में परिभाषित करने योग्य होती है, प्रतिरूपक के निम्न घटक होते हैं:–

(अ) प्रयोजन का कथन;
(ब) वांछित पूर्व आवश्यक कौशल;
(स) अनुदेशनात्मक उद्देश्य;
(द) नैदानिक परीक्षण;
(इ) प्रतिरूपक के लिए कार्यक्रम;
(फ) प्रतिरूपात्मक कार्यक्रम;
(ग) संबंधित अनुभव;
(ह) मूल्यांकनात्मक पश्च परीक्षण; और
(य) प्रतिरूपक का निर्धारण।

प्रतिरूपकों का उपयोग 1960 एवं 1970 के दशक में तीव्र गति से हुआ। प्रायः सभी व्यक्तिपरक अनुदेशन सामग्री प्रतिरूपकों, लघु पाठ्यक्रमों पर आधारित होती है।

प्रतिरूपक के लाभ (Advantages of Module)

1. प्रतिरूपक अनुभव के अनेक क्रमों को संगठित करने का अवसर प्रदान करता है।
2. स्वअनुदेशन इकाइयाँ अध्यापक को विद्यार्थियों की विषयवस्तु की न्यूनताओं पर ध्यान देने के लिए अनुमति देती हैं।
3. प्रस्तुत उपागम विद्यार्थियों की अधिगम में प्रगति के निर्धारण का तरीका बताता है।
4. प्रतिरूप अनुदेशन की दिनचर्या के पहलुओं को कम करता है, जिसके फलस्वरूप अध्यापक, विद्यार्थियों से व्यक्तिगत रूप से सम्पर्क कर सकता है।
5. स्वअनुदेशनात्मक इकाइयों की स्वतन्त्र प्रकृति के कारण अध्ययन सामग्री को बिना मुख्य संशोधन के आधुनिक बनाया जा सकता है।

6. प्रतिरूपक अध्यापकों के लिए एक प्रतिमान के रूप में कार्य कर सकते हैं, जोकि अपने स्वयं की सामग्री विकसित करना चाहते हों।
7. स्वअनुदेशनात्मक इकाइयों का आदान–प्रदान संस्थाओं के मध्य किया जा सकता है।
8. विद्यार्थियों का अपनी अध्ययन गति पर पूर्ण नियन्त्रण रहता है। अर्थात् वे स्वगति से प्रगति कर सकते हैं।

अभिक्रमित अधिगम (Programmed Learning)

अभिक्रमित अधिगम की संकल्पना नई नहीं है। ग्रीक दार्शनिक सुकरात को प्रथम अभिक्रमक कहा गया है उसने प्रथम बार रेखागणित में अभिक्रम बनाया जिसे प्लेटो की संवाद पुस्तिका में अंकित किया गया है। अभिक्रमित अधिगम का समकालीन स्वरूप एवं सुकरात की विधि में बहुत अधिक साम्य है।

अभिक्रमित अनुदेशन की विधि का आविर्भाव अमेरीकी मनोवैज्ञानिक सिडनी एल. प्रेसी गतिशील प्रयासों के कारण वर्तमान सदी के दूसरे दशक में हुआ। ओहियो राज्य विश्वविद्यालय के मनोवैज्ञानिक सिडनी एल. प्रेसी को परीक्षण कार्य के लिए प्रथम बार (1920) प्रायोगिक मशीन बनाने का श्रेय है। इसी मशीन को कालान्तर में अध्यापन कार्य के लिए भी उपयोग में लाया गया। प्रेसी द्वारा संकल्पित मशीन में विद्यार्थी को प्रश्नों की एक शृंखला प्रस्तुत की जाती है तथा उसे तत्काल यह बताया जाता है कि उसका उत्तर सही था अथवा गलत। यदि विद्यार्थी ने सही उत्तर का चयन किया हो तब मशीन अगले प्रश्न को प्रस्तुत करती है, दूसरी ओर यदि विद्यार्थी ने त्रुटिपूर्ण उत्तर का चयन किया हो तब यह तब तक अनुक्रिया करता रहता है, जब तक कि वह सही उत्तर का चयन न कर ले, किन्तु उसकी इस विधि को बहुत कम मान्यता मिली। इस कारण यह आन्दोलन एक दशक तक खटाई में पड़ा रहा। यह सम्भवतः दो कारणों से हुआ–प्रथमतः उसकी मशीन में प्रयुक्त सामग्री के सुव्यवस्थित अभिक्रमण के लिए प्रावधान नहीं था, दूसरे आर्थिक मन्दी तथा उसके सामाजिक स्थितियों एवं शिक्षा पर प्रभाव के कारण उचित वातावरण तैयार नहीं हुआ था।

तीसरे एवं चौथे दशक में आर्थर–ए–लम्सदेने और राबर्ट ग्लेजर ने मशीन शिक्षण के कुछ प्रयास किये। पांचवें दशक में हारवर्ड वि.वि. के बी.एफ. स्किनर के कार्य से अभिक्रमित अनुदेशक आन्दोलन को गति मिली। स्किनर ने चूहों एवं कबूतरों पर लम्बे समय तक कार्य किया एवं अधिगम सिद्धान्त विकसित किया जिसे सक्रिय अनुबन्धन सिद्धान्त कहा गया है। इस सिद्धान्त का मानव अध्यापन में उपयोग करके अलग

प्रकार की शिक्षण मशीन का निर्माण किया जिसमें प्रेसी के प्रतिमान की सीमाओं को दूर किया गया। उसने शिक्षण अधिगम प्रतिमान का विकास किया जो अभिक्रमित अनुदेशन के नाम से जाना जाता है।

सन् 1955 में नार्मन ए. क्राउडर ने प्रेसी की शिक्षण मशीन में सुधार सुझाया। उसने इसे "मूलभूत अभिक्रमण के द्वारा स्वचलित अनुशिक्षा" के रूप में वर्णित किया। इसमें विद्यार्थी थोड़ी मात्रा में सामग्री का अध्ययन करता है और उससे प्रश्न पूछा जाता है। यदि विद्यार्थी का उत्तर गलत हो, उसे उत्तर का अनुमान लगाने के बदले में कुछ पुनरीक्षण सामग्री जो कि उसकी त्रुटि की व्याख्या करती है, दी जाती है। तब उसका (विद्यार्थी का) पुनः परीक्षण किया जाता है। प्रेसी के अध्ययन, अनुप्रयोग एवं शिक्षण–परीक्षण को क्राउडर ने मिला दिया।

सामग्री का ठीक क्रम एवं अभिक्रम प्रत्येक विद्यार्थी के लिए अलग हो सकते हैं। विद्यार्थी आगे क्या अध्ययन करने जा रहा है यह उसकी अनुक्रिया द्वारा निर्धारित किया जाता है। इस प्रकार इस आन्दोलन को गति मिली।

साहित्य में अभिक्रमित अधिगम एवं अभिक्रमित अनुदेशन का प्रयोग अदल–बदल कर किया जाता है, क्योंकि यह अधिगम की उन्मुख पद्धति है जिसमें उस विधि पर जोर दिया जाता है जिसके द्वारा सामग्री, स्वनिदेशात्मक के रूप में प्रस्तुत की जाती है।

अभिक्रमित अधिगम के सिद्धान्त (Theories of Programmed Learning)

अभिक्रम के मूल सिद्धान्तों का आविर्भाव बी.एफ. स्किनर के प्रयोगों द्वारा हुआ। इनका वर्णन निम्नलिखित है:–

लघु सोपानों का सिद्धान्त

इस सिद्धान्त के अनुसार विषय–वस्तु, जिसको अभिक्रमित करना है, का भलीभाँति विश्लेषण किया जाता है और उसे सूचनाओं के अथपूर्ण भागों में विभाजित किया जाता है। एक समय में सूचनाओं के एक भाग को विद्यार्थी को प्रस्तुत किया जाता है।

सक्रिय अनुक्रिया का सिद्धान्त

इस सिद्धान्त के अनुसार अधिगम तब होगा जबकि विद्यार्थी द्वारा आवश्यक अनुक्रिया की जाये। इस प्रकार अभिक्रम विद्यार्थी को सक्रिय अनुक्रिया का मौका देता है और उसकी सक्रियता को बनाये रखने की ओर प्रवृत्त करता है। इस दौरान विद्यार्थी व्यस्त एवं सक्रिय रहता है। एक अच्छे अभिक्रमण के लिए यह आवश्यक है कि पूर्व सूचनाओं की पूर्णतः समझ होने के पश्चात् ही अगली सूचना पर जाया जाये।

तत्काल पुष्टि का सिद्धान्त

यह सिद्धान्त यह बताता है कि, अधिगमक को सही परिणाम का ज्ञान कराया जाना चाहिये जिससे कि प्रश्न का उत्तर (अनुक्रिया) लिखने के पश्चात् उसे यह मालूम हो सके कि उसका उत्तर सही है अथवा नहीं। यदि उसका उत्तर सही है, इसका अर्थ यह है कि अधिगमक ने प्रस्तुत की गई सूचनाओं को समझ लिया है। गलत अनुक्रिया की स्थिति में अधिगमक प्रस्तुत की गई सूचनाओं के बारे में प्रतिपोष प्राप्त करता है। इसका तात्पर्य यह है कि अधिगमक अन्धेरे में नहीं रहता है। परिणाम की तत्काल सन्तुष्टि महत्त्वपूर्ण है, क्योंकि किसी भी सुव्यवस्थित विकसित अभिक्रम में, अधिगमक अनुमान नहीं लगा सकेगा और जबकि अधिगमक अपनी अनुक्रिया के बारे में शंकित हो वह इसे सुधारना चाहेगा अथवा इसकी पुष्टि चाहेगा जबकि वह गलत होता है, किन्तु वह सोचता है कि वह सही था। यह अधिगमक का अभिप्रेरण भी बनाये रखता है।

स्व–अध्ययन गति का सिद्धान्त

इस नियम के अनुसार जब अधिगमक किसी अभिक्रम के द्वारा कार्य करता है तब वह अपनी स्वयं की गति से सीखता है। उसे उसके सहपाठियों के साथ–साथ सीखने के लिए बाध्य नहीं किया जाता है। स्व–अध्ययन गति के द्वारा अभिक्रम निर्माण करने में व्यक्तिगत भिन्नताओं के सिद्धान्त का अध्यापन अधिगम प्रक्रिया में समावेश हो गया है।

विद्यार्थी परीक्षण का सिद्धान्त

इस अन्तिम सिद्धान्त के अनुसार, कक्षा अध्यापक अपने विद्यार्थियों की प्रगति का मूल्यांकन कर सकता है। वह अभिक्रम के कमजोर भाग को विद्यार्थियों के निष्पादन के परिप्रेक्ष्य में सुधार कर सकता है। विद्यार्थी स्वयं अपने निष्पादन का सतत् मूल्यांकन कर सकते हैं।

अभिक्रमित अधिगम की विशेषताएँ

अभिक्रमित अधिगम की मुख्य विशेषताएँ अग्रलिखित हैं:–

1. अभिक्रमित अधिगम, ऐसी प्रक्रिया है जो अधिगम की गति एवं गहराई का अधिकाधिक विकास करती है। यह विद्यार्थियों की समझ एवं अभिप्रेरण को बढ़ाती है।
2. अभिक्रमित अधिगम में अधिगमक के बारे में मान्यताएँ स्पष्ट हैं। ये मान्यताएँ अधिगमक की पठन क्षमता के स्तर, उसका शब्द भण्डार एवं विषय की पृष्ठभूमि बताती हैं।

3. अभिक्रम का उद्देश्य कथन व्यावहारिक शब्दावली में किया जाता है जिसमें अभिक्रम के परिणामस्वरूप अर्जित व्यवहारों को निरीक्षण एवं मापन योग्य बनाया जाता है।
4. अभिक्रम में विषय–वस्तु के छोटे सोपानों को तार्किक क्रम में प्रस्तुत किया जाता है।
5. अभिक्रमित अधिगम में अभिक्रम एवं अधिगमक के मध्य की अन्तर्क्रिया पर बल दिया जाता है। इसके लिए यह आवश्यक है कि अधिगमक को अनुक्रिया करने के लिए प्रेरित किया जाये। इसलिए विद्यार्थियों को रिक्त स्थानों की पूर्ति एवं वाक्य लिखने को कहा जाता है।
6. अभिक्रमित अधिगम की स्थिति में अधिगमक अपने स्वयं की गति से सीखता है, इस प्रकार अधिगम सामान्य गति की अपेक्षा व्यक्तिगत भिन्नताओं को भी ध्यान में रखती है।
7. अभिक्रमित अधिगम में अधिगमकों की अनुक्रियाओं के रेकार्ड के द्वारा सतत मूल्यांकन सम्भव है।
8. अभिक्रमित अधिगम का उपयोग उच्च संज्ञानात्मक योग्यताएँ विकसित करने के लिए किया जा सकता है।

व्यक्तिपरक अनुदेशन पद्धति (The Personalized System of Instruction)

फ्रेड एस. केलर एक अमेरिकी मनोवैज्ञानिक एवं शिक्षाशास्त्री थे, जिन्होंनें अपने सहयोगी शेर्मन एवं अन्य के साथ मार्च 1963 में अनुदेशन पद्धति का विकास किया जो केलर योजना के नाम से जानी जाती है। आज व्यक्तिपरक अनुदेशन पद्धति एवं केलर योजना का उपयोग पर्याय के रूप में किया जाता है।

केलर योजना के सोपान

केलर योजना के पाँच (5) बुनियादी सोपान हैंः–

1. पारंगतता अधिगम
2. स्वगति
3. लिखित शब्द पर बल
4. अभिकर्ता (Proctor)
5. व्याख्यान

1. *पारंगतता अधिगम*

जब कक्षा में अनुकूल अधिगम परिस्थतियों प्रदान की जाती हैं तो पारंगतता अधिगम की संभावसना बढ़ जाती है। उपयुक्त अधिगम

परिस्थितियों से तात्पर्य कक्षा में विद्यार्थियों को परिक्षण, सतत् अधिगम, निदान एवं पुनर्परिक्षण का अवसर मिलता है। पारंगत्ता अधिगम पाठय्–वस्तु को प्राथमिकता नहीं देता है परन्तु इनमें कैसे पारंगत्ता हासिल की जाए इस प्रक्रिया पर जोर होता है। इसका मूल्यांकन शिक्षक निकष सन्दर्भित परीक्षण (Criterian Reference Test) द्वारा करते हैं।

2. *स्वगति*

प्रशिक्षणार्थी अपने स्वयं की गति के अनुसार इकाई को सीखता है। परीक्षण तभी लिए जाते हैं जबकि प्रशिक्षणार्थी उसके लिए तैयार होता है। परीक्षण सफलता प्राप्त होने तक दोहराए जाते हैं। स्वगति से सीखने में अनेक समस्याएँ भी आ सकती हैं। उनमें से प्रमुख हैं प्रशिक्षणार्थी द्वारा टालमटोल अथवा विलम्बन, यह प्रशिक्षणार्थी में अभिप्रेरणा की कमी के कारण हो सकता है।

प्रायः ऐसा होता है कि जो प्रशिक्षणार्थी पाठ्यक्रम की इकाई पूर्ण करने में असमर्थ होते हैं तब उन्हें अपूर्ण चिह्न प्रदान किया जाता है। यदि अधिकतर प्रशिक्षणार्थी सभी इकाइयों को पूर्ण करने में असमर्थ होते हैं तब यह प्रशिक्षण की असफलता को दर्शाता है। हालांकि केलर योजना में पारंगतता अधिगम में संशोधन का प्रावधान नहीं होता है किन्तु व्यक्तिपरक अनुदेशन पद्धति में ऐसा प्रावधान होता है। इस हेतु प्रारम्भिक इकाइयों की लम्बाई कम कर दी जाती है। ताकि प्रशिक्षणार्थी उन्हें सफलतापूर्वक पूर्ण कर लें।

यह जाँच कीजिये कि इकाई की विषयवस्तु अधिक जटिल तो नहीं है। यदि ऐसा है तब आपको सतत् असफलता ही प्राप्त होगी। इसमें प्रारम्भिक सरल इकाइयाँ सहायता करती हैं।

यह निश्चित कीजिये कि आपकी सामग्री वास्तव में सचित्र है।

प्रशिक्षणार्थियों को विकल्पनात्मक सामग्री दीजिये जो कि पाठ्यपुस्तक की कठिन इकाइयों अथवा विषयवस्तु को स्पष्ट कर सके एवं उनकी रुचि जाग्रत कर सकें।

प्रायः व्यक्तिगत अनुदेशन पद्धति में परम्परागत पाठ्यक्रम की विषय–वस्तु का तीन चौथाई अंश ही उसी समय में पूर्ण किया जाता हैं। यदि आप इस पद्धति द्वारा सम्पूर्ण पाठ्यक्रम पूर्ण करना चाहते हैं तब तीन चौथाई को ही अनिवार्य रखिए, शेष योग्य प्रशिक्षणार्थी स्वयं पूर्ण कर लेंगे।

सभी इकाइयों को समाप्त करने के लिए अंक प्रदान कीजिये। यदि आप 80 प्रतिशत अंक पाठ्यक्रम के अन्तिम मूल्यांकन के लिए देते हैं तब 20 प्रतिशत अंक सभी इकाइयों को पूर्ण करने के लिए दीजिये। जो विद्यार्थी सभी इकाई पूर्ण नहीं करेंगे उन्हें 20 प्रतिशत अंक नहीं प्राप्त होंगे।

सभी प्रशिक्षणार्थियों द्वारा सफलतापूर्वक पूर्ण की गई इकाइयों का कक्षा में एक चार्ट लगाइये, जिससे विद्यार्थियों को उनकी प्रगति का पता चल सके। सभी सत्रों के विद्यार्थियों की उपस्थिति को अनिवार्य कीजिये।

3. *लिखित शब्दों पर बल*

केलर ने पाठ्यपुस्तकों, हस्तपुस्तिकाओं, अभिक्रमित सामग्रियों, प्रदत्त कार्यों एवं अध्ययन निर्देशिकाओं के रूप में लिखित शब्दों के उपयोग पर जोर दिया है। अध्ययन निर्देशिका प्रशिक्षणार्थियों को महत्त्वपूर्ण सहायता प्रदान करती है।

केलर योजना की सामग्री के लिखित अभ्यास के लिए कार्यशाला की आवश्यकता होगी। साथ ही साथ कमजोर शाब्दिक कौशल वाले प्रशिक्षणार्थियों के लिए उपचारात्मक सहायता की आवश्यकता होगी। लिखित इकाइयों का यह फायदा भी होता है कि उन्हें अन्य प्रशिक्षणार्थियों को भी उपलब्ध कराया जा सकता है। हालांकि आधुनिक व्यक्तिपरक अनुदेशन पद्धति अत्याधुनिक उपकरणों, जैसे वीडियो, श्रवण कैसेट एवं कम्प्यूटर आश्रित होती है।

4. *अभिकर्ता (Proctor)*

अभिकर्ता वे प्रशिक्षणार्थी हैं, जिन्होंने पूर्व में सम्पूर्ण पाठ्यक्रम अथवा आंशिक पाठ्यक्रम पूर्ण कर लिया है तथा जो वर्तमान प्रशिक्षणार्थियों को उनके प्रशिक्षण में सहायता पहुँचा सकते हैं।

मूल केलर योजना में अभिकर्ता प्रशिक्षणार्थियों के परीक्षण प्रशासित करते हैं उन्हें अंक प्रदान करते हैं तथा उनके उत्तरों पर चर्चा करते हैं। अभिकर्ता प्रशिक्षक को पद्धति की कार्यप्रणाली के बारे में प्रतिपोष देते हैं तथा प्रशिक्षणार्थियों का पद्धति के साथ सम्पर्क बढ़ाते हैं। कभी–कभी उसी समूह के प्रगत सदस्यों का उपयोग अभिकर्ता के रूप में किया जाता है।

अधिकांश प्रशिक्षणार्थियों को अभिकर्ताओं संबंधी अनेक कठिनाइयों का सामना करना पड़ता है। ये कठिनाइयाँ निम्न हैं:–

1. कुशल अभिकर्ताओं की कमी।
2. अभिकर्ताओं की समय सारणी की समस्या।
3. अभिकर्ताओं को कैसे पुरस्कृत किया जाये?
4. कुछ प्रशिक्षणार्थी अभिकर्ताओं के प्रति नाराजगी व्यक्त करते है।
5. अभिकर्ताओं को उनके कार्य में प्रशिक्षित करने की समस्या।

व्याख्यान

व्याख्यानों का पद्धति के एक आवश्यक अंग के रूप में उपयोग किया जाता है। व्याख्यानों का उपयोग निम्न कारणों से किया जाता है:

1. ज्ञान एवं कौशलों के संवर्धन के लिए।
2. व्याख्यानों के द्वारा प्रशिक्षित दृश्य–श्रव्य साधनों, कम्प्यूटरों के बारे में बताता है तथा विशेषज्ञों द्वारा प्रदर्शन दिये जाते हैं। इनके द्वारा पूरक सूचनाएँ प्रदान की जाती हैं।
3. व्याख्यानों के द्वारा प्रशिक्षणार्थियों को अभिप्रेरित किया जाता है तथा केलर विधि द्वारा अध्ययन करते–करते यदि ये बोर हो गये हों तब व्याख्यान द्वारा उन्हें परिवर्तन मिलता है।

व्यक्तिपरक अनुदेशन पद्धति की तैयारी एवं संगठन

व्यक्तिपरक अनुदेशन पद्धति 10 अवस्थाओं में पूर्ण की जाती है:

प्रथम अवस्था: चयन कर उद्देश्य लिखिये।

द्वितीय अवस्था: पाठ्यक्रम की विषय–वस्तु का चयन कीजिये, जिसमें सभी उद्देश्य पूर्ण हों। प्रकरण का कार्य विश्लेषण कीजिये।

तृतीय अवस्था: उद्देश्यों एवं विषयवस्तु को पारंगतता अधिगम इकाइयों में विभाजित कीजिये।

निम्न बातें ध्यान में रखिये:

(अ) प्रारम्भ एवं अन्त में लघु इकाइयों को रखिये ताकि विद्यार्थियों को प्रोत्साहन मिले।

(ब) सरलतम इकाई से प्रारम्भ कीजिये।

(स) इकाइयों का आकार छोटा रखिये।

(द) प्रत्येक 4–5 इकाइयों के पश्चात् एक इकाई दोहराने के लिए रखिये।

चतुर्थ अवस्था: स्व–मूल्यांकन परीक्षण एवं अन्तिम परीक्षण तैयार कीजिये।

पंचम अवस्था: प्रशिक्षणार्थियों के लिए अध्ययन मार्गदर्शिका तैयार कीजिये।

(अ) पाठ्यक्रम की नीति एवं परिचय।

(ब) पाठ्यक्रम एवं प्रत्येक इकाई के उद्देश्य।

(स) इकाई पूर्ण करने की प्रक्रिया।

(द) अध्ययन प्रश्नः–

(क) पठन आवंटित कीजिये, सम्भावित कठिनाइयाँ बताइये, हल किये उदाहरण दीजिये।

(ख) इकाइयों में उपयोग लाई पहेलियों के उदाहरण।

(ग) इकाई परीक्षण के कुछ उदाहरण (बहुविकल्प एवं लघु उत्तरीय)।

(घ) मूल्यांकन प्रक्रियाएँ।

(ङ) समय सारणी एवं कक्षों की उपलब्धता।

(च) अभिकर्ता पद्धति।

(छ) सामग्रियों एवं उपकरणों के सैत।

षष्ठम् अवस्था: अभिकर्ताओं का चयन एवं प्रशिक्षण।

सप्तम् अवस्था: प्रशिक्षक मार्गदर्शिका लिखिये।

अष्टम् अवस्था: उपलब्ध आवास की जाँच कीजिये एवं पता लगाइये कि वह पूर्णतः सज्जित है अथवा नहीं।

नवम् अवस्था: प्रत्येक प्रशिक्षणार्थी की प्रगति का अभिलेख रखने के लिए एक पद्धति का संगठन कीजिये।

दशम् अवस्था: एक तिहाई अधिगम इकाई विस्तार से तैयार कीजिये।

व्यक्तिपरक अनुदेशन पद्धति के लाभः

1. विद्यार्थी स्वगति से सीखते हैं।
2. विद्यार्थी जिस प्रकार से सीखते हैं उससे उन्हें सीखने की कुछ स्वतन्त्रता मिलती है।
3. मानसिक कौशलों के पाठ्यक्रम के लिए यह विधि विशेषकर उपयोगी है।
4. विद्यार्थी एक–एक इकाई में पारंगतता करके सीखते हैं परिणामस्वरूप अन्तिम मूल्यांकन में असफल होने की सम्भावनाएँ अत्यन्त अल्प होती हैं।
5. प्रशिक्षण एवं प्रशिक्षणार्थी बताते हैं कि व्यक्तिपरक अनुदेशन पद्धति के द्वारा प्रशिक्षणार्थी अधिक विषय–वस्तु सीखते हैं।
6. व्यक्तिपरक अनुदेशन पद्धति में विद्यार्थियों को सतत् पुनरावर्तन प्राप्त होता है।
7. अभिकर्ता से व्यक्तिगत सम्बन्ध बढ़ते हैं।
8. प्रशिक्षणार्थी की प्रगति का अनुश्रवण (Monitoring) घनिष्ठता से होता है एवं उसे भरपूर प्रतिपोष (Feedback) प्राप्त होता है।

व्यक्तिपरक अनुदेशन पद्धति की हानियाँ/सीमाएँ:

1. अध्यापक/प्रशिक्षक को अधिक तैयारी करनी होती है।
2. प्रबन्धकों, सहयोगियों एवं विद्यार्थियों को इस विधि के लिए तैयार करना एक कठिन कार्य है।
3. अभिकर्ता अध्यापक की तरह प्रभावी नहीं होता है।
4. सामग्री विकास में लिपिकीय एवं तकनीकी सहयोग आवश्यक होता है जिसे प्राप्त करना अत्यन्त कठिन होता है।

स्वतन्त्र अध्ययन (Independent Study)

स्वतन्त्र अध्ययन शब्द का उपयोग विभिन्न प्रकार के शैक्षिक अभ्यासों के वर्णन के लिए किया जाता है। स्वतन्त्र अधिगम एवं आत्मनिर्देशित अधिगम का उपयोग भी इसके लिए किया जाता है। कम्प्यूटर सहायक अनुदेशन, आत्मनिर्देशन एवं व्यक्तिपरक अध्ययन में मामूली अन्तर है। गृहकार्य, संविदा (Contract) अध्ययनगृह एवं अधिगम प्रतिरूपक इत्यादि स्वतन्त्र अध्ययन के रूप हैं।

परिभाषाएँ एवं विशेषताएँ (Definitions and Characteristics)

साहित्य में इसकी दो प्रकार की परिभाषाएँ पाई जाती हैं। प्रथम प्रकार में इनकी प्रकृति शैक्षणिक एवं गैर शैक्षणिक दोनों ही हो सकती है। स्वतन्त्र रूप चढ़ाव (Offering) सेमेस्टर में एक दिन अथवा वर्ष में एक दिन, एक माह में एक या दो बार अथवा जब कक्षायें नहीं लग रही हों, तब सम्पूर्ण सप्ताह चल सकता है। वहीं दूसरी ओर साथ लघु पाठ्यक्रम कार्यक्रम विद्यालयीन कार्यक्रम में ही चलता है। इनकी अवधि चतुर्थांश होती है। एक विद्यार्थी चार चतुर्थांश का लघु पाठ्यक्रम अपने वर्षभर के विद्यालयीन कार्यक्रम में कर सकता है।

स्वतन्त्र अध्ययन वह प्रक्रिया है, जिसके द्वारा विद्यार्थी महत्त्वपूर्ण कौशल ग्रहण करते हैं, जो उन्हें स्वतन्त्र अधिगमक बनाती है। प्रस्तुत परिभाषा से इसकी अग्र विशेषताएँ पता लगती हैं–विद्यार्थी अपने लक्ष्यों से अभिप्रेरित होता है; अधिगम का पुरस्कार आन्तरिक होता है; अध्यापक इसमें स्रोत होता है किन्तु वह अधिगम प्रक्रिया का नियन्त्रक नहीं होता है, (थाम्सन एवं ड्रेस्सेल, 1970)।

दूसरे प्रकार की परिभाषाओं में इसे अध्यापन की प्रविधि माना गया है, जिसे आत्म अनुशिक्षकीय विधि कहा जाता है, (पोस्टलेथवेट एवं अन्य, 1969)। इसमें विषय–वस्तु का निकाय होता है, जिसे विकासक द्वारा विद्यार्थियों के सीखने के लिए परिभाषित किया जा सकता है। अनुदेशन तकनीकी का व्यापक उपयोग किया जाता है। इसमें अनुदेशन

के कई माध्यमों का उपयोग किया जाता है, जिसमें विद्यार्थी एकाकी रूप में अन्तर्क्रिया करता है।

स्वतन्त्र अध्ययन के लाभ **(Benefits of Independent Study)**

1. स्वतन्त्र अध्ययन एक वांछित शैक्षिक परिणाम है।
2. इसकी सहायता से उपलब्धियाँ बेहतर होती हैं।
3. विद्यार्थी की सक्रियता बेहतर होने से उसकी उपलब्धियाँ बेहतर होती हैं, (अलेक्जेण्डर एवं हाइन्स, 1967)
4. विद्यार्थी उन प्रकरणों को भी पढ़ सकता है। जो पाठ्यचर्या में नहीं हैं।

स्वतन्त्र अध्ययन की बाधाएँ **(Barriers to Independent Study)**

1. विद्यार्थी, अध्यापक एवं संस्थायें बाधाओं के स्रोत हो सकते हैं, जो स्वतन्त्र अध्ययन के लाभ को सीमित करते हैं।
2. कुछ विद्यार्थी स्वतन्त्र अध्ययन के लिए तैयार नहीं होते हैं एवं कुछ लेखक सुझाव देते हैं कि सभी विद्यार्थियों को इस प्रक्रिया में शामिल नहीं किया जाना चाहिये, (ब्राउन, 1968)।
3. अध्यापक अपनी नई भूमिका में कुण्ठित हो सकते हैं।
4. यह पाठ्यचर्या के विस्तार में सहायता करती है। विद्यार्थी उन प्रकरणों को भी पढ़ सकता है जो कि पाठ्यचर्या में नहीं है।

2

पाठ्यचर्या के दार्शनिक आधार
(Philosophical Foundations of Curriculum)

दर्शन एवं पाठ्यचर्या (Philosophy and Curriculum)

प्रत्येक समाज का एक सामान्य दर्शन होता है। समाज के सदस्य अच्छा जीवन जीने के लिए इस दर्शन का मार्गदर्शिका के रूप में उपयोग करते हैं। समाज के प्रौढ़ अपना जीवन दर्शन अपने बच्चों को देना चाहते हैं, ताकि आने वाले वर्षों में उनका जीवन अधिक सुरक्षित एवं सम्पन्न हो सके।

प्राचीन समय में अच्छे जीवन का ज्ञान अनौपचारिक रूप से पिता अपने पुत्र को एवं माता अपनी पुत्री को प्रदान करती थी, किन्तु आज उच्च विकसित समाज में अच्छे जीवन का ज्ञान प्रदान करने के लिए विद्यालयों की स्थापना की गयी है। इस प्रकार विद्यालय शिक्षार्थियों को ऐसे विचार एवं नियम बताता है, जिससे वे बुद्धिमत्तापूर्ण निर्णय ले सकें। (ज़ैस 1976)

दर्शन पाठ्यचर्या कार्यकर्त्ताओं को विद्यालयों एवं कक्षाओं के संगठन के आधार का अर्थ एवं औचित्य प्रदान करता है। दर्शन यह बतलाता है कि विद्यालय किसलिए है, किन विषयों का मूल्य है, विद्यार्थी कैसे सीखते हैं तथा किन विधियों एवं सामग्रियों का अध्यापन के लिए उपयोग किया जाये। दर्शन के द्वारा शैक्षिक लक्ष्यों का निर्धारण, विषय-वस्तु का चयन एवं संगठन, अध्यापन एवं अधिगम प्रक्रिया के दृष्टिकोण तथा कक्षा के अनुभवों एवं गतिविधियों का स्पष्ट तौर से पता चलता है। दर्शन के द्वारा पाठ्य पुस्तकों, विद्यार्थियों के परीक्षण एवं परिणामों के उपयोग का ज्ञान भी होता है। गुडलेड (1979) ने दर्शन को पाठ्यचर्या का प्रारम्भिक बिन्दु कहा है।

पाठ्यचर्या के निर्णय में दर्शन की तीन शाखाएँ अपना स्थान रखती हैं, ये हैं–सत्ता मीमांसा (Ontology), ज्ञान मीमांसा (Epistemology) तथा मूल्य मीमांसा (Axiology)

सत्ता मीमांसा (Ontology)

सत्ता मीमांसा दर्शन का वह भाग है, जो सत्य की प्रकृति से सम्बन्धित है। यह प्रश्न करती है कि सत्य क्या है? इसके बारे में दार्शनिकों के तीन समूहों ने अलग-अलग प्रकार से विचार व्यक्त किये हैं। प्रथम समूह के अनुसार सत्य का बिन्दुपथ अलौकिक क्षेत्र होता है। द्वितीय समूह के अनुसार सत्यता जन्मजात होती है अन्यथा यह वर्तमान, बाह्य, प्राकृतिक संसार में अन्तर्निवास करती है। तीसरे समूह के अनुसार सत्यता केवल मानव के अनुभवों में होती है। इनके अनुसार बाह्य सत्यता की स्थिति की बात करना अर्थहीन है, जबकि मनुष्य इसे प्रत्यक्ष रूप से नहीं जान सकता। (ब्रिजमेन, 1950)

ज्ञान मीमांसा (Epistemology)

ज्ञान मीमांसा दर्शन का वह भाग है, जो ज्ञान एवं जानने से सम्बन्धित है। यह प्रश्न करती है कि सत्य क्या है? तथा हम यह कैसे जानते हैं, कि हम जानते हैं? पाठ्यचर्या विशेषज्ञों का सम्बन्ध ज्ञान मीमांसा के प्रश्नों से है। ज्ञान वह है, जिसके बारे में पाठ्यचर्या है। मनुष्य के उद्भव के सम्बन्ध में बाइबिल में दिया विचार सत्य है अथवा डार्विन का। हम कैसे जान सकते हैं? यह काफी महत्वपूर्ण है कि जो ज्ञान हम अपने बच्चों को देते हैं, वह प्रामाणिक हो।

बाइबिल के अनुसार सत्य वह है, जो अलौकिक शक्तियों (Supernatural Powers) से प्राप्त हो, जबकि डार्विन के अनुसार सत्य वह है, जिसकी खोज वैज्ञानिक रूप से इस संसार में व्याप्त सत्य के परीक्षणों के द्वारा की जाती है। सत्ता मीमांसा एवं ज्ञान मीमांसा की जाँच-पड़ताल से हमें ज्ञात होता है कि सत्य का ज्ञान सम्भव नहीं है। चूँकि ब्रिजमेन (1950) ने कहा है कि हमारे मस्तिष्क की एक सीमा है एवं हम ब्रह्माण्ड को नहीं जान सकते हैं। यदि यह सही है, तो सत्य ज्ञान हमें अनुपलब्ध है तथा हम अपने वर्तमान संसार के ज्ञान के आधारहीन एवं भ्रान्तियों से बना है, को जानने के लिए बाध्य हैं।

ज्ञान मीमांसा (संरचित ज्ञान) पर आधारित पाठ्यचर्या विषय-वस्तु के सन्दर्भ में लचीली होगी। चूँकि ज्ञान में लगातार परिवर्तन हो रहे हैं, अतः ज्ञान की बजाय ज्ञान उत्पन्न कैसे करें? यह जानना ज्यादा जरूरी है। इसलिए पाठ्यचर्या में प्रक्रिया के सीखने में जो ज्ञान के निर्माण में सहायक है, पर अधिक बल देना होगा। पढ़ना, लिखना, गणित एवं चिन्तन तथा समान गतिविधियाँ विद्यार्थियों को करवायी जानी चाहिये।

मूल्य मीमांसा (Axiology)

मूल्य-मीमांसा दर्शन की वह शाखा है, जिसका सम्बन्ध मूल्य की समस्याओं से है। यह प्रश्न करती है कि अच्छा क्या है? मनुष्य को क्या पसन्द करना चाहिये? वास्तव में क्या है? हमारे जीवन में मूल्यों का अत्यन्त महत्व है। मूल्य मीमांसा को दो वर्गों में विभाजित किया गया है–नीति शास्त्र एवं सौन्दर्य शास्त्र (Aesthetics) सही एवं गलत अथवा अच्छा एवं बुरा इत्यादि संकल्पनाएँ नीतिशास्त्र से सम्बन्धित हैं, जबकि दूसरी ओर सौन्दर्यशास्त्र का सम्बन्ध सुन्दरता के गुणों, मानवीय अनुभूतियों एवं आनन्द से है।

नीति शास्त्र (Ethics)

मौरिस (1961) के अनुसार नीतिगत जाँच-पड़ताल का मुख्य प्रश्न है, मैं क्या करूँ? दी गई स्थिति में सही अथवा अच्छे का क्या निर्णय लें? न्यायसंगतता, ईमानदारी, धोखा, निर्दयता, परमार्थ इत्यादि नैतिक मुद्दे हैं। इनके द्वारा मानवों के मध्य सम्बन्धों की गुणवत्ता शामिल है। पाठ्यचर्या नियोजन के लिए यह जानना आवश्यक है कि नैतिक व्यवहार के निर्धारक क्या हैं?

सौन्दर्यशास्त्र (Aesthetics)

सौन्दर्यशास्त्र के अन्तर्गत मुख्य प्रश्न यह उठाया जाता है कि दृष्टि, श्रवण, गंध, स्पर्श एवं स्वाद की वे संवेदनाएँ क्या हैं, जो आनन्द की गुणवत्ता प्रदान करती हैं? अथवा सौन्दर्यशास्त्र के अधिक परिचित शब्दों में सुन्दर क्या है? मनुष्य अलग-अलग प्रकार के अनुभवों के लिए पसन्द विकसित करते हैं। (मौरिस, 1961) कुछ लोग संगीत सुनना पसन्द करते हैं। कुछ मधुशाला में बैठकर गन्ने का रस पीना पसन्द करते हैं। चूँकि ये समस्त कार्य समान रूप से नैतिक नहीं हैं इसलिए सभी सौन्दर्यात्मक कार्य में समान आनन्द प्राप्त नहीं होता है।

आदर्शवाद (Idealism)

आदर्शवाद दर्शन की प्राचीनतम विचारधारा है। आदर्शवाद वह दर्शन है जो शाश्वत मूल्यों एवं आदर्शों में विश्वास करता है। पाश्चात्य जगत में इस विचारधारा के मुख्य उद्घोषक ग्रीक दार्शनिक प्लेटो थे। प्लेटो ने बताया कि महान् एवं अच्छे समाज का निर्माण उन व्यक्तियों द्वारा नहीं होता जिनका सम्बन्ध उनके स्वयं की सामग्री की देखरेख से है अपितु उन व्यक्तियों द्वारा होता है जो कि उच्च अमूर्त्तताओं जैसे, न्याय, सद्गुण और सत्य विचार के मिश्रण की महात्वाकांक्षा रखते हैं। इन

व्यक्तियों को अपनी पुस्तक 'रिपब्लिक' में उसने 'दार्शनिक अभिभावक' की संज्ञा दी है।

प्लेटो की पाठ्यचर्या

प्लेटो के अनुसार तीन प्रक्रियाओं के द्वारा मस्तिष्क का गुप्त ज्ञान चेतना में लाया जा सकता है।

1. संवेदी उद्दीपक,
2. अध्यापकों द्वारा जाँच–पड़ताल के लिए पूछे गये प्रश्न, एवं
3. ध्यान, प्रार्थना, जिसके द्वारा मस्तिष्क स्वयं के अर्द्धचेतन में पहुँचकर 'अच्छे ज्ञान' का प्रत्यास्मरण कर सकता है।

प्लेटो की तैयारी पाठ्यचर्या में अध्ययन के चार क्षेत्र हैं–अंकगणित, रेखागणित, नक्षत्र विज्ञान और संगीत। अंकगणित का अध्ययन मूर्त रूप में किया गया था, ताकि मस्तिष्क शुद्ध बुद्धि का उपयोग कर सके। समतल एवं ठोस दोनों ज्यामितियों का उपयोग समान कारणों के लिए किया गया। चूँकि शुद्ध अंक प्रकृति में नहीं पाये जाते, इसलिए बिन्दु, रेखा, कोण, वृत्त इत्यादि यहाँ पाये जाते हैं। इस प्रकार ज्यामिति शुद्ध विचारों की ओर ले जाती है। अंकगणित एवं रेखागणित का उपयोग सामंजस्य एवं शुद्ध सत्य से प्यार के विकास के लिए किया गया। खगोल विज्ञान का उपयोग उच्च ज्ञान के जानने में सहायक तरीके के लिए किया गया। संगीत को पाठ्यचर्या में इसलिए शामिल किया गया, ताकि अंकों के सामंजस्य में सहायता कर सके।

प्लेटो ने इन चारों को विज्ञान कहा गया है। प्लेटो ने बताया कि जीवन का अंतिम उद्देश्य ईश्वर की प्राप्ति है। ईश्वर की प्राप्ति के लिए सत्यम्, शिवम् एवं सुन्दरम् मूल्यों की प्राप्ति आवश्यक है। इन मूल्यों की प्राप्ति बौद्धिक, नैतिक एवं कलात्मक क्रियाओं के द्वारा ही सम्भव है।

प्लेटो पाठ्यचर्या में उन्हीं क्रियाओं का समावेश चाहता था, जो मानव को उपर्युक्त क्रियाओं में दक्षता प्रदान करे। पाठ्यचर्या में शामिल क्रियाएँ एवं सम्बन्धित विषय चित्र 2.1 में दर्शाये गये हैं–

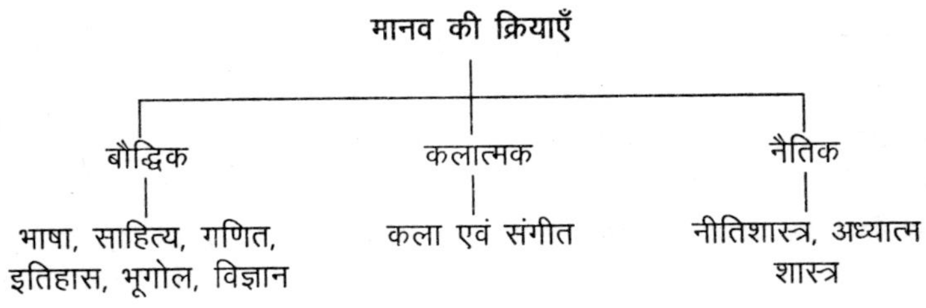

चित्र 2.1

एक अन्य आदर्शवादी दार्शनिक हरबार्ट, मनुष्य की आध्यात्मिक उन्नति पर ही बल देते थे। उनके अनुसार आदर्शवादी शिक्षा का उद्देश्य नैतिकता है। इसलिए उन्होंने पाठ्यचर्या में साहित्य, इतिहास, कला, कविता एवं संगीत को मुख्य (Major) तथा भूगोल, गणित तथा विज्ञान को गौण स्थान दिया।

ब्रिटिश शिक्षाशास्त्री नन के विचार भी आदर्शवादी दर्शन पर आधारित हैं। उनके अनुसार विद्यालय को अपने राष्ट्र की आध्यात्मिक शक्ति तथा ऐतिहासिकता को बनाये रखकर भविष्य को उज्ज्वल बनाने का प्रयास करना चाहिये। पाठ्यचर्या में उन्हीं विषयों का समावेश किया जाना चाहिये, जिनसे मनुष्य को मानव सभ्यता एवं संस्कृति की झलक मिले तथा जिनके द्वारा विद्यार्थियों को कुछ विशेष क्रियाओं में अनुशासित एवं प्रशिक्षित किया जा सके।

नन ने इन क्रियाओं को दो भागों में विभाजित किया है–

(1) वे क्रियाएँ, जो व्यक्तिगत एवं सामाजिक जीवन की रक्षा करती हैं तथा

(2) वे क्रियाएँ, जो मानव सभ्यता का निर्माण कर सकें।

इनके लिए नन ने इस प्रकार पाठ्यचर्या प्रस्तावित की है–

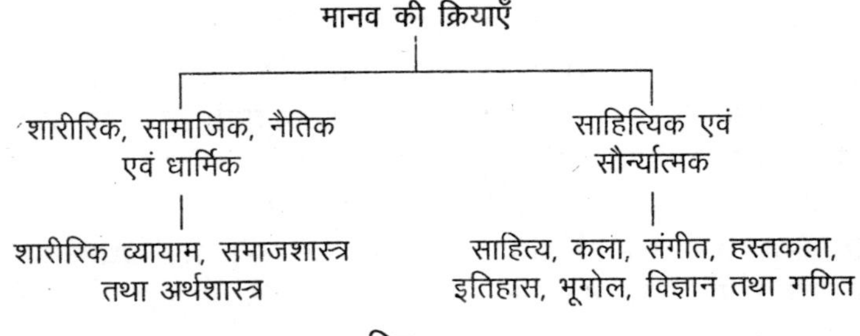

चित्र 2.2

यथार्थवाद (Realism)

यथार्थवाद के विकास में प्रायः अरस्तु का नाम जोड़ा जाता है। यथार्थवाद वस्तु के अस्तित्व सम्बन्धी विचारों के प्रति एक दृष्टिकोण है, जिसके अनुसार संसार की वस्तुएँ यथार्थ हैं। यथार्थवादी, संसार को वस्तु एवं पदार्थ के रूप में देखते हैं। व्यक्ति, संसार को उनकी इन्द्रियों एवं कारणों से जान सकते हैं। प्रत्येक वस्तु प्रकृति से प्राप्त होती है एवं इसके नियमों का पालन करती है।

यथार्थवादी, शिक्षा द्वारा मनुष्य को जीवन के लिए तैयार करना चाहते हैं। उनके अनुसार पाठ्यचर्या में उन्हीं विषयों का समावेश होना

चाहिये, जिनका वर्तमान जीवन से सीधा सम्बन्ध हो एवं वे मनुष्य के लिए उपयोगी हों। अतः उन्होंने पाठ्यचर्या में जीवन की यथार्थ परिस्थितियों, आवश्यकताओं एवं समस्याओं को ध्यान में रखकर प्रकृति, विज्ञान तथा व्यवसाय को प्रमुख तथा इतिहास, भूगोल एवं कानून को गौण व साहित्य, कला, संगीत को गौणतम स्थान दिया है। उनके पाठ्यक्रम में 25-30 विषयों को स्थान दिया गया। यथार्थवादियों ने बालक को अपनी रुचि के अनुसार विषय चुनने की स्वतन्त्रता भी प्रदान की है। यथार्थवादियों ने मातृभाषा एवं व्यवसाय पर बल देते हुए कहा है कि मातृभाषा मानव विकास की आधारशिला है एवं जीविकोपार्जन के लिए व्यवसाय आवश्यक है। इसलिए उनके मतानुसार पाठ्यचर्या में मातृभाषा एवं उद्योग अनिवार्य विषय होने चाहियें।

नैतिक, राजनैतिक एवं आर्थिक विचारों में संगठित की जा सकने वाली संकल्पनाओं एवं पद्धतियों को पाठ्यचर्या में शामिल किया जाना चाहिये। उन्होंने पढ़ना, लिखना एवं अंकगणित को मानव की बुनियादी शिक्षा के लिए आवश्यक बताया।

प्रयोजनवाद (Pragmatism)

प्रयोजनवाद में क्रियाशीलता एवं व्यावहारिकता को महत्वपूर्ण स्थान दिया गया है। प्रयोजनवादियों के अनुसार पहले क्रिया का प्रयोग किया जाता है, उसके फल के अनुसार विचारों अथवा सिद्धान्तों का निर्माण होता है। इसे प्रयोगवाद भी कहा जाता है। प्रयोजनवादी, ज्ञान को प्रक्रिया के रूप में मानते हैं, जिसमें वास्तविकता निरन्तर परिवर्तित हो रही है। व्यक्ति, समस्या समाधान से सीखता है। शिक्षार्थी एवं पर्यावरण में कार्य सम्पादनों की तरह निरन्तर परिवर्तन हो रहा है। प्रयोजनवाद के अनुसार सत्य हमेशा देशकाल तथा परिस्थिति के अनुसार बदलता है।

प्रयोजनवाद एवं पाठ्यचर्या (Pragmatism and Curriculum)

प्रयोजनवादियों के अनुसार पाठ्यचर्या में उन विषयों का समावेश किया जाना चाहिये, जो न केवल बालक के वर्तमान जीवन अपितु भविष्य के लिए भी उपयोगी हो। अतः उनके अनुसार पाठ्यचर्या में भाषा, स्वास्थ्य, भूगोल, इतिहास, विज्ञान तथा कृषि विज्ञान तथा छात्राओं के लिए गृह विज्ञान विषयों का समावेश किया जाना चाहिये।

प्रयोजनवादियों के अनुसार पाठ्यचर्या में बालक जिन क्रियाओं में रुचि लेता है, उन्हें शामिल किया जाना चाहिये। डिवी के अनुसार रुचियाँ चार प्रकार की होती हैं–(1) बातचीत करने की रुचि, (2) खोज की रुचि, (3) रचना की रुचि, (4) कलात्मक अभिव्यक्ति की रुचि।

उक्त रुचियों के आधार पर प्राथमिक स्तर की पाठ्यचर्या में लिखने, पढ़ने, गिनने, चित्रकला, हस्तकला एवं प्रकृति विज्ञान को प्रमुख स्थान दिया जाना चाहिये।

प्रयोजनवादी पाठ्यचर्या में बालक की क्रिया, व्यवसाय तथा अनुभव शामिल किये गये हैं। इन तीनों के मध्य घनिष्ठ सम्बन्ध होने चाहिये। पाठ्यचर्या में विषयों के अलावा उन क्रियाओं को उचित स्थान मिलना चाहिये, जो स्वतन्त्र, सामाजिक तथा उद्देश्यपूर्ण हो तथा जिनके द्वारा बालक अनुभव प्राप्त कर अनुभवशील बन जाये।

प्रयोजनवादियों के अनुसार पाठ्यचर्या के विषयों का एकीकरण किया जाना चाहिये। उनके अनुसार ज्ञान एक इकाई है। इसे अलग-अलग विभाजित नहीं किया जा सकता। अतः बालक को समस्त विषयों को परस्पर सम्बन्धित कर पढ़ाया जाना चाहिये।

अस्तित्ववाद (Existentialism)

ज़ैस (1976) ने बताया कि अस्तित्ववाद का पाठ्यचर्या के लिए महत्व समस्यात्मक है। प्रथम इसलिए क्योंकि यह आधुनिक है एवं दूसरे इसका सम्बन्ध व्यक्ति से है, जबकि शिक्षा आवश्यक रूप से एक सामाजिक प्रक्रिया है। वास्तव में अस्तित्ववाद जीवन के प्रति अभिवृत्ति है। अस्तित्ववादी इस आधार वाक्य से प्रारम्भ करते हैं कि 'मैं हूँ, इसलिए मैं चिन्तन करता हूँ' यह मनुष्य की पूर्व प्रकृति नहीं है, अपितु रहने का तरीका अस्तित्ववादी है, जबकि उसकी प्राथमिक सम्पत्ति अस्तित्व है। अस्तित्ववाद के लिए अस्तित्व, सार से श्रेष्ठ है। मनुष्य अस्तित्व में रखा गया है तथा अपने आपको अपनी पसन्द के द्वारा परिभाषित करता है।

अस्तित्ववादी यह पसन्द करते हैं कि क्या अध्ययन करें? सत्य क्या है? इसका पता कैसे लगायें? तथा इस सत्य का पता लगाने का निकष क्या है? इत्यादि चुनने की स्वतन्त्रता विद्यार्थी को दी जानी चाहिये। पाठ्यचर्या सुव्यवस्थित एवं संरचित नहीं होनी चाहिये, विद्यार्थियों को अनेक उपलब्ध अधिगम स्थितियों में चुनने की स्वतन्त्रता होनी चाहिये। शिक्षार्थी उस ज्ञान का चुनाव करें, जिसे वे रखना चाहते हैं।

अस्तित्ववादी मानते हैं कि सार्वाधिक महत्वपूर्ण ज्ञान है। मानव स्थितियों तथा प्रत्येक व्यक्ति की पसन्द का ज्ञान, शिक्षा चुनने की स्वतन्त्रता और अपने पसन्द के उत्तरदायित्व के अर्थ के प्रति चेतना जागृत करने की प्रक्रिया है। अस्तित्ववादी कुछ मानकों, रीति-रिवाजों एवं परम्पराओं को मानते हैं। जबकि अस्तित्ववाद आत्म का दर्शन है, इसकी पाठ्यचर्या व्यक्ति उसके आत्मज्ञान एवं आत्मचयन पर केन्द्रित

होती है। इसकी विषय -वस्तु 'कला' में सम्भव है। अतः चित्रकला, संगीत, मूर्तिकला, साहित्य, कविता, कहानी, निबन्ध, नाटक, गीत, नृत्य इत्यादि से सम्बन्धित होगी।

शैक्षिक दर्शन (Educational Philosophy)

हालाँकि शैक्षिक दर्शन के पहलुओं को आदर्शवाद, यथार्थवाद, प्रयोजनवाद एवं अस्तित्ववाद से प्राप्त किया जा सकता है, शैक्षिक दर्शन के तरीके प्रदान करने के लिए एक समान उपागम है। चार शैक्षिक दर्शनों का उदय हुआ है, ये हैं–नित्यवाद (Perennialism) तत्ववाद (Essentialism), प्रगतिवाद (Progressivism) एवं पुनर्संरचनावाद (Reconstructionism)।

नित्यवाद (Perennialism)

इस दर्शन का उदय यथार्थवाद से हुआ है। इस दर्शन में प्राथमिक स्तर पर पाठ्यचर्या में पढ़ना, लिखना, अंकगणित तथा नैतिक एवं धार्मिक प्रशिक्षण पर बल दिया जाता है। माध्यमिक स्तर की पाठ्यचर्या में भाषा, व्याकरण, तर्क एवं ज्यामिति पर बल दिया जाता है। नित्यवाद के अनुसार शिक्षा का मुख्य कार्य मानव को गढ़ना है। हमारे लिए सबसे महत्वपूर्ण एवं कठिन यह है कि मनुष्य बनें।

नित्यवाद सार्वभौम की अपरिवर्तित प्रकृति, मानव प्रकृति, ज्ञान सुन्दरता इत्यादि की दृष्टि है। हचिन्स (1953) ने बताया कि मनुष्य के रूप में कार्य समस्त समाज में समान है। शैक्षिक पद्धति का अभिप्राय प्रत्येक समय एवं समाज में जहाँ पद्धति है, समान है। यह अभिप्राय है, मनुष्य को मनुष्य बनाना इस प्रकार शिक्षा स्थिर, निरपेक्ष एवं सार्वभौम है।

नित्यवादियों के लिए समस्त शैक्षिक प्रश्नों का उत्तर इस प्रश्न में निहित है कि मानव की प्रकृति क्या है? उनके अनुसार मानव की प्रकृति स्थिर है। मानव में प्रकृति के सार्वभौम सत्यों को समझने एवं तर्क करने की योग्यता होती है। शिक्षा का लक्ष्य विवेकपूर्ण व्यक्तित्व का विकास करना है।

नित्यवादी पाठ्यचर्या विषय केन्द्रित होती है। इसमें भाषा, साहित्य, गणित तथा कला एवं विज्ञान विषयों पर बल दिया जाता है। इसमें अध्यापक अपने क्षेत्र में अधिकारी (Authority) होता है एवं इसके ज्ञान एवं अनुभव पर प्रश्न नहीं किया जा सकता है। अध्यापक का कार्य चर्चा के उद्दीपन प्रदान करना होता है। इसमें मौखिक विवरण, व्याख्यान एवं स्पष्टीकरण विधियों का उपयोग किया जाता है।

स्थायी अध्ययन (Permanent Study)

नित्यवादियों के अनुसार आज टिकाऊ ज्ञान एवं सत्य को स्थायी अध्ययन द्वारा ही प्राप्त किया जा सकता है। यह विषय-वस्तु उदार कलाओं में सम्मिलित है। स्थायी अध्ययन के लिए प्रसिद्ध व्यक्तियों की प्रसिद्ध पुस्तकों का अध्ययन किया जाना चाहिये।

तत्ववाद (Essentialism)

तत्ववाद का उदय आदर्शवाद एवं यथार्थवाद से हुआ है। तत्ववादियों के अनुसार प्राथमिक स्तर की पाठ्यचर्या में पढ़ना, लिखना एवं अंकगणित तथा माध्यमिक विद्यालय स्तर पर अंग्रेजी, गणित, विज्ञान, इतिहास एवं विदेशी भाषा विषय शामिल किये जाने चाहिये।

तत्वादियों के अनुसार सभी विद्यार्थियों को समान पाठ्यचर्या पढ़ायी जानी चाहिये। विषय-वस्तु की मात्रा एवं दर शिक्षार्थी की क्षमता पर निर्भर होनी चाहिये। विद्यार्थी को कठिन परिश्रम करने वाला बनाया जाना चाहिये। तत्ववादी शिक्षक की भूमिका नित्यवादी की तरह ही होती है। तत्व की माँग अमेरिका में आज शिक्षा के गिरते स्तरों को उठाने के लिए की जा रही है। आधुनिक तत्ववाद कम योग्य विद्यार्थियों के लिए शैक्षणिक एवं संज्ञानात्मक चिन्तन पर बल देता है। इसका प्रभाव निम्न दो आन्दोलनों में देखा जा सकता है–

(1) 'बुनियादी पर वापस आओ' पाठ्यचर्या,
(2) शिक्षा में उत्कृष्टता।

बुनियादी पर वापस आओ (Back to Basics)

प्रस्तुत पाठ्यचर्या तत्ववादी पाठ्यचर्या पर आधारित है, जिसमें पढ़ने, लिखने एवं गणित पर बहुत बल दिया गया है। ठोस कहलाने वाले विषय जैसे अंग्रेजी, इतिहास, विज्ञान और गणित सभी कक्षाओं में पढ़ाये जाते हैं। विज्ञान में जीव विज्ञान, रसायनशास्त्र एवं भौतिकशास्त्र का समावेश किया गया है तथा गणित में प्राचीन गणित का। इस आन्दोलन में अनुयायियों का मानना है कि एक कक्षा से दूसरी कक्षा में जाने के लिए विद्यार्थी को न्यूनतम ज्ञान एवं कौशल अवश्य सीखने चाहिये, ताकि वह रोजगार प्राप्त कर सके एवं आधुनिक समाज में रह सके।

शिक्षा में उत्कृष्टता (Excellence)

प्रस्तुत आन्दोलन का मुख्य उद्देश्य उच्च उपलब्धि है। इसमें पाठ्यचर्या उत्तीर्ण करने के लिए उच्च स्तर की सिफारिश की गयी है। इस पाठ्यचर्या में माध्यमिक स्तर पर कलन (Calculus) भौतिक शास्त्र एवं

प्रगत विदेशी भाषा के अध्ययन की बात कही गयी है। इस पाठ्यचर्या में संगणक (कम्प्यूटर) कौशलों को शामिल करने की सिफारिश की गयी है, जो कि कल के तकनीकी युग की आवश्यकता है। इसमें समय बढ़ाने एवं अनुदेशन की गुणवत्ता सुधारने, अध्यापकों एवं विद्यालयों को उन्नत करने तथा निवेश एवं निर्गत के रूप में शिक्षा का विश्लेषण करने कर बात भी कही गयी है।

पुनर्संरचनावाद (Reconstructionism)

प्रस्तुत दर्शन, पुराने आदर्श विचारों पर आधारित है। पुनर्संरचनावादियों ने समाज केन्द्रित शिक्षा पर अधिक बल दिये जाने की आवश्यकता प्रतिपादित की, जिससे कि समाज की एवं सभी वर्गों की आवश्यकता की पूर्ति हो। हालाँकि 'पुनर्संरचनावाद' शब्द डिवी का दिया हुआ है, किन्तु थिओडोरे ब्रामेल्ड को प्रायः इसका प्रवर्तक माना जाता है। ब्रामेल्ड ने बताया कि पुनर्संरचनावाद संकट का दर्शन है, जो कि अन्तर्राष्ट्रीय समाज का सत्व है। उसके अनुसार विद्यार्थियों एवं अध्यापकों को समाज सुधार के लिए परिवर्तन अभिकर्ता के रूप में कार्य करना चाहिये। अध्यापकों को अपने सामाजिक उत्तरदायित्वों का वहन करना चाहिये। इसी मत के अनुसार विद्यार्थियों एवं अध्यापकों द्वारा समर्पण एवं कार्य की आवश्यकता है। समाज में निरन्तर परिवर्तन हो रहे हैं, अतः पाठ्यचर्या में परिवर्तन आवश्यक है, अतः इसमें अध्यापकों एवं समाज सेवा पर आधारित पाठ्यचर्या आदर्श है। पुनर्संरचनावाद के अनुसार शिक्षा का कार्यक्रम निम्नानुसार है–

1. समाज के साथ ही मानव सभ्यता की सांस्कृतिक विरासत का आलोचनात्मक मूल्यांकन।
2. विरोधाभासी मुद्दों का बिना डरे परीक्षण।
3. सामाजिक एवं निर्माणात्मक परिवर्तन लाने के लिए जान-बूझकर समर्पण-भाव।
4. संसार की वास्तविकताओं का निर्धारण करने वाली भविष्य नियोजन की अभिवृत्ति का पोषण।
5. सांस्कृतिक नवीनीकरण एवं अन्तर्संस्कृतिवाद की वृद्धि के लिए एक निश्चित कार्यक्रम में अध्यापकों एवं शिक्षार्थियों का सहयोग प्राप्त करना।

प्रगतिवाद (Progressivism)

इसका विकास प्रयोजन दर्शन से हुआ है। प्रगतिवादी दर्शन के अनुसार समस्या समाधान विधियाँ एवं वैज्ञानिक जाँच-पड़ताल अधिगम के कौशल

एवं उपकरण है। सहकारी व्यवहार एवं आत्म अनुशासन को अधिगम अनुभवों में शामिल किया जाना चाहिये। ये दोनों प्रजातान्त्रिक जीवन के लिए आवश्यक है। इन कौशलों एवं अनुभवों के द्वारा विद्यालय समाज की संस्कृति को पोषित कर सकता है। प्रगतिवादी दर्शन, चिन्तन कैसे करें? पर अधिक बल देता है।

डिवी एवं अन्य प्रगतिवादी विचारकों के अनुसार पाठ्यचर्या की प्रकृति अन्तर्सकायात्म थी तथा पुस्तकें एवं विषय–वस्तु अधिगम प्रक्रिया के अंश थीं। अध्यापक विद्यार्थियों की समस्या समाधान एवं वैज्ञानिक परियोजना में मार्गदर्शक की भूमिका निभाता था।

समकालीन प्रगतिवाद अनेक आन्दोलनों में व्यक्त हुआ है। उनकी सार्थक पाठ्यचर्या एवं मानववादी पाठ्यचर्या का क्रमानुसार संक्षिप्त परिचय नीचे दिया गया है।

सार्थक पाठ्यचर्या (Relevant Curriculum)

इसका उदय विषय पाठ्यचर्या की सीमाओं के कारण हुआ। इसकी माँग शिक्षार्थियों एवं शिक्षकों द्वारा की गयी। कोहल (1969) ने सार्थक पाठ्यचर्या की निम्न विशेषताएँ बतायी हैं–

1. स्वतन्त्र अध्ययन एवं विशेष परियोजनाओं द्वारा व्यक्तिगत अनुदेशन का उपयोग।
2. वर्तमान पाठ्यचर्या में सुधार कर विद्यार्थियों के महत्व के प्रकरणों, जैसे–पर्यावरण सुरक्षा का समावेश।
3. शैक्षिक विकल्पों, जैसे–लघु पाठ्यक्रम, वैकल्पिक, मुक्त कक्षाओं का प्रावधान।
4. विद्यालय की चार दीवारी से बाहर के कार्यक्रम, जैसे–कार्य अध्ययन कार्यक्रम, परिसर के बाहर के कार्यक्रम, जीवन अनुभवों के लिए साख।
5. विद्यालयों एवं महाविद्यालयों में शैक्षणिक स्तरों एवं प्रवेश स्तरों में शिथिलता।

मानवतावादी पाठ्यचर्या (Humanistic Curriculum)

मानवतावादी पाठ्यचर्या भावात्मक पक्ष पर बल देती है। इस पाठ्यचर्या का उल्लेख अब्राहम मेस्लो एवं कार्ल आर. रोजर्स के कार्य में मिलता है। मेस्लो के अनुसार इसका लक्ष्य लोगों को आत्मवास्तविकीकरण कराना है, जबकि रोजर्स के अनुसार 'पूर्ण मनुष्य' बनाना। विद्यालय के बाहर की गतिविधियों जैसे–नशा, योग, ध्यान, समूह का सामना करना, प्रशिक्षणसमूह (Training Group) एवं मनोचिकित्सा, यौन चिकित्सा इत्यादि को पाठ्यचर्या में शामिल किया जाना चाहिये। अध्यापक का

कार्य विद्यार्थियों को मनोवैज्ञानिक आवश्यकताओं एवं समस्याओं के समाधान करने में सहायता करना तथा उनकी आत्म समझ में वृद्धि करना है, ताकि वे पूर्ण विकसित हो सकें।

शैक्षिक अवसरों की समानता

दुनिया के समाजशास्त्रियों एवं शिक्षाशास्त्रियों ने इस पर अपनी राय जाहिर की है। कोलमेन (1968) ने इसका आधुनिक दृष्टिकोण प्रस्तुत किया है। उसने शैक्षिक अवसरों में असमानता के सम्बन्ध में 5 बातें बतायी हैं, जिसमें से अन्तिम चार पुनर्संरचनावाद पर आधारित हैं।

1. सभी विद्यालयीन विद्यार्थियों को समान सुविधाएँ एवं एक पाठ्यचर्या द्वारा परिभाषित असमानताएँ।
2. विद्यालय की जातिगत संरचना के रूप में परिभाषित असमानता।
3. अध्यापक मनोबल एवं अध्यापक की विद्यार्थियों से अपेक्षाएँ जैसी विशेषताओं के रूप में परिभाषित असमानता।
4. समान योग्यताओं एवं पृष्ठभूमि वाले विद्यार्थियों के लिए विद्यालय के परिणामों पर आधारित असमानता।
5. असमान योग्यताओं एवं पृष्ठभूमि वाले विद्यार्थियों के लिए विद्यालय परिणाम पर आधारित असमानता।

उक्त में से प्रथम दो परिभाषाएँ जाति एवं सामाजिक वर्ग से सम्बन्धित हैं। तीसरी उन संकल्पनाओं से सम्बन्धित है, जिन्हें परिभाषित करना कठिन है। चौथी विद्यालय खर्च एवं वित्त से सम्बन्धित है तथा अन्तिम में यह बताया गया है कि समानता तभी प्राप्त की जा सकती है, जबकि विद्यालय के परिणाम सभी विद्यार्थियों (जो अल्प संख्या में हों तथा जो ज्यादा संख्या में हों) के लिए समान हों।

3

पाठ्यचर्या के ऐतिहासिक आधार
(Historical Foundations of Curriculum)

पाठ्यचर्या में समाज की आवश्यकताएँ प्रतिबिम्बित होती हैं। यदि हम मनुष्य के विकास पर दृष्टि डालें, तो यह पाते हैं कि मानव सभ्यता के विकास के साथ-साथ मनुष्य की आवश्यकताएँ थीं, वे आज नहीं हैं एवं आने वाले कल की आवश्यकताएँ आज से भिन्न होंगी। देश एवं समय के अनुसार पाठ्यचर्या को निरन्तर परिवर्तित करने की आवश्यकता होती है। इतिहास हमें इस बात में सहायता करता है कि हमारे पूर्वजों ने किस प्रकार पाठ्यचर्या को देशकाल के अनुसार परिवर्तित किया अथवा परिवर्तन नहीं करने से उन्हें किन-किन कठिनाइयों का सामना करना पड़ा। हम इतिहास से सीख लेकर वर्तमान पाठ्यचर्या को परिस्थिति के अनुरूप ढालकर भावी नागरिक तैयार कर सकते हैं। पाठ्यचर्या के ऐतिहासिक आधारों के लिए यहाँ विश्व के प्रत्येक देश की पाठ्यचर्या के ऐतिहासिक विकास का वर्णन करना न तो न्याय-संगत है न ही समीचीन। अतः अत्यन्त संक्षेप में यहूदी, चीन रोम की पाठ्यचर्या का वर्णन किया गया है तथा अमेरीका एवं भारत की पाठ्यचर्या का ऐतिहासिक परिप्रेक्ष्य में संक्षेप में वर्णन यहाँ प्रस्तुत किया गया है।

यहूदी पाठ्यचर्या

यहूदी नैतिक जीवन पर अधिक बल देते थे। यहूदी शिक्षा का मूल उद्देश्य धार्मिक चरित्र का निर्माण करना था। यहूदी बच्चे को धार्मिक उद्देश्य को ध्यान में रखकर व्यावहारिक शिक्षा प्रदान करते थे। वे शिक्षा घर पर ही अपने माता-पिता से प्राप्त करते थे। उन्हें बड़ों के प्रति सम्मान, आज्ञा पालन, धैर्य, दान, विवेक, देशभक्ति एवं सद्गुणों की शिक्षा दी जाती थी। लड़कों को कृषि कार्य उनके पिता द्वारा सिखाया जाता था। लड़कियों को खाना बनाना एवं सिलाई उनकी माताएँ

सिखाती थीं। निहेमियान के गवर्नर बनने के बाद उपासना गृह की स्थापना हुई, इनके साथ विद्यालय भी होता था।

बालक छह वर्ष के होने पर विद्यालयों में प्रवेश लेते थे। धर्म के साथ उन्हें लिखना, पढ़ना, अंकगणित इतिहास तथा भूगोल की शिक्षा प्राप्त होती थी। उन्हें सामान्य ज्ञान, धर्म तथा नीतिशास्त्र की शिक्षा दी जाती थी। लड़कियों को शिक्षा घर पर ही प्रदान की जाती थी। प्रारम्भिक शिक्षा के बाद छात्र उच्च शिक्षा अकादमियों में किसी ख्याति प्राप्त शिक्षक से प्राप्त करते थे। अकादमियों में निःशुल्क शिक्षा प्रदान की जाती थी। इनके शिक्षकों को स्राइव कहा जाता था।

चीन की पाठ्यचर्या

चीनवासियों की केन्द्र बिन्दु भाषा थी, जो इतनी कठिन थी कि उस पर इतना अधिकार प्राप्त करना कठिन था। भाषा में पुरानी गाथाएँ तथा पौराणिक कथाएँ होती थीं। औपचारिक शिक्षा का उद्देश्य भाषा तथा साहित्य पर अधिकार प्राप्त करना होता है। चीन की 9 प्रसिद्ध पुस्तकों में पढ़ने का अधिकांश हिस्सा आ जाता है। इनमें 5 उत्कृष्ट ग्रन्थ तथा 4 पुस्तकें हैं। इन पुस्तकों में आचरण की रूपरेखा दी गयी है। इनका निर्माण कन्फ्यूशिअस तथा उसके शिष्यों ने किया, ये चीनी धर्म का आधार हैं। इन पाठ्य पुस्तकों में नैतिक कहावतें पर्याप्त संख्या में हैं। प्रारम्भिक शिक्षा से लेकर उच्च शिक्षा तक में इन नौ धार्मिक पुस्तकों तथा उनकी टीकाओं को कण्ठस्थ करना होता था। उच्च शिक्षा की अवधि निर्धारित नहीं थी। शिक्षा प्रणाली में परीक्षा का मुख्य स्थान था। शिक्षण प्रणाली में अनुकरण पर बल दिया जाता है। 1903 में चीन में पश्चिमी भाषाओं तथा विज्ञान का प्रवेश हो चुका था।

रोम की पाठ्यचर्या

रोम की शिक्षा में न्याय तथा जीवन के व्यावहारिक पक्ष पर अधिक बल दिया गया है। उनकी शिक्षा अनुकरण पर आधारित थी। उनकी शिक्षा जीवन चरित्र के माध्यम से दी जाती थी। रोम की शिक्षा में बच्चों के लिए एक आदर्श प्रस्तुत किया जाता था, जिसका अनुसरण कर उसके समान बनना होता था। विद्यार्थी अपने आदर्श के समान ही गम्भीर, आदरणीय, साहसी, बुद्धिमान, ईमानदार तथा पुरुषार्थी बनने का सतत् प्रयास करता था। बालिका का पिता उसका साथी होता था। पिता अपने पुत्र को स्वतन्त्र नागरिक बनाने के लिए आवश्यक बातें सिखाते थे। ईसा के 50 वर्ष पूर्व से 200 वर्ष ईसवी तक रोमवासियों ने यूनानी

शिक्षा के आदर्शों को अपने अनुसार ढाल लिया था। उस समय प्रारम्भिक विद्यालयों में लिखना, पढ़ना तथा अल्प मात्रा में अंकगणित की शिक्षा दी जाती थी। बाद में विद्यार्थी व्याकरण विद्यालयों में पढ़ते थे। प्रारम्भ में इनमें ग्रीक भाषा की शिक्षा दी जाती थी। बाद में लैटिन भाषा की शिक्षा भी दी जाने लगी। रोम की पाठ्यचर्या उपयोगिता पर आधारित थी। पाठ्यचर्या में उच्च स्वर का पाठ करना तथा भाषण देना सिखाया जाता था।

अमेरीका की पाठ्यचर्या

अमेरीका की पाठ्यचर्या को–

1. औपनिवेश काल (1642-1776)
2. राष्ट्रीय काल (1776-1850)
3. सार्वभौम शिक्षा का उदय (1820-1920)

संक्रान्तिकाल (1893-1918) इत्यादि चार कालों के अन्तर्गत प्रस्तुत किया गया है। अन्त में अध्ययन क्षेत्र के रूप में पाठ्यचर्या के विकास एवं उत्पत्ति को प्रस्तुत किया गया है।

औपनिवेश काल (1642-1776) (The Colonial Period)

पाठ्यचर्या के ऐतिहासिक आधारों की जड़ें मेसाच्यूसेट्स के शैक्षिक अनुभवों में पायी गयी है। मेसाच्यूसेट्स मुख्य रूप से प्यूरिटनों (अतिनैतिक) द्वारा बसाया गया। प्यूरिटन धर्मविज्ञान के सिद्धान्तों से जुड़े थे। समकालीन विद्यालयों से हटकर नये इंग्लैण्ड में प्रथम विद्यालयों की स्थापना की गयी। ये विद्यालय प्यूरिटन चर्च से घनिष्ठ रूप से जुड़े हुए थे। शैक्षिक इतिहासकारों के अनुसार शिक्षा का मुख्य उद्देश्य विद्यार्थियों को नागरिक मामलों से सम्बन्धित धर्मग्रन्थ और सूचनाएँ पढ़ना सिखाना था।

पठन, अत्यन्त महत्वपूर्ण विषय था, तत्पश्चात् लिखना एवं शब्दार्थ का उपयोग सामान्य कानून एवं धर्मशास्त्रों के समझने के लिए किया जाता था। औपनिवेशिक काल के दिनों से ही पठन एवं उससे सम्बन्धित भाषा कौशल, अमेरिकी शिक्षा के आधार रहे हैं।

तीन औपनिवेशिक क्षेत्र

मेसाच्यूसेट्स में स्थापित विद्यालयों का उदय दो स्रोतों–1642 का कानून, जिसके अनुसार बालकों के माता–पिताओं एवं संरक्षकों को यह निश्चित तौर पर करना था कि उनके बच्चे धर्म के नियम और राष्ट्र के

कानून को पढ़ और समझ सकें और 1647 का अधिनियम जिसके अनुसार 50 से 100 के बीच के परिवारों के प्रत्येक शहर को एक पठन एवं लेखन अध्यापक की नियुक्ति करनी होती थी तथा 100 एवं उससे अधिक के परिवारों के शहरों को लैटिन के एक अध्यापक की नियुक्ति करनी होती थी, ताकि विद्यार्थी हारवार्ड महाविद्यालय में प्रवेश के लिए तैयार किये जा सकें। (बटन एवं प्रोवेन्जो, 1947)

प्रारम्भिक कानून बताते हैं कि प्यूरिटनों के लिए शिक्षा कितनी महत्वपूर्ण थी। कुछ इतिहासकारों का मानना है कि इन्हीं कानूनों ने अमेरिकी विद्यालय कानून और पब्लिक विद्यालय आन्दोलन की नींव रखी। इससे यह स्पष्ट है कि प्यूरिटन यह नहीं चाहते थे कि निरक्षर वर्ग अमेरिकी उपनिवेश में पनप सके। उन्हें यह डर था कि ऐसा वर्ग आश्रित, गरीबों एवं निम्न वर्ग का समूह होगा तथा इससे वे बचना चाहते थे।

मध्य औपनिवेशिक काल में नये इंग्लैण्ड की तरह कोई समान भाषा एवं धर्म नहीं था। ब्यूचेम्प लिखता है कि धार्मिक एवं राजनैतिक समूहों में प्रतिस्पर्धा ने धन राशि का उपयोग शैक्षिक कार्यों के लिए करने में बाधा डाली। इस काल में विद्यालयों की कोई भी एक पद्धति स्थापित न हो सकी थी। विभिन्न धार्मिक एवं जातीय समूहों से सम्बन्धित अनुदार और स्वतन्त्र विद्यालयों की स्थापना हुई।

अठारहवीं सदी के अन्त तक दक्षिणी उपनिवेश में शैक्षिक निर्णय प्रायः परिवारों पर छोड़ दिये गये। हालाँकि गरीब, अनाथों एवं जारज (Illegimate) बच्चों के लिए कानूनी कार्यवाही की गयी, ताकि यह निश्चित किया जा सके कि संरक्षक उन्हें निजी शिक्षा अथवा व्यवसायिक कौशल प्रदान करें। अधिकांश गरीब गोरे खेतिहर मजदूरों के लिए औपचारिक शिक्षा उपलब्ध नहीं थी। वे अपने पूर्वजों की तरह ही लिख-पढ़ नहीं सकते थे। काले गुलामों के बच्चों में जिन्हें निम्न वर्ग का माना जाता था, लिखने-पढ़ने के बजाय पौधा रौंपने का काम दिया गया। सारांश रूप में हम कह सकते हैं कि दक्षिणी उपनिवेश में आर्थिक एवं राजनैतिक पद्धतियों ने बहु पैमाना विद्यालयीन पद्धति को हानि पहुँचायी।

नये इंग्लैण्ड, मध्य उपनिवेश एवं दक्षिण में क्षेत्रीय अन्तर होने के बावजूद सभी तीनों क्षेत्र अंग्रेजी राजनैतिक विचारों से प्रभावित हुए और भाषा, धर्म और आर्थिक पद्धतियों में अन्तर होने के बावजूद सभी विद्यालयों एवं समाज में धार्मिक समर्पण को उच्च वरीयता दी गयी। परिवार ने भी समाजीकरण की शिक्षा में अपनी महती भूमिका निभायी।

उपनिवेशीय विद्यालयों की पाठ्यचर्या में पठन, लेखन एवं गणित के साथ ही साथ धार्मिक विश्वास, व्यवहार एवं नैतिकताओं के विकास के पाठ शामिल थे। यह एक परम्परागत पाठ्यचर्या थी, जिसमें बुनियादी

कौशल अर्जन, परम मूल्यों, सामाजिक एवं धार्मिक अधिकारों में विश्वास, ज्ञान के लिए ज्ञान, रटन्त अधिगम एवं स्मरण पर बल दिया गया।

औपनिवेशिक विद्यालय (Colonial Schools)

औपनिवेशिक समाज के लिए औपनिवेशिक विद्यालय महत्वपूर्ण थे।

शहरी विद्यालय (The Town School)

नये इंग्लैण्ड के उपनिवेशों में स्थानीय रूप से नियन्त्रित और प्रसिद्ध प्राथमिक विद्यालय शहरी विद्यालय थे। ये विद्यालय एक कमरे में लगते थे, जिसमें लड़के एवं लड़कियाँ साथ-साथ पढ़ते थे, जिसमें अध्यापकों के उपदेशों का दबदबा था। इन विद्यालयों में 5-6 वर्ष से लगाकर 13-14 वर्ष तक के बालक अध्ययन करते थे। विद्यालयों में विद्यार्थियों की उपस्थिति हमेशा नियमित नहीं होती थी। उपस्थिति विद्यार्थियों की पारिवारिक स्थिति पर निर्भर करती थी। यदि विद्यार्थी को खेत पर काम करने जाना होता था, तब वह विद्यालय नहीं आता था।

अनुदार (Parochial) एवं निजी विद्यालय

उपनिवेशकाल के मध्य में अनुदार एवं निजी विद्यालयों का प्राधान्य था। मिशनरी समाजों एवं अन्य धार्मिक एवं जातीय समूहों ने अपने बच्चों को शिक्षित करने के लिए प्राथमिक विद्यालय खोले। इन विद्यालयों में पठन, लेखन एवं धार्मिक उपदेशों पर बल दिया गया था। दक्षिण में, उच्च वर्ग के विद्यार्थी निजी विद्यालयों में पढ़ते थे। इन विद्यालयों में पठन, लेखन एवं अंकगणित तथा बाइबिल पढ़ायी जाती थी। गरीब विद्यार्थी धर्मार्थ विद्यालयों में पढ़ते थे।

लैटिन व्याकरण विद्यालय

माध्यमिक स्तर पर उच्च वर्ग के व्यक्तियों के पुत्र लैटिन व्याकरण विद्यालयों में पढ़ते थे। ये विद्यालय सर्वप्रथम 1635 में बोस्टन में खोले गये। इनका उद्देश्य उन विद्यार्थियों को महाविद्यालयों में प्रवेश के लिए तैयार करना था, जिनकी चिकित्सा, कानून, अध्यापन एवं मन्त्रालय इत्यादि व्यवसायों में जाने की योजना थी। इन विद्यालयों का यूरोपीय विद्यालयों से घनिष्ठ सम्बन्ध था। इनकी पाठ्यचर्या पुरातन मानवतावादी पाठ्यचर्या से सम्बन्धित थी।

अकादमी

अकादमी की स्थापना माध्यमिक स्तर पर शिक्षा प्रदान करने के लिए 1751 में की गयी। वह ब्रैंजामिन फ्रैंकलिन के विचारों पर आधारित थी। इसकी पाठ्यचर्या प्रायोगिक थी। इनकी पाठ्यचर्या में अंग्रेजी व्याकरण,

शास्त्रीय रचना, वाग्मिता एवं जन सम्प्रेषण शामिल थे। विद्यार्थी अपनी आवश्यकतानुसार विदेशी भाषा का चयन करते थे, जैसे भविष्य में व्यवसाय करने वाले फ्रेंच, स्पेनिश या जर्मन सीखते थे, लैटिन एवं ग्रीक वे लोग सीखते थे, जो भविष्य में पादरी बनना चाहते थे। गणित किसी व्यवसाय के प्रायोगिक अनुप्रयोग के लिए पढ़ाया जाता था। इतिहास मुख्य जातीय अध्ययन था। अकादमी ने हस्त एवं प्रायोगिक कौशलों को औपचारिक पाठ्यचर्या में शामिल किया।

महाविद्यालय

लैटिन व्याकरण विद्यालयों से स्नातक करने के पश्चात् अधिकतर विद्यार्थी हारवार्ड अथवा येल महाविद्यालयों में गये। इन महाविद्यालयों में मन्त्रालयों में जाने वालों को आदर्शों एवं धर्म ग्रन्थ सम्बन्धी शिक्षा प्रदान की जाती थी। विद्यार्थियों को लैटिन और ग्रीक तथा आदर्शों में अपनी क्षमता का प्रदर्शन करना होता था। हारवार्ड एवं येल महाविद्यालयों की पाठ्यचर्या में लैटिन, व्याकरण, तर्क, वाग्मिता, गणित, नक्षत्रविज्ञान, नीति शास्त्र, तत्व मीमांसा एवं प्राकृतिक विज्ञान शामिल थे। मन्त्रालयों के लिए अन्य व्यवसायों की पाठ्यचर्या में भी ग्रीक, हिब्रू एवं प्राचीन इतिहास शामिल थे।

राष्ट्रीय काल (1776-1850)

शिक्षा के लिए जो आन्दोलन क्रान्तिकारी समय में उदित हुआ था राष्ट्रीय काल के प्रारम्भ तक जारी रहा। अनेक नेताओं ने स्वतन्त्र जन शिक्षण को प्रसिद्ध शासकीय एवं राजनैतिक स्वतन्त्रता से जोड़ा। जेफरसन कहते हैं यदि कोई राष्ट्र सभ्यता के राज्य में अशिक्षित एवं स्वतन्त्र होने की अपेक्षा करता है, तब वह ऐसी अपेक्षा करता है, जो न कभी हुआ है, और न ही कभी होगा।

स्वतन्त्रता का घोषणा-पत्र, अधिकार विधेयक, उत्तर-पश्चिमी अधिनियम इत्यादि दस्तावेजों में जीवन, आजादी एवं एकता पर बल दिया गया। 1785 में इन अधिनियमों ने उत्तर-पश्चिमी क्षेत्र को नगरक्षेत्र में विभाजित किया। अधिनियम की धारा 16 के अनुसार प्रत्येक नगर को निजी विद्यालयों का अनुरक्षण करना था। 1787 में उन्होंने यह पुनः निश्चयपूर्वक कहा कि विद्यालयों एवं शिक्षा के माध्यमों को हमेशा प्रोत्साहित किया जाये।

उन्नीसवीं सदी के प्रारम्भ में धर्म निरपेक्ष ताकतों का उदय हुआ, जिसके परिणामस्वरूप प्राथमिक एवं माध्यमिक विद्यालयों पर धार्मिक प्रभाव में कमी आयी। इन धर्मनिरपेक्ष ताकतों में प्रजातन्त्र का विकास

तथा संघीय शासन का विकास, धार्मिक, स्वतन्त्रता तथा प्राकृतिक विज्ञानों में हुए नये अविष्कार शामिल थे।

रश (1791) ने लिखा कि आदर्शों पर दिये गये बल के कारण लोगों ने सीखने की संस्थाओं के प्रति पूर्वाग्रह का अनुभव किया। जिसने लम्बे समय तक ग्रीक एवं लैटिन पाठ्यचर्या को प्रभावित किया, सार्वभौम शिक्षा मूल तत्वों से परे एक इच्छाजनित (Wishful) विश्वास था। एक नये देश में जहाँ मुख्य कार्य प्राकृतिक स्रोतों का पता लगाना एवं विकास करना था, साथ ही साथ प्रजातन्त्र का विकास करना भी था। शिक्षा इन सबसे कार्यात्मक रूप से सम्बन्धित होनी चाहिये थी, जितना ध्यान उस समय लैटिन एवं ग्रीक भाषा पर दिया गया यदि उतना ही समय विज्ञान पर दिया गया होता, तब मानव स्थितियों में ज्यादा सुधार होता। रश के विचार में विज्ञान सामाजिक प्रगति का प्रमुख उपकरण था।

रश ने पेनिसिल्वानिया के लिए शिक्षा की योजना की रूपरेखा बनायी, जिसमें 100 परिवारों अथवा अधिक के प्रत्येक नगर के प्राथमिक विद्यालयों में निःशुल्क अकादमी तथा राज्य स्तर पर निःशुल्क महाविद्यालय एवं विश्वविद्यालयों की स्थापना का प्रावधान समाज के भावी नेताओं के लिए था।

रश के पाठ्यचर्या में प्राथमिक स्तर पर पठन, लेखन एवं अंकगणित पर बल दिया था। माध्यमिक एवं महाविद्यालयीन स्तर पर अंग्रेजी, जर्मन, कला और विशेषकर विज्ञान पर बल दिया गया था। उन्होंने अच्छे शिष्टाचार एवं नैतिक सिद्धान्तों को शिक्षा के प्रारम्भ से लगाकर अन्त तक पाठ्यचर्या में शामिल किये जाने की वकालात की थी।

जेफरसन का मानना था कि प्रजातान्त्रिक समाज के लिए राज्य का यह उत्तरदायित्व है कि व शिक्षित एवं मुक्त नागरिक वर्ग का परिष्कार करे। ज्ञान के अधिक सामान्य वितरण के लिए एक विधेयक वर्जीनिया विधान में 1779 में लाया गया। जेफरसन ने सामान्य जन एवं कुलीन किसानों दोनों के लिए शैक्षिक अवसर प्रदान किये जाने की योजना की वकालात की। जेफरसन औपचारिक शिक्षा को राज्य का मामला मानता था। उसके विचार में विद्यालयों को जनकर से वित्त प्रदान किया जाना था। 1789 में जब भूमि कानून प्रभाव में आया। वेस्टर ने तर्क दिया कि राज्य की अपनी भाषा, पद्धति एवं साथ ही साथ शासन पद्धति होनी चाहिये। क्रान्ति के अधिनियम द्वारा अमेरिकावासियों ने इंग्लैण्ड से राजनैतिक स्वतन्त्रता की घोषणा की। अब उन्हें सांस्कृतिक स्वतन्त्रता की घोषणा की आवश्यकता थी। वेबस्टर ने अमेरिका में प्रयुक्त अंग्रेजी भाषा को नया आकार देने की वकालात की।

उन्नीसवीं सदी के यूरोपीय शिक्षाशास्त्री

अमेरीका की शिक्षा यूरोपीय शिक्षा शास्त्रियों से प्रभावित हुई। उनमें से प्रमुख हैं, फ्रोबेल, हरबार्ट एवं स्पेन्सर। इनके शैक्षिक योगदान का वर्णन यहाँ प्रस्तुत किया गया है–

फ्रोबेलः किण्डरगार्डन

फ्रेडरिक फ्रोबेल एक जर्मन शिक्षा शास्त्री थे, जिन्होंने किण्डरगार्डन अर्थात् 'बच्चों का बगीचा' पद्धति का विकास किया। उन्होंने बताया कि बालक की शिक्षा का प्रारम्भ 3-4 वर्ष की उम्र से हो जाना चाहिये, साथ ही साथ यह संगठित खेल के आधार पर होना चाहिये। फ्रोबेल की शिक्षा में बच्चों को एक ऐसा वातावरण प्रदान किया जाता है, जिसमें अधिगम बालकों की स्वगतिविधियों, आत्म विकास एवं उनके विश्वास एवं अपनत्व पर आधारित होता था। फ्रोबेल की पाठ्यचर्या में गीत, कहानियाँ, रंगीन सामग्री और खेल शामिल थे। बच्चे वस्तुओं जैसे गोले, धन एवं वृत्तों को परिचालित कर सकते थे तथा रेत, मिट्टी एवं कार्डबोर्ड से सामग्री बनाते थे। साथ ही साथ वे महल एवं पहाड़ बनाते थे। इस प्रकार बच्चों को ऐसा वातावरण दिया जाता था, जहाँ वे प्राकृतिक रूप से अभिवृद्धि कर सकें।

हरबार्ट नैतिक एवं बौद्धिक विकास

हरबार्ट का मानना था कि शिक्षा का मुख्य प्रयोजन नैतिक चरित्र का विकास करना है। यह पठन, लेखन एवं अंकगणित तथा परम्परागत पाठ्यचर्या से विकसित नहीं किया जा सकता है। हरबार्ट ने विषय सामग्री के दो मुख्य निकायों को बताया। ज्ञान रुचियाँ एवं नैतिक रुचियाँ। ज्ञान रुचियों में प्रायोगिक प्रदत्त, तथ्यात्मक प्रदत्त एवं सैद्धान्तिक विचार शामिल थे, जबकि नीतिगत रुचियों में न्याय, समानता, व्यक्तिगत विश्वास, परोपकारिता (Benevolence) तथा दूसरों के कल्याण के लिए सम्मान शामिल थे। उसके मत में इतिहास, साहित्य, गणित एवं विज्ञान शिक्षा के सभी स्तरों पर पाठ्यचर्या में शामिल किये जाने चाहिये। उन्होंने पाठ्यचर्या के एकीकरण के लिए सभी विषयों में सहसम्बन्ध को प्रारम्भ किया। उसके मत में अनुदेशन विद्यार्थियों के पूर्व ज्ञान पर आधारित होना चाहिये, साथ ही साथ अनुदेशन उनकी रुचियों एवं आवश्यकताओं पर आधारित होना चाहिये। उसने अनुदेशन प्रक्रिया के पाँच (5) सोपान बताये थे–

1. *तैयारीः* अध्यापक विद्यार्थियों के पूर्व ज्ञान से उन्हें पढ़ने के लिए तैयार करता है।
2. *प्रस्तुतीकरणः* नये पाठ को प्रस्तुत किया जाता है।

3. *साहचर्य:* नये पाठ को पूर्व में पढ़े गये विचारों एवं सामग्री से सम्बन्धित किया जाता है।
4. *सामान्यीकरण:* नियम, सिद्धान्त अथवा नये विचारों के सामान्यीकरण में अधिगमक पारंगत होता है।
5. *अनुप्रयोग:* नये ज्ञान का उपयोग विशिष्ट स्थितियों में कर उसे अर्थ प्रदान किया जाता है।

   हरबार्ट के उक्त सोपानों का उपयोग आज भी शिक्षक प्रशिक्षण संस्थाओं में किया जाता है।

स्पेन्सर: उपयोगितावाद एवं वैज्ञानिक शिक्षा

हरबर्ट स्पेन्सर एक अंग्रेज समाज वैज्ञानिक थे, उन्होंने अपने शैक्षिक विचार चार्ल्स डार्बिन के विकासवाद के सिद्धान्त एवं योग्यता की उत्तरजीवता के आधार पर प्रस्तुत किये। स्पेन्सर मानता था कि सामाजिक विकास, विकास प्रक्रिया के अनुसार होता है, जिसके द्वारा सरल समाजों में जटिल सामाजिक पद्धतियों का विकास हुआ, जो विशिष्ट व्यवसायों एवं धन्धों से पहचाना गया। प्रकृति के नियमों के अनुसार केवल बुद्धिमान एवं उत्पादक लोग ही पर्यावरण से परिर्वानों का सामना कर सकते हैं। अल्प बुद्धि एवं आलसी व्यक्ति धीरे-धीरे समाप्त हो जायेंगे।

स्पेन्सर के अनुसार शिक्षा का प्रयोजन 'पूर्ण जीवन के लिए तैयार करना' था। उसकी पाठ्यचर्या में महत्व के अनुसार निम्न गतिविधियों का समावेश था–

1. जीवन को पुष्ट करने वाली गतिविधियाँ।
2. जीवन को आगे बढ़ाने वाली गतिविधियाँ।
3. बालकों के पालन–पोषण में सहायता करने वाली गतिविधियाँ।
4. व्यक्ति के सामाजिक एवं राजनैतिक सम्बन्धों को बनाये रखने वाली गतिविधियाँ।
5. अवकाश, कार्य एवं अनुभूतियों को बढ़ाने वाली गतिविधियाँ।

उसने बताया कि विज्ञान का ज्ञान आत्म संरक्षण एवं जीवन की आवश्यकताओं की पूर्ति के लिए महत्वपूर्ण था। स्पेन्सर का विश्वास था विद्यार्थी को यह नहीं बताना चाहिये कि क्या चिन्तन करें? अपितु उन्हें खोज के लिए जितना ज्यादा सम्भव हो प्रोत्साहित करना चाहिये।

सार्वभौम शिक्षा का उदय: 1820-1920

उन्नीसवीं सदी के प्रारम्भ में अमेरिका ने पश्चिमाभिमुख (Westward) विस्तार किया। समानता एवं असम व्यक्तिवाद इत्यादि संकल्पनाएँ

महत्वपूर्ण थीं, जो कि स्वतन्त्रता की घोषणा में व्यक्त हुईं। सामान्य व्यक्ति चाहे वह शिक्षित हो या अशिक्षित, विभिन्न राजनैतिक कार्यालयों के लिए चुना गया। पूर्व के शहरों में खासकर आप्रवासी (Immigrant) आबादी में सामान्यजन का सामाजिक गतिशीलता तथा अमेरिकन जीवन के स्वप्न में विश्वास था।

छात्रनायक विद्यालय

यह एक यूरोपीय खोज थी। सन् 1820 एवं बाद के दशकों में कक्षा के कुशाग्र विद्यार्थियों का उपयोग अनुदेशकों के रूप में किया जाता था। प्रत्येक छात्र नायक को 10 विद्यार्थियों के अनुदेशन का कार्य सौंपा जाता था। पहले अध्यापक छात्र नायकों को पाठ पढ़ाते थे तत्पश्चात् ये छात्र नायक अन्य विद्यार्थियों को वही पाठ पढ़ाते थे। इस विधि के पक्षधर कहते थे कि यह कम खर्चीली विधि है। यह विद्यार्थियों को व्यस्त रखती है। इसमें विद्यार्थी अपनी गति से सीखते थे। आज पारंगतता अधिगम (Mastery learning) में भी इसका उपयोग किया जाता है।

सामान्य विद्यालय

सामान्य विद्यालय 1826 में मेसाच्यूसेट्स में स्थापित हुआ, जबकि राज्य ने यह कानून बनाया कि प्रत्येक नगर को एक विद्यालय मण्डल चुनना होगा, जो स्थानीय क्षेत्र के सभी विद्यालयों के लिए उत्तरदायी होगा। 11 वर्ष पश्चात् प्रथम राज्य शिक्षा बोर्ड की मेसाच्यूसेट्स में स्थापना हुई। यहाँ सामान्य विद्यालयों में प्राथमिक शिक्षा प्रदान की जाती थी तथा पढ़ने-लिखने एवं अंकगणित पर बल दिया जाता था। इस आन्दोलन के प्रमुख हारेक मान थे।

मान मेसाच्यूसेट्स के प्रथम शिक्षा आयुक्त थे। उन्होंने विद्यालयों के लिए जन समर्थन प्राप्त किया। व्यवसायियों को यह बताया कि शिक्षा का बाजार मूल्य है। यदि कर्मचारी पढ़े-लिखे होंगे, तब अधिक उत्पादन होंगे। उसने बताया कि सामान्य विद्यालयों में सभी बच्चे स्थायी समाज का निर्माण करेंगे, जिसमें सभी व्यक्ति नियमों का पालन करेंगे यह देश के राजनैतिक एवं आर्थिक फायदे के लिए होगा। किसानों एवं कर्मचारियों के सन्दर्भ में मान कहता है कि सामान्य विद्यालय समानता लाने वाले तथा बच्चों में सामाजिक गतिशीलता लाने वाले हैं। विद्यालय सामान्य इसलिए थे कि चूँकि इन विद्यालयों में 6 से 15 वर्ष तक की उम्र के सभी सामाजिक, आर्थिक एवं धार्मिक पृष्ठभूमि के बालकों को प्रवेश दिया जाता था।

प्राथमिक पाठ्यचर्या का विकास

प्राथमिक विद्यालय के लिए सामान्य पाठ्यचर्या के बारे में आम सहमति नहीं हो पायी थी। उन्नीसवीं सदी के सम्पूर्ण समय में पाठ्यचर्या में पढ़ना, लिखना, व्याकरण, अंकगणित तथा धार्मिकता के स्थान पर नैतिकता शामिल की गयी। पाठ्यपुस्तकों में भी नैतिकता एवं चरित्र निर्माण पर बल दिया गया था। 1857 तक नैतिकता के पाठों का स्थान 'आचरण' ने ले लिया, जो बीसवीं सदी में भी पाठ्यचर्या का भाग था। नये-नये विषयों के आ जाने से परम्परागत पाठ्यचर्या में धीरे-धीरे परिवर्तन हुआ। 1850 तक भूगोल एवं इतिहास शामिल किये गये। 1875 तक कला, शारीरिक शिक्षा शामिल किये गये बाद में प्रकृति अध्ययन, संगीत तथा हस्त प्रशिक्षण 1900 तक शामिल किये गये।

माध्यमिक विद्यालय पाठ्यचर्या का विकास

लैटिन व्याकरण विद्यालय की पाठ्यचर्या औपनिवेशिक काल के प्रारम्भ एवं अन्त में वस्तुतः समान थी। लैटिन, ग्रीक अंकगणित एवं शास्त्रीय ज्ञान पर बल दिया गया था। अकादमी में प्रायोगिक पाठ्यक्रमों के लिए अधिक विविधता थी उदाहरण के लिए 1800 में 25 विभिन्न विषय थे। 1850 से 1875 तक अकादमी का शीर्षकाल था। अनुमानतः 150 पाठ्यक्रम शामिल थे। उसमें से प्रमुख 20 पाठ्यक्रम उनके महत्व के क्रम से नीचे दिये गये हैं–

(1) बीजगणित, (2) उच्चगणित, (3) अंग्रेजी व्याकरण, (4) लैटिन, (5) रेखागणित, (6) सं.रा. का इतिहास, (7) शरीर क्रिया विज्ञान, (8) प्राकृतिक दर्शन, (9) शारीरिक भूगोल, (10) जर्मन, (11) सामान्य इतिहास, (12) वाग्मिता, (13) पुस्तपालन, (14) फ्रेंच, (15) प्राणिशास्त्र, (16) रसायन शास्त्र, (17) अंग्रेजी साहित्य, (18) भूगर्भशास्त्र, (19) वनस्पति विज्ञान और (20) नक्षत्र विज्ञान।

1875 के पश्चात् उच्च विद्यालय शीघ्रता से पनपे और अकादमी में गिरावट आयी। पाठ्यचर्या में निरन्तर विकास होता गया। पाठ्यक्रमों की विविधता ने विद्यार्थियों को अपनी पसन्द एवं योग्यताओं के पाठ्यक्रम चयन की स्वतन्त्रता प्रदान की।

संक्रान्तिक काल 1893-1918

उपनिवेशकाल से लगाकर बीसवीं सदी के प्रारम्भ तक परम्परागत पाठ्यचर्या में महाविद्यालय के लिए पुरातन अध्ययनों पर बल दिया गया, जिसने प्राथमिक एवं माध्यमिक स्तर पर अपना प्रभुत्व जमाया। इसका मूल कारण था कि यह कठिन होने के करण छात्र के बौद्धिकरण एवं

मानसिक योग्यताओं के श्रेष्ठ स्रोत थे। विषय जितना कठिन होगा, उतना ही अधिक विषय का मूल्य होगा।

धीरे-धीरे शास्त्रों के साथ-साथ पाठ्यचर्या में और नये विषयों का समावेश हुआ। उसके परिणामस्वरूप इस बात की आवश्यकता महसूस की गयी कि माध्यमिक स्तरों पर एक पाठ्यक्रम हो, जबकि उस समय स्थिति ऐसी थी कि एक विद्यालय में जो पढ़ाया जा रहा था, वह दूसरे विद्यालयों से भिन्न था। समय आवंटन एवं कौन-सा प्रकरण किस कक्षा को पढ़ाया जाये? यह भी सभी विद्यालयों में अलग-अलग था।

उक्त विषमताओं को ध्यान में रखते हुए राष्ट्रीय शिक्षा समिति द्वारा तीन समितियों की स्थापना की गयी, ताकि परम्परागत पाठ्यचर्या को पुनर्संगठित किया जा सके।

पन्द्रह की समिति—इस समिति की स्थापना प्राथमिक शिक्षा के लिए की गयी थी। समिति ने लिखना, पढ़ना, अंकगणित के साथ ही साथ, अंग्रेजी व्याकरण, साहित्य, भूगोल, इतिहास, आरोग्य, संस्कृति, कण्ठ संगीत एवं चित्रकला पर बल दिया। अन्तर्अनुशासनिक विषयों एवं विषय संश्लेषण का विचार नकार दिया गया। डिवी के प्रजातन्त्र एवं शिक्षा तथा टायलर के पाठ्यचर्या एवं अनुदेशन के बुनियादी आधारों की संकल्पना में ज्ञान की प्रत्येक शाखा के अलगाव को स्वीकारा था।

दस की समिति—प्रस्तुत समिति की स्थापना माध्यमिक विद्यालय अध्ययनों के लिए गठित की गयी थी, समिति ने नौ (9) शैक्षणिक विषयों का चयन किया, जिसके आसपास उच्च विद्यालय की पाठ्यचर्या निर्मित की जानी थी।

चयनित नौ विषय थे—(1) लैटिन, (2) ग्रीक, (3) अंग्रेजी, (4) अन्य आधुनिक भाषा, (5) गणित, (बीजगणित, रेखगणित, त्रिकोणमिति और प्रगत बीजगणित), (6) भौतिक विज्ञान (भौतिक शास्त्र, नक्षत्र विज्ञान एवं रसायनशास्त्र), (7) प्राकृतिक इतिहास अथवा जीव वैज्ञानिक विज्ञान (जीव विज्ञान, वनस्पति विज्ञान, प्राणिशास्त्र एवं शरीर क्रिया विज्ञान), (8) सामाजिक विज्ञान (इतिहास, नागरिक शासन एवं राजनैतिक अर्थव्यवस्था), और (9) भूगोल, भूगर्भशास्त्र एवं मौसम विज्ञान (Mateorology)।

महाविद्यालय प्रवेश आवश्यकता पर समिति—इस समिति ने यह सिफारिश की कि विद्यालय विद्यार्थियों को महाविद्यालय में प्रवेश के लिए तैयार करें। समिति ने विभिन्न विषयों के क्रेडिट की संख्या की भी सिफारिश की, जो कि महाविद्यालय में प्रवेश के लिए आवश्यक हों।

धीरे-धीरे पाठ्यचर्या को समकालीन आवश्यकताओं, जैसे अप्रवासन एवं औद्योगिक विकास के अनुसार परिवर्तित करने की माँग की गयी।

बीसवीं सदी के प्रारम्भ में डिवी एवं पार्कर के शैक्षिक विचारों, गैस्टाल्ट एवं बाल मनोविज्ञान आन्दोलन (जिसका केन्द्र सम्पूर्ण बालक था)। व्यवहारवाद के अधिगम सिद्धान्त एवं सीखने के स्थानान्तरण तथा विद्यालय एवं समाज के प्रगतिवादी आन्दोलन ने परम्परागत पाठ्यचर्या परिवर्तन के लिए पृष्ठभूमि तैयार की। इलियट, जो कि लैटिन के प्रबल समर्थक थे ने कहा कि "लैटिन उच्च विद्यालय एवं महाविद्यालय स्तर पर अनिवार्य नहीं होना चाहिये।" क्लेक्सनर ने भी यही कहा कि लैटिन का पाठ्यचर्या में कोई प्रयोजन नहीं है। आदर्श तथ्य भी प्रशासनिक आन्दोलन के कारण उपयोगी नहीं रहे।

संक्षेप में हम यह कह सकते हैं कि विद्वानों ने अपनी समकालीन परिस्थितियों के परिप्रेक्ष्य में अपने विचारों में सुधार किया। उन्होंने विज्ञान एवं मनोविज्ञान के परिप्रेक्ष्य में सामाजिक एवं शैक्षिक सुधार की वकालात की, जो उस समय पाठ्यचर्या की आवश्यकता थी।

अध्ययन क्षेत्र के रूप में पाठ्यचर्या की उत्पत्ति एवं विकास (Origin and Development of Curriculum as a Field of Study)

'पाठ्यचर्या' शब्द सदियों से शिक्षा के लेखकों के लिए महत्वपूर्ण रहा है। ग्रीक दार्शनिक प्लेटो (ईसा पूर्व चौथी सदी) मोरावियन के पादरी कमेनियस (सत्रहवीं सदी) एवं जर्मन शिक्षा शास्त्री फ्रोबेल (उन्नीसवीं सदी) इत्यादि सभी ने पाठ्यचर्या एवं इसकी समस्याओं पर ध्यान दिया, किन्तु पाठ्यचर्या के विशिष्ट एवं क्रमबद्ध अध्ययन एवं कुछ व्यक्तियों की पाठ्यचर्या विशेषज्ञों के रूप में पहचान बीसवीं सदी तक नहीं हुई। (क्लीबार्ड, 1968).

पाठ्यचर्या क्षेत्र की बुनियाद उन्नीसवीं सदी के मध्य में हरबार्ट के आन्दोलन में पायी गयी (सेग्यूल, 1966)। हरबार्ट (1776-1841) एक जर्मन दार्शनिक थे, जिसके शैक्षिक विचारों को संयुक्त राज्य में स्वीकार किया गया। हरबार्ट ने अध्यापन अधिगम का सिद्धान्त दिया। उन्होंने बताया कि विषय-वस्तु के चयन एवं संगठन के लिए क्रमबद्ध ध्यान देना चाहिये। 1890 एवं 1900 के दौरान सार्थक शैक्षिक घटनाएँ घटित हुईं, जिन्होंने पाठ्यचर्या के प्रति रुचि जागृत की। प्रथमतः 10 लोगों की समिति, जिसके अध्यक्ष इलियट ने 1893 में प्रतिवेदन प्रस्तुत किया। प्रतिवेदन में पाठ्यक्रम, विकल्प, महाविद्यालयीन प्रारम्भिक विषय एवं प्रायोगिक विषय इत्यादि से सम्बन्धित पाठ्यचर्यात्मक मुद्दे शामिल थे। 1805 में हरबार्ट समाज का निर्माण हुआ, जिसके सदस्यों ने दो दशकों तक पाठ्यचर्या विषय-वस्तु एवं संगठन के प्रश्न को जीवित रखा। इसी समय शिकागो में डिवी अपने प्रयोगात्मक विद्यालय में पाठ्यचर्या प्रयोगों एवं नवाचारों में व्यस्त थे।

1918 में फ्रैंकलिन बोबिट ने पाठ्यचर्या पर पहली पाठ्यपुस्तक प्रकाशित की, जिससे पाठ्यचर्या का विशिष्ट अध्ययन क्षेत्र के रूप में उदय हुआ। 1920 के बाद के वर्ष पाठ्यचर्या क्षेत्र के निर्माणात्मक वर्ष थे। बोबिट की पुस्तक के पश्चात् शैक्षिक सिद्धान्तियों एवं व्यावसायियों ने, जिन्हें पाठ्यचर्या विशेषज्ञ स्वीकार किया गया, पाठ्यचर्या पर अंक प्रकाशित किये। उदाहरणार्थ ओहियो राज्य वि.वि. के चार्टरर्स ने कॅरिक्यूलम कन्स्ट्रक्शन (Curriculum Construction) पुस्तक 1923 में प्रकाशित की। बाद के वर्षों में बोबिट ने 'हाउ टु मैक ए क्यूरीक्यूलम' पुस्तक प्रकाशित की। सन् 1926 में नेशनल सोसायटी फार स्टडी ऑफ एजूकेशन (एनएसएसई) ने पाठ्यचर्या आन्दोलन की समीक्षा पर 685 पृष्ठ की 'द फाउन्डेशन एण्ड टेक्निक ऑफ क्यूरीक्यूलम कन्स्ट्रक्शन' (पाठ्यचर्या निर्माण के आधार एवं तकनीक) प्रकाशित की। प्रस्तुत प्रतिवेदन तैयार करने में पाठ्यचर्या के विद्वानों, जैसे फ्रैंकलिन बोबिट, डब्ल्यू. चार्टरर्स, चार्ल्स, जड एवं हेराल्ड रग (अध्यक्ष) का योगदान था।

इस दौरान पाठ्यचर्या का अध्ययन क्षेत्र के अनेक रूपों में उदय अभिव्यक्त हुआ। कई विद्यालयों ने पाठ्यचर्या संशोधन के कार्यक्रम आरम्भ किये। 1922 में डेनवर ने पाठ्यचर्या सुधार की परियोजना चलायी, 1925 में सेंट लुईस ने व्यापक पाठ्यचर्या संशोधन कार्यक्रम के द्वारा राष्ट्र का ध्यान आकर्षित किया। इस कार्यक्रम में सैकड़ों अध्यापकों एवं पाठ्यचर्या सलाहकारों का एक बड़ा समूह शामिल था। (केसवेल 1966) कोलम्बिया वि.वि. के अध्यापक महाविद्यालय के नेतृत्व का अनुसरण करते हुए अनेकों महाविद्यालयों एवं शिक्षा विभागों में पाठ्यचर्या प्रयोगशालाओं की स्थापना नवाचार कार्यक्रम के रूप में की गयी।

1930 में इसमें और विकास हुआ, जिसने पाठ्यचर्या को अध्ययन के क्षेत्र के रूप में स्थापित किया। महाविद्यालयों एवं शिक्षा अध्ययनशालाओं ने शिक्षा के लिए पाठ्यचर्या अध्ययन के महत्व को पहचाना एवं पाठ्यचर्या विभागों की स्थापना की गयी। अध्यापक महाविद्यालय कोलम्बिया में पाठ्यचर्या एवं अध्यापन विभाग की स्थापना 1937 में की गयी। अन्त में, पर्यवेक्षण एवं पाठ्यचर्या विकास समिति का विकास हुआ, जिसकी पहचान पाठ्यचर्या कार्यकर्ताओं के राष्ट्रीय स्तर के संगठन के रूप में की गयी।

सेम्यूअल (1966) ने यह निष्कर्ष दिया कि प्रथम चार दशकों (साधारण तौर से 1895-1938) के दौरान् पाठ्यचर्या आन्दोलन चार प्रकार की समस्याओं द्वारा पहचाना गया–(1) ज्ञान की प्रकृति, (2) जानने की प्रकृति, (3) नये विषय पाठ्यचर्या के पक्ष एवं सीमाएँ, (4) पाठ्यचर्या के नियमों एवं सिद्धान्तों का शैक्षिक अभ्यास में

रूपान्तरण। उन्होंने बताया कि 1938 के बाद पाठ्यचर्या के क्षेत्र में कोई बुनियादी परिवर्तन नहीं हुआ। केसवेल (1966) ने सभी अथवा अधिकांश पाठ्यचर्या आन्दोलन के तीन केन्द्र बिन्दुओं (1) एक ओर सामान्य लक्ष्यों के मध्य सम्बन्ध की स्थापना तथा दूसरी ओर अध्यापन को निर्देशित करने के लिए विशिष्ट उद्देश्यों की स्थापना, (2) पाठ्यचर्या में निरन्तरता अथवा ठोस क्रम का आश्वासन, (3) पाठ्यचर्या में सन्तुलन का प्रावधान पर बल दिया।

भारतीय पाठ्यचर्या

हमारे देश की पाठ्यचर्या का वर्णन वैदिककालीन, बौद्धकालीन, मध्यकालीन, आधुनिक पाठ्यचर्या के अन्तर्गत किया गया है। स्वतन्त्रता प्राप्ति के पश्चात् की पाठ्यचर्या के अन्तर्गत माध्यमिक शिक्षा आयोग (1953) एवं पाठ्यचर्या, कोठारी शिक्षा आयोग (1964–66) एवं पाठ्यचर्या तथा शिक्षा नीति 1968, नयी शिक्षा नीति 1986 एवं 1992 के संशोधन एवं पाठ्यचर्या तथा राष्ट्रीय पाठ्यचर्या 2005 का वर्णन यहाँ प्रस्तुत किया गया है।

वेदकालीन पाठ्यचर्या

भारत में शिक्षा का सर्वप्रथम व्यवस्थित रूप वेदकालीन शिक्षा में मिलता है। उस समय जहाँ देश की आबादी सीमित थी, वहीं प्रचुर प्राकृतिक सम्पदा थी। राजनैतिक, आर्थिक व सामाजिक क्षेत्रों में धर्म का प्राधान्य था। प्राचीन भारत में शिक्षा का विकास आदर्श की प्राप्ति के आधार पर हुआ। शिक्षा एवं विज्ञान की खोज धर्म के मार्ग पर चलकर मोक्ष प्राप्ति का प्रयास था। शिक्षा मोक्ष प्राप्ति का साधन थी।

वैदिक शिक्षा का उद्देश्य बालक का सर्वांगीण अर्थात् नैतिक, शारीरिक एवं मानसिक विकास करना था, ताकि वह समाज का एक उपयोगी सदस्य बन सके। वैदिक काल में बालक गुरु के घर ही शिक्षा ग्रहण करता था। गुरु उसका संरक्षक होता था। गुरुकुल में प्रवेश सदाचार के आधार पर मिलता था, उसे ब्रह्मचर्य का पालन करना होता था। गुरुकुल में विद्यार्थी गुरु के घर के सभी कार्य करते थे। वह मनसा, वाचा, कर्मणा अर्थात् मन, वाणी और कर्म से गुरु की सेवा करता था।

वैदिक काल में लेखन का विकास नहीं हुआ था। गुरु अपने शिष्यों को मौखिक ज्ञान प्रदान करते थे। उस समय के गुरुकुलों को परिवार विद्यालय कहा जाता था। गुरु शिक्षा को मन्त्रों द्वारा प्रदान करते थे,

जिन्हें विद्यार्थी कण्ठाग्र कर लेते थे। उच्चारण की शुद्धता पर विशेष ध्यान दिया जाता था। विद्यार्थियों को वैदिक ज्ञान, धर्म, दर्शन, व्याकरण, नक्षत्र विज्ञान, भाषा विज्ञान एवं नागरिकशास्त्र की शिक्षा दी जाती थी। उस समय वर्ण व्यवस्था प्रचलित थी। ब्राह्मण यज्ञ, हवन आदि संस्कार कराने की शिक्षा ग्रहण करते थे। क्षत्रियों को व्यावसायिक शिक्षा दी जाती थी। उन्हें अस्त्र-शस्त्र का प्रयोग एवं युद्धकला सिखाते थे। वैश्य कृषि एवं वाणिज्य की शिक्षा ग्रहण करते थे। शूद्र अपने परम्परागत व्यवसाय करते थे, वैदिक काल में स्त्री शिक्ष भी प्रचलित थी।

बौद्धकालीन पाठ्यचर्या

बौद्धकालीन शिक्षा का उद्देश्य शिक्षार्थी में मानवीय गुणों का विकास करना था। साम्प्रदायिक भावनाओं की उपेक्षा करना तथा समस्त भौतिक दु:खों से मानव को मुक्ति दिलाना, शिक्षा का मुख्य उद्देश्य था। बौद्ध शिक्षा मठों में दी जाती थी। शिष्यों को भिक्षुक कहा जाता था। भिक्षुकों का जीवन साधनायुक्त एवं कठोर था। मठ, प्रकृति में शान्त वातावरण में होते थे।

बौद्ध शिक्षा निवृत्ति प्रधान थी, जिसका मुख्य उद्देश्य निर्वाण प्राप्त करना था। पाठ्यचर्या दो स्तरों पर विभक्त थी-प्रारम्भिक व उच्च शिक्षा। प्रारम्भिक शिक्षा की पाठ्यचर्या में लिखना, पढ़ना, साधारण गणित तथा धार्मिक आचार शामिल थे, जबकि उच्च शिक्षा की पाठ्यचर्या में धर्म, दर्शन, आयुर्वेद, वेद, इतिहास, पुराण, शब्द विद्या, काव्य, ज्योतिष, व्याकरण, सामुद्रिक विद्या, योग, न्याय तथा तन्त्र विद्या शामिल थी। मठों में भिक्षुओं को कताई, बुनाई एवं सिलाई शिल्प, वास्तुकला, मूर्तिकला, चित्रकला, भवन निर्माण, कृषि एवं पशुपालन भी सिखाया जाता था। शिक्षा नि:शुल्क प्रदान की जाती थी। शिक्षा संस्कृत भाषा में प्रदान की जाती थी। सामान्य विषयों की शिक्षा प्रदान की जाती थी। सामान्य विषयों की शिक्षा प्रदान करते समय लोक भाषा का भी प्रयोग किया होता था। लेखन कला का विकास होने के बावजूद मौखिक शिक्षा दी जाती थी। प्रायः तर्क एवं वितर्क द्वारा विषयों को समझाया जाता था।

मध्यकालीन भारत में पाठ्यचर्या

मध्यकालीन भारत में मुस्लिमों ने देश पर ईसा की आठवीं सदी से आक्रमण करना प्रारम्भ किया और धीरे-धीरे अपनी सत्ता स्थापित कर ली। मध्यकाल में शिक्षा धर्म प्रधान थी। हजरत मोहम्मद (पैगम्बर) ने इस्लाम धर्म में ज्ञानार्जन को विशेष महत्व दिया। इस्लामी शिक्षा का मूल उद्देश्य इस्लामी मत का प्रचार और इस्लामी शासन को मजबूत बनाना था। इसका प्रचारक गाजी कहलाता था।

इस्लामी शिक्षा दो स्तरों पर प्रदान की जाती थीः प्राथमिक शिक्षा 'मकतब' एवं उच्च शिक्षा 'मदरसा'। मकतब प्रायः मस्जिदों में होते थे, जहाँ मुल्ला और मौलवी धार्मिक कार्यों के साथ–साथ अध्यापन कार्य भी करते थे। मकतबों में विद्यार्थियों को लिखने, पढ़ने के साथ-साथ 'कुरान' का अध्ययन कराया जाता था। शिक्षा का प्रारम्भ 'बिस्मिल्लाह' की रस्म से होता था। अरबी तथा फारसी भाषाओं को मकतबों में सिखाया जाता था। अंकगणित एवं पत्रकला भी यहाँ सिखायी जाती थी।

मदरसे में उच्च शिक्षा प्रदान की जाती थी। मदरसे का संचालन विद्वान अध्यापकों द्वारा किया जाता था। पाठ्यचर्या में लौकिक एवं धार्मिक दो प्रकार की शिक्षा प्रदान की जाती थी। लौकिक शिक्षा के अन्तर्गत अरबी, व्याकरण, गद्य साहित्य, तर्कशास्त्र, दर्शन, कानून, ज्योतिष, गणित, भूगोल, इतिहास, चिकित्सा तथा कृषि इत्यादि विषयों का अध्यापन किया जाता था। धार्मिक शिक्षा के अन्तर्गत कुरान, कुरान का भाष्य, हजरत मोहम्मद साहब की परम्परा तथा सूफी दर्शन का अध्ययन कराया जाता था। पर्दा प्रथा के कारण स्त्री शिक्षा सार्वजनिक रूप से प्रदान नहीं की जाती थी। केवल उच्च-वर्ग के घरानों एवं शहजादियों तक ही स्त्री शिक्षा सीमित थी। मध्यकाल में कला-कौशल एवं व्यावसायिक शिक्षा की पर्याप्त व्यवस्था थी। संगीत, नृत्य, चित्रकला, निर्माण कला को पर्याप्त प्रोत्साहन मिला।

आधुनिक (भारत में) पाठ्यचर्या

भारतीय शिक्षा का आधुनिक काल उस समय से माना जाता है, जबकि भारत पश्चिम के सम्पर्क में आया। 15वीं सदी के अन्तिम दिनों में यूरोप के धर्म प्रचारकों ने भारत में आना प्रारम्भ कर दिया था। सन् 1498 में सर्वप्रथम पुर्तगाल निवासी वास्कोडिगामा भारत आया, उसके पश्चात् डच, डेन, फ्रांसीसी तथा अंग्रेज भारत में आये। ये आपस में लड़कर समाप्त हो गये। अन्त में अंग्रेज भारत के शासक बन गये। इन व्यापारियों के साथ ईसाई धर्म का प्रचार करने के लिए मिशनरी भी आये, उन्होंने आते ही मिशन विद्यालय खोल दिये। इन मिशनरियों का मुख्य उद्देश्य भारतीयों को ईसाई बनाना एवं उन्हें पश्चिमी रंग में रंगना था। अतः इन मिशनरी विद्यालयों में पाश्चात्य पद्धति का ही उपयोग किया गया।

पुर्तगालियों ने भारत में इसका प्रारम्भ किया। प्राथमिक विद्यालयों में धर्म, स्थानीय भाषा, पुर्तगाली भाषा तथा हस्तकला पढ़ायी जाती थी, जबकि उच्च शिक्षा में लैटिन, धर्मशास्त्र, तर्कशास्त्र, संगीत का अध्यापन होता था। बाद में हॉलैण्डवासी फिर फ्रांसीसी भारत आये, तत्पश्चात् डेनमार्क के व्यापारी भारत आये। इसी प्रकार ईस्ट इण्डिया कम्पनी ने

प्रारम्भ में धार्मिक तटस्थता की नीति अपनाने के बाद ईसाई धर्म का प्रसार प्रारम्भ किया। बाद में 18वीं सदी में उन्होंने पुनः धर्म प्रचार पर रोक लगायी। 1781 में मुसलमानों की शिक्षा के लिए कलकत्ता में मदरसा स्थापित किया। मदरसे की पाठ्यचर्या में दर्शन, कुरान, कानून, रेखागणित, गणित, तर्क एवं व्याकरण शामिल थे। हिन्दुओं के लिए 1791 में बनारस संस्कृत महाविद्यालय की स्थापना की गयी। उनकी धर्मनिरपेक्षता ज्यादा समय तक मिशनरियों के विरोध के कारण नहीं चल सकी। इसके परिणामस्वरूप 1813 में कम्पनी ने एक आज्ञापत्र जारी किया इसके अनुसार मिशनरियों को देश में आकर धर्म प्रचार की स्वतन्त्रता दे दी गयी। 1813 के चार्टर अधिनियम के अनुसार कम्पनी के लिए यह अनिवार्य था कि प्रति वर्ष एक लाख रुपया भारतीय शिक्षा पर व्यय किया जाये, किन्तु इस अधिनियम में धनराशि का उद्देश्य स्पष्ट नहीं था, जिसके कारण अनेक विवाद उठ खड़े हुए थे, जैसे–

(अ) शिक्षा उच्च वर्ग के लोगों को दी जाये अथवा जनसाधारण को,

(ब) शिक्षा का माध्यम प्राच्य भाषाएँ संस्कृत, अरबी तथा फारसी रखी जाये अथवा देशी प्रान्तीय भाषाएँ अथवा अंग्रेजी,

(स) तीसरा शिक्षा सरकार का दायित्व हो अथवा वैयक्तिक इत्यादि।

1813 के बाद ईसाई धर्म प्रचारकों ने शिक्षा का उपयोग धर्म प्रचार के लिए किया। उन्होंने पिछड़ी जातियों का धर्म परिवर्तन करवाया और उन्हें पाश्चात्य शिक्षा प्रदान की। 1833 में ईस्ट इण्डिया कम्पनी ने चार्टर का नवीनीकरण किया और इस बात पर बल दिया गया कि भारत में अंग्रेजी शिक्षा प्राप्त कर शासन में अच्छे पद प्राप्त करने की प्रवृत्ति बढ़ी। मैकाले की शिक्षा नीति इसी पर आधारित लगती है।

मैकाले का विवरणपत्र (Macaulay's Minute)

10 जून, 1934 को लार्ड मैकाले गवर्नर जनरल की काउन्सिल का कानूनी सदस्य बनकर भारत आया। 1813 के चार्टर की उसने नयी व्याख्या की, जिसके अनुसार शिक्षा अनुदान केवल पाश्चात्य शिक्षा व विद्वानों के विकास पर खर्च किया जा सकता था। संस्कृत व अरबी पर रुपया खर्च करना वह दुरुपयोग मानता था। उसकी नजरों में भारतीय साहित्य, दर्शन, ज्योतिष व चिकित्सा शास्त्र झूठे थे। उसके मत का समर्थन तत्कालीन गवर्नर जनरल बैंटिक ने भी किया। 7 मार्च, 1835 को उसने आज्ञा दी कि सारा रुपया अंग्रेजी साहित्य तथा विद्वानों के भारत में प्रचार करने पर व्यय किया जाये। उसकी

शिक्षा का मूल उद्देश्य राज्य कार्यों के लिए सस्ते भारतीय क्लर्कों की कौम खड़ी करना था, अतः पाठ्यचर्या में अंग्रेजी भाषा एवं साहित्य तथा अंकगणित को शामिल किया गया। सन् 1844 में तत्कालीन गवर्नर जनरल लार्ड हार्डिंग ने घोषणा की कि शासकीय नौकरियों में उन्हीं लोगों को प्राथमिकता दी जायेगी, जिन्होंने अंग्रेजी विद्यालयों में शिक्षा प्राप्त की हो। इस घोषणा के बाद लोगों का झुकाव पाश्चात्य पाठ्यचर्या की ओर हो गया। देशी शिक्षा की ओर लोगों का रुझान कम होता गया।

वुड का घोषणापत्र

सन् 1854 में शिक्षा सम्बन्धी घोषणापत्र प्रकाशित हुआ, जिसे 'वुड का शिक्षा घोषणापत्र' के नाम से जाना जाता है। घोषणापत्र के अनुसार कम्पनी के ऊपर भारतीय शिक्षा का उत्तरदायित्व सर्वोपरि माना गया। घोषणापत्र में कहा गया है कि "जिस शिक्षा का हम भारत में प्रसार करना चाहते हैं, उसका उद्देश्य यूरोपीयन उच्च कला, विज्ञान, दर्शन तथा साहित्य का ज्ञान है। घोषणापत्र में प्रत्येक प्रान्त में एक शिक्षा विभाग स्थापित करने की सिफारिश की गयी। घोषणापत्र की अन्य सिफारिशें हैं–

(अ) कलकत्ता, बम्बई एवं मद्रास में वि.वि. स्थापित किये जायें।
(ब) जनसाधारण की शिक्षा के विकास एवं प्रोत्साहन पर बल दिया जायें।
(स) शिक्षकों के प्रशिक्षण के लिए प्रशिक्षण महाविद्यालय खोले जायें।
(द) स्त्री शिक्षा पर बल दिया जायें।

हण्टर शिक्षा आयोग (1882-83)

वुड के घोषणापत्र ने भारतीय शिक्षा में क्रान्तिकारी परिवर्तन एवं सुधार किये, किन्तु बाद में भारतीय शिक्षा की प्रगति मन्द हो गयी। 'इंग्लैण्ड में जनरल कौंसिल ऑफ एजुकेशन इन इण्डिया' नामक संस्था की स्थापना हुई, इस संस्था में लार्ड हैलीफेन्स तथा लार्ड लारेन्स जैसे प्रसिद्ध व्यक्ति सदस्य थे। लार्ड रिपन के भारत के गवर्नर जनरल नियुक्त किया, जिसे उन्होंने स्वीकार करने का आश्वासन दिया। लार्ड रिपन ने 3 फरवरी, 1882 में प्रथम भारतीय शिक्षा आयोग की स्थापना की, इसके अध्यक्ष विलियम हण्टर थे, अतः इसे हण्टर आयोग कहा जाता है।

हण्टर आयोग ने निम्न सिफारिशें की–

(1) प्राथमिक शिक्षा के सम्बन्ध में बताया कि (अ) प्राथमिक शिक्षा का उद्देश्य जन शिक्षा का प्रसार होना चाहिये, (ब) शिक्षा का माध्यम प्रादेशिक भाषाएँ होनी चाहिये, (स) सरकार को प्राथमिक शिक्षा की उन्नति एवं विकास के लिए प्रयास करना चाहिये, (द) पाठ्यचर्या में ऐसे विषय शामिल किये जाने चाहिये, जो बालक को स्वावलम्बी बना सकें एवं (इ) प्राथमिक विद्यालयों में शिक्षा का स्तर ऊँचा उठाने के लिए अध्यापकों के प्रशिक्षण के लिए नार्मल स्कूल खोलने की सिफारिश की।

(2) माध्यमिक शिक्षा का उत्तरदायित्व सरकार द्वारा न होकर वैयक्तिक प्रयासों द्वारा होना चाहिये। उच्च विद्यालय में दो तरह की पाठ्यचर्या की सिफारिश की–(अ) पाठ्यक्रम उन विद्यार्थियों के लिए था, जो उच्च शिक्षा प्राप्त करने के लिए विश्वविद्यालयों में प्रवेश लेना चाहते हों। (ब) पाठ्यक्रम व्यावसायिक, व्यवहारिक एवं जीवनोपयोगी शिक्षा के लिए था।

(3) उच्च शिक्षा के सम्बन्ध में आयोग की सिफारिशें थीं–(अ) पाठ्यपुस्तकों में प्रकृति धर्म एवं मानव धर्म के सिद्धान्तों की व्याख्या हो, (ब) छात्रों में मानवीय गुणों के विकास के लिए समय-समय पर व्याख्यान आयोजित किये जायें, (स) निःशुल्क शिक्षा प्राप्त करने वालों की संख्या सीमित हो।

(4) स्त्री शिक्षा, मुस्लिमों की शिक्षा, धार्मिक शिक्षा एवं प्रौढ़ शिक्षा के विकास के लिए भी आयोग ने सिफारिशें कीं।

स्वतन्त्रता प्राप्ति तक का शिक्षा क्रम

हण्टर आयोग के पश्चात् पाठ्यचर्या के क्षेत्र में प्रमुख घटनाएँ थीं–(अ) लार्ड कर्जन के शैक्षिक प्रयास, सैडलर आयोग (1917), हर्टांग समिति, वुड एबट प्रतिवेदन (1937), सार्जेन्ट आयोग (1944), सभी ने पाठ्यचर्या के व्यवसायीकरण पर बल दिया।

स्वतन्त्र भारत में पाठ्यचर्या

आजादी के बाद देश में माध्यमिक शिक्षा आयोग (1953), माध्यमिक शिक्षा आयोग (1964-66) एवं शिक्षा नीति 1968, नयी शिक्षा नीति 1986 एवं 1992 के उसके संशोधन में पाठ्यचर्या के बारे में सुझाव दिये गये, जो यहाँ क्रमशः प्रस्तुत हैं–

माध्यमिक शिक्षा आयोग (1953) एवं पाठ्यचर्या

माध्यमिक शिक्षा की जाँच के लिए 23 सितम्बर, 1952 को मद्रास वि.वि. के तत्कालीन कुलपति डॉ. लक्ष्मण स्वामी मुदालियर की अध्यक्षता में माध्यमिक शिक्षा आयोग की नियुक्ति हुई, जिसे मुदालियर आयोग के नाम से जाना जाता है। आयोग ने अपना प्रतिवेदन 1953 में दिया। आयोग ने यह सुझाव दिया कि माध्यमिक शिक्षा का आरम्भ 5 वर्ष के प्राथमिक जूनियर बैसिक पाठ्यक्रम के उपरान्त होगा। इसमें तीन वर्ष जूनियर माध्यमिक पाठ्यक्रम की शिक्षा होगी। माध्यमिक शिक्षा की पाठ्यचर्या के बारे में आयोग की अनुशंसाएँ थीं–

(अ) पाठ्यचर्या में विविधता व लचीलापन हो,
(ब) पाठ्यचर्या जीवन से सम्बन्धित हो,
(स) पाठ्यचर्या के सभी विषयों का आपस में घनिष्ठ सम्बन्ध हो।

आयोग ने माध्यमिक (मिडिल) स्तर पर निम्न पाठ्यचर्या सुझायी है–

1. भाषा
2. सामाजिक अध्ययन
3. सामान्य विज्ञान
4. गणित
5. कला एवं संगीत
6. शिल्प
7. शारीरिक शिक्षा

आयोग ने उच्च तथा उच्चतर माध्यमिक स्तर पर निम्न पाठ्यचर्या सुझायी है–

(अ) (i) मातृभाषा अथवा भाषा अथवा मातृभाषा और एक शास्त्रीय भाषा का संयुक्त पाठ्यक्रम।
(ii) एक अन्य भाषा का चयन निम्न में से किया जाना चाहिये–
(क) हिन्दी (उनके लिए जिनकी मातृभाषा हिन्दी न हो)
(ख) प्रारम्भिक अंग्रेजी (उनके लिए जिन्होंने माध्यमिक स्तर में अध्ययन न किया हो)
(ग) प्रगत अंग्रेजी (उनके लिए जिन्होंने पूर्व अवस्था में अंग्रेजी का अध्ययन किया हो)
(घ) एक आधुनिक भारतीय भाषा (हिन्दी के अलावा)
(ङ) एक आधुनिक विदेशी भाषा (अंग्रेजी के अलावा)
(च) एक शास्त्रीय भाषा।

(ब) (i) सामाजिक अध्ययन सामान्य पाठ्यक्रम (केवल प्रथम दो वर्षों के लिए)

(ii) गणित सहित सामान्य विज्ञान (प्रथम दो वर्षों के लिए सामान्य पाठ्यक्रम)

(स) निम्न सूची में चुना गया कोई शिल्प–

(क) कताई एवं बुनाई
(ख) काष्ठ शिल्प
(ग) धातु शिल्प
(घ) बागवानी
(ङ) टेलरिंग
(च) मुद्रण कला
(छ) कार्यशाला अभ्यास
(ज) सिलाई, सूईकारी, कढ़ाई
(झ) प्रतिरूपण (माडलिंग)

(द) निम्न समूहों से किसी एक से तीन विषय

समूह 1 मानविकी

(क) एक शास्त्रीय भाषा अथवा कोई तीसरी भाषाओं में से पूर्व में नहीं ली गयी।
(ख) इतिहास
(ग) भूगोल
(घ) अर्थशास्त्र एवं नागरिकशास्त्र के तत्व
(ङ) गणित
(च) संगीत
(छ) घरेलू विज्ञान

समूह 2 विज्ञान

(क) भौतिकशास्त्र
(ख) रसायनशास्त्र
(ग) जीव विज्ञान
(घ) भूगोल
(ङ) गणित
(च) शरीर क्रिया विज्ञान एवं आरोग्य के तत्व (जीव विज्ञान के साथ नहीं लिया जा सकता)

समूह 3 तकनीकी

(क) अनुप्रयुक्त गणित एवं रेखा गणितीय चित्रांकन
(ख) अनुप्रयुक्त विज्ञान

(ग) यान्त्रिक अभियान्त्रिकी के तत्व
(घ) विद्युतीय अभियान्त्रिकी के तत्व

समूह 4 वाणिज्य

(क) वाणिज्य अभ्यास
(ख) पुस्तक लेखा
(ग) वाणिज्यिक भूगोल अथवा अर्थशास्त्र एवं नागरिक शास्त्र के तत्व
(घ) आशुलिपि एवं टंकण

समूह 5 कृषि

(क) सामान्य कृषि
(ख) पशुपालन
(ग) उद्यानविज्ञान एवं बागवानी
(घ) कृषि रसायन एवं वनस्पति विज्ञान

समूह 6 ललित कलाएँ

(क) कला का विकास
(ख) चित्रांकन एवं रूपांकन
(ग) चित्रकला
(घ) प्रतिरूपण
(ङ) संगीत
(च) नृत्यकला

समूह 7 गृह विज्ञान

(क) गृहअर्थशास्त्र
(ख) पोषण एवं पाक कला
(ग) मातृशिल्प एवं शिशु देखभाल
(घ) परिवार प्रबन्धन एवं गृह उपचर्या
(ङ) उक्त के अलावा विद्यार्थी अपने स्वयं का एक अतिरिक्त विषय उक्त समूहों के फिर चाहे उसने अपने तीन विषयों का चुनाव किसी भी समूह से किया हो।

पाठ्य पुस्तकों का स्तर ऊँचा उठाने के लिए उच्च शक्ति समिति गठित करने की सिफारिश की। शिक्षण पद्धति के बारे में सुझाव था कि शिक्षण पद्धति ऐसी हो, जिससे छात्रों को अभिव्यक्ति का पूर्ण अवसर मिले। आयोग ने गतिविधि एवं परियोजना विधि को प्रमुखता दी।

कोठारी शिक्षा आयोग (1964-66) एवं पाठ्यचर्या

भारत सरकार ने 14 जुलाई 1964 को देश में शिक्षा की स्थिति, उसकी समस्याओं एवं आवश्यकताओं पर विचार करने के लिए कोठारी शिक्षा आयोग की नियुक्ति की। आयोग के अध्यक्ष प्रो. दौलतसिंह कोठारी थे। आयोग ने अपना प्रतिवेदन 1966 में प्रस्तुत किया। पाठ्यचर्या से सम्बन्धित आयोग की महत्वपूर्ण अनुशंसाएँ हैं। आयोग ने तात्कालीन पाठ्यचर्या को अपर्याप्त, समयातीत एवं देश की आवश्यकताओं के प्रतिकूल समझा। आयोग ने पाठ्यचर्या के निम्न सुझाव दिये–

(अ) विश्वविद्यालयों, प्रशिक्षण महाविद्यालयों तथा राज्य के शिक्षा विभागों को पाठ्यचर्या के विभिन्न पहलुओं पर शोध करना चाहिये तथा शोध के परिणामों के परिप्रेक्ष्य में पाठ्यचर्या में सुधार करना चाहिये।

(ब) विद्यालयों को नये पाठ्यचर्या के निर्माण की स्वतन्त्रता हो।

(स) राज्य शिक्षा विभाग सामान्य एवं विशिष्ट पाठ्यचर्या का निर्माण करे।

आयोग ने पाठ्यचर्या के संगठन के बारे में सुझाव दिया कि गैर व्यावसायिक स्कूलों में 10 वर्ष तक सामान्य शिक्षा पाठ्यचर्या तत्पश्चात् वैविध्यीकरण की अनुशंसा की। आयोग द्वारा अनुशंसित कक्षा 1 से 10 तक की पाठ्यचर्या निम्नलिखित हैं–

1. अवर प्राथमिक अवस्था (कक्षा एक से चार तक)
   (क) एक भाषा–मातृभाषा या प्रादेशिक भाषा
   (ख) गणित
   (ग) पर्यावरण का अध्ययन (तीसरी कक्षा और चौथी कक्षा में विज्ञान और सामाजिक अध्ययन सम्मिलित हों।)
   (घ) सृजनात्मक कार्यकलाप
   (ङ) कार्य-अनुभव और सामाजिक सेवा
   (च) स्वास्थ्य शिक्षा
2. उच्चतर प्राथमिक अवस्था (कक्षा पाँच से सात तक)
   (क) दो भाषाएँ–(1) मातृभाषा या प्रादेशिक भाषा, (2) हिन्दी या अंग्रेजी
   टिप्पणी–एक तीसरी भाषा (अंग्रेजी, हिन्दी या प्रादेशिक भाषा)
   (ख) गणित
   (ग) विज्ञान
   (घ) सामाजिक अध्ययन या इतिहास, भूगोल और नागरिकशास्त्र।

(ङ) कला
(च) कार्य-अनुभव और सामाजिक सेवा
(छ) शारीरिक शिक्षा
(ज) नैतिक और आध्यात्मिक मूल्यों की शिक्षा

3. अवर माध्यमिक अवस्था (कक्षा आठ से दस तक)
(क) तीन भाषाएँ-अहिन्दी भाषी क्षेत्रों में तीन भाषाएँ सामान्यतः ये होंगी–(1) मातृभाषा या प्रादेशिक भाषा, (2) उच्चतर या अवर स्तर पर हिन्दी, और (3) उच्चतर या अवर स्तर पर अंग्रेजी। हिन्दी भाषी क्षेत्रों में तीन भाषाएँ ये होंगी–(1) मातृभाषा या प्रादेशिक भाषा, (2) अंग्रेजी या अगर मातृभाषा के रूप में अंग्रेजी ले ली गयी हो, तो हिन्दी और (3) हिन्दी को छोड़कर अन्य कोई आधुनिक भारतीय भाषा।
टिप्पणी–(ऐच्छिक विषय के रूप में उपर्युक्त भाषाओं के अतिरिक्त एक प्राचीन भाषा भी ली जा सकती है।)
(ख) गणित
(ग) विज्ञान
(घ) इतिहास, भूगोल और नागरिकशास्त्र
(ङ) कला
(च) कार्य-अनुभव और सामाजिक सेवा
(छ) शारीरिक शिक्षा
(ज) नैतिक और आध्यात्मिक मूल्यों की शिक्षा।

आयोग द्वारा अनुशंसित उच्चतर माध्यमिक पाठ्यचर्या निम्न है–

1. कोई-सी दो भाषाएँ, इनमें कोई एक आधुनिक भारतीय भाषा, कोई-सी आधुनिक विदेशी भाषा और कोई-सी प्राचीन भाषा सम्मिलित होगी।
2. निम्नलिखित विषयों में से कोई तीन विषय–
(क) एक अतिरिक्त भाषा
(ख) इतिहास
(ग) भूगोल
(घ) अर्थशास्त्र
(ङ) तर्कशास्त्र
(च) मनोविज्ञान
(छ) समाज विज्ञान
(ज) कला
(झ) भौतिकी

(ञ) रसायन
(ट) गणित
(ठ) जीव-विज्ञान
(ड) भू-विज्ञान
(ढ) गृह-विज्ञान

3. कार्य, अनुभव और सामाजिक खेल
4. शारीरिक शिक्षा
5. कला या शिल्प
6. नैतिक और आध्यात्मिक मूल्यों की शिक्षा

शिक्षा नीति 1968, नयी शिक्षा नीति 1986 एवं 1992 के संशोधन एवं पाठ्यचर्या

स्वतन्त्रता प्राप्ति के पश्चात् की भारतीय शिक्षा नीति भारतीय शिक्षा के इतिहास का एक महत्वपूर्ण कदम था। इसका उद्देश्य राष्ट्रीय प्रगति, समान नागरिकता एवं संस्कृति को प्रोत्साहन देना और राष्ट्रीय एकता को बल प्रदान करना था। इसमें विज्ञान एवं तकनीकी पर अधिक ध्यान दिया गया। 1968 की शिक्षा नीति के लागू करने से शैक्षिक सुविधाओं का विस्तार किया गया एवं 90 प्रतिशत से अधिक ग्रामीण आबादी की 1 किलोमीटर के क्षेत्र में विद्यालयीन सुविधाएँ प्रदान की गयीं। 10 + 2 + 3 शिक्षा पद्धति अधिकांश राज्यों में अपनायी गयी। विद्यालयीन पाठ्यचर्या में विज्ञान एवं गणित को अनिवार्य विषय के रूप में शामिल किया गया, साथ ही कार्य अनुभव को महत्वपूर्ण स्थान प्राप्त हुआ। शिक्षा नीति के तहत् स्नातक स्तर के पाठ्यक्रमों की पुनर्संरचना की गयी। स्नातकोत्तर एवं शोध अध्ययनों के लिए प्रगत अध्ययन केन्द्रों की स्थापना की गयी। हालाँकि ये उपलब्धियाँ प्रभावी हैं, किन्तु 1968 की नीति के सामान्य सिद्धान्त क्रियान्वित नहीं किये जा सके, कालान्तर में नयी शिक्षा नीति 1986 ने अपनी अनुशंसाएँ दीं: नीति के अनुसार शिक्षा की भूमिका उत्संस्करणपूर्ण है। यह संवेदनाओं एवं प्रत्यक्षणों को परिष्कृत करती है, जो राष्ट्रीय सम्बद्धता (Cohesion), वैज्ञानिक स्वभाव और मस्तिष्क एवं आत्मा की स्वतन्त्रता में योगदान करे, जिससे समाजवाद धर्मनिरपेक्षता एवं प्रजातन्त्र के लक्ष्यों की प्राप्ति होती है। नीति के तहत् राष्ट्रीय शिक्षा पद्धति के समान शैक्षिक संरचना पर विचार किया है। 10 + 2 + 3 की शैक्षिक संरचना देश के सभी भागों में स्वीकार की गयी।

नयी शिक्षा नीति 1986 की अनुशंसाओं में कहा गया है कि शिक्षा राष्ट्रीय पाठ्यचर्यात्मक ढाँचे पर आश्रित होंगी। यह ढाँचा समान सत (Core) एवं अन्य लचीले घटकों से बना होगा। समान सत में भारतीय

स्वतन्त्रता आन्दोलन का इतिहास, संवैधानिक अनिवार्यताएँ तथा राष्ट्रीय पहचान के लिए आवश्यक अन्य पोषक विषय-वस्तु शामिल होंगी। भारत की समान सांस्कृतिक विरासत, समतावाद एवं धर्मनिरपेक्षता, लैंगिक समानता, पर्यावरण संरक्षण, सामाजिक बाधाओं को दूर करना, लघु परिवार मानक तथा वैज्ञानिक स्वभाव इत्यादि का मूल्यों के उन्नयन के लिए विषय क्षेत्रों का अभिकल्पन किया जायेगा। इस देश में विषमताओं को कम करने, सार्वभौम शिक्षा तथा वैज्ञानिक एवं तकनीकी शोध का उत्तरदायित्व राष्ट्र का होगा। नयी शिक्षा नीति ने व्यावसायिक शिक्षा पर भी पर्याप्त बल दिया है।

राष्ट्रीय पाठ्यचर्या 2005

राष्ट्रीय शैक्षिक अनुसंधान और प्रशिक्षण परिषद् की कार्यकारिणी ने जुलाई, 2004 की बैठकों में राष्ट्रीय पाठ्यचर्या को संशोधित करने का निर्णय लिया। यह निर्णय माननीय मानव संसाधन विकास मंत्री द्वारा लोकसभा में दिए गए वक्तव्य के बाद केन्द्रीय शिक्षा सचिव ने परिषद् के निदेशक को विद्यालयीन शिक्षा की राष्ट्रीय पाठ्यचर्या–2000 की समीक्षा करने की जरूरत बताते हुए पत्र लिखा। यह समीक्षा ''शिक्षा बिना बोझ के'' 1993 वाली रिपोर्ट की रोशनी में की गई। प्रोफेसर यशपाल की अध्यक्षता में एक राष्ट्रीय संचालन समिति और इक्कीस राष्ट्रीय फोकस समूहों का गठन किया गया।

संशोधित राष्ट्रीय पाठ्यचर्या दस्तावेज का आरंभ रवीन्द्रनाथ टैगोर के निबंध ''सभ्यता और प्रगति'' के एक उद्धरण से हुआ है जिसमें कवि हमें याद दिलाते है कि सृजनात्मकता और उदार आनंद बचपन की कुंजी हैं और इसका खतरा है कि एक नासमझ वयस्क संसार इन्हें कहीं विकृत न कर दे।

सामाजिक न्याय और समानता के मूल्यों पर आधारित एक धर्मनिरपेक्ष, समतामूलक और बहुलतावादी समाज के रूप में भारत के संवैधानिक ' विजन' से प्रेरणा ग्रहण करते हुए इस दस्तावेज में शिक्षा के कुछ व्यापक उद्देश्य चिन्हित किए गए हैं। इनमें शामिल हैं विचार और कर्म की स्वतंत्रता, दूसरे की भलाई और भावनाओं के प्रति संवेदनशीलता, नई स्थितियों का लचीलेपन और रचनात्मक तरीके से सामना करना, लोकतांत्रिक प्रक्रिया में भागीदारी की उत्सुकता और आर्थिक प्रक्रियाओं और सामाजिक बदलाव में योगदान करने के लिए काम करने की क्षमता।

इसमें पाठ्यचर्या निर्माण के पांच निर्देशक सिद्धांतों का प्रस्ताव रखा है: (1) ज्ञान को स्कूल के बाहर के जीवन से जोड़ना, (2) सुनिश्चित

करना कि शिक्षा रटने पर आधारित पद्धतियों का त्याग करे, (3) पाठ्यचर्या को इस तरह समृद्ध करना कि वह पाठ्यपुस्तकों से और आगे जा सके, (4) परीक्षाओं को और लचीला बनाते हुए उन्हें कक्षा की गतिविधियों से जोड़ना, और(5) एक ऐसी पहचान का विकास जो प्रजातांत्रिक व्यवस्था के अंतर्गत राष्ट्रीय चिंताओं में स्नात हो।

स्कूली पाठ्यचर्या के चार परिचित क्षेत्रों (भाषा, गणित, विज्ञान और समाज विज्ञान) में सार्थक परिवर्तनों का सुझाव दिया गया है। ऐसा इस मकसद से किया गया है कि शिक्षा आज और भविष्य की जरूरतों के लिए प्रासंगिक बन सके और बच्चों को उस तनाव से मुक्त किया जा सके जो वे आज झेल रहे है। भाषा के संदर्भ में सुझाव दिया गया है कि त्रिभाषा फार्मूला को लागू करने की नई कोशिश की जानी चाहिए जिसमें आदिवासी भाषाओं सहित बच्चों की मातृ भाषाओं को शिक्षा के माध्यम के रूप में स्वीकृति देने पर जोर है। बच्चों में बहुभाषिक दक्षता, अंग्रेजी में दक्षता सहित विकसित करने के स्रोत के रूप में भारतीय समाज की बहुभाषिक प्रकृति का उपयोग करने की जरूरत है। यह तभी मुमकिन है जब शिक्षा को मातृ भाषा में एक विवेकपूर्ण भाषा शिक्षण पद्धति के आधार पर विकसित किया जाए। पढ़ना, लिखना और सुनना–ये क्रियाएं पाठ्यचर्या के सारे क्षेत्रों में बच्चो की प्रगति में भूमिका निभाती हैं और इन्हें पाठ्यचर्या की योजना का आधार होना चाहिए। गणित की शिक्षा ऐसी होनी चाहिए जिससे बच्चों के वे संसाधन और समृद्ध हों जो चिंतन और तर्क में, अमूर्तनों की संकल्पना करने और उनका व्यवहार करने में, समस्याओं को सूत्रबद्ध करने और सुलझाने में उनकी सहायता करे। विज्ञान के शिक्षण में इस तरह की तब्दीली की जानी चाहिए कि यह हर बच्चे को उसके रोजाना के अनुभवों की परीक्षा करने और उनका विश्लेषण करने में सक्षम बना सके। समाज विज्ञान के प्रसंग में प्रस्तुत पाठ्यचर्या दस्तावेज ज्ञान के अलग–अलग क्षेत्रों की विशिष्ट पहचान करता है लेकिन इस पर जोर है कि महत्वपूर्ण विषयों के संदर्भ में समग्र दृष्टि ही अपनाई जाये। समाज विज्ञान के सारे क्षेत्रों में जेंडर के संदर्भ में न्याय और आदिवासी तथा दलित मसलों को लेकर जागरूकता और अल्पसंख्यक संवेदनशीलता के प्रति सजगता होनी चाहिए। समाजशास्त्र की जगह राजनीति विज्ञान लाया जाना चाहिए और बच्चों के अतीत की अवधारणा और उसकी नागरिक पहचान को आकार देने में इतिहास के प्रभाव के महत्व को मान्यता दी जानी चाहिए।

यह पाठ्यचर्या दस्तावेज चार क्षेत्रों की तरफ ध्यान दिलाता है कि काम, कला और पारपरिक दस्तकारियां, स्वास्थ्य तथा शारीरिक शिक्षा, और शांति। संरचनात्मक सुधारों के संदर्भ में यह दस्तावेज पंचायती

राज व्यवस्था को सुदृढ़ करने पर बल देता है। पाठ्यचर्या सुधार के लिए सबसे जरूरी संरचनागत कदम होगा परीक्षाओं में सुधार जिससे विशेष पर दसवीं और बाहरवीं कक्षा में और यों भी सामान्य तौर पर बच्चों और उनके माता–पिता पर बढ़ते मनोवैज्ञानिक दबाव की गहराती समस्याओं का कोई समाधान निकाला जा सके। इसके लिए विशेष कदम उठाने जरूरी है जैसे कि प्रश्न पत्र का पूरा स्व़रूप परिवर्तन, जिससे तर्कशक्ति और रचनात्मक क्षमताओं को आकलन का आधार बनाया जाए न कि रटने की क्षमता को।

अन्ततः यह दस्तावेज स्कूली व्यवस्था और दूसरे सिविल समूहों के बीच सहभागिता की सिफारिश करता है जिनमें गैर–सरकारी संगठन और शिक्षक संगठन शामिल होंगे। पहले से ही मौजूद नवाचारों के अनुभवों को मुख्य धारा का स्वरूप देने की जरूरत है। आज ज़रूरत इस बात की है कि आरंभिक शिक्षा के सर्वव्यापीकरण में निहित चुनौतियों के प्रति सजगता को राज्य और बच्चों को लेकर काम कर रही सारी एजेंसियों के बीच एक व्यापक सहभागिता का विषय बनाया जाए।

4

पाठ्यचर्या के सामाजिक एवं सांस्कृतिक आधार (Social and Cultural Foundations of Curriculum)

एक औपचारिक एवं संगठित समूह के रूप में विद्यालय समाज से घनिष्ठ सम्बन्ध रखता है। इनके ये सम्बन्ध कालक्रम से विकसित एवं रूपान्तरित होते रहे हैं, साथ ही ये एक-दूसरे को परस्पर प्रभावित भी करते रहे हैं। फलस्वरूप पाठ्यचर्या के स्वरूप एवं विकास पर भी समाज का स्पष्ट प्रभाव पड़ना अवश्यम्भावी है। यदि शिक्षा व्यक्ति को सामाजिक जीवन के लिए तैयार करती है, तो वह उसे विभिन्न सामाजिक स्थितियों में समायोजित भी करती है। वस्तुतः शिक्षा समाज के दर्पण में पाठ्यचर्या के माध्यम से ही प्रतिबिम्बित होती है। अतः पाठ्यचर्या के समाजशास्त्रीय उपागम से सम्बद्ध निम्नलिखित बिन्दुओं पर भी चिन्तन आवश्यक है। विभिन्न सामाजिक समुदाय एक-दूसरे से किन आधारों पर एवं क्यों भिन्न हैं? इन विभिन्न समुदायों के विद्यालयों का स्वरूप क्यों भिन्न है? क्या सामान्य तौर पर शिक्षा पर विशेषकर पाठ्यचर्या के निर्माण में उनके क्षेत्र एवं गुणवत्ता के निर्धारण में जन सामान्य एवं समाज के विभिन्न वर्गों के मतों, प्रवृत्तियों एवं आकांक्षाओं का कोई निर्णायक महत्व है। क्या हम शिक्षा के विभिन्न स्तरों पर सम्पूर्ण विश्व समाज को या विशेषकर भारतीय समाज को भी एक समान शिक्षा की पाठ्यचर्या प्रदान कर सकते हैं? समाज के विभिन्न समूह एवं विशेषकर विभिन्न वर्ग शिक्षा एवं पाठ्यचर्या को कितनी दूर तक एवं कैसे प्रभावित करते हैं? ऐसे सारे प्रश्नों के उत्तर समाजशास्त्रीय एवं सांस्कृतिक आधार के अन्तर्गत पूछकर अन्वेषित किये जाने आवश्यक हैं। भविष्य में इनके लिए विभिन्न समाजशास्त्रीय उपागमों का प्रयोग सहायक हो सकेगा।

पाठ्यचर्या के सामाजिक आधार (Social Foundations of Curriculum)

पाठ्यचर्या के सामाजिक आधारों का प्रतिपादन, आर्न्स्टिन एवं हन्किन्स (1988) ने अग्रलिखित रूप से किया है–

(अ) परिवर्तन एवं पाठ्यचर्या (Change and Curriculum)

प्रत्यक्ष रूप से समाज पाठ्यचर्या द्वारा प्रतिबिम्बित होता है तथा परोक्ष रूप से पाठ्यचर्या समाज को गढ़ने में सहायता करती है। प्रथमतः अध्यापक विद्यालयीन विषयों को यथावत् पढ़ाते हैं। द्वितीयतः वे विशिष्ट ज्ञान एवं समस्या समाधानात्मक गतिविधियों द्वारा विद्यार्थियों के चिन्तन में सहायता करते हैं। प्रथम उपागम विद्यालयों एवं अध्यापकों को समाज के आइने के रूप में देखा जाता है। पूर्व उपागम शिक्षा की परम्परागत संकल्पना पर आधारित है, जबकि दूसरा शिक्षा की प्रगतिवादी एवं पुनर्निर्माणवादी संकल्पना पर आधारित है। समाजशास्त्रीय भाषा में इन्हें क्रमशः संरचनात्मक एवं संघर्ष उपागम कह सकते हैं।

(ब) परिवर्तन के स्रोत के रूप में समाज (Society as a Source of Change)

समकालीन समाज में इतनी तेजी से परिवर्तन हो रहे हैं कि हमें वर्तमान के साथ समायोजन करने एवं भविष्य के लिए अपने आपको तैयार करने में कठिनाई हो रही है। इन परिवर्तनों का सामना करने के लिए व्यक्ति विद्यालय की ओर देखता है। हम पाते हैं कि विद्यालय इन परिवर्तनों के परिप्रेक्ष्य में शिक्षा प्रदान नहीं कर पाता है, अपितु वह काफी पीछे चलता है।

समाज की संस्कृति के विभिन्न भागों में परिवर्तन की अलग-अलग गति सांस्कृतिक पिछड़ेपन को जन्म देती है। व्यक्ति संस्थागत मूल्य परिवर्तनों की तुलना में भौतिक परिवर्तन शीघ्रता से स्वीकार कर लेते हैं। उनकी बुनियादी विचारधारा में परिवर्तन अपेक्षाकृत बहुत धीमी गति से होता है, क्योंकि इसके लिए प्रतिरोध अधिक होता है।

(स) परिवर्तन के स्रोत के रूप में विद्यालय (School as a Soruce of Change)

व्यापक रूप में देखें, तो हम विद्यालयों में समय के साथ-साथ अनेकों प्रकार के परिवर्तन पाते हैं। पेड़ के नीचे गुरुकुल में लगने वाले विद्यालयों से लगाकर आज अत्याधुनिक कुर्सियाँ, फर्श, प्रयोगशालाएँ एवं कम्प्यूटरीकृत पुस्तकालय, सभागृह एवं खेल प्रसाधनयुक्त विद्यालयों में

एक परिवर्तन का क्रम जारी है। विद्यालयों के श्यामपट्ट, चाक, पाठ्यपुस्तकें एवं अध्यापन के उपकरण रूपान्तरित हो रहे हैं। अध्यापक, पाठ्यचर्या विशेषज्ञ, प्रशासक एवं विद्यार्थी आपस में अन्तर्क्रिया कर विद्यालय संचालन में नवीन रूपान्तरों के अनुरूप सहायता करते हैं।

(द) ज्ञान परिवर्तन के स्रोत के रूप में (Knowledge as a Sorurce of Change)

समाज में परिवर्तन के साथ ही साथ ज्ञान में परिवर्तन होता है। जैसे–मध्ययुग के सात ज्ञान स्तम्भ। ज्ञान में वृद्धि के साथ समाज में भी परिवर्तन होते हैं, जैसे औद्योगिक परिवर्तन से आये औद्योगिक समाज। विद्यालयों को ज्ञान के मुख्य स्रोत के रूप में विशेषकर बच्चों एवं युवाओं के लिए निम्न बिन्दुओं के परिप्रेक्ष्य में स्वीकार किया जाना चाहिये–

1. समाज द्वारा शिक्षा के लिए स्थापित अभिप्राय (AIM) के सन्दर्भ में ज्ञान की परख।
2. महत्वपूर्ण प्रकार के ज्ञान की खोज।
3. यह पता लगाना कि क्या पढ़ाया जा सकता है एवं क्या पढ़ाया जाना चाहिये?

उपर्युक्त सन्दर्भ में टायकोसिनर (1966) द्वारा समायोजन के लिए सुझाये गये बारह बुनियादी क्षेत्र दृष्टव्य हैं–

1. *कलाएँ*–वास्तुकला, नृत्य कला (Choreography), नाट्यकला, चित्रकला, औद्योगिक अभिकल्प, भूदृश्य-निर्माण, साहित्य, संगीत, रंगचित्र एवं मूर्तिकला।
2. *सूचनाओं के प्रतीक शास्त्र*–भाषा विज्ञान, गणित, तर्क एवं सूचना सिद्धान्त।
3. *ऊर्जा विज्ञान*–भौतिकशास्त्र, रसायनशास्त्र, नक्षत्र–विज्ञान, भू-गर्भशास्त्र और खनिजकी।
4. *जीव-वैज्ञानिक विज्ञान*–वनस्पतिशास्त्र, प्राणिविज्ञान, वर्गिकी (Taxonomy), आकारिकी (Morphology), कोशिका–विज्ञान (Cytology), आनुवांशिकी (Genetics) और शरीरक्रिया–विज्ञान (Physiology)।
5. *मनोविज्ञान*–प्रयोगात्मक, विकासात्मक, असामान्य, पशु, मानव एवं औद्योगिक सम्बन्ध।
6. *समाजशास्त्र*–व्यवहारिक अध्ययन, मानव परिस्थितिकी, जनांकिकी, सामाजिक संस्थाएँ और समनीति विज्ञान।

7. *भूतकाल से सम्बन्धित विज्ञान*—संसारों, राष्ट्रों, राज्यों, मानव जातियों, समूहों, समुदायों, ऐतिहासिक, सांस्कृतिक, साहित्यिक, वैज्ञानिक एवं दार्शनिक सन्दर्भ में पारिवारिक समूह।
8. *मानव जीवन के कायम रखने से सम्बन्धित विज्ञानों*—कृषि, चिकित्सा, तकनीकी और राष्ट्र सुरक्षा।
9. *नियामक क्षेत्र (Regulative Area)*—न्याय शास्त्र, राजनीति विज्ञान, अर्थशास्त्र एवं लोक प्रशासन।
10. *प्रसरणात्मक क्षेत्र*—शिक्षा व्यावसायिक निर्देशन, ग्रन्थालय विज्ञान, पत्रकारिता एवं जन-संचार।
11. अन्वेषणिकी (Zetetics)—ज्ञान को कैसे सुव्यवस्थित एवं बढ़ाया जा सकता है: समस्या समाधान प्रविधि, पर्यावरणीय स्थितियाँ और प्रेरक, शोध एवं विकास।
12. एकात्मकता के क्षेत्र (संश्लेषण की खोज अथवा पूर्ण चित्र)—दार्शनिक, महत्वाकांक्षीय एवं सामान्य पद्धतियाँ।

(इ) ज्ञान एवं भविष्य अधिगम (Knowledge and Future Learning)

आर्न्स्टिन एवं हन्किन्स (1988) ने पुनः बताया कि समाज में होने वाले अनेक परिवर्तनों का और ज्ञान के विस्फोट का सामना एवं मूल्यांकन करने के लिए हमें निम्न कुछ ज्ञान कौशलों एवं ज्ञान मान्यताओं को संगठित करने की भी आवश्यकता है—

1. ज्ञान में बुनियादी उपकरणों को समाविष्ट किया जाना चाहिये। इसमें पठन, लेखन, अंकगणित, मौखिक सम्प्रेषण एवं कम्प्यूटर साक्षरता शामिल है।
2. कैसे सीखें? सीखने में ज्ञान को सहायता करना चाहिये। विद्यालयों को बालकों को कौशल, उपकरणों को अर्जित करने एवं वर्तमान ज्ञान का नये ज्ञान के सीखने में उपयोग करना सिखाना चाहिये।
3. वास्तविक संसार के लिए व्यावहारिक ज्ञान होना चाहिये।
4. ज्ञान को अधिगमक की आत्म संकल्पनाओं, जागरूकता, कौशलों एवं व्यक्तिगत सत्यनिष्ठा की अनुभूति में सुधार करना चाहिये।
5. ज्ञान में अनेक रूपों एवं विधियों का समावेश होना चाहिये। विद्यालयों में ज्ञान एवं अधिगम अर्जित करने के लिए विभिन्न विकल्प प्रदान किये जाने चाहिये।
6. ज्ञान व्यक्ति को तकनीकी संसार के लिए तैयार करना चाहिये। आज के मानव समाज में व्यक्ति को कम्प्यूटरों, रोबोटों, लैसरों एवं दूरसंचारों के साथ रहना आना चाहिये।

7. ज्ञान व्यक्ति को नौकरशाही के लिए तैयार करे।
8. ज्ञान व्यक्ति को प्राचीन सूचनाओं में सुधार लाने की अनुमति दे। व्यक्ति को यह समझना चाहिये कि प्राचीन ज्ञान को कैसे सुधारें तथा इसका स्थानान्तरण नवीन ज्ञान की प्राप्ति के लिए कैसे करें?
9. ज्ञान अर्जित करने की प्रक्रिया जीवन पर्यन्त होनी चाहिये।
10. ज्ञान को मूल्यों के सन्दर्भ में पढ़ाया जाना चाहिये।

आर्न्स्टिन एवं हन्किन्स के अतिरिक्त भी इस सन्दर्भ में विशेषज्ञों ने योगदान दिया है।

सामाजिक एवं विकासात्मक सिद्धान्त (Social and Developmental Theories)

ऐसे अनेक सिद्धान्तों का उदय हुआ है, जिन्होंने अपना ध्यान मानव अभिवृद्धि एवं विकास के सार्वभौम (Universal) पहलू पर केन्द्रित किया है। जैसे इन सिद्धान्तों में गेस्टाल्ट मनोविज्ञान को समाजीकरण से जोड़ा गया है। विकास की प्रक्रिया एक निश्चित क्रम में चलती रहती है एवं ऐसी मान्यता है कि परिपक्वता के साथ ही साथ उपर्युक्त सामाजिक अनुभवों की भी व्यक्ति को एक अवस्था से दूसरी अवस्था में जाने के लिए आवश्यकता होती है।

मानव कार्य/आवश्यकताएँ (Human Tasks/Needs)

हेविगहर्स्ट (1956) ने मानव विकास की छह अवस्थाओं की पहचान की है–(1) शैशव एवं प्रारम्भिक बचपन, (2) मध्य बाल्यावस्था, (3) किशोरावस्था, (4) प्रारम्भिक प्रौढ़ावस्था, (5) मध्य उम्र एवं (6) उत्तर परिपक्वता।

विकासात्मक कार्यों से तात्पर्य है मनुष्य को ऐसे कार्य समाज में स्वस्थ एवं सन्तोषजनक अभिवृद्धि के लिए सीखना ही चाहिये। यदि व्यक्ति सफलतापूर्वक उपलब्धि प्राप्त करता है, तब उसे प्रसन्नता होती है और यह प्रसन्नता आगे के कार्यों में सफलता के लिए सहायक होती है, जबकि इसके विपरीत असफलता से दुःख होता है तथा समाज द्वारा अस्वीकृति मिलती है, जिसके परिणामस्वरूप बाद के कार्यों में कठिनाई आती है।

बालक के विद्यालयीन जीवन के विकासात्मक कार्यों का वर्णन उसने निम्नानुसार किया है–

1 प्रारम्भिक बाल्यावस्था (Early Childhood)

(अ) सामाजिक एवं भौतिक वास्तविकता के वर्णन के लिए भाषा सीखना एवं संकल्पनाओं का निर्माण करना।
(ब) पढ़ने के लिए तैयार होना।
(स) सही एवं गलत में अन्तर करना सीखना।

2. मध्य बाल्यावस्था (Middle Childhood)
(अ) शारीरिक कौशलों को सीखना।
(ब) अपने आपके बारे में पूर्ण अभिवृत्ति का निर्माण करना।
(स) हम उम्र साथियों के साथ रहना।
(द) स्त्री-पुरुष की उचित भूमिका सीखना।
(इ) पढ़ने, लिखने एवं गणित के बुनियादी कौशल सीखना।
(ई) दैनिक जीवन की संकल्पनाएँ विकसित करना।
(क) नैतिकता एवं मूल्यों का विकास करना।
(ख) व्यक्तिगत स्वतन्त्रता अर्जित करना।
(ग) सामाजिक समूहों एवं संस्थाओं के प्रति प्रजातान्त्रिक अभिवृत्ति विकसित करना।

3. किशोरावस्था (Adolesence)
(अ) हम उम्र साथियों से नये एवं अधिक परिपक्व सम्बन्ध स्थापित करना।
(ब) पुरुष एवं महिला की सामाजिक भूमिका अर्जित करना।
(स) अपने शरीर संगठन को स्वीकार करना एवं शरीर का प्रभावी रूप से उपयोग करना।
(द) पालकों एवं अन्य वयस्कों की संवेगात्मक स्वतन्त्रता प्राप्त करना।
(क) विवाह एवं पारिवारिक जीवन के लिए तैयार करना।
(ख) आर्थिक वृत्ति के लिए तैयार करना।
(ग) व्यवहारों के मार्गदर्शन के लिए मूल्यों एवं नैतिक पद्धति अर्जित करना।
(घ) सामाजिक रूप से उत्तरदायित्वपूर्ण व्यवहार करना।

पाठ्यचर्या के सांस्कृतिक आधार (Cultural Foundations of Curriculum)

इसकी स्पष्टता के लिए पहले संस्कृति के अर्थ एवं संरचना का जानना आवश्यक होगा।

संस्कृति का अर्थ (Meaning of Culture)

संस्कृति को परिभाषित करते हुए स्मिथ एवं साथियों (1957) ने कहा है–संस्कृति, विचारों, आदर्शों, विश्वासों, कौशलों, उपकरणों, सौन्दर्य

वस्तुओं, चिन्तन की विधियों, रीति-रिवाजों तथा संस्थाओं, जिसमें समाज के प्रत्येक व्यक्ति ने जन्म लिया है, की इमारत है। व्यक्तियों के रहने का तरीका, उनके द्वारा खेले जाने वाले खेल, उनके द्वारा कही जाने वाली कहानियाँ, उनके द्वारा पूजे जाने वाले नायक, उनके द्वारा बजाये जाने वाला संगीत, उनके द्वारा अपने बच्चों की परवरिश करने का ढंग, उनका पारिवारिक संगठन, उनके वातावरण एवं सम्प्रेषण के तरीके–ये सब एवं अन्य अनेक बातों की कभी न खत्म होने वाली सूची (अथवा इसके लिए जिसके बारे में प्रत्येक व्यक्ति के लिए जानना हो) से लोगों की संस्कृति का निर्माण होता है। संस्कृति मनुष्य के पर्यावरण का वह भाग है, जिसे उसने स्वयं बनाया है। संस्कृति को सामान्यतः दो भागों–भौतिक एवं अभौतिक में बाँटा जा सकता है।

संस्कृति की संरचना (Structure of Culture)

लिण्टन (1936) ने संस्कृति के तीन तत्व बताये हैं–प्रथम वे तत्व हैं, जो वयस्क आबादी में सार्वभौम रूप से वितरित है। उदाहरण के लिए समाज के समस्त व्यक्ति समान प्रकार से खाना खाते हैं, समान प्रकार के वस्त्र पहनते हैं, समान भाषा का उपयोग करते हैं, एक-दूसरे का अभिवादन करते हैं, अपने बच्चों से समान आज्ञाकारिता एवं आदर चाहते हैं। ये समस्त बातें प्रायः समाज के सदस्यों द्वारा स्वीकार की जाती हैं, सार्वभौम कहलाती हैं।

द्वितीय, संस्कृति के कुछ तत्व केवल वयस्क आबादी के कुछ भाग में पाये जाते हैं। प्रत्येक समाज में कुछ ऐसे कार्य होते हैं, जिन्हें केवल कुछ ही लोग जानते हैं, ये विशेषज्ञ कहलाते हैं। जैसे लोहारी, सुतारी, चित्रकारी इत्यादि, कुछ ऐसे कार्य होते हैं, जो सिर्फ पुरुष करते हैं एवं कुछ कार्य ऐसे होते हैं, जिन्हें सिर्फ महिलाएँ करती हैं।

कुछ सांस्कृतिक तत्व ऐसे होते हैं, जो न तो सभी व्यक्तियों में पाये जाते हैं और न ही विशेषज्ञों में पाये जाते हैं। लोगों के ऐसे चिन्तन एवं कार्य करने का नया तरीका, जो सामान्य स्वीकृत विचारों एवं चलनों (Practices) से उन्हें अलग करता है; इसके अन्तर्गत आता है। उदाहरण के लिए गुड़ बनाने का नया तरीका केवल यहाँ वहाँ कुछ लोगों द्वारा अपनाया जा सकता है। अध्यापन का नया प्रकार एवं भोजन तैयार करने का नया तरीका अथवा ऐसे हजारों नये तरीके जिन्हें समाज के कुछ लोगों द्वारा ही स्वीकार किया जाये। इन सांस्कृतिक तत्वों को विकल्प (Alternative) कहा जाता है। दूसरे शब्दों में यह कह सकते हैं कि विकल्प संस्कृति के उन तत्वों का प्रतिनिधित्व करते हैं, जिनके बारे में व्यक्ति पसन्द का अभ्यास करता है।

विकल्प उसी समाज में हुई खोज के द्वारा अथवा अन्य संस्कृतियों के फैलाव के द्वारा उस संस्कृति में प्रवेश कर सकता है। ऐसी संस्कृतियाँ जो कम या ज्यादा वर्षों में बदलती नहीं है, नियमानुसार उनके अत्यन्त अल्प विकल्प होते हैं। विकल्पों द्वारा संस्कृति की अभिवृद्धि होती है। जैसे वस्तुओं के काटने के नये तरीकों का उदय होता है एवं स्वीकार किया जाता है, वे या तो सार्वभौम अथवा विशेषज्ञों द्वारा अपनाये जाते हैं।

यदि कोई व्यक्ति (निरीक्षक) समाज के किसी विद्यालय की पाठ्यचर्या को देखता है, उसे निम्न चार बातों का पता चलता है–

1. शैक्षिक उद्देश्यों का समुच्चय (SET)
2. विषय-वस्तु
3. निष्पादित की जाने वाली गतिविधियों एवं अभ्यासों की सूची एवं
4. मूल्यांकन के तरीके, जिनसे यह पता लगाया जा सके कि उद्देश्यों की पूर्ति हुई है अथवा नहीं।

साथ ही साथ उसे यह भी मालूम होता है कि अध्यापक विद्यार्थियों को कैसे नियन्त्रित करेगा। इन सभी तत्वों से पाठ्यचर्या का निर्माण होता है एवं यह प्रत्येक समाज में पायी जाती है तथा इनका उदय संस्कृति से ही होता है।

सार्वभौम में व्याप्त भावों एवं नियन्त्रित विचारों को उद्देश्य द्वारा प्रदर्शित किया जाता है। सांस्कृतिक विषय-वस्तु सार्वाधिक सार्थक विचारों, सार्वाधिक सामान्य ज्ञान एवं कौशलों द्वारा बनी होगी। जिन तरीकों से विद्यार्थियों को नियन्त्रित किया जाता है उसी के द्वारा पाठ्यचर्या समाज में नियन्त्रण की उन प्रचलित विधियों को दर्शायेगा। समाज के उपकरण के रूप में पाठ्यचर्या उन विचारों, ज्ञानों, कौशलों को प्रदर्शित करेगी, जो सार्थक होगी अथवा जो समाज के सदस्यों की सामान्य गतिविधियों से सम्बन्धित होगी।

प्रत्येक समाज में सामान्य शिक्षा एवं विशिष्ट शिक्षा में विभेद किया जाता है। सामान्य शिक्षा संस्कृति के सार्वभौम तत्वों तथा विशेषज्ञों के ऐसे पहलुओं जिनका सबसे सम्बन्ध हो, पर आधारित होगी। इसे व्यक्तियों को निश्चित सामाजिक एवं व्यावसायिक स्थिति के लिए प्रशिक्षित करने के लिए निर्मित किया जायेगा।

सांस्कृतिक सार्वभौमों पर आधारित सामान्य शिक्षा

सामान्य शिक्षा का सम्बन्ध समाज को निकट से जोड़ने एवं समन्वित इकाई के रूप में बनाये रखने की समस्याओं से होता है। उन नियमों

एवं ज्ञानों जिनके द्वारा समग्र रूप में आचरणों को संचालित करते हैं तथा एक-दूसरे के व्यवहारों का पूर्वानुमान करते हैं। पाठ्यचर्या की मुख्य विषय-वस्तु होना चाहिये, इसमें सभी प्रकार के सार्वभौम जैसे मित्र का अभिवादन एवं जूते का फीता बाँधने का तरीका शामिल नहीं किये जाते हैं। नियमानुसार ये वस्तुएँ व्यक्ति को अनौपचारिक एवं अचेतन रूप से समाज के अन्य व्यक्तियों के साथ सहभागिता द्वारा अर्जित करने के लिए छोड़ दी जाती हैं। इनके स्थान पर पाठ्यचर्या में मूल्यों, भावों, ज्ञानों एवं कौशलों को शामिल किया जाता है, जो एक ओर समाज को स्थायित्व एवं तेज तथा दूसरी ओर व्यक्तियों को अभिप्रेरणाएँ एवं आचरण के अति नियन्त्रणों को भी प्रदान करती हैं। सार्वभौम का हृदय वे मानदण्ड (Standard) एवं ज्ञान हैं, जिनके द्वारा लोग यह तय करते हैं कि सभी प्रकार की गतिविधियों, राजनैतिक, आर्थिक, सौन्दर्यात्मक, शैक्षिक में सही एवं गलत, अच्छा एवं बुरा, सुन्दर एवं कुरूप, सत्य एवं असत्य, उचित एवं अनुचित क्या है एवं क्या नहीं है? इन मानकों द्वारा समाज को नैतिक विषय-वस्तु का निर्माण होता है। इनके बाद महत्व के क्रम में ज्ञानों एवं कौशलों को शामिल किया गया है। इनके द्वारा लोगों की सामान्य गतिविधियों जैसे राजनैतिक एवं आर्थिक व्यवहार का नियन्त्रण एवं सुधार होता है। इन सबसे मिलकर सामान्य पाठ्यचर्या की विषय-सामग्री का निर्माण होता है।

संस्कृति की विशेषताओं से सम्बन्धित विशिष्ट शिक्षा

प्रायः समाज की विशेषताएँ चिन्तन एवं कार्य के वे तरीके हैं, जो या तो व्यावसायिक समूहों अथवा सामाजिक वर्गों अथवा दोनों से सम्बन्धित होते हैं। विशिष्ट शिक्षा में इनमें से एक अथवा दोनों विशेष समूहों की रुचियों पर ध्यान दिया जा सकता है। समाजों में पहचाने सामाजिक श्रेष्ठ जन सम्मिलित होते रहे। शिक्षा के उपकरण द्वारा उन श्रेष्ठ जनगण के अपरिपक्व सदस्यों को प्रशिक्षित किया जा सकता है। कुछ निजी विद्यालय इन्हीं वर्गों के लिए होते हैं।

व्यावसायिक प्रयोजन के लिए शिक्षा हमेशा निश्चित सामाजिक आर्थिक स्तर के व्यक्तियों की आवश्यकताओं से सम्बन्धित रही है। पश्चिमी देशों में उच्च वर्ग के परिवारों के पुत्र निजी विद्यालयों अथवा उनके द्वारा निर्मित विशेष विद्यालयों में अध्ययन करते हैं। वे उच्च वर्ग के व्यवसायों में प्रशिक्षित होते हैं। अतः स्पष्ट है कि वर्ग संस्कृति के अनुरूप पाठ्यचर्या के स्वरूप का निर्माण होता है।

5

पाठ्यचर्या के मनोवैज्ञानिक आधार (Psychological Foundations of Curriculum)

मनोवैज्ञान पाठ्यचर्या के विकास में महत्वपूर्ण भूमिका निभाता है। यह अधिगम अध्यापन का आधार प्रस्तुत करता है, जो कि पाठ्यचर्या के लिए महत्वपूर्ण है। मनोविज्ञान के अन्तर्गत हम (1) सीखना, सीखने के सिद्धान्त, प्रभावित करने वाले कारक, सीखने का स्थानान्तरण, सीखने के प्रकार; (2) बालक का शारीरिक, मानसिक, संवेगात्मक एवं सामाजिक विकास तथा उन्हें प्रभावित करने वाले कारक; (3) स्मृति, स्मृति को प्रभावित करने वाले कारक, स्मृति के प्रकार एवं सिद्धान्त; (4) बुद्धि, व्यक्तित्व, अभिक्षमता, रुचि, सृजनात्मकता, समायोजन, उपलब्धि; (5) विशिष्ट बालक एवं उनकी अध्यापन विधियाँ; और (6) अध्यापन एवं मूल्यांकन की विधियाँ, इत्यादि का अध्ययन करते हैं। उक्त सभी का ज्ञान पाठ्यचर्या विशेषज्ञों के लिए आवश्यक होता है। इनका ज्ञान होने पर ही वे पाठ्यचर्या के उद्देश्य, विषय-वस्तु, अधिगम, अनुभव एवं मूल्यांकन का सही निर्धारण कर सकेंगे।

पाठ्यचर्या के मनोवैज्ञानिक आधारों को मुख्यतः व्यवहारवाद, संज्ञानात्मक विकास एवं मानवतावाद के अन्तर्गत वर्गीकृत किया जा सकता है। थार्नडाइक का प्रभाव का नियम, पावलोव का पुरातन अनुबन्धन एवं स्किनर का सक्रिय अनुबन्धन का सिद्धान्त व्यवहारवाद के अन्तर्गत आते हैं। प्याजे के संज्ञानात्मक विकास की अवस्थाएँ, गेने के अधिगम के स्तर, गिलफोर्ड की बुद्धि की संरचना डिवी का विमर्शक चिन्तन, लिपमैन स्टेर्नबर्ग का आलोचनात्मक चिन्तन, ब्रूनर की विषयों की संरचना संज्ञानात्मक विकास के अन्तर्गत आते हैं। हालाँकि व्यवहारवाद के कुछ सिद्धान्त गेने के अधिगम के स्तरों से सम्बन्धित हैं। मेस्लो की मानव आवश्यकताएँ, रोजर्स का व्यक्ति बनना एवं रथ का मूल्य स्पष्टीकरण के सिद्धान्त मानववाद के अन्तर्गत आते हैं। इन सभी

सिद्धान्तों एवं परिभाषाओं अथवा व्याख्याओं का संक्षेप तालिका में दिया गया है। तत्पश्चात् उनका वर्णन किया गया है।

अधिगम सिद्धान्तों एवं नियमों का सार
(Summary of Learning Theories and Principles)

क्र. म.	*मनोवैज्ञानिक*	*नियम/सिद्धान्त*	*व्याख्या/परिभाषा*
1.	थार्नडाइक	प्रभाव का नियम	जब उद्दीपक एवं अनुक्रिया के मध्य सम्बन्ध बनता है एवं इससे सन्तुष्टि मिलती है, तब वह सम्बन्ध मजबूत बनता है, किंतु जब सम्बंध से कष्ट मिलता है। तब वह सम्बन्ध कमजोर हो जाता है।
2.	पावलोव	पुरातन अनुबन्धन	जब किसी उदासीन उद्दीपक का युग्मन किसी प्राकृतिक उद्दीपक से किया जाता है, तब उदासीन उद्दीपक से भी वही अनुक्रिया प्राप्त होती है, जो प्राकृतिक उद्दीपक से मिलती है। यह प्रक्रिया अनुबन्धन कहलाती है। उद्दीपक अनुक्रियाबन्ध की शक्ति अनुक्रिया एवं उद्दीपक अनुबन्धन पर निर्भर होती है।
3.	स्किनर	सक्रिय अनुबन्धन	यह अनुक्रिया पर आश्रित होती है। थार्नडाइक के प्रभाव के नियम के अनुसार यदि अनुक्रिया के पश्चात् पुनर्बलन दिया जाता है, तब अनुक्रिया की शक्ति बढ़ जाती है तथा इनके पुनः घटित होने के अवसर बढ़ जाते हैं।
4.	प्याजे	संज्ञानात्मक विकास	संज्ञानात्मक विकास के चार सोपान संवेदी गामक, पूर्व क्रियात्मक, मूर्त क्रियात्मक एवं औपचारिक क्रियात्मक होते हैं। ये सोपान अनुक्रमात्मक होते हैं एवं क्रमशः जटिल होते जाते हैं।
5.	गेने	अधिगम के स्तर	अधिगम के आठ प्रकार बताये हैं–संकेत, उद्दीपक–अनुक्रिया, शृंखला, शाब्दिक साहचर्य, विभेद, संकल्पना, नियम एवं समस्या समाधान। ये सरल से जटिल होते हैं तथा क्रम में होते हैं।
6.	गिलफोर्ड	बुद्धि की संरचना	विचार की तीन विमाएँ–विषय–वस्तु, संक्रिया एवं उत्पादन होती है। प्रत्येक

क्र. म.	*मनोवैज्ञानिक*	*नियम/सिद्धान्त*	*व्याख्या/परिभाषा*
			विमा कारकों में विभाजित होती है। कारकों के योग एवं अन्तर्क्रिया से पुराने प्रतिमान (1966) में 120 कारक तथा नये प्रतिमान (1988) में 180 कारक प्राप्त होते हैं।
		एक दिश–बहुदिश चिन्तन	चिन्तन की गुणवत्तात्मक विधि, प्रथम समस्या समाधान, विमर्शक चिन्तन एवं वैज्ञानिक विधि से सम्बन्धित होती है तथा द्वितीय सृजनात्मक चिन्तन, आगमनात्मक चिंतन एवं कलात्मक विधि से सम्बन्धित होती है।
7.	डिवी	विमर्शक चिन्तन	अनुभूत कठिनाई /समस्या, सूचनाओं द्वारा स्पष्ट करना, सम्भावित हल खोजना, अनुप्रयोग द्वारा परीक्षण करना।
8.	लिपमैन–स्टर्नबर्ग	आलोचनात्मक चिन्तन	विद्यार्थियों को कैसे चिन्तन करें? पढ़ाना, जिसमें संकल्पनाओं का निर्माण, सामान्यीकरण, कारण-प्रभाव सम्बन्ध, निष्कर्ष, विरोधाभास, मान्यताएँ, अनुरूपताएँ शामिल हैं।
9.	ब्रूनर–फिनिक्स	विषय की संरचना	ज्ञान, संकल्पनाएँ, विषय के सिद्धान्त, विषय की संरचना। एक विधि अथवा चिन्तन की गुणवत्ता जो संगठित ज्ञान के निकाय का उपयोग करती है।
10.	मेस्लो	मानव आवश्यकताएँ	मानव की 5 आवश्यकताएँ बतायी हैं–शारीरिक, सुरक्षा, प्यार एवं अपनत्व, सम्मान, आत्मवास्तविकीकरण।
11.	रोजर्स	व्यक्ति बनना	व्यक्ति बनना से तात्पर्य है-अनुभव ग्रहण करना, विश्वास पैदा करना और अपने आपको स्वीकार करना।
		सीखने की स्वतन्त्रता	शिक्षार्थी को मुक्त होने, आत्म-स्वीकृति के लिए प्रोत्साहित किया जाता है।
12.	रथ्स	मूल्य विश्लेषण	व्यक्तिगत पसन्द एवं नैतिक मुद्दों का विश्लेषण।

व्यवहारवाद (Behaviourism)

अधिगम प्रक्रिया की व्याख्या इसके विभिन्न सिद्धान्तों से की गयी है, जो कि अग्रलिखित है–

संयोजनवाद (Connectionism)

उद्दीपक अनुक्रिया का प्रथम परीक्षण एडवर्ड थार्नडाइक ने किया। उसने अपना कार्य जानवरों पर प्रारम्भ किया। उसने अधिगम को आदत निर्माण के रूप में परिभाषित किया। थार्नडाइक ने सीखने के तीन नियम विकसित किये–

तत्परता का नियम (Law of Readiness)

जब कोई संयोजन इकाई किसी सीखने की क्रिया को सम्पादित करने के लिए तत्पर होती है, तब क्रिया के सम्पादन में सन्तोष मिलता है। जब इकाई कार्य करने के लिए तत्पर नहीं होती, तब क्रिया को सम्पादित करने से असन्तोष मिलता है।

अभ्यास का नियम (Law of Exercise)

इसके दो उपनियम हैं। उपयोग का नियम एवं अनुप्रयोग का नियम। थार्नडाइक के अनुसार जब किसी अनुक्रिया की पुनरावृत्ति द्वारा अभ्यास किया जाता है। तब उद्दीपक अनुक्रिया बन्धन शक्तिवान हो जाता है, परन्तु अनुक्रिया के अभ्यास न होने से यह कमजोर हो जाता है।

प्रभाव का नियम (Law of Effect)

यदि एक कार्य एक स्थिति में सन्तोष प्रदान करता है, तब यह उस स्थिति से सम्बन्धित हो जाता है। इसी प्रकार यदि एक कार्य एक स्थिति में असन्तोष प्रदान करता है, तब वह उस स्थिति से असम्बद्ध हो जाता है।

थार्नडाइक का प्रथम नियम बताता है कि स्नायु पद्धति किसी कार्य को करने के लिए तत्पर है, तब उसके करने से सन्तोष मिलता है। द्वितीय नियम अभ्यास दोहराना एवं पुनरावलोकन का औचित्य प्रतिपादित करता है।

थार्नडाइक ने बताया कि–

1. व्यवहार सीखने की स्थितियों से प्रभावित होता है।
2. डचित उद्दीपकों के द्वारा शिक्षार्थी की अभिवृत्तियों एवं योग्यताओं में परिवर्तन (सुधार) किया जा सकता है।

3. अनुदेशन अभिकल्पों का निर्माण एवं नियन्त्रण किया जा सकता है एवं
4. उपयुक्त अधिगम अनुभवों का चयन जो संघटित एवं सुसंगत हो।

पुरातन अनुबन्धन (Classical Conditioning)

जब किसी उदासीन उद्दीपक का किसी प्राकृतिक उद्दीपक के साथ साहचर्य कर एक ऐसी स्थिति का निर्माण किया जाता है कि तब केवल उदासीन उद्दीपक से वही अनुक्रिया प्राप्त होती है, जो प्राकृतिक उद्दीपक से प्राप्त हो तब यह प्रक्रिया अनुबन्धन कहलाती है।

इस सिद्धान्त के प्रतिपादक इ.पी. पावलोव हैं। उन्होंने कुत्ते पर प्रयोग कर इस सिद्धान्त की खोज की। उन्होंने एक कुत्ते की लार ग्रन्थि में शल्य क्रिया कर उसे रबर की नली से जोड़कर एक ड्रम से जोड़ दिया, ताकि लार का स्रवण एकत्रित हो सके। प्रारम्भ में उन्होंने कुत्ते को भूखा रखा। घण्टी बजाई उसके कुछ देर (4 सेकण्ड) पश्चात् माँस, पावडर दिया, जिससे कुत्ते ने लार टपकायी। दूसरा प्रयास भी ऐसे ही किया गया। तीसरे प्रयास में केवल घण्टी बजायी गयी एवं माँस पावडर नहीं दिया गया। इस प्रकार प्रतिदिन तीन प्रयास किये गये। चौथे दिन कुत्ते ने तीसरे प्रयास में केवल घण्टी बजने के पश्चात् ही लार टपकायी अर्थात् उसका अनुबन्धन हो गया।

प्रस्तुत सिद्धान्त ने प्रयोगशाला में किये जाने वाले प्रयोगों का महत्व प्रतिपादित किया। वाटसन ने पावलोव के शोध का उपयोग मनोविज्ञान के विज्ञान की बुनियाद के रूप में किया। उसने बताया कि अधिगम व्यवहार के विज्ञान पर आधारित है, जिसका निरीक्षण एवं मापन किया जा सकता है। वाटसन ने अधिगम पर वातावरण के प्रभाव का महत्व बताया। उसने कहा कि "आप मुझे एक दर्जन स्वस्थ बच्चे दीजिये, मैं दावे के साथ कहता हूँ कि उनमें से किसी एक का दैव (Random) रूप से चुनाव कर उसे किसी भी प्रकार का विशेषज्ञ बना सकता हूँ। मैं डॉक्टर, वकील, कलाकार ...... और हाँ, भिखारी एवं चोर भी बना सकता हूँ। भले ही उसकी प्रतिभा ...... योग्यताएँ व्यवसाय एवं प्रजाति कुछ भी हो।"

सक्रिय अनुबन्धन (Operant Conditioning)

बी.एफ. स्किनर इस सिद्धान्त के प्रतिपादक थे, जो एक व्यवहारवादी मनोवैज्ञानिक थे। उसने अपने प्रयोग कबूतरों एवं चूहों पर किये। उसने दो प्रकार की अनुक्रियाएँ बतायीं–(1) उत्पन्न (Elicited) अनुक्रिया एवं

उत्सर्जित (Emitted) अनुक्रिया, जो अनुक्रिया किसी निश्चित उद्दीपकों से प्राप्त हो, उन्हें उत्पन्न अनुक्रिया कहते हैं। जो अनुक्रियाएँ किसी पहचाने गये उद्दीपक से प्राप्त न हो, उन्हें उत्सर्जित अनुक्रियाएँ कहते हैं। जब कोई अनुक्रिया उत्पन्न होती है, तब उसे व्यवहार को अनुक्रियात्मक व्यवहार कहते हैं एवं जब कोई अनुक्रिया उत्सर्जित होती है, तब उसे व्यवहार को सक्रिय व्यवहार कहते हैं। सक्रिय अनुबन्धन में उद्दीपक की भूमिका कम निश्चित होती है। प्रायः उत्सर्जित व्यवहार को किसी विशिष्ट उद्दीपक से संयोजित नहीं किया जा सकता।

प्राथमिक पुनर्बलक वे होते हैं, जो किसी बुनियादी प्रेरक को सन्तुष्ट करने में सहायता प्रदान करते हैं, जैसे–भोजन, पानी, यौन। द्वितीयक पुनर्बलक व्यक्तियों के लिए आवश्यक होते हैं। जैसे–मित्र अथवा अध्यापकों से स्वीकृति प्राप्त करना। विद्यालय में पुरस्कार प्राप्त करना। स्किनर ने पुनर्बलकों को सकारात्मक एवं नकारात्मक प्रकारों में वर्गीकृत किया है। विद्यार्थी उस समय सकारात्मक पुनर्बलन प्राप्त करता है, जबकि अध्यापक उसके कक्षा कार्य पर अच्छा कहता है। ऋणात्मक पुनर्बलन किसी उद्दीपक को दूर करने से होता है यदि अध्यापक कहता है। 'शोर बन्द' एवं विद्यार्थी चुप हो जाते हैं।

स्किनर के चयनात्मक पुनर्बलन ने जिसमें वांछित अनुक्रिया को पुनर्बलन प्रदान किया जाता है, शिक्षा-शास्त्रियों का ध्यान आकर्षित किया। उन्होंने इसका उपयोग अधिगम एवं अनुदेशन के लिए किया। अधिगम के पुनर्बलन का निर्वचन में महत्वपूर्ण स्थान है। व्यक्ति के व्यवहारों को गढ़ा जा सकता है अथवा परिवर्तित किया जा सकता है। विद्यार्थियों को जटिल संकल्पनाएँ पढ़ायी जा सकती हैं। व्यवहार एवं अधिगम को सफल अनुमानन (Successive Approximation) (एवं अनुक्रियाओं के क्रम), जिनके द्वारा वांछित व्यवहार पाने की सम्भावना बढ़ती है, शृंखला द्वारा गढ़ा जा सकता है। इस प्रकार पुनर्बलन एवं वांछित अनुक्रियाओं के क्रम के योग से नये व्यवहारों को गढ़ा जा सकता है।

संज्ञानात्मक विकास (Cognative Development)

संज्ञानात्मक विकास से सम्बन्धित सिद्धान्त निम्न हैं–

संज्ञानात्मक विकास की अवस्थाएँ (Stages of Cognitive Development)

जाँ प्याजे जो एक जीव-विज्ञानी थे, ने संज्ञानात्मक विकास पर रात-दिन शोध क़र उस की चार अवस्थाएँ बतायीं। इन अवस्थाओं की पाठ्यचर्या विकास में महत्वपूर्ण भूमिका है। ये चार अवस्थाएँ हैं–

(1) संवेदी गामक अवस्था (जन्म से 2 वर्ष तक)
(2) पूर्व क्रियात्मक अवस्था (2 से 7 वर्ष)
(3) मूर्त क्रियात्मक अवस्था (7 से 11 वर्ष)
(4) औपचारिक क्रियात्मक अवस्था (11 से 15 वर्ष)

संवेदी गामक अवस्था (Sensory Motor Stage)

यह अवस्था जन्म से 2 वर्ष तक होती है। इसके अन्तर्गत बालक प्रत्यक्षणात्मक एवं गामक (Motor) क्रियाएँ करता है। जन्म के पश्चात् वह विभिन्न सहज क्रियाएँ जैसे रोना, चिल्लाना एवं हाथ-पैर हिलाना करता है। धीरे-धीरे वह उच्च संगठित गतिविधियाँ करता है।

इस अवस्था की मुख्य विशेषताएँ हैं–

(अ) बालक अपने आपको अपने आसपास की वस्तुओं से अलग कर देखना सीखता है।
(ब) प्रकाश एवं ध्वनि से उद्दीपन प्राप्त करता है।
(स) वस्तुओं को परिचालित कर उन्हें परिभाषित करता है।
(द) बालक समान वस्तुओं में सरल सम्बन्ध स्थापित करना सीखता है।

पूर्व क्रियात्मक अवस्था (Preoperational Stage)

इस अवस्था के दो चरण होते हैं। पहला पूर्व क्रियात्मक, जो दो से चार वर्ष तक होता है तथा दूसरा अन्तर्ज्ञानात्मक 4 से 7 वर्ष तक। इस अवस्था के प्रथम चरण में बालक संकल्पनाओं के विकास के लिए भाषा का उपयोग करता है। उसकी संकल्पनाएँ निजी होती हैं एवं प्रायः झूठी भी होती हैं। इसलिए इनकी जाँच करना आवश्यक होता है। आप बच्चे से पूछते हैं कि "बेटे तुमने इतना सारा पानी छलका दिया है।" तब वह शीघ्र ही और पानी छलका देगा। इसके द्वारा वह आपके धैर्य का परीक्षण करेगा अथवा उसे 'इतना सारा' शब्द का अर्थ नहीं मालूम होगा।

इस अवस्था में बालक–

(अ) आत्म–केन्द्रित होता है। वह भौतिक जगत के प्रत्यक्षण के लिए अन्य व्यक्ति के दृष्टिकोण को सहारा लेता है।
(ब) वस्तुओं को एक समान गुणों के आधार पर वर्गीकृत करता है।
(स) यह देखने में असमर्थ होता है कि वस्तुएँ जो एक पक्ष में समान हैं अन्य पक्षों में अन्तर सकता है।
(द) वे वस्तुओं का किसी निकष के आधार पर संकल्पन कर सकता है। यह निकष परिवर्तन वाला भी हो सकता है।

(इ) वस्तुओं को क्रम में जमा सकता है, किन्तु उसमें से निष्कर्ष नहीं निकाल सकता। राम, मोहन से बड़ा है, श्याम, मोहन से बड़ा है। क्या राम, श्याम से बड़ा है? वह यह निष्कर्ष नहीं निकाल सकता?

अन्तर्ज्ञानात्मक चरण में बालक के लिए भाषा क्रमशः महत्वपूर्ण होती जाती है। सात वर्ष की अवस्था में वे संकेतों के प्रति प्रतिक्रिया व्यक्त करते हैं। वे बढ़ती जटिलता के तार्किक सम्बन्ध को समझ सकते हैं। अंकों के विचार के साथ कार्य कर सकते हैं। संहति का सिद्धान्त सीख लेते हैं। प्रायः उनमें 5 वर्ष की अवस्था में संहति, 6 वर्ष की अवस्था में भार एवं 7 वर्ष की अवस्था में आयतन की संकल्पना विकसित होती है।

मूर्त क्रियात्मक अवस्था (Concrete Operational Stage)

यह अवस्था 7 से 11 वर्ष तक होती है। बालक मूर्त वस्तुओं के साथ तार्किक क्रियाएँ करने योग्य हो जाता है। वह कारण प्रभाव सम्बन्धों को मालूम करने का प्रयास करता है।

इस अवस्था में बालक विभिन्न वर्गीकरण पद्धतियों का उपयोग कर सकता है। वह निम्न जटिल तार्किक विचारों का उपयोग करने योग्य हो जाता है–

संगठन–यदि किसी पद्धति में दो तत्वों को जोड़ा जाता है, तब पद्धति का अन्य तत्व प्राप्त होता है।

साहचर्य–वस्तुओं का योग उनके क्रम से अप्रभावित रहता है–

$अ + अ^1 = ब$
$अ^1 + अ = ब$

व्युत्क्रमणीयता–यदि दो वस्तुओं के योग से तीसरा तत्व प्राप्त होता है, तब तीसरे तत्व से एक वस्तु घटाने पर दूसरी वस्तु प्राप्त होगी।

$अ + अ^1 = ब$
$ब - अ^1 = अ$
$ब - अ = अ^1$

उदाहरणार्थ–

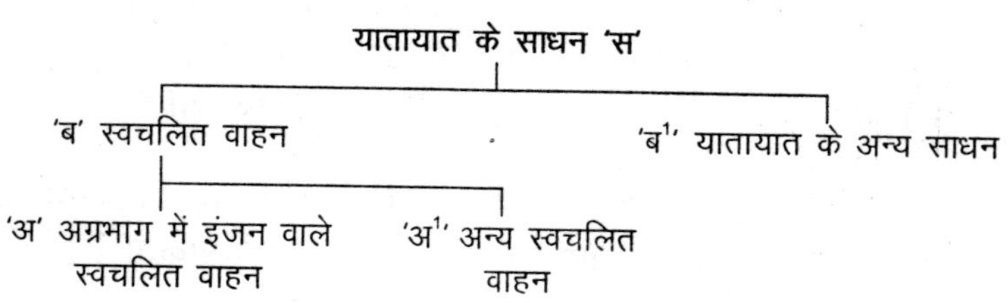

औपचारिक क्रियात्मक अवस्था (Formal Operational Stage)

यह अवस्था 11 से 15 वर्ष तक होती है। इस अवस्था में औपचारिक एवं मूर्त क्रियाओं का विकास होता है। विद्यार्थी विचारों का विश्लेषण कर सकता है तथा चिन्तन कर सकता है। यह सिद्धान्तों का निर्माण कर निष्कर्ष निकाल सकता है।

श्रेणीबद्ध अधिगम (Hierarchical Learning)

राबर्ट गेने (1985) ने अधिगम के आठ प्रकार उनके श्रेणीक्रम में बताये हैं। इनका क्रमानुसार संक्षिप्त परिचय निम्न है–

संकेत अधिगम (Signal Learning)

जब कोई व्यक्ति किसी उद्दीपक के प्रति सामान्य, भावात्मक क्रिया करने की आदत अर्जित करता है, तब वह संकेत अधिगम का उपयोग करता है। उदाहरणार्थ जिस प्रकार पावलोव के कुत्ते ने घण्टी की आवाज सुनकर लार टपकाकर अनुक्रिया की। साँप देखकर भय की अभिव्यक्ति, परिचित की आवाज सुनकर प्रसन्नता का अनुभव।

उद्दीपक–अनुक्रिया अधिगम (Stimulus Response Learning)

दिये गये उद्दीपक के प्रति अनुक्रिया। उदाहरणार्थ स्किनर के सक्रिय अनुबन्धन में कबूतर की अनुक्रिया। जब छोटा बच्चा अपने पापा को देखकर 'पापा' कहना सीखता है। अध्यापक द्वारा खड़े होने का कहने पर विद्यार्थी खड़ा हो जाता है।

शृंखला अधिगम (Chain Learning)

पूर्व में सीखे गए उद्दीपक–अनुक्रिया सम्बन्धों का एक शृंखला में संयोजन करना, चाबी से ताला खोलना एवं बाद में कुन्दा हटाकर दरवाजा खोलना।

शाब्दिक साहचर्य (Verbal Association)

यह शृंखला अधिगम का एक प्रकार है। यह उस समय उपयोग में आता है, जब शृंखला के उद्दीपक एवं अनुक्रिया शब्द अथवा अक्षर हो। हिन्दी के 'पानी' शब्द का अंग्रेजी पर्याय 'वाटर' सीखना।

बहु भेद (Multiple Discrimination)

उद्दीपको के समुच्चय के विभिन्न तत्वों में भेद करने की योग्यता। जब एक लड़का कार देखकर कहता है यह प्रीमियर पद्मिनी है। दूसरी कार देखकर कहता है एम्बेसेडर, तीसरी को देखकर मारुति कहता है।

संकल्पना (Concept)

उद्दीपकों के वर्ग के प्रति अमूर्त प्रकार से अनुक्रिया करना। जैसे–पेड़, मिठाई, जानवर इत्यादि।

नियम (Rule)

दो संकल्पनाओं के मध्य सम्बन्ध स्थापित करना। जैसे–पक्षियों के पंख होते हैं।

समस्या समाधान (Problem Solving)

ज्ञात नियमों का नये तत्वों से योग कर समस्या समाधान करना। दो भुजाओं की लम्बाई ज्ञात होने पर त्रिभुज का क्षेत्रफल ज्ञात करना।

बुद्धि की संरचना (Structure of Intellect)

गिलफोर्ड ने मानसिक योग्यताओं को तीन आयामों–क्रियाएँ, उत्पादन एवं विषय–वस्तु में वर्गीकृत किया है, जो निम्न है (देखिये चित्र 5.1)

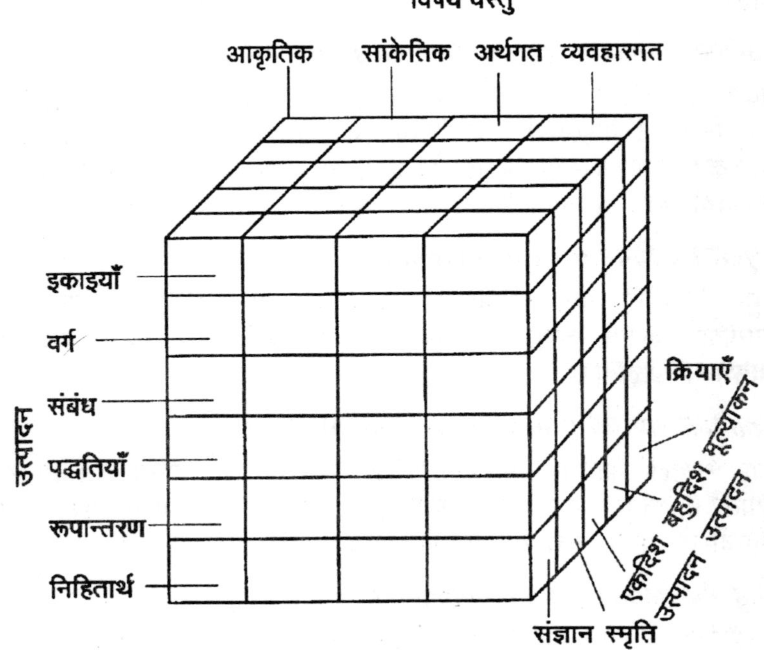

चित्र 5.1: गिलफोर्ड बुद्धि की संरचना

क्रियाएँ (Operations)

मानसिक क्रियाएँ जो कुछ विषय–वस्तु के संसाधन (Processing) से सम्बन्धित होती है।

ये पाँच प्रकार की होती हैं–

1. ज्ञान (Knowledge)–यह अधिगम प्रक्रिया की मूलभूत क्रिया है।
2. स्मृति (Memory)–ज्ञान का स्मरण।
3. एकदिश चिन्तन (Covergent Thinking)–सम्बन्ध एवं अनुरूपताओं को उत्पन्न करना।
4. बहुदिश चिन्तन (Divergent Thinking)–सृजनात्मक चिन्तन एवं उत्पादन।
5. मूल्यांकन (Evaluation)–निर्णय लेना एवं निर्धारण करना

उत्पादन (Product)

जब किसी क्रिया की किसी विषय-वस्तु के साथ अन्तर्क्रिया होती है, तब छह प्रकार के उत्पादन प्राप्त होते हैं–

(1) इकाइयाँ–(आकृतिक, सांकेतिक एवं अर्थात्मक प्रदत्तों को शामिल करना)।
(2) वर्ग–(इकाइयों को वर्गीकृत करना)।
(3) सम्बन्ध–(पदों के मध्य सम्बन्ध देखना)।
(4) पद्धतियाँ–(ज्ञान की सुसंगत निकाय)।
(5) रूपान्तरण–(पूर्व के प्रदत्तों में परिवर्तन)।
(6) निहितार्थ।

विषय-वस्तु (Content)

समझ एवं सूचनाओं पर केन्द्रित मानसिक क्रियाएँ–

1. आकृतिक–(इन्द्रियों द्वारा प्रत्यक्षित सामग्री)।
2. सांकेतिक–(सामान्य पद्धति में संगठित अक्षर एवं अंक)।
3. अर्थात्मक–(शाब्दिक अर्थ)।
4. व्यवहारात्मक–(सामाजिक बुद्धि अथवा अपने-आपको एवं दूसरों को समझना)।

गिलफोर्ड का बुद्धि की संरचना का नवीनतम प्रतिमान (1988)

गिलफोर्ड ने अपने प्रतिमान में निरन्तर शोध जारी रखी एवं 1988 में 180 कारकों का प्रतिमान प्रस्तुत किया।

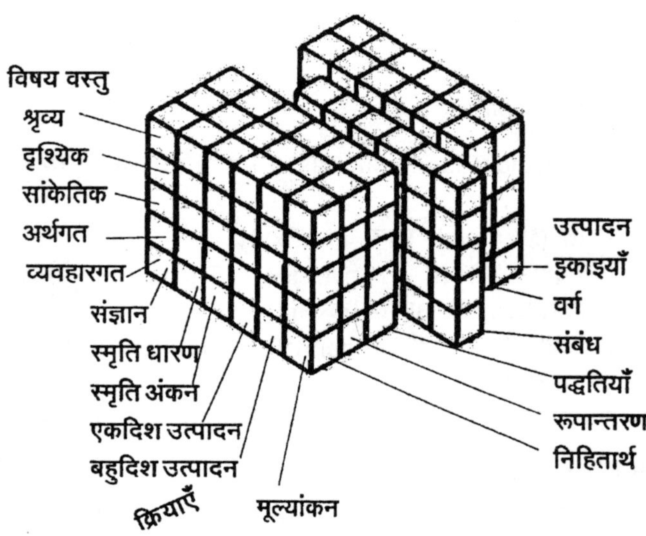

चित्र 5.2: गिलफोर्ड का बुद्धि की सरंचना का नवीनतम प्रतिमान

प्रस्तुत प्रतिमान में पूर्व प्रतिमान की तुलना में उत्पादन में कोई अन्तर नहीं है जबकि क्रियाओं के अंतर्गत स्मृति को दो भागों में विभक्त कर दिया गया, प्रथम है स्मृति धारण एवं द्वितीय है स्मृति अंकन।

पूर्व प्रतिमान की तुलना में विषय-वस्तु के अंतर्गत आकृतिक विषय-वस्तु के स्थान पर दृश्यिक एवं श्रव्य विषय-वस्तु को जोड़ा गया।

विमर्शक चिन्तन (Reflective Thinking)

डिवी की शिक्षा की संकल्पना में समस्या, समाधान ने मुख्य भूमिका निभायी है। उसका मानना है कि विद्यालयीन समस्या, समाधान, गतिविधियाँ, द्वारा न केवल बुद्धि एवं सामाजिक अभिवृद्धि होती है, अपितु समस्या समाधान में विकसित कौशल का उपयोग व्यक्ति समाज की समस्याओं के समाधान के लिए कर सकता है। डिवी की समस्या समाधान विधि का मूल वैज्ञानिक विधि में है। इस विधि के पाँच सोपान हैं–

1. कठिनाई के प्रति जागरूक होना (अथवा अनुभूत कठिनाई);
2. समस्या की पहचान करना;
3. प्रदत्त एकत्रित करना, संगठित करना एवं परिकल्पनाओं का निर्माण;

4. अन्तरिम परिकल्पनाओं को स्वीकार करना अथवा निरस्त करना;
5. निष्कर्ष निकालना एवं उनका मूल्यांकन करना।

डिवी की समस्या समाधान विधि ने दिन–प्रतिदिन की समस्याओं की तर्क की प्रक्रिया द्वारा व्याख्या करने को प्रोत्साहित किया है। उनके विचार में शिक्षा का मुख्य कार्य तर्क की प्रक्रिया में सुधार करना है। उन्होंने समस्या, समाधान विधि का उपयोग सभी विषयों एवं स्तरों पर किये जाने की अनुशंसा की है।

आलोचनात्मक चिन्तन (Critical Thinking)

आलोचनात्मक चिन्तन एवं चिन्तन कौशल शब्दों का उपयोग आज समस्या, समाधान के लिए किया जा रहा है। नवीनतम मत यह है कि आलोचनात्मक चिन्तन बुद्धि का एक रूप है, जिसे बढ़ाया जा सकता है। इसके प्रस्तावक मैथ्यू लिपमैन एवं राबर्ट स्टेर्नबर्ग हैं। लिपमैन (1984) ने विकसित किये जाने वाले 30 आलोचनात्मक कौशलों का पता लगाया है। ये प्रायः प्राथमिक विद्यालयों में उपयोग में लाये जाते हैं। विद्यार्थियों को निम्न के विकास के लिए प्रोत्साहित किया जाता है–

1. संकल्पनाएँ,
2. सामान्यीकरण,
3. कारण-प्रभाव सम्बन्ध,
4. तर्कहीन अनुमान,
5. संगतता एवं विरोध,
6. सादृश्यता,
7. अंश-पूर्ण एवं अंश-सम्बन्ध,
8. समस्या निर्माण,
9. तार्किक कथनों की व्युत्क्रमणीयता, और
10. सिद्धान्तों का वास्तविक स्थितियों के लिए अनुप्रयोग।

स्टेर्नबर्ग (1984) ने आलोचनात्मक चिन्तन की वृद्धि के लिए निम्न तीन मानसिक प्रक्रियाएँ बतायी हैं–

1. *परा घटक (Meta Component)*–उच्च स्तरीय मानसिक प्रक्रियाएँ निम्न की योजना बनाने में उपयोग में आती हैं। हम क्या करने जा रहे हैं? हम क्या कर रहे हैं? का अनुश्रवण तथा हम क्या कर रहे हैं, का मूल्यांकन।
2. *निष्पादन घटक (Performance Component)*–वास्तविक सोपान अथवा व्यूह रचनाएँ जो हम अपनाते हैं।

3. *ज्ञान अर्जन घटक (Knowledge Acquisition Component)*– नयी सामग्री को पुरानी सामग्री से सम्बन्धित करने के लिए उपयोग में लाई प्रक्रियाएँ एवं नयी सामग्री को लागू करना एवं उपयोग।

लिपमैन ने अपनी पुस्तक फिलासफी फॉर चिल्ड्रन में आलोचनात्मक चिन्तन के लिए व्यूह रचना बनायी है। बच्चे पहले चिन्तन के बारे में चिन्तन करते हैं। वे जिसमें प्रभावी चिन्तन एवं अप्रभावी चिन्तन में अन्तर करना सीखते हैं। पुस्तक में कहानी पढ़ने के पश्चात् बच्चे चर्चा एवं अभ्यास में व्यस्त हो जाते हैं। इसके द्वारा उन्हें कहानी में प्रदर्शित चिन्तन प्रक्रिया को अपनाने के लिए प्रोत्साहित किया जाता है।

स्टेर्नबर्ग ने बुद्धिपूर्ण व्यवहार को अपनाने के अन्तर्गत आने वाले निम्न कौशल बताये हैं–

1. समस्या की प्रकृति की पहचान करना एवं परिभाषीकरण।
2. समस्या समाधान के लिए आवश्यक प्रक्रियाओं का निर्णय करना।
3. प्रक्रियाओं को क्रम से चरम (Optimum) व्यूह रचना में रखना।
4. समस्या सूचना का 'कैसे प्रतिनिधित्व करें' का निर्णय करना।
5. समस्या को शारीरिक एवं मानसिक स्रोत आवंटित करना।
6. व्यक्ति की समाधान प्रक्रिया का अनुश्रवण (Monitoring) एवं मूल्यांकन।
7. बाह्य प्रतिपोष के प्रति उचित प्रकार से प्रतिक्रिया व्यक्त करना।
8. उद्दीपक तत्वों का प्रभावी निकूटन।
9. उद्दीपक तत्वों के मध्य परिणाम निकालना।
10. सम्बन्धों के मध्य सम्बन्ध का चित्रण।
11. पुराने सम्बन्धों का नये सम्बन्धों पर अनुप्रयोग करना।
12. उद्दीपक तत्वों की तुलना करना।
13. नये प्रकार के कार्यों एवं स्थितियों के प्रति प्रभावी प्रतिक्रिया व्यक्त करना।
14. सूचना संसाधनों का प्रभावी स्वचालन।
15. व्यक्ति के रहने के वातावरण को प्रभावी रूप से अपनाना।
16. ऐसे वातावरण का चयन करना, जिसमें व्यक्ति की योग्यताएँ एवं रुचियाँ बेहतर प्रकार से समायोजित हों।
17. व्यक्ति की योग्यताओं एवं रुचियों के प्रभावी उपयोग के लिए वातावरण का निर्माण।

मानववादी मनोविज्ञान (Humanistic Psychology)

मानववादी मनोविज्ञान से सम्बन्धित सिद्धान्त निम्न हैं–

मेस्लो का आत्म-वास्तविकीकरण का सिद्धान्त (Maslow Theory of Self Actualization)

अब्राह्म मेस्लो ने आत्म-वास्तविकीकरण के सिद्धान्त का विकास किया, उसने यह तर्क दिया कि आवश्यकताएँ एक क्रम में स्थित होती हैं। जब एक आवश्यकता की पूर्ति होती है, तब उससे उच्च क्रम की आवश्यकता का प्रादुर्भाव होता है। उसने आवश्यकता पद्धति का भी विकास किया तथा आवश्यकताओं को दो वर्गों में विभाजित किया है–

(1) अभाव आवश्यकताएँ,
(2) अभिवृद्धि आवश्यकताएँ।

प्रथम प्रकार की आवश्यकताओं में शारीरिक आवश्यकताएँ भी सम्मिलित होती हैं, जैसे भूख, प्यास। जब ये आवश्यकताएँ पूर्ण हो जाती हैं, तब मनुष्य सुरक्षा की आवश्यकता पूर्ण करने का प्रयास करता है। सुरक्षा के पश्चात् प्यार एवं प्यार के पश्चात् आत्म-सम्मान एवं अन्त में आत्म-वास्तविकीकरण की आवश्यकता पूर्ण करता है। दूसरे प्रकार की आवश्यकताओं में केवल एक सामान्य श्रेणी की आवश्यकता होती है, जिसे आत्म-बोध कहते हैं।

मेस्लो ने पाँच प्रकार की आवश्यकताएँ बतायी हैं–

(1) शारीरिक आवश्यकताएँ,
(2) सुरक्षा की आवश्यकताएँ,
(3) अपनत्व एवं प्यार की आवश्यकताएँ,
(4) आत्म-सम्मान की आवश्यकता, और
(5) आत्म-वास्तविकीकरण की आवश्यकता।

शारीरिक आवश्यकताएँ (Physiological Needs)

मेस्लो के अनुसार यदि शारीरिक आवश्यकताओं की लम्बे समय तक पूर्ति न हो, तब अन्य आवश्यकताएँ पृष्ठभूमि में चली जाती हैं अर्थात् उनका उदय नहीं हो पाता है। जब किसी व्यक्ति की आवश्यकता की पूर्ति न हो, तब वह किसी कार्य को करने के लिए तैयार हो जाता है। जैसे माता-पिता बच्चे को खाना अथवा मिठाई तब तक प्रदान नहीं करते, जब तक कि वह स्कूल का कार्य पूर्ण नहीं कर लेता है। किन्तु आवश्यकता की सन्तुष्टि उसके अपवंचन (Deprivation) से अधिक उपयुक्त तरीका है।

सुरक्षा आवश्यकताएँ (Safety Needs)

जब शारीरिक आवश्यकताओं की संतुष्टि हो जाती है, तब सुरक्षा की आवश्यकताओं का प्रादुर्भाव होता है। इसका मुख्य सम्बन्ध नियम एवं कानून से सुरक्षा बनाये रखना होता है। व्यक्ति जीवन बीमा की पालिसी लेकर मकान बनाकर एवं जमीन खरीदकर अपनी सुरक्षा की आवश्यकता की सन्तुष्टि करती है।

अपनत्व एवं प्यार की आवश्यकताएँ (Love and Belonging Needs)

ये आवश्यकताएँ समाज के अन्य व्यक्तियों के साथ अन्तर्क्रिया कर घनिष्ठ सम्बन्ध स्थापित करने के लिए आवश्यक होती है। ये शारीरिक एवं सुरक्षा आवश्यकताओं पर आश्रित होती हैं।

सम्मान की आवश्यकताएँ (Esteem Needs)

ये दो प्रकार की होती हैं–

(1) आत्म सम्मानः आत्म मूल्यांकन,
(2) दूसरों से प्राप्त सम्मान।

आत्म-वास्तविकीकरण (Self Actualization)

यह उच्चतम आवश्यकता है। इससे तात्पर्य है, अपने व्यक्तिगत प्रकृति के सभी पहलुओं की पूर्ण सन्तुष्टि। जो व्यक्ति चित्रकारी में रुचि रखता है, वह उसमें पूर्णता प्राप्त करने के लिए तनाव मुक्त करता है एवं अधिक सक्रियता से पूर्णता प्राप्त करने की ओर अग्रसर होता है।

रोजर्सः अनिदेशात्मक एवं चिकित्सीय अधिगम (Rogers: Nondirective and Therapeutic Learning)

रोजर्स ने अधिगम को आगे बढ़ाने के लिए परामर्श प्रक्रियाओं एवं विधियों का विकास किया। उसने बताया कि वास्तविकता इस तथ्य पर आधारित होती है कि अधिगमक क्या प्रत्यक्षण करता है। मनुष्य प्रत्यक्षणात्मक नक्शों के द्वारा रहते हैं, जो कि स्वयं में वास्तविकता नहीं है। वास्तविकता की यह संकल्पना अध्यापक को यह बताती है कि किसी निश्चित अनुभव के प्रति अनुक्रिया का प्रचार बच्चों में अलग होगा। बच्चों के प्रत्यक्षण जो कि बहुत अधिक व्यक्तिगत होते हैं, कक्षा में उनके अधिगम एवं व्यवहारों को प्रभावित करते हैं। रोजर्स चिकित्सा को अधिगम विधि के रूप में देखते हैं, जिसका अध्यापक एवं पाठ्यचर्या कार्यकर्ताओं द्वारा उपयोग किया जाना चाहिये। उनका विश्वास है कि सकारात्मक मानव सम्बन्ध संज्ञानात्मक फलांकों के समान ही महत्वपूर्ण है।

अनिदेशात्मक अध्यापक की भूमिका अधिगम को आगे बढ़ाने की होती है। इस भूमिका में अध्यापक विद्यार्थियों को उनके जीवन, विद्यालयीन कार्य एवं उनके दूसरों के साथ सम्बन्ध और उनकी समाज के साथ अन्तर्क्रिया के बारे में नये विचारों की खोज में सहायता करता है।

मूल्य स्पष्टीकरण (Value Classification)

मूल्य स्पष्टीकरण अध्यापन-अधिगम प्रक्रिया का एक अंग है। इसमें सृजनात्मकता, स्वतन्त्रता एवं आत्म-बोध को महत्व दिया गया है। व्यक्ति के मूल्य अनेक कारकों पर निर्भर करते हैं, जैसे–वातावरण, शिक्षा एवं व्यक्तित्व। प्रायः व्यक्ति मूल्य भ्रम का सामना करता हैं, जिसके लक्षण हैं अनिश्चितता, भावशून्यता, अशांति, अति बनावटी इत्यादि। मूल्य स्पष्टीकरण का निर्माण व्यक्तियों के मूल्य भ्रम को दूर करने के लिए तथा सकारात्मक, उद्देश्यपूर्ण एवं उत्पादक व्यक्ति बनाने, ताकि वह बेहतर अन्तर्वैयक्तिक सम्बन्ध स्थापित कर सके, के लिए दिया गया है।

रथ एवं उसके सहयोगियों (1978) ने मूल्यन प्रक्रिया की रूपरेखा प्रस्तुत की है–

(1) स्वतन्त्रतापूर्वक चुनना।
(2) विकल्पों से चुनना।
(3) विचारपूर्वक चुनना।
(4) पुरस्कृत करना एवं संजोना।
(5) दृढ़ता से कहना।
(6) पसन्दों पर कार्य करना।
(7) दोहराना।

उक्त सिद्धान्तों एवं नियमों के वर्णन से हम यह निष्कर्ष निकाल सकते हैं कि मनोविज्ञान पाठ्यचर्या की प्राणवायु है। व्यवहारवाद अधिगम का प्राचीनतम सिद्धान्त होने के बावजूद आज भी उतना ही प्रसिद्ध है। माइक्रोटीचिंग, अनुदेशनात्मक प्रशिक्षण प्रतिमान, व्यक्तिपरक अधिगम, मास्टरी अधिगम, इन्हीं सिद्धान्तों की देन है।

संज्ञानात्मक-विकासात्मक अधिगम सिद्धान्तों का विकास गत 20–30 वर्षों में हुआ है। प्याजे के संज्ञानात्मक विकास के सिद्धान्त ने मनोवैज्ञानिकों को काफी प्रभावित किया। उसने पर्यावरण को संज्ञानात्मक अभिवृद्धि एवं विकास के लिए महत्वपूर्ण बताया। संज्ञानात्मक अधिगम सिद्धान्त मानव में चिन्तन के विभिन्न स्तरों की व्याख्या के लिए सहायक है।

मानववादी मनोवैज्ञानिकों के आधुनिकतम अधिगम सिद्धान्त हैं। यह अभिवृत्तियों, अनुभूतियों, आत्मवास्तविकीकरण, सीखने की स्वतन्त्रता एवं मूल्य स्पष्टीकरण पर बल देते हैं। पाठ्यचर्या विशेषज्ञ इन सिद्धान्तों का उपयोग अपनी आवश्यकताओं एवं विवेक के अनुसार कर सकते हैं।

6

अभिप्राय, लक्ष्य एवं उद्देश्य (Aims, Goals and Objectives)

अभिप्राय (Aims)

अभिप्रायों को अन्तरिम रूप में सामान्य कथन के रूप में जो भविष्य के लिए अधिक विस्तृत निश्चयों के समूह को आकार एवं दिशा प्रदान करता है, परिभाषित किया जा सकता है। वह एक आदर्श, एक आकांक्षा, एक दिशा है, जिस ओर जाना है, उनकी प्रकृति काल्पनिक (Visionary) है, इसलिए बहुत ही वास्तविक अर्थ में वे अवास्तविक अथवा काल्पनिक होते हैं। वे अनुवर्ती क्रिया द्वारा स्पष्ट होते हैं, इसी कारण से इन्हें निरन्तर पुनः परिभाषित किया जाना चाहिये।

सामान्य रूप से, पाठ्यचर्या अभिप्राय वे कथन हैं, जो उन अपेक्षित जीवन परिणामों का वर्णन करते हैं, जो उस मूल्य योजना पर आधारित होते हैं, जो चेतन अथवा अचेतन रूप से दर्शन से लिया गया है। वे प्रत्यक्ष रूप से विद्यालय अथवा कक्षा परिणामों से सम्बन्धित नहीं होते। अभिप्राय का सम्बन्ध आदर्श से होता है, आदर्श को लक्ष्यों अथवा घटनाओं के समूह (Set) में तोड़ा जा सकता है। उनमें से प्रत्येक एक परिवर्तन बिन्दु का प्रतिनिधित्व करता है।

उदाहरण के लिए अभिप्राय–'शिक्षा में समस्या के लिए शोध प्रस्ताव कैसे लिखें' को पाँच लक्ष्यों में तोड़ा जा सकता है। (डेविज़ 1976):

1. शोध प्रस्ताव एवं इसके रूपान्तरों (Variants) की संकल्पना अर्जित करना।
2. विचारों के स्पष्टीकरण, कार्य विश्लेषण, संश्लेषण प्रक्रियाएँ, सम्भावित परिणामों के लिए मूल्यांकन के लिए आधार के रूप में शोध प्रस्ताव लिखने के मूल्य का रसास्वादन (Appreciate) करना।
3. अन्वेषक की रुचि के उपयुक्त एक शैक्षिक समस्या की पहचान करना।

4. शैक्षिक जाँच-पड़ताल में सामान्यतः स्वीकृत मानक के अनुसार एक उपयुक्त शोध प्रस्ताव तैयार करना।
5. नियोजन दस्तावेज के रूप में इसके गुण एवं दोषों के मापन के माध्यम के रूप में शोध प्रस्ताव का आलोचनात्मक मूल्यांकन करना।

व्हीलर (1967) ने अभिप्रायों (Aims) के निर्धारण के लिए निम्न निकष दिया है–

1. मानव अधिकारों से सामंजस्य,
2. प्रजातान्त्रिक रूप से उन्मुख,
3. सामाजिक रूप से सार्थक,
4. वैयक्तिक आवश्यकताओं की पूर्ति के लिए प्रवृत्त, और
5. सन्तुलन।

मानव अधिकारों से सामंजस्य (Consistence with Human Rights)

मानव अधिकारों के सार्वभौम घोषणा–पत्र की धारा पचास (50) में मानव को समाज के सदस्य के रूप में, विशेषकर नागरिक, राजनैतिक, आर्थिक तथा सांस्कृतिक क्षेत्रों में अधिकार प्रदान किये हैं। इसे सभी राष्ट्रों के सभी नागरिकों के लिए समान मानक के रूप में प्रस्तुत किया गया है। इस घोषणा-पत्र की विशेषता यह है कि इतिहास में सर्वप्रथम संगठित अन्तर्राष्ट्रीय समाज ने सभी देशों के नागरिकों का सार्वभौमिक दायित्व वहन किया है। दूसरे शब्दों में, किसी एक व्यक्ति के साथ एक देश में जो व्यवहार किया जाता है, तब वह मामला उसके समाज का न होकर सम्पूर्ण संसार का मामला बन जाता है। यदि शिक्षा एक नैतिक प्रश्न है, तब मानव समाज को निम्न बातों की अनिवार्य व्यवस्था करना चाहिये (देखिये संयुक्त राष्ट्र घोषणा-पत्र धारा 55)।

(अ) उच्च जीवन स्तर, पूर्ण रोजगार एवं आर्थिक, सामाजिक प्रगति एवं विकास की स्थितियाँ।

(ब) अन्तर्राष्ट्रीय आर्थिक, सामाजिक, स्वास्थ्य एवं अन्य सम्बन्धित समस्याएँ तथा अन्तर्राष्ट्रीय सांस्कृतिक एवं शैक्षिक सहयोग।

(स) सभी के मानव अधिकारों तथा मूलभूत स्वतन्त्रता के प्रति जाति, धर्म, भाषा तथा लिंग के भेदभाव के बिना सार्वभौमिक आदर।

यह आवश्यक है कि मानव अधिकारों का ज्ञान, अनुभवों एवं कार्यों के रूप में मानव सम्बन्धों के क्षेत्रों, जैसे–विद्यालय, समाज तथा राष्ट्र

और विश्व में समझे जायें, जिससे कि इनके पक्ष में उचित वातावरण बन सके।

घोषणा-पत्र की धारा 20 शिक्षा से सम्बन्धित है, जो बताती है कि शिक्षा मानव व्यक्तित्व के पूर्ण विकास तथा मानवीय अधिकारों तथा मूलभूत स्वतन्त्रता के प्रति आदर को सशक्त करने के लिए होनी चाहिये। यह सभी देशों, जातीय एवं धार्मिक वर्गों के मध्य सहनशीलता, सद्‌भाव तथा मित्रता की वृद्धि करेगी तथा संयुक्त राष्ट्र संघ की शान्ति स्थापना के लिए की जाने वाली प्रवृत्तियों को आगे बढ़ावेगी। यह बिन्दु 14 विद्वानों एवं शिक्षाविदों की एक समिति ने दिया है। उनके अनुसार आज के विश्व में नवीन प्रकार के खतरों के कारण जीवन के लिए उचित प्रकार की शिक्षा का पता लगाना कठिन हो गया है। उनके अनुसार लोगों को न केवल विभिन्न प्रकार के नवीन कौशलों का ज्ञान दिया जाना चाहिये, अपितु इस जटिल समाज में अच्छे जीवन के लिए आवश्यक अभिवृत्तियों तथा मूल्यों को लघु मानव समूहों से बड़े समूहों तक और अन्त में समस्त विश्व समुदाय में प्रचारित करने के लिए रास्ता खोजना भी शिक्षा का अभिप्राय होना चाहिये।

प्रजातान्त्रिक रूप से उन्मुख (Democratically Oriented)

शिक्षा समाजीकरण का एक रूप है, इसलिए यह अच्छी एवं बुरी दोंनों हो सकती है। ठीक इसी प्रकार सामाजिक विचारधारा से उत्पन्न अभिप्राय (Aim) भी अच्छे एवं बुरे दोनों हो सकते हैं। वैध अभिप्राय केवल प्रजातान्त्रिक विचारधारा से ही प्राप्त किये जा सकते हैं। केवल प्रजातन्त्र ही वह व्यवस्था है, जिसमें सभी मूलभूत मानवीय आवश्यकताओं की पूर्ति पर्याप्त रूप से की जा सकती है। प्रजातान्त्रिक पद्धति की मुख्य विशेषताएँ निम्न हैं:

(अ) प्रत्येक व्यक्ति के महत्व एवं गौरव का आदर किया जाता है।

(ब) प्रत्येक व्यक्ति को स्वयं का अधिकतम विकास करने तथा दूसरों के विकास में योगदान देने के समान अवसर प्राप्त होते हैं।

(स) शासितों की मुक्त रूप से व्यक्त की गयी सहमति से सरकार बनती है तथा वह उनका प्रतिनिधित्व करती है एवं उनके प्रति उत्तरदायी रहती है।

(द) विभिन्नता को मानवता की स्वाभाविक एवं वांछित विशेषता के रूप में मान्यता प्रदान की जाती है। अतः व्यक्तिगत भिन्नताओं का आदर किया जाता है। उन्हें प्रोत्साहित एवं विकसित किया जाता है।

(इ) प्रत्येक व्यक्ति अपनी अन्तरात्मा के अनुसार विचार करने, बोलने, पढ़ने, लिखने तथा पूजा-अर्चना करने के लिए स्वतन्त्र हैं, बशर्ते वह दूसरे व्यक्तियों को यही सब करने दे।
मुक्त समाज के कुछ महत्वपूर्ण कौशल एवं विधियाँ हैं।

समालोचनात्मक चिन्तन एवं वैज्ञानिक विधि। वैज्ञानिक विधि से न केवल समस्या का समाधान होता है, अपितु इससे वास्तविकता का परीक्षण भी किया जा सकता है।

सामाजिक सार्थकता (Social Relevance)

स्थिर समाज में अभिप्राय (Aim) वर्तमान मूल्यों को परिलक्षित करते हैं तथा भविष्य के लिए वैध हो सकते हैं, किन्तु जिस समाज में परिवर्तन तीव्र गति से होते हैं, उनमें आज के उद्देश्य कल के लिए उपयुक्त नहीं हो सकते। शैक्षिक अभिप्राय ऐसे होने चाहिये, जो न केवल वर्तमान के लिए सार्थक हों, अपितु वे भविष्य की आवश्यकताओं के अनुरूप हों अर्थात् उनकी सार्थकता भविष्य में भी होना चाहिये। इसलिए पाठ्यचर्या का सतत् पुनर्संगठन आवश्यक है। भविष्य के सम्बन्ध में कुछ भी निश्चयपूर्वक नहीं कहा जा सकता है। केवल इतना ही कहा जा सकता है कि वह वर्तमान से अलग होगा। इसलिए विद्यार्थियों को यह सीखना होगा कि वे परिवर्तन की सम्भावना को स्वीकार करें, उसके लिए योजना बनायें एवं देखें कि वह सही प्रकार का परिवर्तन है। उन्हें यह जानना चाहिये कि वे वर्तमान का विश्लेषण कैसे करें? एवं अपने आपको उसके साथ कैसे अनुकूलित करे? साथ ही साथ भविष्य के बारे में चिन्तन करे तथा व्यक्ति के रूप में तथा समाज, राष्ट्र एवं संसार के सदस्य के रूप में योजना बनायें।

व्यक्तिगत आवश्यकताएँ

पाठ्यचर्या कार्यकर्ताओं से व्यक्तियों की बुनियादी आवश्यकताओं को जानना चाहिये, साथ ही उन्हें इन आवश्यकताओं से सम्बन्धित संस्कृति के बारे में जानना चाहिये। इसके अलावा उन्हें सभी की समान आवश्यकताओं एवं किसी निश्चित समूह के व्यक्तियों की आवश्यकताओं के मध्य अन्तर भी करना चाहिये।

सन्तुलन (Balance)

पाठ्यचर्या अभिप्राय के पूर्व में बताये गये चारों निकष, जैसे–मानव अधिकारों से सामंजस्य, प्रजातान्त्रिक उन्मुखीकरण, सामाजिक सार्थकता एवं व्यक्तिगत आवश्यकताओं से सन्तुलन सम्बन्धित होता है। शैक्षिक अभिप्रायों का निर्धारण करते समय इन चारों पर पर्याप्त बल दिया जाना ही सन्तुलन है।

लक्ष्य (Goals)

लक्ष्य शिक्षा के अन्तिम बिन्दु अथवा परिणामों के कथन हैं, दूसरे शब्दों में प्रयोजन (Purpose) के कथन हैं। महाविद्यालय के लक्ष्यों के विश्लेषण के द्वारा हम इसके सम्पूर्ण शैक्षिक कार्यक्रम के क्षेत्र को ज्ञात कर सकते हैं। ये अभिप्रायों के तहत् खुले कथन नहीं होते हैं। ये विशिष्ट लिखित कथन होते हैं, जिससे कि कार्यक्रम निर्माण के लिए उत्तरदायी व्यक्ति किसी निश्चित प्रयोजन को प्राप्त करने के लिए मार्गदर्शिका के रूप में इनका उपयोग कर सकें।

लक्ष्य विभिन्न अभिप्रायों से प्राप्त होते हैं। लक्ष्य अध्यापकों एवं पाठ्यचर्या निर्णय लेने वालों को स्थूल कथन प्रदान करते हैं, जिससे उन्हें यह पता चलता है कि किसी विषय अथवा शैक्षिक कार्यक्रम के परिणामस्वरूप विद्यार्थियों के अधिगम के रूप में क्या प्राप्त होना चाहिये। जहाँ अभिप्राय, दिशा का बोध कराते हैं, वहीं लक्ष्य वास्तविक गंतव्य का वर्णन करते हैं।

पर्यवेक्षण एवं पाठ्यचर्या विकास संघ (1980) अलेक्जेन्ड्रिया ने युवकों के लिए दस लक्ष्य निर्धारित किये हैं–

1. आत्म संकल्पनाकरण सीखना,
2. अन्य व्यक्तियों को समझाना,
3. बुनियादी कौशलों का विकास करना,
4. सतत् शिक्षा में रुचि एवं क्षमताओं को प्रोत्साहित करना,
5. समाज के उत्तरदायी सदस्य बनना,
6. शारीरिक एवं मानसिक स्वास्थ्य का विकास करना,
7. सृजनात्मकता का संवर्धन करना,
8. उत्पादन एवं खपत के आर्थिक जगत में सहभागिता के बारे में सूचित करना।
9. संसार को समझने में एकत्रित ज्ञान का उपभोग करना एवं
10. परिवर्तन का सामना करना।

फाय डेल्टा एवं कामा समाज केलिफोर्निया (1976) ने लक्ष्यों की एक सूची दी है, जिनमें से कुछ लक्ष्य निम्न हैं–

1. अच्छा नागरिक कैसे बने? यह सीखना।
2. संसार में होने वाले परिवर्तनों के बारे में सीखना एवं समझने का प्रयास करना।
3. पठन, लेखन, भाषण एवं श्रवण कौशलों का विकास करना।
4. सूचनाओं का परीक्षण एवं उपयोग करना सीखना।

5. प्रजातान्त्रिक विचारों एवं आदर्शों को समझना एवं अपनाना।
6. स्वास्थ्य एवं सुरक्षा के विचारों को समझना एवं अपनाना।
7. संसार में संस्कृति एवं सुन्दरता की प्रशंसा करना।

उद्देश्य (Objectives)

प्रत्येक अर्थपूर्ण कार्य सोद्देश्य होता है। शिक्षा प्रदान करने के पश्चात् विद्यार्थियों के व्यवहार में क्या परिवर्तन होंगे? यह हमें शैक्षिक उद्देश्यों से ज्ञात हो सकता है। किसी भी शैक्षिक योजना के निर्धारण एवं कार्यान्वयन के लिए हमें शैक्षिक उद्देश्यों का निर्धारण करना होता है। इन उद्देश्यों के द्वारा व्यक्तियों को अपनी दिशा प्राप्त होती है, जिससे वे अपने वांछित लक्ष्य पर पहुँच पाते हैं।

शैक्षिक अभिप्रायों एवं लक्ष्यों के सन्दर्भ में उद्देश्यों का प्रतिपादन इसलिए आवश्यक होता है, क्योंकि उद्देश्यों द्वारा पाठ्यचर्या के परिणाम प्रदर्शित होता है। लक्ष्यों एवं अभिप्रायों से उद्देश्यों का भ्रम पैदा होता है। अभिप्रायों को लक्ष्यों में तोड़ा जा सकता है एवं लक्ष्यों से उद्देश्य प्राप्त होते हैं। सामान्य उद्देश्यों को लक्ष्यों का पर्याय माना जाता है।

अभिप्राय, लक्ष्य एवं उद्देश्यों का क्रम निम्न प्रकार से स्पष्ट किया जा सकता है–

दर्शन → अभिप्राय → लक्ष्य → उद्देश्य

शैक्षिक उद्देश्य के निर्माण के लिए मार्गदर्शिका

उद्देश्य अपेक्षित अधिगम परिणाम को दर्शाते हैं। पाठ्यचर्या की सफलता उसके उद्देश्यों पर निर्भर करती है। आर्न्स्टिन एवं हन्किन्स(1988) ने उद्देश्य निर्माण की निम्न मार्गदर्शिका दी है–

मिलान (Matching)

उद्देश्य, लक्ष्यों एवं अभिप्रायों जिनसे वह उत्पन्न हुआ है, से सम्बन्धित होना चाहिये। बहुधा पाठ्यचर्या निर्देशिका में जो उद्देश्य दिये होते हैं, वे लक्ष्यों से सम्बन्धित नहीं होते हैं।

योग्य/लायक (Worth)

प्रायः शैक्षिक उद्देश्य के बारे में विवाद रहता है कि कौन–से उद्देश्य योग्य हैं एवं कौन-से उद्देश्य योग्य नहीं है। अनेक विद्यालय गणित एवं पठन जैसे कौशल विषयों में उद्देश्यों के विस्तार पर आवश्यकता से अधिक बल देते हैं। इस कारण अनेक उद्देश्यों की योग्यता कम हो जाती है।

वाक्य रचना (Wording)

उद्देश्य प्रभावी हो, इसलिए आवश्यक है कि जो व्यक्ति पाठ्यचर्या निर्देशिका का उपयोग करें, वे उसको उसी रूप में समझें, जिसकी लेखकों को अपेक्षा हो। संक्षिप्त एवं शब्दाडम्बर रहित उद्देश्य समझने में आसान होते हैं। किसी उद्देश्य की वाक्य रचना की उपयुक्तता उसके स्तर पर निर्भर करती है। उद्देश्य सामान्य विषय, इकाई एवं प्रकरण के हो सकते हैं।

उपयुक्तता (Appropriateness)

सभी उद्देश्य सभी विद्यार्थियों द्वारा प्राप्त नहीं किये जा सकते हैं। पाठ्यचर्या विशेषज्ञों को यह प्रश्न करना चाहिये कि विद्यार्थियों की आवश्यकताएँ क्या हैं? किस प्रकार के अधिगम परिणामों को उन्हें प्राप्त करना चाहिये? उपयुक्तता ज्ञात करने के लिए शिक्षा-शास्त्रियों को अनुदेशन प्राप्त करने वाले विद्यार्थियों एवं पाठ्यचर्या प्रेषित करने वाली विषय-वस्तु ज्ञात की जानी चाहिये। जो कार्य विद्यार्थी नहीं कर सकते हैं, ऐसी बातों का उल्लेख यदि उद्देश्य में होगा, तब वे उद्देश्य अनुपयुक्त होंगे। कुछ उद्देश्य विद्यार्थियों की रुचियों की पूर्ति नहीं कर सकने के कारण अनुपयुक्त होंगे। कुछ उद्देश्य ऐसे परिणामों का उल्लेख करने के कारण अनुपयुक्त होंगे, जिन्हें विद्यार्थियों ने पूर्व में ही प्राप्त कर लिया हो।

तार्किक समूहन (Logical Grouping)

उद्देश्यों को तार्किक ढंग से समूह में रखना चाहिये। प्रायः उद्देश्यों में संगठनात्मक सम्बद्धता की कमी रहती है। विचारों को समानता के आधार पर समूह में रखा जाना चाहिये। इन समान विचारों को कुछ विद्वानों ने प्रभाव क्षेत्र (Domain) कहा है, जैसे–ज्ञानात्मक, भावात्मक, मनोगामक।

नियतकालिक संशोधन (Periodic Revision)

कोई भी उद्देश्य हमेशा के लिए नहीं होना चाहिये। उद्देश्यों के नियतकालिक संशोधन की आवश्यकता होती है। यह इसलिए आवश्यक है, क्योंकि ज्ञान के क्षेत्र में परिवर्तन हो रहे हैं, विद्यार्थी में परिवर्तन हो रहे हैं तथा अनुदेशन व्यूह रचनाओं में परिवर्तन हो रहे हैं। शिक्षा शास्त्री कभी-कभार ही उद्देश्यों का विश्लेषण कर यह जानने का प्रयास करते हैं कि उनके उद्देश्यों का कार्यक्रम के लिए मूल्य है अथवा नहीं।

प्रेट (1980) ने पाठ्यचर्या उद्देश्यों के अग्र सात निकष दिये हैं–

1. उद्देश्यों को अधिगम परिणामों की पहचान करना चाहिये।

2. उद्देश्यों को पाठ्यचर्या अभिप्राय के समनुरूप (Consistent) होना चाहिये।
3. उद्देश्य सुस्पष्ट होने चाहिये।
4. उद्देश्य साध्य (Feasible) होने चाहिये।
5. उद्देश्य कार्यात्मक (Functional) होने चाहिये।
6. उद्देश्य सार्थक होने चाहिये।
7. उद्देश्य उपयुक्त होने चाहिये।

उद्देश्य विद्यार्थियों के व्यवहार में होने वाले परिवर्तनों के सूचक हैं। बी.एस.ब्लूम तथा उनके साथियों ने शैक्षिक उद्देश्यों का वर्गीकरण प्रस्तुत किया। उनके अनुसार विद्यार्थियों के व्यवहार में होने वाले परिवर्तन तीन क्षेत्रों में होते हैं–

(अ) संज्ञानात्मक (Cognitive),
(ब) भावात्मक (Affective),
(स) मनोगामक (Psychomotor)।

इन तीनों का वर्णन क्रमशः यहाँ किया गया है–

संज्ञानात्मक क्षेत्र के उद्देश्यों का वर्गीकरण (Classification of Objectives of Cognitive Domain)

संज्ञानात्मक क्षेत्र में वे उद्देश्य शामिल किये जाते हैं, जो व्यक्ति के चिन्तन, ज्ञान तथा समस्या समाधान से सम्बन्धित होते हैं। ब्लूम (1956) के अनुसार संज्ञानात्मक क्षेत्र में वे उद्देश्य होते हैं, जो ज्ञान के पुनः स्मरण या पहचान तथा बौद्धिक योग्यताओं व कौशलों के विकास से सम्बन्धित होते हैं।

ब्लूम के संज्ञानात्मक क्षेत्र के वर्ग एवं सम्बद्ध कार्य क्रियाएँ निम्नलिखित हैं–

ब्लूमः उद्देश्य वर्गीकरण के मुख्य वर्ग

वर्ग **(Categories)**	*सम्बद्ध कार्य–कियाएँ* **(Associated Action Verbs)**
1. **ज्ञान (Knowledge)**: उत्पादन के रूप में–ज्ञान में प्राथमिक पठन कौशल अथवा विशिष्ठ सूचनाओं या अनुभवों का पुनः स्मरण शामिल होता है। ज्ञान के उच्च स्तर में सूचनाओं के साथ व्यवहार करने के तरीके एवं माध्यम को	वर्णन करना, प्रत्ययकरण परिभाषित करना, पहचानना, नाम बताना, सूची बनाना, पुनरुत्पादन करना, मापना, नामांकित करना, लिखना, अर्जित करना।

वर्ग (Categories)	सम्बद्ध कार्य–क्रियाएँ (Associated Action Verbs)
जानना शामिल है। इसमें परिवर्तन के साथ ही साथ प्रवृत्ति और क्रम, वर्गीकरण निकष एवं रीति-विधान सभी के उच्च स्तर में सार्वभौमिकताओं एवं अमूर्तताओं का ज्ञान शामिल हैं। इसके अंतर्गत नियमों एवं सामान्यीकरण तथा साथ ही साथ सिद्धान्तों एवं संरचनाओं का ज्ञान आते हैं।	
2. **बोध (Comprehension)** इसमें प्रत्यक्षण शामिल है। बोध सूचनाओं की प्रक्रिया को बाध्य करता है, जो सूचनाओं को शिक्षार्थी के लिए अधिक अर्थपूर्ण बनाती है।	समझना, भविष्यवाणी करना, निर्वचन करना, सोदाहरण समझना, अनुवाद करना, चित्र बनाना, अन्तर्वेशन करना, बर्हिवेशन करना।
3. **अनुप्रयोग (Application)** अनु-प्रयोग के अन्तर्गत किसी वस्तु का विशिष्ट प्रकार से उपयोग करना आता है।	अनुप्रयुक्त करना, दिखाना, प्रदर्शित करना, उपयोग करना, सम्बन्ध बताना, विकास करना, स्थानान्तर करना, निर्माण करना, व्याख्या करना।
4. **विश्लेषण (Analysis)** विश्लेषण के अन्तर्गत विभाजित करना अथवा पूर्ण का इसके घटक भागों में अलग करना आता है। यह एक तर्क अथवा चिन्तन की प्रक्रिया है। सरलतम रूप में विश्लेषण के अन्तर्गत इसके तत्वों की सूची बनाना आता है।	विश्लेषण करना, अलग करना, भेद करना, वर्गीकृत करना, भंग करना, पता लगाना, भेद दिखलाना।
5. **संश्लेषण (Synthesis)** संशलेषण में अनेक तत्वों को आपस में जोड़कर पूर्ण प्राप्त किया जाता है। इस प्रक्रिया से तार्किक परिणाम निकाला जाता है। इस अर्थ में यह चिन्तन एवं सृजनात्मकता से सम्बन्धित है। संशलेषण में तत्वों को मौलिक रूप से जोड़ा जाता है।	जोड़ना, संक्षिप्त करना, सामान्यीकरण करना, निष्कर्ष निकालना, संगठित करना, स्पष्ट करना, निर्माण करना, प्रस्तावित करना, परिणाम निकालना।
6. **मूल्यांकन (Evaluation)** यह वर्गीकरण का उच्चतम स्तर है इसमें पिछले पाँच वर्गों का योग होता है। मूल्यांकन का सम्बन्ध मूल्यों के बारे में निर्णन लेने से होता है। मूल्यांकन मात्रात्मक एवं गुणवत्तात्मक, प्रत्यक्ष अथवा परोक्ष, विषयनिष्ठ अथवा वस्तु-निष्ठ हो सकता	मूल्यांकन करना, निश्चय करना, चुनना, निर्णय करना, आलोचना करना, चयन करना, समर्थन देना, आक्रमण करना, बचाव करना, वैषम्य दिखलाना।

वर्ग (Categories)	सम्बद्ध कार्य–क्रियाएँ (Associated Action Verbs)
है। प्रायः निर्णय आन्तरिक साक्ष्यों के आधार पर लिये जाते हैं। निर्णय बाह्य निष्कर्ष के आधार पर लेना मूल्यांकन गतिविधि का उच्चतम स्तर माना गया है।	

भावात्मक क्षेत्र के उद्देश्यों का वर्गीकरण (Classification of the Objectives of Affective Domain)

क्रथवाल एवं साथियों (1964) ने बताया कि भावात्मक क्षेत्र में वे उद्देश्य शामिल हैं, जिनका सम्बन्ध रुचियों, अभिवृत्तियों तथा मूल्यों में परिवर्तन से एवं प्रशंसा तथा समायोजन के विकास से है। इसके वर्गीकरण के मुख्य वर्ग निम्नलिखित हैं–

क्रथवालः भावात्मक पक्ष वर्गीकरण के मुख्य वर्ग

मुख्य वर्ग (Major Categories)	सम्बद्ध कार्य–क्रियाएँ (Associated Action Verbs)
1. **प्राप्त करना (Receiving)** इस वर्गीकरण का यह निम्नतम वर्ग है। इससे तात्पर्य है कि केवल सम्प्रेषण सुना जायेगा। प्रक्रिया में शामिल व्यक्ति सन्देश अथवा उद्दीपक के प्रति सजग है।	सूचना, प्राप्त करना, नियन्त्रित करना, चयन करना, जागरूक होना, प्रत्यक्षण करना, पक्ष लेना, स्वीकार करना, संग्रह करना।
2. **अनुक्रिया करना (Responding)** किसी प्रकार का उत्तर प्राप्त होता है, इससे तात्पर्य है कि, रुचि एवं अभिप्रेरण के स्तर स्रोत के रूप में कार्य करते हैं। समर्पण का स्तर निम्न है, किन्तु जिज्ञासा का अंश हुआ। अनुक्रिया में तत्परता एवं खुशी शामिल है।	उत्तर देना, पूर्ण करना, चयन करना, अंकित करना, सूची बनाना, विकसित करना, अनुसरण करना।
3. **मूल्य निर्धारित करना (Valuing)** इसमें सम्बन्धित व्यक्ति की योग्यता अथवा आन्तरिक योग्यता को ध्यान में रखकर अभिवृत्ति बनती है। मूल्य निर्धारण का यह उद्देश्य पुनः मूल्य स्वीकृति, मूल्य वरीयता तथा किसी दृष्टिकोण के प्रति समर्पण में विभाजित किया जा सकता है।	स्वीकार करना, पहचानना, भाग लेना, बढावा, विकसित करना, प्राप्त करना, निश्चय करना, प्रभावित करना, समर्थन देना तर्क करना प्रशंसा करना।
4. **संगठन (Organization)** जब ऐसी स्थिति का सामना करना पड़े जहाँ एक से अधिक	सम्बन्ध बताना, सह-सम्बन्ध बताना,

मुख्य वर्ग *(Major Categories)*	*सम्बद्ध कार्य–क्रियाएँ* *(Associated Action Verbs)*
अभिवृद्धि एवं मूल्य हों, तब संगठन का उपयोग किया जाता है। अन्यथा व्यवहार असंगत हो जाता है। मूल्य पद्धति का प्रारंभ संगठन में निहित होता है। दोनो ही स्थितियों में मूल्य को शब्दों में व्यक्त करने के लिए योग्यता से अधिक किसी चीज की आवश्यकता होती है तथा किसी प्रकार की योग्यता अपने मूल्यों के बचाव के लिए निहित होती है। मूल्य का संकल्पन एवं मूल्य पद्धति का संगठन में दो उपवर्ग संगठन में शामिल हैं।	संतुलन करना परिभाषा देना।
5. **मूल्य में चारित्रीकरण अथवा मूल्य संकुल (Characterization by Value or Value Complex)** मूल्य संकुलन का सम्बन्ध व्यक्ति के चरित्र एवं उसके एक व्यक्ति के रूप में अनोखेपन से होता है। विश्वास, विचार एवं अभिवृत्ति आपस में मिलकर जीवन की सम्पूर्ण दृष्टि प्रदान करते हैं। चरित्र-चित्रण एवं सामान्यीकरण इसके दो उपवर्ग है।	बदलना, सामना करना, स्वीकार करना, विकसित करना, निर्णय करना, अस्वीकार करना, माँगना।

मनोगामक क्षेत्र के उद्देश्यों का वर्गीकरण (Classification of the Objectives of Psychomotor Domain)

मनोगामक क्षेत्र का सम्बन्ध माँसपेशियों के विकास तथा प्रयोग एवं शारीरिक क्रियाओं के समन्वय की योग्यता से होता है। हेरो (1972) के मनोगामक क्षेत्र के वर्ग एवं सम्बद्ध कार्य क्रियाएँ निम्नलिखित हैं–

मुख्य वर्ग	*सम्बद्ध कार्य–क्रियाएँ*
1. **सहजगतियाँ (Reflex Movements)** इन्हे उद्दीपकों के प्रति गामक अनुक्रियाओं के रूप में परिभाषित किया गया हैं। ये किसी भी प्रकार की गति वाले व्यवहार के आधार होते हैं। इनमें एक या अधिक सुषुम्ना खण्ड शामिल होते हैं।	मोड़ना, तानना, खींचना, शक्ति प्रदान करना, फैलाना, रोकना, लम्बा करना, छोटा करना, सख्त करना, कसना, शिथिल करना।
2. **बुनियादी मूलभूत गतियाँ (Basic Fundamental Movements)** वे जन्मजात शारीरिक गतियों के तरीके जो कि सहज गतियाँ की बुनियाद से बनते	रेंगना, फिसलना, चलना, दौडना, कूदना, सरकना, ग्रहण करना, पहुँचना, सहारा देना, चलाना, सही करना।

मुख्य वर्ग	सम्बद्ध कार्य–क्रियाएँ
हैं। बुनियादी मूलभूत गतियाँ कहलाती हैं। वे प्रायः जीवन के पहले वर्ष में स्वतः आती हैं। इस वर्ग की गतियाँ सभी सामान्य मानव दैनिक गतिविधियों की मूल आधार होती हैं तथा इनकी न्यूनता बहुत गम्भीर होती है।	
3. **प्रत्यक्षणात्मक योग्यताएँ (Perceptual Abilities)** इन्हें गामक योग्यताओं से अलग करना मुश्किल हैं। ये योग्यताएँ शिक्षार्थी को उद्दीपकों के निर्वचन में सहायता करती हैं, जिससे वह पर्यावरण के साथ समायोजन कर सकता है। श्रेष्ठ गामक गतिविधियाँ प्रत्यक्षण के विकास पर निर्भर होती है। संवेदना भेद, दृष्यिक भेद, श्रवण भेद, इसके अन्तर्गत आते हैं, तथा ये आँख, हाथ तथा पैर की योग्यताओं में समन्वयन करती है।	झेलना, खाना, लिखना, सन्तुलन करना, झुकाना, स्मृति से प्राप्त करना, स्पर्श से भेद करना, उछालना, खोजबीन करना।
4. **शारीरिक योग्यताएँ (Physical Abilities)** गामक क्रियाओं के लिए शारीरिक योग्यताएँ अनिवार्य होती हैं। वे व्यक्ति की ताकत से सम्बन्धित होती हैं, जिनके द्वारा व्यक्ति अपने पर्यावरणीय माँगों की पूर्ति करता है, कौशल युक्त गतियों के विकास के लिए शारीरिक योग्यताएँ आवश्यक बुनियादी होती है। शारीरिक योग्यताओं में मुख्य हैं: गति	सख्त क्रियाओं को सहना, लम्बे समय तक सहन करना, सुधार करना, बढाना, प्रारम्भ एवं रोकना, सुस्पष्ट घूमना, पैर की उँगलियाँ छूना।
5. **कौशलयुक्त गतियाँ (Skilled Movements)** सफलतापूर्वक किये गये किसी जटिल कार्य की गति को कौशलयुक्त गति कहते हैं। ये सुगमता से निष्पादित किये जाते हैं।	कलाबाजी करना, नाचना, देखना, टाइप करना, पियानो बजाना, तार लगाना, बदलना, समतल करना, आग लगाना, फाइल करना, नाव खेना बाजीगरी करना।
6. **अशाब्दिक सम्प्रेषण (Non-Discursive Communication)** वे व्यवहार जो गति सम्प्रेषण में शामिल होते हैं। इनकी सीमा चेहरे की अभिव्यक्ति से लगाकर उच्च परिष्कृत नृत्य में वर्गों जैसे बैले तक होती है। इसमें संकेतन, आसन तथा निर्वाचनात्मक गतियाँ शामिल हैं, जो या तो सौन्दर्यात्मक अथवा सृजनात्मक रूप में हो।	संकेतन करना, खड़े होना, बैठना, कुशलता से नृत्य करना, कुशलता से निष्पादन करना, चेहरे से व्यक्त करना, जान–बूझकर मुस्कराना।

7

पाठ्यचर्या अभिकल्प (Curriculum Design)

पाठ्यचर्या योजना के विभिन्न अंशों की व्यवस्था पाठ्यचर्या अभिकल्प कहलाती है। इसे पाठ्यचर्या संगठन एवं पाठ्यचर्या संरचना भी कहते हैं। इन अंशों को घटक अथवा तत्व भी कहते हैं। ये तत्व हैं–(1) अभिप्राय, लक्ष्य, उद्देश्य; (2) विषय सामग्री; (3) अधिगम अनुभव; और (4) मूल्यांकन उपागम।

अभिकल्प के घटक (Components of Design)

पाठ्यचर्या अभिकल्प का सम्बन्ध पाठ्यचर्या के चार बुनियादी अंशों, यथा–उद्देश्य, विधि एवं संगठन, विषय सामग्री, मूल्यांकन की प्रकृति एवं व्यवस्था से होता है। गाइल्स (1942) ने घटक शब्द का उपयोग इनके सम्बन्ध को बताने के लिए किया है। उसने अधिगम अनुभवों की विधि एवं संगठन के अन्तर्गत शामिल किया है। (देखिये चित्र 7.1)

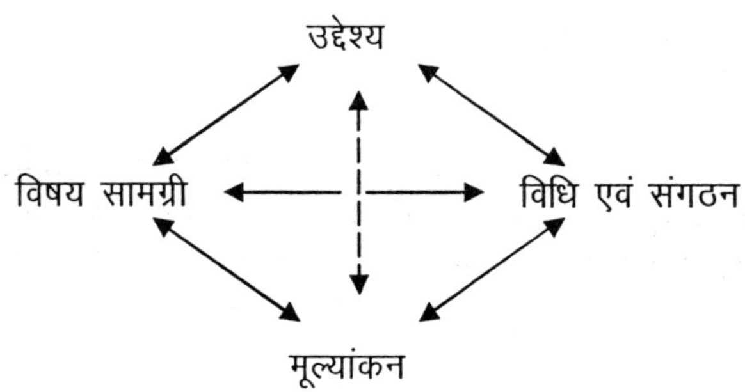

चित्र 7.1: अभिकल्प के घटक

प्रस्तुत अभिकल्प के चार घटक अनेक प्रश्नों के उत्तर देते हैं जैसे–क्या किया जाना है? क्या विषय-वस्तु शामिल करना है? अनुदेशन

की क्या व्यूह रचना, स्रोत एवं गतिविधियाँ उपयोग में लायी जायेंगी? पाठ्यचर्या के परिणामों के मूल्यांकन के लिए कौनसी विधि एवं उपकरण उपयोग में लाये जायेंगे? गाइल्स के अनुसार ये चारों घटकों के बारे में लिए गए निर्णयों पर आश्रित होते हैं।

पाठ्यचर्या अभिकल्प के स्रोत (Sorces of Curriculum Design)

डाल (1986) ने पाठ्यचर्या अभिकल्प के चार स्रोत बताये हैं–विज्ञान, समाज, शाश्वत एवं दैवीय स्रोत और ज्ञान।

विज्ञान (Science)

विज्ञान को पाठ्यचर्या का स्रोत मानने वाले सत्य को ज्ञात करने के लिए वैज्ञानिक विधि का उपयोग करते हैं। वे पाठ्यचर्या में वास्तविकता के उन तत्वों का चयन एवं व्यवस्था करते हैं जिन्हें निरीक्षित एवं परिमाणित (Quantified) किया जा सके।

समाज (Society)

इस मत के समर्थकों का विश्वास है कि विद्यालय समाज का अभिकर्त्ता है। अतः विद्यालय को पाठ्यचर्या के लिए विचार सामाजिक स्थितियों के विश्लेषण से प्राप्त करना चाहिये। डिवी ने बताया कि जब हम शिक्षा में किसी नये आन्दोलन की चर्चा करते हैं तब हमें समाज के दृष्टिकोण का ध्यान रखना चाहिये। पाठ्यचर्या एवं अनुदेशन सामग्री में संशोधन भी बदलती सामाजिक स्थितियों के कारण होते हैं।

शाश्वत एवं दैवीय स्रोत (Eternal and Divine Source)

प्रस्तुत मत नित्य दर्शन पर आधारित है जो बताता है कि हमें उन शाश्वत (स्थायी) सत्यों का चयन करना चाहिए, जिनकी अनुशंसा महान व्यक्तियों ने पूर्व में की थी। इन अभिकल्पों में विषय-वस्तु पर बल दिया जाता है। दैवीय मत के समर्थकों का ऐसा मानना है कि मनुष्य को पाठ्यचर्या के तत्व बाइबिल तथा अन्य धार्मिक ग्रन्थों से प्राप्त हुए हैं।

ज्ञान (Knowledge)

हन्किन्स (1980) ने बताया कि पाठ्यचर्या का एकमात्र स्रोत शायद ज्ञान है। हम एवं समाज शिक्षार्थी के बारे में जो जानते हैं वह विषय-वस्तु के चयन में सहायक होता है। हरबर्ट स्पेन्सर ने भी ज्ञान को महत्व दिया

है। बाद में, बेलक ने विभिन्न संकायों एवं पाठ्यचर्या संरचना एवं ज्ञान के सम्बन्ध का परीक्षण किया। जहाँ अनुशासित ज्ञान की निश्चित संरचना एवं विधि होती है, वहीं गैर अनुशासित ज्ञान की अनोखी (Unique) विषय-वस्तु नहीं होती। भौतिकशास्त्र की अनोखी संकल्पनात्मक संरचना एवं प्रक्रिया होती है किन्तु गृह अर्थशास्त्र में विभिन्न संकायों से ज्ञान प्राप्त किया जाता है।

शिक्षार्थी (Learner)

कुछ विद्वानों का मानना है कि हम शिक्षार्थी के बारे में क्या जानते हैं? वह कैसे सीखता है? अभिवृत्तियों का निर्माण कैसे करता है? मूल्यों से रुचि कैसे पैदा करता है आदि से पाठ्यचर्या प्राप्त की जानी चाहिये। प्रगतिवादी पाठ्यचर्या वैज्ञानिक एवं अनुभव केन्द्रित पाठ्यचर्या अभिकल्प के समर्थित शिक्षार्थी को पाठ्यचर्या का प्राथमिक स्रोत मानते हैं। वे विषयवस्तु एवं ज्ञान को अनदेखा कर देते हैं अथवा इसे द्वितीयक मान लेते हैं। वर्तमान में शैक्षणिक उत्कृष्टता पर बल देने के कारण इसे नकार दिया गया है किन्तु प्राथमिक विद्यालयों के शिक्षक 'शिक्षार्थी' की रुचियों एवं आवश्यकताओं को पाठ्यचर्या का मुख्य स्रोत मानते हैं।

अभिकल्प विमा के निर्धारक (Design Dimention Considerations)

इसके निम्न निर्धारक होते हैं–

क्षेत्र (Scope)

शिक्षा शास्त्रियों को पाठ्यचर्या का अभिकल्प निर्धारित करते समय इसकी विषयवस्तु की गहराई एवं विस्तार पर ध्यान देना चाहिये। पाठ्यचर्या में कौनसी विषय-वस्तु शामिल की जानी है यह क्षेत्र के अन्तर्गत आता है। सेलर (1966) ने क्षेत्र को परिभाषित करते हुए कहा है कि 'क्षेत्र से आशय' है विस्तार, विविधता एवं शैक्षिक अनुभव का प्रकार जो कि विद्यार्थी को प्रदान किया जाना है।

एकीकरण (Integration)

पाठ्यचर्या के निर्माता यह स्वीकार करते हैं कि अधिगम प्रभावी तब होगा जबकि एक क्षेत्र की विषय-वस्तु दूसरे क्षेत्र की विषय-वस्तु से अर्थपूर्ण रूप से सम्बन्धित हो। एकीकरण विभिन्न प्रकरणों एवं प्रसंगों में क्षैतिज सम्बन्ध पर बल देता है।

क्रम (Sequence)

उर्ध्वाधर (Vertical) सम्बन्धों के लिए पाठ्यचर्या के तत्वों को उचित क्रम में रखना आवश्यक है। यह सतत् अधिगम में भी सहायक होता है। टाबा (1962) ने बताया कि पाठ्यचर्या निर्माताओं ने क्रम पर ध्यान देते समय विषय-वस्तु पर ध्यान दिया है।

प्रतिनिधि पाठ्यचर्या अभिकल्प

प्रमुख रूप से पाठ्यचर्या के निम्न चार बुनियादी (Basic) अभिकल्प हैं–

(1) विषय केन्द्रित अभिकल्प,
(2) शिक्षार्थी केन्द्रित अभिकल्प,
(3) अनुभव केन्द्रित अभिकल्प।
(4) समस्या केन्द्रित अभिकल्प।

सभी प्रकार की पाठ्यचर्या अभिकल्प इनके एकीकरण अथवा संशोधन हैं।

विषय केन्द्रित अभिकल्प (Subject Centred Design)

विषय केन्द्रित अभिकल्प सर्वाधिक प्रसिद्ध एवं प्रचलित अभिकल्प है। इसका कारण ज्ञान एवं विषयवस्तु का पाठ्यचर्या के आवश्यक अंग होना है। विद्यालयों के उपयोग के लिए उपलब्ध सामग्री विषय-वस्तु में संगठन को ही प्रदर्शित करती है। इसके अन्तर्गत विषय अभिकल्प, अनुशासन अभिकल्प, व्यापक क्षेत्र अभिकल्प, सहसम्बन्ध अभिकल्प एवं विलय अभिकल्प आते हैं–

विषय अभिकल्प (Subject Design)

पाठ्यचर्या संगठन का सबसे प्राचीन रूप 'विषय' है। इसका उदाहरण सात मुक्त कलाएँ हैं, जो कि ग्रीक एवं रोम के विद्यालयों में उपस्थित थीं। इनके दो भाग हैं। प्रथम है–त्रिभुजिका। इसमें व्याकरण, वाग्मिता एवं तर्क आते हैं। आधुनिक समय में इसमें इतिहास एवं साहित्य भी शामिल किये गये हैं। द्वितीय है–चतुः भुजिका। इसमें अंकगणित, रेखागणित, खगोलशास्त्र एवं संगीत आते हैं तथा आधुनिक समय में इसमें बीजगणित, त्रिकोणमिति, भूगोल, वनस्पतिशास्त्र, प्राणिशास्त्र, भौतिकशास्त्र एवं रसायनशास्त्र शामिल किये गये हैं।

यह प्राचीनतम पाठ्यचर्या अभिकल्प है। यह पाठ्यपुस्तक से सम्बन्धित है। प्रस्तुत अभिकल्प इस विश्वास पर आधारित है कि मानव

को अनोखा एवं विलक्षण बनाने में उसकी बुद्धि का योगदान रहता है तथा ज्ञान की खोज एवं प्राप्ति उनकी ज्ञान पिपासा को प्राकृतिक रूप से शांत करती है।

हान्किन्स (1936) ने बताया कि ऐसी पाठ्यचर्या अभिकल्प में–(1) भाषा और इसका उपयोग (पठन, लेखन, व्याकरण, साहित्य), (2) गणित, (3) विज्ञान, (4) इतिहास, (5) विदेशी भाषा, इत्यादि विषयों का समावेश होना चाहिये। विषय सामग्री अभिकल्पों का संगठन इस आधार पर किया जाता है कि विभिन्न विषय क्षेत्रों में ज्ञान किस प्रकार विकसित हुआ? आज ज्ञान के विस्फोट के कारण नये-नये विषयों का उदय हो रहा है। उदाहरणार्थ मनोविज्ञान में औद्योगिक, नैदानिक, संगीत, शैक्षिक इत्यादि शाखाएँ विकसित हो चुकी हैं। महाविद्यालयीन स्तर पर हिन्दी अधिक जटिल हो गयी है। साहित्य, लेखन, मौखिक अभिव्यक्ति, भाषा विज्ञान एवं व्याकरण मुख्य विषय भाग हैं।

विषय अभिकल्प की विशिष्ट विशेषताएँ

विषय अभिकल्प की दो मुख्य विशिष्ट विशेषताएँ निम्न हैं–

1. *विषय-वस्तु का वर्गीकरण एवं संगठन*–विषयवस्तु का वर्गीकरण एवं संगठन विषय में हुई शोध के अनुसार किया जाता है। वैज्ञानिक शोध विशेषज्ञ, जो विषय में रुचि रखते हैं तथा तथ्यों एवं सिद्धान्तों का क्रम निर्धारित करते हैं के अनुसार विषयवस्तु का चयन एवं संगठन किया जाता है।
2. *व्याख्या की तकनीक पर बल*–विषय अभिकल्प में चार प्रकार से विषयवस्तु का संगठन किया जाता है ताकि उसकी प्रभावी व्याख्या की जा सके। ये हैं–
   (1) सरल से जटिल के आधार पर,
   (2) पूर्व आवश्यक अधिगम के आधार पर,
   (3) पूर्ण से अंश के आधार पर, और
   (4) समयक्रम के आधार पर।

विषय अभिकल्प की आवश्यक विशेषताएँ

1. विषय अभिकल्प की प्रथम आवश्यक विशेषता है कि विषय सभी विद्यार्थियों के लिए आवश्यक हों, किसी विशिष्ट समूह के लिए आवश्यक हों, कुछ समूहों द्वारा चुने गये हों, कुछ विद्यार्थियों द्वारा चुने गये हों, अथवा किसी के द्वारा चुने गये हों। कुछ विषय-वस्तु सभी विद्यार्थियों के लिए आवश्यक होती है जबकि अन्य विषय-वस्तु विशिष्ट विद्यार्थियों के अथवा समूहों के लिए होती है। अथवा उनके द्वारा चुनी जाती है।

2. सामान्य शिक्षा के कार्यक्रम का अधिकांश भाग स्थिर विषयों का बना होता है। जैसे सामूहिक सभा/कार्यक्रम, स्वास्थ्य परीक्षण एवं विद्यालय के अन्य कार्यक्रम जिनसे सामान्य अधिगम प्राप्त होता है।
3. विषयों के अध्ययन में सभी विद्यार्थियों से समान अनुभवों की अपेक्षा नहीं होती है। अध्यापकों को व्यक्तिगत भिन्नताओं का ज्ञान होता है। तथा वे तदनुसार अध्यापन करते हैं।
4. विषय अभिकल्प में कार्यक्रम एवं पाठ्यक्रमों (Courses) की योजना अग्रिम रूप में बनायी जाती है। किसी पाठ्यक्रम की योजना बनाने से पूर्व ही यह मालूम करना आवश्यक है कि कौन से पाठ्यक्रम प्रस्तावित हैं? प्रत्येक की कितनी कक्षाएँ होंगी? कौन उन्हें पढ़ायेगा? तथा कौन से विद्यार्थी उन्हें पढ़ेंगे? तथा कौन-सी कक्षा में वे पाठ्यक्रम पढ़ाये जावेंगे?
5. विषय अभिकल्प में व्यक्तिगत भिन्नताओं एवं योग्यताओं का प्रावधान होता है। चयनित पाठ्यक्रमों, भिन्न नियत कार्यों और रुचियों एवं योग्यताओं में भिन्नता के लिए विशेष कार्यक्रमों का समावेश विषय पाठ्यचर्या में होता है। विद्यार्थियों की रुचियों एवं योग्यताओं का ध्यान आंशिक रूप से चयनित विषयों द्वारा तथा आंशिक रूप से एक ही विषय में अलग-अलग विद्यार्थियों को अलग–अलग प्रदत्तकार्य (Assignment) देकर रखा जाता है।
6. विषय अभिकल्प की छठी विशेषता यह होती है कि इसमें सामाजिक दिशा दी अथवा नहीं भी दी जा सकती है। यदि शैक्षिक लक्ष्यों के निर्धारण में सामाजिक दिशा को ध्यान में रखा गया होगा तब वह पाठ्यचर्या में होगी अन्यथा नहीं। विषय अभिकल्प में विषयों की पारंगतता (Mastery), उसमें समाहित ज्ञान एवं कौशल पर बल दिया जाता है। इस कारण से विषय पाठ्यचर्या में सामाजिक दिशा की कमी होती है।

इसमें अध्यापक की मुख्य भूमिका होती है। व्याख्यान, कविता, दीर्घ समूह चर्चा इत्यादि अनुदेशनात्मक तकनीकों का उपयोग इस अभिकल्प के अन्तर्गत किया जाता है। इस अभिकल्प में शाब्दिक गतिविधियों पर बल दिया गया है। इस अभिकल्प के समर्थकों का तर्क है कि विचार केवल शाब्दिक रूप से सम्प्रेषित एवं संग्रहित किए जा सकते हैं। इसके आलोचकों का यह मत है कि यह अभिकल्प व्यक्तिगतता की रोकथाम करती है तथा इसमें विषय-वस्तु पर बल दिया जाता है तथा विषय छात्रों की वास्तविकता से सम्बन्धित नहीं होते हैं।

अनुशासन अभिकल्प (Discipline Design)

अनुशासन अभिकल्पों का उदय विषय अभिकल्पों की सन्तति के रूप में द्वितीय विश्वयुद्ध के समय हुआ। शीघ्रता से यह अभिकल्प प्रसिद्ध हुआ एवं 1970 में विद्यार्थियों एवं अन्यों के विरोध ने इनकी बुनियादी मान्यताओं पर प्रश्नचिह्न लगा दिया। किन्तु आज भी अनुशासन अभिकल्प पाठ्यचर्या संगठनों विशेषकर महाविद्यालयों एवं विश्वविद्यालयों में उपस्थित हैं।

अनुशासन अभिकल्प विषय-वस्तु के जन्मजात संगठन के गुण पर आधारित है। इसमें एवं विषय अभिकल्प में एक मुख्य अन्तर यह है कि विषय अभिकल्प में यह स्पष्ट नहीं है कि 'विषय क्या है', इसके स्थापित करने के सिद्धान्त क्या हैं? जबकि अनुशासन अभिकल्प वह निकष बताती है जिसके आधार पर ज्ञान के निकाय को अनुशासन कहा जाता है।

प्रस्तुत अभिकल्प के प्रतिपादक किंग एवं ब्राउनेल (1966) ने बताया कि अनुशासन एक विशिष्ट ज्ञान है। यह एक स्वायत्त प्रबन्ध समुदाय है जिसकी विशेषताएँ हैं—व्यक्तियों का एक समुदाय, मानव कल्पना की अभिव्यक्ति, एक क्षेत्र, परम्परा, जाँच-पड़ताल का ढंग, एक संकल्पनात्मक संरचना, विशिष्ट भाषा या संकेतों की अन्य पद्धति, साहित्यिक परम्परा, संचार का जाल, मूल्यांकनात्मक एवं भावात्मक मुद्रा एवं शिक्षक समुदाय।

अनुशासित ज्ञान इस पाठ्यचर्या अभिकल्प का मुख्य पहलू है। इस अभिकल्प के प्रवक्ताओं के अनुसार विद्यालय प्रतिभाओं का लघु संसार है तथा अनुशासन उस संसार को प्रदर्शित करते हैं। इसका तात्पर्य यह है कि विषयवस्तु कैसे सीखी जाये? यह विशेषज्ञ अपने क्षेत्रों की विषय-वस्तु के सीखने में प्रयुक्त विधियों द्वारा सुझाते हैं। इतिहास के विद्यार्थी इतिहासज्ञ की तरह विषय-वस्तु सीखेंगे तथा जीव विज्ञान के विद्यार्थी जीव विज्ञान के प्रकरणों का अन्वेषण जीव विज्ञानियों द्वारा सुझायी गयी विधियों द्वारा करेंगे।

विषय-वस्तु अभिकल्प में विद्यार्थी ज्ञान एवं सूचनाएँ अर्जित करते हैं जबकि अनुशासन अभिकल्प में अनुशासनों का अनुभव करते हैं। जब विद्यार्थी कक्षा में सूचनाओं की प्रक्रिया के लिए किसी अनुशासन की विधियों का उपयोग करते हैं तब अनुशासन अभिकल्प का उपयोग किया जाता है।

अनुशासन अभिकल्प में विद्यार्थी को प्रत्येक अनुशासन की बुनियादी संरचना मुख्य सम्बन्धों, संकल्पनाओं एवं सिद्धान्तों तथा अनुशासन की जाँच पड़ताल के तरीके देखने के लिए प्रोत्साहित किया जाता है। यह

उपागम विद्यार्थियों को अपरिचित समस्याओं के लिए अनुमति प्रदान करती है ताकि वे नयी घटनाओं एवं पूर्व में अनुभूत घटनाओं के सम्बन्ध को समझ सकें।

ब्रूनर ने बताया कि पाठ्यचर्या विकास के लिए विषय-वस्तु की संरचना एवं सीखने के स्थानान्तरण पर ध्यान केन्द्रित करना चाहिये। संरचना से ब्रूनर का आशय यह था कि विद्यार्थी जो सीखता है उसे नयी समस्याओं के लिए उपयोग करता है। जब विद्यार्थी किसी अनुशासन के मुख्य विचारों एवं बुनियादी संकल्पनाओं को पहचानता है तब वह इन संकल्पनाओं के अन्तर्सम्बन्धों एवं विभिन्न स्थितियों में उनके अनुप्रयोगों को ज्ञात करता है।

व्यापक क्षेत्र अभिकल्प (Broad Field Design)

इस अभिकल्प में दो या दो से अधिक सम्बन्धित विषयों को एक व्यापक अध्ययन क्षेत्र में विलीन (Merge) किया जाता है। इसमें विषयों की सीमाएँ समाप्त हो जाती हैं तथा विद्यार्थियों के लिए सूचनाओं को अर्थपूर्ण बनाया जाता है। यह अध्यापक को विषय-वस्तु चुनने में अधिक नम्य होने का अवसर प्रदान करती है। यह शिक्षार्थियों को पाठ्यक्रम के विभिन्न विषयों में सम्बन्ध देखने का अवसर प्रदान करती है। इस अभिकल्प का उपयोग हमें विद्यालयों में देखने को मिलता है। जीव विज्ञान, रसायनशास्त्र, भौतिकशास्त्र को सामान्य विज्ञान के अन्तर्गत रखा गया है। साहित्य, व्याकरण, संभाषण भाषा पाठ्यचर्या के अंश हैं। इतिहास, भूगोल, समाजशास्त्र, राजनीति विज्ञान एवं अर्थशास्त्र इत्यादि समाज अध्ययन पाठ्यचर्या के आधार हैं।

ब्राडी एवं साथियों (1964) ने बताया कि सम्पूर्ण पाठ्यचर्या को निम्न वर्गों में संगठित किया जा सकता है–

1. *सूचनाओं के प्रतीकशास्त्र*–हिन्दी (मातृभाषा), विदेशी भाषा एवं गणित;
2. *बुनियादी विज्ञान*–सामान्य विज्ञान, जीव विज्ञान, भौतिकशास्त्र एवं रसायनशास्त्र;
3. *विकासात्मक अध्ययन*–ब्रह्माण्ड की उत्पत्ति, सामाजिक संस्थाओं की उत्पत्ति एवं मानव संस्कृति की उत्पत्ति;
4. *निदर्शनात्मक*–सौन्दर्य अनुभवों के प्रकार जिनमें कला, संगीत, नाटक एवं साहित्य शामिल हैं; और
5. सामाजिक समस्याएँ।

भविष्य अध्ययन (Future Studies) एक ऐसा नया क्षेत्र है जिसमें गणित, अर्थशास्त्र, शिक्षा एवं अन्य क्षेत्रों के ज्ञान को संश्लेषित किया

गया है। बहुसंस्कृति शिक्षा भी एक नया विषय-वस्तु क्षेत्र है जिसमें समाजशास्त्र, मनोविज्ञान, इतिहास एवं मानव शास्त्र से सूचनाएँ प्राप्त की जाती हैं।

सहसम्बन्ध अभिकल्प (Correlation Design)

यह अभिकल्प उन व्यक्तियों द्वारा उपयोग में लाया जाता है जो व्यापक क्षेत्र अभिकल्प का उपयोग नहीं करते किन्तु यह अनुभव करते हैं कि अलग-अलग विषयों में विखण्डन कम करने के लिए संयोजन की आवश्यकता है। सहसम्बन्ध एक ऐसा प्रयास है जिसमें पाठ्यचर्या को बिना छेड़छाड़ किये उसमें एकाकीपन एवं विखण्डन कम किया जा सकता है। इसमें एक विषय में जो संकल्पना/विषय-वस्तु विद्यार्थी सीखता है वह दूसरा विषय सीखने में पुनर्बलन का कार्य करती है। विषयों के अपने स्वतन्त्र अस्तित्व भी बने रहते हैं। उदाहरण के लिए इतिहास एवं भूगोल इस प्रकार से पढ़ाये जा सकते हैं। गणित एवं विज्ञान इस प्रकार से पढ़ाये जा सकते हैं जिससे कि गणित विज्ञान का एक उपयोगी उपकरण बन सकता है तथा वैज्ञानिक प्रदत्त एवं समस्याएँ गणित के पाठ्यक्रम के लिए उपयोगी सामग्री का कार्य करते हैं। विषय-वस्तु की प्रकृति के अनुसार तीन प्रकार के सहसम्बन्ध हो सकते हैं: तथ्यात्मक, वर्णनात्मक एवं मानकीय। तथ्यात्मक सहसम्बन्ध का उदाहरण इतिहास एवं साहित्य के जोड़ में मिलता है। जब किसी पूर्व घटना पर कोई ऐतिहासिक उपन्यास लिखा जाता है तब वह सहसम्बन्ध तथ्यात्मक होता है। जैसे वृन्दावनलाल वर्मा का उपन्यास 'मृगनयनी'। वर्णनात्मक सहसम्बन्ध–जब कोई सामान्यीकरण दो विषयों के लिए समान हो तब वर्णनात्मक सहसम्बन्ध होता है। गणित एवं विज्ञान वर्णनात्मक स्तर पर जोड़े जा सकते हैं। मानकीय सहसम्बन्ध वर्णनात्मक सम्बन्ध की तरह ही होता है। उदाहरणार्थ अमेरिकी इतिहास एवं साहित्य का कुछ बिन्दुओं पर प्रजातंत्र के सामाजिक-नैतिक सिद्धान्तों के द्वारा सहसम्बन्ध हो सकता है।

विलय अभिकल्प (Fusion Design)

विलय अभिकल्प विषयों को अन्तर्सम्बन्धित करने का अधिक मूलभत प्रयास है। दो या तीन विषयों की विषय-वस्तु को मिलाकर विषयों का विलय करने का प्रयास विलय अभिकल्प में किया जाता है। प्रत्येक विषय की विषय-वस्तु के खण्डों (Blocks) को सानिध्य (Juxtaposition) में रखा जाता है, जहाँ दो विषयों को प्राकृतिक सम्बन्ध विषयों के खण्डों के मध्य स्पष्ट रूप से दिखाई देता है। (फौन्स एवं बॉसिंग, 1967)

अधिगम प्रक्रिया की बेहतर समझ के लिए दो या दो से अधिक विषयों की विषयवस्तु का पूर्ण विलय करने का प्रयास किया गया था, जिसमें समस्याओं का उपयोग विलय अभिकर्ता के रूप में किया गया। उदाहरण के लिए संयुक्त भौतिक-रसायन पाठ्यक्रम के द्वारा निम्न समस्याओं का समाधान किया जा सकता है; जैसे इस फोटो के साथ क्या गलत है? स्कूटर खरीदने के लिए व्यक्ति को क्या-क्या बातें ध्यान में रखनी चाहिए? इत्यादि।

शिक्षार्थी केन्द्रित अभिकल्प (Learner Centred Design)

पाठ्यचर्या विशेषज्ञ ऐसी पाठ्यचर्या का निर्माण करना चाहते हैं जो विद्यार्थियों के लिए मूल्यवान हो। ऐसे अभिकल्पों का नाम 'शिक्षार्थी केन्द्रित अभिकल्प' दिया गया है। प्रस्तुत अभिकल्प के अन्तर्गत बालकेन्द्रित अभिकल्प, अनुभव केन्द्रित अभिकल्प, रोमानी अभिकल्प एवं मानववादी अभिकल्प आते हैं।

बाल केन्द्रित अभिकल्प (Child Centred Design)

इसके समर्थकों का मत है कि सभी विद्यालयीन गतिविधियाँ बालक की अनुभूत आवश्यकताओं एवं रुचियों पर केन्द्रित होनी चाहिएँ। ये बालक को एक फूल के रूप में मानते हैं। इनका चिन्तन रूसो से प्रभावित है। उन्होंने बताया कि भगवान सभी वस्तुओं को अच्छा बनाता है। शिक्षाशास्त्री फ्रोबेल का मानना था कि बच्चे आत्मवास्तविकीकरण एवं सामाजिक सहभागिता के द्वारा ज्ञान प्राप्त करते हैं। उन्होंने करके सीखने के सिद्धान्त का पक्ष लिया।

पार्कर (1984) ने बताया कि अनुदेशन की विधियाँ बच्चे के प्राकृतिक उपागम से सम्बन्धित होनी चाहियें। उन्होंने बताया कि चूँकि बच्चे भाषा बोलना शब्दों के उपयोग से सीखते हैं अतः उन्हें पठन शब्द विधि के द्वारा सिखाना चाहिये। बच्चों को वार्तालाप के द्वारा पठन सिखाना चाहिए तथा भूगोल पढ़ाने के लिए उन्हें अध्यापक को क्षेत्र भ्रमण पर ले जाना चाहिए ताकि विद्यार्थी वहाँ रेखांकन, नक्शे एवं प्राकृतिक दृश्य बना सकें। बाल केन्द्रित अभिकल्प का एक महत्वपूर्ण अभिकल्प है गतिविधि अभिकल्प। इस अभिकल्प का यहाँ विस्तार से वर्णन किया गया है–

गतिविधि अभिकल्प (Activity Design)

गतिविधि अभिकल्प एक पुरातन संकल्पना है। गतिविधि अभिकल्प की बुनियादी संकल्पना का इतिहास रूसो एवं प्लेटो के कार्य में पाया जाता

है। इस प्रकार की पाठ्यचर्या का उपयोग उन्नीसवीं सदी के अन्त में कुछ प्रयोगात्मक विद्यालयों में किया गया। वास्तव में गतिविधि अभिकल्प शीर्षक का उपयोग 1920 से किया जाने लगा। डिवी ने 'गतिविधि कार्यक्रम' शब्द का उपयोग किया।

डिवी का प्रयोगशाला विद्यालय: प्रस्तुत विद्यालय की पाठ्यचर्या मानव के चार मनोवेगों पर आधारित है। सामाजिक मनोवेग, निर्माणात्मक मनोवेग, प्रयोग करने एवं खोज का मनोवेग, अभिव्यक्तात्मक एवं कलात्मक मनोवेग। सामाजिक मनोवेग के अन्तर्गत बालक अपने आसपास के व्यक्तियों से अनुभवों को आदान-प्रदान करने की इच्छा रखता है, निर्माणात्मक मनोवेग खेल, लयबद्ध गति तथा कच्ची सामग्री को उपयोगी वस्तुओं के बनाने में प्रकट होते हैं। खोज एवं प्रयोग के मनोवेग के अन्तर्गत बालक वस्तुओं को ज्ञात करने का प्रयास करता है, वह यह जानने का प्रयास करता है कि क्या होगा, जबकि अभिव्यक्तात्मक एवं कलात्मक मानोवेग के अन्तर्गत बालक निर्माणात्मक रुचियों को अभिव्यक्त करता है।

डिवी ने बताया कि ये मनोवेग 'सार्वभौम पूँजी' हैं, बालकों की वृद्धि एवं विकास इनके उपयोग पर निर्भर करता है। डिवी के विद्यालय की पाठ्यचर्या में निर्माण करने, बनाने, खोजने एवं सृजन करने इत्यादि मूलभूत मनोवेगों का उपयोग किया गया है।

डिवी के शब्दों में विद्यालय गतिविधि का सार व्यवसाय में पाया जाता है। उसकी पाठ्यचर्या में पाक कला, सिलाई एवं सुतारी शामिल है।

मेरियम का प्रयोगशाला विद्यालय: मेरियम ने 1904 में मिसूरी वि.वि. के प्राथमिक विद्यालय में नयी पाठ्यचर्या का विकास किया जिसमें परम्परागत विषय पूर्णतः अनुपस्थित थे। परम्परागत विषयों के स्थान पर उसने निम्न चार प्रकार की गतिविधियों का सृजन किया: निरीक्षण, खेल, कहानी, एवं हस्तकला। ये गतिविधियाँ निम्न पाँच सिद्धान्तों पर आधारित थीं–

1. पाठ्यचर्या को प्रथमतः तात्कालिक आवश्यकताओं की पूर्ति करना चाहिए, दूसरे इसे बालक को बाद की आवश्यकताओं के लिए तैयार करना चाहिये।
2. पाठ्यचर्या को दैनिक जीवन की मूर्त गतिविधियों के रूप में व्यक्त किया जाना चाहिये।
3. पाठ्यचर्या में व्यक्तिगत भिन्नताओं का ध्यान रखा जाना चाहिये।

4. पाठ्यचर्या का संगठन इस प्रकार से किया जाना चाहिए ताकि किसी कक्ष, के विभिन्न प्रकरणों को अन्तर परिवर्तित किया जा सके तथा विभिन्न कक्षाओं के लिए उत्तर परिवर्तित किया जा सके।
5. पाठ्यचर्या में कार्य एवं अवकाश दोनों का प्रावधान होना चाहिये।

कोलिंग का प्रयोगशाला विद्यालय: कोलिंग ने 1917 में मिसूरी के ग्रामीण विद्यालय में परियोजना पाठ्यचर्या का उपयोग किया। उसकी पाठ्यचर्या के मुख्य भाग खेल, पर्यटन, कहानी एवं हस्तकला थे। उसने पाठ्यचर्या को निमनानुसार वर्णित किया है–

1. खेल परियोजनाएँ उन अनुभवों का प्रतिनिधित्व करती है जिनमें बालक को खेल, लोकनृत्य, नाटक अथवा सामाजिक समारोहों में व्यस्त रखा जाता है।
2. भ्रमण परियोजनाओं के अन्तर्गत पर्यावरण एवं व्यक्तियों की गतिविधियों से सम्बन्धित समस्याओं का अध्ययन किया जाता है।
3. कहानी परियोजनाओं के अन्तर्गत कहानी के विविध रूपों जैसे मौखिक, गीत, चित्र, फोटो, या पियानो द्वारा आनन्द लिया जाता है।
4. हस्त परियोजनाओं में विचारों को मूर्त रूप में व्यक्त किया जाता है, जैसे खरगोश पकड़ने का पिंजरा बनाना।

गतिविधि अभिकल्प: विशिष्ट विशेषताएँ
(Activity Design: Distinctive Characteristics)

इसकी प्रमुख विशिष्ट विशेषताएँ निम्न हैं–

1. विद्यार्थियों की रुचि के द्वारा पाठ्यचर्या की विषयवस्तु एवं संरचना निर्धारित की जाती है। गतिविधि अभिकल्प में विद्यार्थी सक्रिय रूप से कुछ न कुछ करते रहते हैं। बच्चों में कुछ रुचियाँ हमेशा मौजूद रहती हैं तथा अध्यापक का यह कार्य होता है कि वह इन रुचियों का पता लगाये तथा उनके लिए शिक्षात्मक गतिविधियों का निर्माण करे। इन गतिविधियों से नयी रुचियाँ उत्पन्न होती हैं, जिसके लिए नई गतिविधियों का निर्माण करना होता है। गतिविधि अभिकल्प की विशेषता यह होती है: 'गतिविधियाँ अन्य गतिविधियों को प्रेरित करती हैं।'

अध्यापक गतिविधियों के संगठन में एक महत्वपूर्ण भूमिका निभाता है। उसका पहला उत्तरदायित्व यह होता है कि छात्रों एवं समूहों की प्रमुख रुचियों का पता गतिविधि कार्यक्रम के लिये लगावें। उसके पश्चात् यह विद्यार्थियों को सार्वाधिक महत्वपूर्ण रुचि का अध्ययन हेतु चयन करने में सहायता करता है।

2. 'सामान्य अधिगम', सामान्य रुचियों का परिणाम है। विद्यार्थियों की रुचि इस बात को तय करती है कि उन्हें क्या पढ़ाया जावे? सामान्य शिक्षा अथवा शिक्षा में समानता की सीमा विद्यार्थियों की रुचियों की समानता पर निर्भर करेगी। पाठ्यचर्या कार्यकर्ता विद्यार्थियों की अनुभवात्मक भिन्नताओं की पृष्ठभूमियों के प्रति सचेत रहते हैं तथा वे जानते हैं कि एक ही कक्षा के विद्यार्थियों की रुचियों में भी अन्तर होते हैं। वे विद्यार्थियों की समान पृष्ठभूमि एवं रुचियों के प्रति भी सचेत रहते हैं। इसी के आधार पर ही सार्वभौम वयानुसार खिलौनों का निर्माण किया जाता है। इस प्रकार की रुचियाँ जितनी ज्यादा होगी गतिविधि पाठ्यचर्या विद्यार्थियों को उतना ही समान अधिगम प्रदान करेगी।

3. गतिविधि अभिकल्प की तीसरी विशिष्ट विशेषता है कि गतिविधि पाठ्यचर्या अग्रिम में नियोजित नहीं की जाती है। चूँकि विद्यार्थी की रुचियाँ पाठ्यचर्या का प्रारम्भिक बिन्दु प्रदान करती हैं, इस कारण अध्यापक को अनेक कार्य करने होते हैं। अध्यापक को विभिन्न छात्रों एवं छात्राओं के समूहों के साथ कार्य कर उनकी रुचियों का पता लगाना चाहिये। उसे विद्यार्थियों को इन रुचियों के अनुसरण के लिए गतिविधियों की योजना बनाना चाहिये। अन्त में उसे विद्यार्थी अथवा विद्यार्थियों के समूह को अर्जित की गई रुचियों के मापन के लिए मार्गदर्शन प्रदान करना चाहिये।

आवश्यक विशेषताएँ **(Essesntial Characteristics)**

1. विद्यार्थियों एवं अध्यापकों की सहयोगी योजना–गतिविधि अभिकल्प में गतिविधियाँ अध्यापक एवं विद्यार्थियों के सहयोग से नियोजित की जाती है। अध्यापक सहयोगी दल का सदस्य होता है। दल अपने कार्य के क्षेत्र का चुनाव करता है, समाधान की जाने वाली समस्याओं को परिभाषित करता है। गतिविधियों की योजना बनाता है, कार्य करता है और अन्त में अनुभवों को मूल्यांकन करता है।

2. गतिविधि अभिकल्प की दूसरी आवश्यक विशेषता यह होती है कि इसकी सामाजिक दिशा होती है अथवा नहीं भी होती है। ऐसा इस कारण होता है कि पाठ्यचर्या विद्यार्थियों की रुचियों पर आधारित होती है।
3. इस अभिकल्प की तीसरी आवश्यक विशेषता यह होती है कि इसमें समस्या समाधान विधि का उपयोग किया जाता है। गतिविधि अभिकल्प में अध्यापन अधिगम प्रक्रिया में बड़े पैमाने पर समस्या समाधान का उपयोग किया जाता है।
4. इसकी चौथी आवश्यक विशेषता यह होती है कि इसमें बालक की व्यक्तिगत आवश्यकताओं एवं रुचियों की पूर्ति गतिविधि कार्यक्रमों से होती है। इसी कारण पाठ्यसहगामी गतिविधियों की अल्प आवश्यकता होती है।

गतिविधि अभिकल्प के लिए आवश्यक कर्मचारी, भौतिक सुविधाएँ एवं प्रशासकीय व्यवस्थाएँ

गतिविधि अभिकल्प के लिए अध्यापकों का प्रशिक्षण, भौतिक सुविधाओं, उपकरण एवं सामग्री, गतिविधि कक्षों एवं यातायात सुविधाओं तथा प्रशासकीय सुविधाओं में लचीलेपन की आवश्यकता होती है जिनका क्रमानुसार वर्णन निम्न हैं–

अध्यापकों का प्रशिक्षण

अध्यापकों का पर्याप्त शिक्षित होना चाहिए तथा उन्हें बाल एवं किशोर विकास, निर्देशन एवं अध्यापन की परियोजना विधि में प्रशिक्षित किया जाना चाहिये।

विद्यालय की भौतिक विशेषताएँ

गतिविधि पाठ्यचर्या के लिए भवन, मैदान एवं कक्षाएँ बड़ी एवं लचीली होनी चाहिये ताकि उसमें अनेक गतिविधियाँ संगठित की जा सके। गतिविधि पाठ्यचर्या के लिए सामान्य से बड़े कमरों की आवश्यकता होती है तथा फर्नीचर हल्का एवं चलित (Mobile) होना चाहिये। बरामदा, सभागृह, व्यायामशाला विद्यार्थियों की रुचि की सन्तुष्टि के लिए होने चाहिये। कक्ष अच्छी तरह प्रकाशित होने चाहिये तथा बच्चों द्वारा निर्मित सामग्री एवं सजावटों के प्रदर्शन के लिए पर्याप्त सुविधाएँ होनी चाहिये। कम से कम 10 एकड़ जमीन विद्यालय के पास अवश्य होनी चाहिये।

कक्षा के उपकरण एवं सामग्री

कक्षा में पर्याप्त सामग्री एवं उपकरण होने चाहिए ताकि विद्यार्थियों की रुचियों की सन्तुष्टि हो सके। बच्चों का एक समूह एक प्रकार की

सामग्री का उपयोग कर सकता है। दूसरा समूह पुस्तकों एवं सन्दर्भ सामग्री का उपयोग कर सकता है। तीसरा समूह चित्र अथवा खिलौने बना सकता है।

गतिविधि कक्ष

शाला भवन में सामान्य उपयोग के अलावा कई गतिविधि कक्ष होने चाहिये। गतिविधि पाठ्यचर्या के लिए बड़ी मेज तथा अच्छे उपकरण होने चाहिये। मिट्टी के बर्तनों को बनाने के लिए भट्टा होना चाहिये। इसके अलावा वैज्ञानिक एवं अन्य उपकरण होने चाहियें।

यातायात सुविधाएँ

गतिविधि पाठ्यचर्या विद्यार्थियों की रुचियों पर आश्रित होती है। इसलिए बालकों की रुचियों को सन्तुष्ट करने के लिए, विद्यालय से बाहर जाने के लिए यातायात की पर्याप्त सुविधाएँ होनी चाहिये।

प्रशासकीय व्यवस्थाओं में लचीलापन

गतिविधि पाठ्यचर्या विद्यार्थियों की रुचियों पर आधारित होने से इनकी पूर्ति के लिए आवश्यक है कि प्रशासकीय व्यवस्थाएँ भी लचीली हों। रुचियों के हिसाब से बजट में परिवर्तन होता है। यातायात का खर्च भी रुचियों के हिसाब से घटता-बढ़ता रहता है।

अनुभव केन्द्रित अभिकल्प (Experience Centred Design)

इस अभिकल्प के अनुसार विद्यार्थियों के विद्यालय आने के बाद कार्यक्रम बनाया जाना चाहिए जो उनकी अनोखी (Unique) रुचियों के अनुसार हो। बच्चों की आवश्यकताएँ एवं रुचियों के द्वारा वास्तविक पाठ्यचर्या का निर्धारण किया जाता है। अभिवृद्धि एवं अधिगम पूर्ण रूप से विद्यार्थियों की इन गतिविधियों में सक्रिय भाग लेने पर निर्भर होगा। चूँकि इसमें पाठ्यचर्या पूर्व नियोजित नहीं होती है एवं प्रत्येक वस्तु, स्थान पर (On the Spot) तय की जाती है। अतः इसका क्रियान्वयन कठिन होता है।

रोमानी अभिकल्प (Romantic/Radical Design)

इस अभिकल्प के समर्थकों का यह मत है कि विद्यार्थियों के विद्यालय में आने एवं उनकी रुचियों के निर्धारण के बिना, पाठ्यचर्या का विकास नहीं हो सकता है। गुडमेन (1964) ने बताया कि विद्यालयीन अधिगम को अर्थपूर्ण बनाना है तब विद्यार्थी को गतिविधियों में भाग लेकर आकस्मिक शिक्षा प्रदान करना चाहिये। उनका तर्क था कि बच्चे में यह

जन्मजात योग्यता होती है कि वह इसका पता लगा सके कि उसके स्वयं के सीखने के लिए कौन से अनुभव सर्वश्रेष्ठ हैं। इस अभिकल्प की प्रमुख कमजोरियाँ निम्न हैं–

1. यह बच्चों को जीवन के लिए तैयार नहीं करती,
2. इसमें सतत्ता का अभाव है, एवं
3. इसकी यह मान्यता है कि अध्यापक में असाधारण कौशल एवं क्षमताएँ होती हैं।

मानववादी अभिकल्प (Humanistic Design)

इस अभिकल्प में विद्यार्थी की आत्म संकल्पनाओं (Self Concepts) पर बल दिया गया है। इस अभिकल्प को सैद्धान्तिक समर्थन मेस्लो के आत्मवास्तविकीकरण के सिद्धान्त से मिला। रोजर्स के कार्य ने भी इसे बल प्रदान किया। उसकी मान्यता है कि विद्यार्थी स्वनिर्देशित अधिगम को बढ़ा सकते हैं। वे अपने स्वयं के स्रोतों द्वारा आत्मबोध में सुधार कर सकते हैं, आत्म संकल्पनाएँ एवं अभिवृत्ति सीख सकते हैं तथा अपने व्यवहार को निर्देशित कर सकते हैं। शिक्षक का कार्य यह है कि वह इन व्यक्तिगत स्रोतों के दोहन के लिए शैक्षिक वातावरण तैयार करे, ऐसे वातावरण में व्यवहारों की यथार्थता, सहानुभूति एवं अपने तथा दूसरों के प्रति आदर को प्रोत्साहन मिलता है। ऐसे वातावरण में व्यक्ति पूर्णतः क्रियाशील बनता है। ये व्यक्ति समालोचक शिक्षार्थी होते हैं। वे बुद्धिमत्ता एवं नम्यता के साथ समस्या का सामना कर सकते हैं तथा दूसरों के साथ सहयोगपूर्वक कार्य कर सकते हैं।

मानववादी शिक्षा शास्त्रियों ने पाठ्यचर्या की तीन पंक्ति (Three Tier) पद्धति बतायी है। प्रथम पंक्ति में पठन, संगणन और लेखन कौशल सम्मिलित है। द्वितीय पंक्ति में वे गतिविधियाँ शामिल होती हैं जो विद्यार्थी की गुप्त प्रतिभा एवं योग्यताओं को प्राप्त करने के लिए होती है। तृतीय एवं अन्तिम पंक्ति में समूह जाँच-पड़ताल से सम्बन्धित गतिविधियाँ होती हैं।

मानववादी मानते हैं कि संज्ञानात्मक, भावात्मक एवं मनोगामक पक्ष एक-दूसरे से सम्बन्धित होते हैं तथा पाठ्यचर्या अभिकल्प में उन्हें प्रदर्शित होना चाहिये। इस समूह के कुछ शिक्षाशास्त्री यह तर्क कर सकते हैं कि इन तीनों पक्षों के अलावा समाजीकरण एवं अध्यात्म भी पाठ्यचर्या अभिकल्प में प्रदर्शित होना चाहिये। मानववादी पाठ्यचर्या अभिकल्प में सकारात्मक आत्मसंकल्पना एवं अन्तर्वैयक्तिक कौशलों पर बल दिया जाता है।

समस्या केन्द्रित अभिकल्प (Problem Centred Design)

समस्या केन्द्रित अभिकल्प सांस्कृतिक रूढ़ियों के पुनर्बलन के लिए संगठित की जाती है। ये व्यक्तिगत समस्याओं पर भी ध्यान देती है। पाठ्यचर्या का संगठन समस्या की प्रकृति पर निर्भर करता है। चयन की गई विषय-वस्तु समस्या के अनुरूप होनी चाहिये। तथा विद्यार्थी की आवश्यकता एवं योग्यताओं पर आधारित होना चाहिये। प्रमुख समस्या केन्द्रित अभिकल्प निम्नलिखित हैं–जीवन स्थितियाँ अभिकल्प, सत अभिकल्प।

जीवन स्थितियाँ अभिकल्प (Life Situation Design)

प्रस्तुत अभिकल्प स्ट्रेटमेयर एवं उसके सहयोगियों ने द्वितीय विश्वयुद्ध के पश्चात् प्रस्तावित की थी यह सीखने के स्थानान्तरण के सिद्धान्त पर आधारित है। उन्होंने बताया कि विद्यालयीन अधिगम अधिक अर्थपूर्ण तब होगा जबकि विद्यार्थियों द्वारा विद्यालय में पढ़ी समस्या जीवन की समस्याओं के समान हो। स्ट्रेटमेयर ने दृढ़ (Persistent) जीवन स्थितियों की एक अधिकारी (Master) सूची का निर्माण शिक्षक के अनुसरण के लिए किया। उसकी सूची के प्रमुख पहलू यहाँ प्रस्तुत किये गये हैं–

(अ) व्यक्तिगत क्षमताओं की अभिवृद्धि के लिए आह्वान कर रही स्थितियाँ–

1. स्वास्थ्य,
2. बैद्धिक शक्ति,
3. उत्तरदायित्व,
4. सौन्दर्य अभिव्यक्ति एवं प्रशंसा।

(ब) सामाजिक सहभागिता में अभिवृद्धि के लिए आह्वान करती स्थितियाँ–

1. व्यक्ति-व्यक्ति सम्बन्ध,
2. समूह सदस्यता,
3. अन्तर्समूह सम्बन्ध।

पर्यावरण कारकों एवं बलों से सामना करने की घोषणा करने की योग्यता में अभिवृद्धि के लिए आह्वान कर रही स्थितियाँ–

1. प्राकृतिक घटना,
2. तकनीकी घटना,
3. आर्थिक-सामाजिक राजनीतिक संरचनाएँ एवं बल।

स्ट्रेटमेयर ने बताया कि बच्चों एवं युवाओं की आवश्यकताएँ भी पाठ्यचर्या का निर्धारण करने का आधार प्रदान करती हैं।

जीवन स्थितियाँ अभिकल्पों की एक विशेषता यह है कि ये समस्या समाधान विधि पर केन्द्रित है। प्रक्रिया एवं विषयवस्तु का पाठ्यचर्या अनुभवों में प्रभावी एकीकरण किया गया है। इसकी अन्य महत्वपूर्ण विशेषता यह है कि शिक्षार्थियों के वर्तमान एवं पूर्व अनुभवों को जीने के बुनियादी क्षेत्रों के विश्लेषण के माध्यम के रूप में उपयोग में लाती है।

सत पाठ्यचर्या (Core Curriculum)

आधुनिक शिक्षा में सत शब्द का उपयोग अनुभव-पाठ्यचर्या के उस भाग को जो उन प्रकार के अनुभवों से सम्बन्धित है जो सभी अधिगमकों के प्रजातान्त्रिक समाज में रहने के लिए निश्चित व्यवहार क्षमताएँ विकसित करने के लिए आवश्यक हैं। फौन्स एवं बॉसिंग (1967), केसवेल (1946) के अनुसार 'सत' सावधानीपूर्वक नियोजित सतत् अनुभवों की शृंखला है जो व्यक्तिगत एवं सामाजिक समस्याओं पर आधारित है और जो सभी युवकों के लिए समान महत्व रखती है।

सत पाठ्यचर्या की विशेषताएँ

फौन्स एवं बॉसिंग (1967) ने सत पाठ्यचर्या की निम्न विशेषताएँ बतायी हैं–

1. सत का विचार मनोविज्ञान के बुनियादी नियम पर आधारित है कि अधिगम द्वारा व्यवहार में परिवर्तन होता है एवं यह परिवर्तन अनुभवों के द्वारा आता है अतः पाठ्यचर्या का हृदय उन अधिगम अनुभवों से बना होता है जिनसे वांछित व्यवहार परिवर्तन लाया जा सके।
2. सत का संगठन हमारे प्रजातान्त्रिक समाज में सभी युवकों की व्यक्तिगत एवं सामाजिक समस्याओं के आसपास किया जाता है।
3. सत पाठ्यचर्या का निरूपण अनेक सामाजिक समस्याओं के समाधान के लिए किया जाता है।
4. सत पाठ्यचर्या में प्रमाणिक समस्या समाधान प्रक्रियाओं एवं तकनीकों के उपयोग पर बल दिया जाता है।
5. सत पाठ्यचर्या का नियोजन सभी अध्यापक एक समूह के रूप में साथ ही साथ व्यक्तिगत रूप से करते हैं, ताकि छात्र-छात्राओं में सफलतापूर्वक रहने के लिए आवश्यक क्षमताएँ विकसित हो सकें।

6. सत् पाठ्यचर्या में जीवन की समस्याओं के समाधान के लिए अध्यापक एवं छात्र संयुक्त योजना बनाते हैं।
7. व्यक्तिगत एवं सामूहिक निर्देशन सत पाठ्यचर्या का एक आवश्यक भाग होता है। इसके निर्देशन एवं परामर्श अधिकांशतः पर्यायवाची होते हैं।
8. सत पाठ्यचर्या में समय के लम्बे खण्डों का उपयोग किया जाता है ताकि समस्या समाधान प्रक्रियाओं तथा सामुदायिक स्रोतों के उपयोग को आगे बढ़ाया जा सके।
9. सत पाठ्यचर्या में अध्यापकों एवं विद्यार्थियों के मध्य अधिक साहचर्य होता है जिसके परिणामस्वरूप अध्यापक विद्यार्थियों की पृष्ठभूमि, रुचियों, योग्यताओं एवं अधिगम विकास इत्यादि के द्वारा वह उन्हें बेहतर जानता है एवं यह प्रभावी निर्देशन में सहायक होता है।

स्मिथ एवं साथियों (1957) ने सत पाठ्यचर्या की निम्न विशिष्ट एवं सामान्य विशेषताएँ बतायी हैं।

विशिष्ट विशेषताएँ

1. सत पाठ्यचर्या की प्रथम विशिष्ट विशेषता यह होती है कि इस पाठ्यचर्या में सामाजिक मूल्यों पर बल दिया जाता है। व्यक्ति अपनी गतिविधियाँ मूल्यों अथवा नियमों द्वारा तय करते हैं। इन नियमों के द्वारा व्यक्ति यह तय करते हैं कि अच्छा क्या है? बुरा क्या है? वांछित क्या है? अवांछित क्या है? पाठ्यचर्या का सत (Core) अधिकांशतः सामाजिक नैतिक नियमों का बना होता है और ये नियम संस्कृति के सत से बने होते हैं।

सत पाठ्यचर्या के अन्तर्गत व्यक्ति की सामाजिक आवश्यकताओं की सन्तुष्टि को पर्याप्त नहीं माना जाता अपितु इसमें सम्पूर्ण समुदाय, क्षेत्र, देश, संसार के सभी व्यक्तियों की सामाजिक समस्याएँ भी आती हैं, जैसे–अपराध, गरीबी, युद्ध।

2. सत पाठ्यचर्या की दूसरी विशिष्ट विशेषता यह होती है कि इसकी संरचना व्यापक सामाजिक समस्याओं अथवा सामाजिक जीवन के प्रसंगों से तय की जाती है। सत पाठ्यचर्या में संस्कृति के बुनियादी तत्वों जिनमें समाज के सभी सदस्यों का साझा होता है, का सरलीकरण अथवा संशोधन है। ये तत्व हैं–मानक नियम, वर्णनात्मक सिद्धान्त, तथ्य तथा चिन्तन की विधियाँ, दृष्टिकोण इत्यादि। सत पाठ्यचर्या में इनका संगठन सामाजिक गतिविधियों के मुख्य क्षेत्र पर आधारित सामाजिक वर्गों में किया जाता है।

आवश्यक विशेषताएँ

1. सत क्षेत्र सभी विद्यार्थियों के लिए आवश्यक होते हैं। सत पाठ्यचर्या समान अधिगमों से बनी होती है। इन अधिगमों के बारे में ऐसा विश्वास किया जाता है कि ये समाज के सभी सदस्यों, चाहे उनकी योग्यता, सामाजिक स्तर अथवा व्यावसायिक योजनाएँ कुछ भी हों, के लिए आवश्यक होते हैं। इसके द्वारा सभी युवकों का समान सामाजिक उन्मुखीकरण किया जाता है।
2. सत पाठ्यचर्या की दूसरी मुख्य विशेषता यह होती है कि इसकी गतिविधियों की योजना अध्यापक एवं छात्र मिलकर बनाते हैं। विद्यार्थियों की समस्या की पहचान चयन एवं परिभाषित करने के साथ ही साथ उसके समाधान के लिए गतिविधियों की योजना बनाने में अधिक सहभागिता होनी चाहिये। यह एक स्वीकृत सिद्धान्त है। इसके द्वारा विद्यार्थी समस्या समाधान के हर सोपान से अच्छी तरह परिचित हो जाते हैं। अध्यापक ज्ञान के विशेषज्ञ एवं समूह के नेता के रूप में अपनी भूमिका निभाता है।
3. सत पाठ्यचर्या की तीसरी मुख्य विशेषता होती है कि इसमें विशिष्ट आवश्यकताओं एवं रुचियों के लिए प्रावधान होता है। सत पाठ्यचर्या अधिक लचीली होती है।

पाठ्यचर्या के अन्य अभिकल्प (प्रकार)

सर्पिल पाठ्यचर्या (Spiral Curriculum)

सर्पिल पाठ्यचर्या जटिल विषय सामग्री के व्यवस्थापन का एक तरीका है, ऐसे कि प्रत्येक समय जब यह अध्ययन कार्यक्रम के दौरान पुनः प्रवेश करती है, तब विद्यार्थी विषय अथवा अध्ययन के विभिन्न पहलुओं की गहराई में जाता चला जाता है।

सर्पिल पद्धति में अधिगम अनुभवों का क्रम बच्चों को प्रस्तुत करने के लिए विषय के कुछ पहलू उनके विद्यालय के प्रवेश करते समय दिखाते हैं तथा आगामी वर्षों में उन्हें उनका जटिल रूप बताया जाता है। (रागन एवं शेफर्ड, 1977)

सर्पिल पाठ्यचर्या की खोज विद्यार्थियों को अपने विषय में गहराई में जाने के लिए की गई थी, उसी समय वह अपनी बढ़ती परिपक्वता का लाभ भी उठा सकता है। एक विषय का एक वर्ष का कार्य कई वर्षों

तक फैलाया जा सकता है। नीचे विज्ञान की एक सर्पिल योजना दी गई है:–

ग्रेड 1: पालतू पशुओं जैसे खरगोश एवं गिनी पिग की आवश्यकताओं का अध्ययन
ग्रेड 2: पौधे की आवश्यकताओं का अध्ययन
ग्रेड 3: पौधों एवं पशुओं को समाविष्ट करते हुए पारिस्थितिकीय तन्त्र का प्रारम्भिक अध्ययन
ग्रेड 4: मानवों को समाविष्ट करते हुए पारिस्थितिकी तन्त्र
ग्रेड 5: पशु एवं पौधे तन्त्र के रूप में
ग्रेड 6: भौतिक पद्धति-पृथ्वी तन्त्र के रूप में
ग्रेड 7: घरेलू वस्तुओं का रसायन
ग्रेड 8: शहर का भौतिकी
ग्रेड 9: जीव विज्ञान
ग्रेड 10: रसायनशास्त्र
ग्रेड 11: भौतिकशास्त्र

सर्पिल पाठ्यचर्या पर रूपान्तरण (Variation) चास केलर ने 1960 में अमेरिका में किया। उन्होंने दूसरा नाम ''पश्च वेधन'' (Post Holing) दिया। एक विषय 12 वर्ष के विद्यालयीन जीवन में 2-3 बार पूर्ण किया जाता था किन्तु प्रत्येक बार इसे गहराई से उपचारित किया जाता था।

गुप्त पाठ्यचर्या (Hidden Curriculum)

हालांकि गुप्त पाठ्यचर्या का सर्वप्रथम उपयोग विलियम वाल्टर ने 1930 के प्रारम्भ में किया था किन्तु इसका प्रवर्तक फिलिप जेक्सन (1968) को माना जाता है। उन्होंनें इस शब्द का उपयोग अपनी पुस्तक ''लाइफ इन क्लासरूम'' में किया था।

गुप्त पाठ्यचर्या एवं सम्बन्धित शब्दावली (Hidden Curriculum and Related Terms)

अलिखित पाठ्यचर्या एवं शून्य पाठ्यचर्या ऐसी दो पाठ्यचर्याएँ हैं जो गुप्त पाठ्यचर्या से घनिष्ठ रूप से सम्बन्धित हैं। अलिखित पाठ्यचर्या के प्रवर्तक जैसे ब्लुम्बर्ग एवं ब्लुमबर्ग (1994) ने बताया कि अलिखित पाठ्यचर्या शैक्षिक पद्धति के उपोत्पाद (by Product) के रूप में रहती है।

आइसनर (1985) ने शून्य पाठ्यचर्या का उपयोग किया। उसके अनुसार पाठ्यचर्या के ऐसे पहलू, जिन्हें विद्यालय नहीं पढ़ाते हैं, शून्य

पाठ्यचर्या कहलाते हैं। जेक्सन (1968) ने गुप्त पाठ्यचर्या के निम्न तत्त्व बताये हैं:–

- पाठयचर्या की भीड़ प्रवृत्ति के कारण विद्यार्थियों को देरी, इच्छाओं का इंकार एवं सामाजिक बाधाओं का सामना करना पड़ता है;
- विरोधाभासी निष्ठाओं (Allegiances) की अध्यापकों एवं सहपाठियों के लिए आवश्यकता होती है;
- छात्रों पर अध्यापकों का असमान शक्ति सम्बन्ध दिया जाता है।

रुचि आधारित पाठ्यचर्या (Interest Based Curriculum)

रुचि आधारित पाठ्यचर्या वह होती है, जहाँ विषयवस्तु का चयन एवं समाविष्टन, उद्देश्य, सामग्रियों; और/अथवा गतिविधियों इत्यादि प्राथमिक तौर पर विद्यार्थी की चाहत पर आधारित रहती है। (एण्डरसन) रुचि आधारित पाठ्यचर्या द्वारा प्रभावी अधिगम अनेक शिक्षाशास्त्रियों ने पाया। (डिवी, 1913; स्मिथ एवं अन्य, 1957)

नम्य अनुसूचीकरण (Flexible Scheduling)

नम्य अथवा निश्चायिक (Modular) अनुसूचीकरण अनुदेशन के लिए एक संगठन है, जो परिवर्तित आकार, परिवर्तित लम्बाई एवं परिवर्तित आवृत्ति की कक्षायें प्रदान करती हैं। ऐसा कम्प्यूटर की कक्षाओं में होता है। जहाँ प्रयोगशाला प्रयोग, लघु समूह चर्चा तथा समूह अनुदेशन प्रदान की जाती है। इसका प्रारम्भ 1960 में कम्प्यूटर कक्षाओं के लिए किया गया था। दूसरे चलन में आने के निम्न कारण थे:–

1. परम्परागत 45-55 मिनट की कक्षा की सीमा।
2. व्यक्तिपरक अनुदेशन की इच्छा।
3. विद्यार्थियों को पाठ्यक्रमों के चयन की ज्यादा अनुमति देने की आवश्यकता।
4. दल अध्यापन में अधिक संलग्न रहने की आवश्यकता।
5. स्वतन्त्र अध्ययन के लिए विद्यालय समय-तालिका में ज्यादा गैर संरचित समय देना।
6. परम्परागत अनुसूची की एकरसता समाप्त करना।

लघु पाठ्यक्रम (Mini Course)

लघु पाठ्यक्रम शब्द का सर्वप्रथम उपयोग आयवा विवि. में कार्लसेन (1972) ने किया। तब से यह विचार अनेक रूपों में प्राथमिक विद्यालयों से लेकर महाविद्यालयों तक फैला।

लघु पाठ्यक्रम, जैसा कि नाम से विदित होता है दूसरी विशेषता यह होती है कि यह लघु समयावधि (कम से कम एक सेमेस्टर से कम) का ऐच्छिक होता है। इससे विद्यार्थियों एवं अध्यापकों दोनों की रुचियाँ सन्तुष्ट होती हैं। इसमें गहराई पर ध्यान दिया जाता है, न कि विस्तार पर। लघु पाठ्यक्रम दो प्रकार के होते हैं:–

(i) गैर साख वाले (स्वतन्त्र रूप), तथा
(ii) साख वाले।
(iii) अध्यापकों की व्यक्तिगत शक्तियों एवं रुचियों का उपयोग किया जाता है।
(iv) पाठ्यचर्या प्रयोग के अवसर बढ़ाता है।
(v) विद्यार्थियों की पसन्द के विकल्प प्रदान करता है।

8

पाठ्यचर्या विकास
(Curriculum Development)

किसी भी कार्य की सफलता ध्यानपूर्वक किये गये नियोजन में होती है। शिक्षाशास्त्रियों ने यह महसूस किया है कि बिना नियोजन के पाठ्यचर्या गतिविधि में अव्यवस्था एवं बाधाएँ उपस्थित होंगी, इसलिए उन्होंने पाठ्यचर्या विकास व्यूह रचनाओं की खोज की। पाठ्यचर्या निर्माण के पूर्व लक्ष्यों, विषय-वस्तु, अधिगम अनुभवों, विधियों एवं मूल्यांकन पर पूर्णरूप से विचार करना आवश्यक होता है। आर्न्स्टिन एवं हन्किन्स (1988) ने पाठ्यचर्या विकास को दो उपागमों के अन्तर्गत विभाजित किया है–

1. तकनीकी-वैज्ञानिक उपागम,
2. गैर तकनीकी–गैर वैज्ञानिक उपागम।

तकनीकी वैज्ञानिक उपागम (Technical Scientific Approach)

प्रस्तुत दृष्टिकोण के अनुसार पाठ्यचर्या विकास समय, स्थान, सामग्री, उपकरण एवं व्यक्तियों में तत्वों के व्यवस्थित रूप से समन्वय तथा पर्यावरण संरचित करने की एक योजना है। प्रस्तुत उपागम से ज्ञात होता है कि पाठ्यचर्या विकास की प्रक्रिया उच्च अंश में वस्तुनिष्ठता, सार्वभौमिकता एवं तर्क रखती है। यह इस मान्यता पर कार्य करती है कि वास्तविकता ज्ञात की जा सकती है, समझी जा सकती है तथा सांकेतिक रूप में इसका प्रतिनिधित्व किया जा सकता है। यह बताता है कि शिक्षा के अभिप्राय ज्ञात किए जा सकते हैं, सुस्पष्ट (Clearly) रूप में कहे जा सकते हैं।

यह उपागम तर्कनावाद (Rationalism) एवं अनुभववाद (Empiricism) पर अधिक आश्रित है। प्रस्तुत उपागम के अन्तर्गत पाठ्यचर्या विकास के अनेक प्रतिमान आते हैं जिनका क्रमानुसार वर्णन अग्रलिखित है–

टायलर प्रतिमान

पाठ्यचर्या विकास के समस्त प्रतिमानों में सर्वाधिक ज्ञात प्रतिमान, जिसमें नियोजन सोपान पर विशेष ध्यान दिया गया है, टायलर प्रतिमान है।

शैक्षिक उद्देश्यों के चयन प्रक्रिया के लिए उसने तर्काधार दिये हैं। हालांकि टायलर ने पाठ्यचर्या विकास का व्यापक प्रतिमान प्रस्तावित किया है। किन्तु उसके प्रतिमान के प्रथम भाग (उद्देश्यों के चयन) ने शिक्षाशास्त्रियों का ज्यादा ध्यान आकर्षित किया है।

टायलर ने अनुशंसित किया है कि पाठ्यचर्या नियोजक सामान्य उद्देश्यों की पहचान हेतु तीन स्रोतों–शिक्षार्थी, विद्यालय के समकालीन जीवन एवं विषयवस्तु से प्रदत्त एकत्र करता है। अनेक सामान्य उद्देश्यों की पहचान के पश्चात् नियोजक उन्हें दो छननियों–विद्यालय के शैक्षिक एवं सामाजिक दर्शन तथा अधिगम का मनोविज्ञान से छानने के पश्चात् परिष्कृत करता है। इन छननियों से छनने के पश्चात् सामान्य उद्देश्य, विशिष्ट अनुदेशनात्मक उद्देश्यों में परिवर्तित हो जाते हैं। सामान्य उद्देश्यों को वर्णित करते हुए टायलर ने उन्हें 'लक्ष्य', 'शैक्षिक उद्देश्य' और शैक्षिक प्रयोजन कहा है।

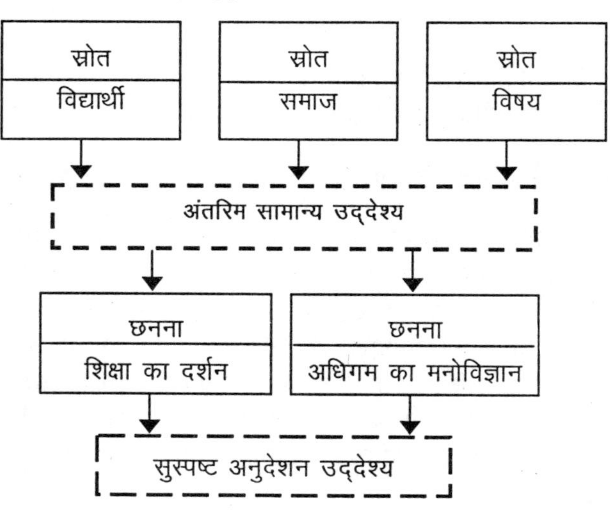

चित्र 8.1: टायलर पाठ्यचर्या प्रतिमान

विद्यार्थी: स्रोत के रूप में (Student as a Source)

पाठ्यचर्या कार्यकर्त्ता शैक्षिक उद्देश्यों की खोज का प्रारम्भ विद्यार्थियों की आवश्यकताओं एवं रुचियों के बारे में प्रदत्त एकत्र एवं विश्लेषित करता

है। विद्यार्थी की शैक्षिक, सामाजिक, व्यावसायिक, शारीरिक, मनोवैज्ञानिक एवं मनोरंजनात्मक (Recreational) आवश्यकताओं का अध्ययन किया जाता है। टायलर ने इस हेतु अध्यापकों द्वारा निरीक्षण, विद्यार्थियों से साक्षात्कार, प्रश्नावलियाँ और परीक्षण इत्यादि तकनीक प्रदत्त संकलन हेतु अनुशंसित की है। इन रुचियों एवं आवश्यकताओं के आधार पर पाठ्यचर्या विकास, सम्भावित उद्देश्यों के समुच्चय की पहचान करता है।

समाजः स्रोत के रूप में (Society as a Source)

सामान्य उद्देश्यों के प्रतिपादन में अगला कदम स्थानीय समुदाय एवं समाज में समकालीन जीवन का विश्लेषण करना होता है। पाठ्यचर्या नियोजक एक वर्गीकरण योजना विकसित करता है, जो जीवन को विभिन्न पहलुओं जैसे–स्वास्थ्य, परिवार, मनोरंजन, व्यवसाय, धर्म, उपभोग एवं नागरिकों, भूमिकाओं में विभाजित करता है। समाज की आवश्यकताओं के विश्लेषण से सम्भावित शैक्षिक उद्देश्यों का प्रवाह बहता है।

विषय सामग्रीः स्रोत के रूप में (Content as a Source)

सन् 1950 में अनेक पाठ्यचर्यात्मक नवाचार, नवीन गणित, श्रव्यभाषिक विदेशी भाषा कार्यक्रम, विज्ञान कार्यक्रमों का आधिक्य विषय सामग्री विशेषज्ञों से आये।

उक्त वर्णित तीनों स्रोतों से सामान्य अथवा व्यापक उद्देश्यों को प्राप्त करता है। इन्हें टायलर ने अनुदेशनात्मक लक्ष्य कहा है।

जब उद्देश्य प्राप्त हो जाते हैं, तब छनने की प्रक्रिया आवश्यक होती है। इस प्रक्रिया के द्वारा महत्वहीन एवं विरोधाभासी उद्देश्य दूर हो जाते हैं। टायलर ने विद्यालय के शैक्षिक एवं सामाजिक दर्शन को इन लक्ष्यों के लिए प्रथम छननी (Screen) के उपयोग की सलाह दी है।

दार्शनिक छनना (Philosophical Screen)

टायलर ने निश्चित विद्यालय के अध्यापकों को शैक्षिक, सामाजिक दर्शन प्रतिपादित करने की सलाह दी है। उसने उन्हें उनके मूल्यों की रूपरेखा बनाने का तर्क दिया है। यह कार्य निम्न चार प्रजातान्त्रिक लक्ष्यों पर बल देकर किया जा सकता है:

(अ) प्रत्येक व्यक्ति की मानव के रूप में पहचान भले ही उसकी प्रजाति, राष्ट्रीयता, सामाजिक और आर्थिक स्तर कुछ भी हो।

(ब) समाज के सामाजिक समूहों में सभी प्रकार की गतिविधियों में व्यापक सहभागिता के लिए अवसर।

(स) एकाकी प्रकार के व्यक्तित्व की बजाय विभिन्नता को प्रोत्साहन

(द) महत्त्वपूर्ण समस्याओं का सामना करने की विधि के रूप में बुद्धि में विश्वास, न कि निरंकुश (Autocratic) अथवा अभिजात (Aristrocratic) समूहों के अधिकारी पर आश्रितता।

मनोवैज्ञानिक छनना (Psychological Screen)

मनोवैज्ञानिक छलने का प्रयोग टायलर प्रतिमान का अगला सोपान है। इसका उपयोग करने के लिए अध्यापकों को अधिगम के नियमों का स्पष्टीकरण करना चाहिये। टायलर के अनुसार अधिगम सिद्धान्तों से अधिगम की प्रकृति, यह कैसे घटित होता है, किन स्थितियों में, किस प्रकार की युक्तियाँ इत्यादि का पता लगता है। मनोवैज्ञानिक छनने के प्रभावी उपयोग के लिए शिक्षा मनोविज्ञान और मानव अभिवृद्धि एवं विकास में प्रशिक्षण आवश्यक होता है।

टायलर ने निम्न प्रकार से मनोवैज्ञानिक छनने का महत्त्व बताया है:—

(अ) अधिगम के मनोविज्ञान का ज्ञान हमें इस बात में भेद करने योग्य बनाता है कि मानव में अधिगम के कारण कौन से परिवर्तन अपेक्षित हैं तथा कौन से अपेक्षित नहीं हैं।

(ब) अधिगम के मनोविज्ञान का ज्ञान हमें उन लक्ष्यों में भेद करने में मदद करता है, जो प्राप्त हो सकते हैं एवं जिन्हें प्राप्त करना लगभग असम्भव हो।

(स) अधिगम के मनोविज्ञान के द्वारा उद्देश्यों के प्राप्त करने में लगने वाला समय ज्ञात हो जाता है तथा विद्यार्थियों के उम्र का स्तर भी पता चलता है, जिस पर उन उद्देश्यों का सबसे प्रभावी तरीके से प्राप्त करना सम्भव हो।

टायलर ने अपनी प्रस्तावित प्रक्रिया के लिए चित्र का उपयोग नहीं किया था किन्तु पोकम एवं बेकर (1970) ने प्रतिमान का उपयोगकर इसे प्रस्तुत किया। (देखिये चित्र 8.1)

कुछ कारणों से टायलर प्रतिमान की चर्चा उसके प्रतिमान के प्रथम भाग शैक्षिक उद्देश्यों के लिए तर्काधार के पश्चात् समाप्त हो जाती है। वास्तव में टायलर प्रतिमान इस प्रक्रिया से आगे भी जाता है। उसमें पाठ्यचर्या नियोजन के तीन अधिसोपान दिये हैं। अधिगम अनुभवों का चयन, संगठन एवं मूल्यांकन, उसमें शिक्षार्थी एवं वातावरण की बाह्य स्थितियों के मध्य अन्तर्क्रिया, जिससे शिक्षार्थी अनुक्रिया कर सकता है, के रूप में अधिगम अनुभवों को परिभाषित किया है। टायलर के तर्काधार की चर्चा करने में डेनियल एवं टेनर (1980) ने बताया टायलर

तर्काधार में शामिल मुख्य तत्त्व बीसवीं सदी के प्रारम्भिक दशक के प्रगतिशील शैक्षिक विचारों से हुए हैं।

उन्होंनें अध्यापकों को अधिगम अनुभवों पर ध्यान देने के लिए सुझाव दिया है, जो किः

- चिन्तन में कौशल विकसित करेगी।
- सूचनाओं को अर्जित करने में सहायक होगी।
- सामाजिक अभिवृत्ति विकसित करने में सहायक होगी।
- रुचियाँ विकसित करने में सहायक होगी।

उसने अनुभवों को इकाइयों में संगठित करने की व्याख्या एवं विभिन्न मूल्यांकन प्रक्रियाओं का वर्णन बताया है।

विस्तारित प्रतिमान (Expanded Model)

इसलिए हम टायलर प्रतिमान को विस्तारित कर सकते हैं। इस हेतु हम नियोजन प्रक्रिया में सोपान को शामिल कर सकते हैं। (देखिये चित्र 8.2)

सेलर, अलेक्जेण्डर एवं लेविस प्रतिमान (The Saylor, Alexander and Lewis Model)

सेलर, अलेक्जेण्डर एवं लेविस ने पाठ्यचर्या नियोजन प्रक्रिया को संकल्पित किया। प्रस्तुत प्रतिमान को समझने के लिए हमें ''पाठ्यचर्या'' एवं ''पाठ्यचर्या योजना'' की संकल्पनाओं को विश्लेषित करना होगा। उनके अनुसार ''पाठ्यचर्या व्यक्ति को शिक्षित करने के लिए अधिगम अनुभवों का समुच्चय प्राप्त करने की योजना है।'' जबकि पाठ्यचर्या योजना ''पाठ्यचर्या के निश्चित भाग के लिए कई छोटी योजनायें हैं।

लक्ष्य, उद्देश्य एवं पक्ष (Goals, Objectives and Domain)

प्रस्तुत प्रतिमान यह बताता है कि पाठ्यचर्या नियोजक मुख्य शैक्षिक लक्ष्यों, विशिष्ट उद्देश्यों का उल्लेखकर प्रारम्भ करता है। उन्होंने व्यापक लक्ष्यों के समुच्चयों को चार पक्षों में वर्गीकृत किया, जिसमें अनेक अधिगम अनुभव घटित होते हैं। ये पक्ष हैंः–वैयक्तिक विकास, सामाजिक क्षमता, सतत् अधिगम कौशल एवं विशिष्टीकरण, प्रत्येक पाठ्यचर्या नियोजन पक्ष के लिए उपयुक्त अधिगम अवसरों का निर्णय लेते हैं तथा कैसे एवं कब ये अवसर प्रदान किये जायेंगे।

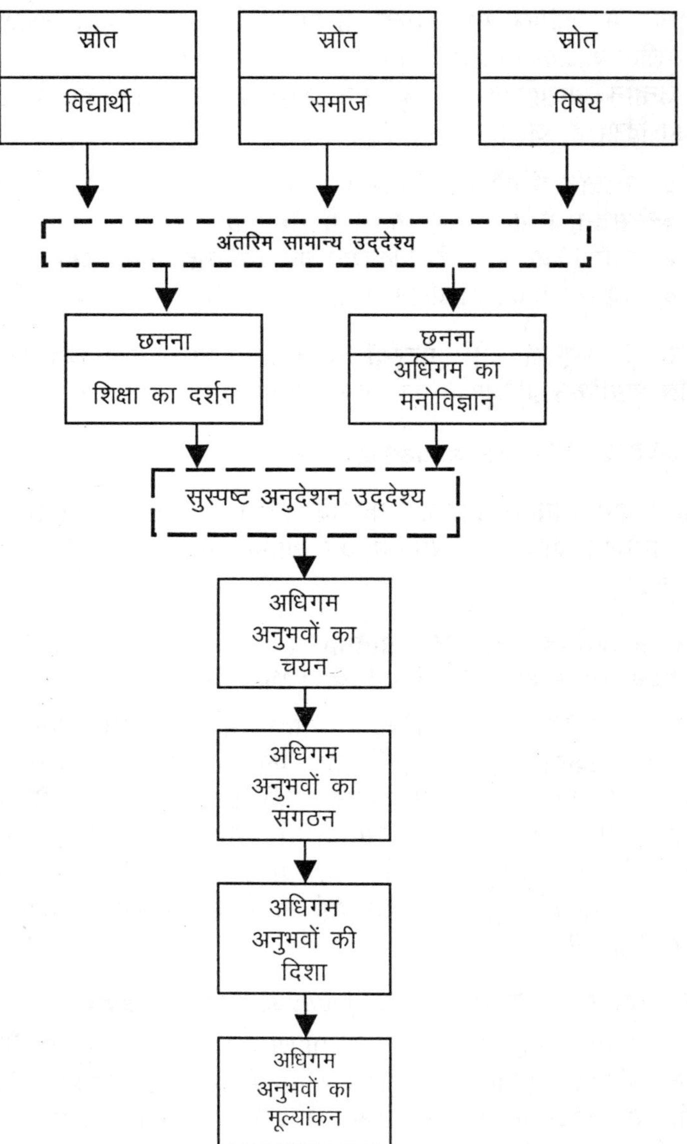

चित्र 8.2: टायलर पाठ्यचर्या विकास प्रतिमान (विस्तारित)

अनुदेशनात्मक तरीके (Instructional Mode)

अभिकल्प निर्माण के पश्चात् वहाँ एक से अधिक या सभी अध्यापक, जो दी गयी पाठ्यचर्या योजना से प्रभावित होते हैं, पाठ्यचर्या योजना का

निर्माण करते हैं। वे उन अध्यापन विधियों का चयन करते हैं, जिनके द्वारा पाठ्यचर्या शिक्षार्थियों से सम्बन्धित होगी। प्रतिमान में इस बिन्दु पर अनुदेशनात्मक उद्देश्य शब्दावली को प्रस्तुत करना सहायक होगा। तब अध्यापक प्रस्तुतीकरण की व्यूह रचना तय करने से पूर्व अनुदेशनात्मक उद्देश्यों का उल्लेख करेंगे।

मूल्यांकन (Evaluation)

अन्त में पाठ्यचर्या एवं नियोजन अध्यापक पाठ्यचर्या मूल्यांकन में व्यस्त हो जाते हैं। वे मूल्यांकन की अनेक तकनीकों में से मूल्यांकन तकनीक का चयन करते हैं। सेलर, अलेक्जेण्डर एवं लेविस ने वह अभिकल्प प्रस्तावित किया है, जो अग्र बातों की अनुमति देगी:–(1) विद्यालय के सम्पूर्ण शैक्षिक कार्यक्रम का मूल्यांकन, जिसमें लक्ष्य, उपलक्ष्य और उद्देश्य अनुदेशन की प्रभाविता तथा कार्यक्रम के विशिष्ट भाग में शिक्षार्थियों की उपलब्धि साथ ही साथ, (2) मूल्यांकन कार्यक्रम का मूल्यांकन। मूल्यांकन कार्यक्रम के द्वारा पाठ्यचर्या नियोजकों को यह ज्ञात होता है कि विद्यालय के लक्ष्य एवं अनुदेशन के उद्देश्य प्राप्त हुए अथवा नहीं।

हिल्डा टाबा प्रतिमान (Hilda Taba Model)

प्रस्तुत प्रतिमान के निम्न सात सोपान होते हैं:

1. आवश्यकताओं की पहचान
2. उद्देश्यों का निर्माण
3. विषय-वस्तु का चयन
4. विषय-वस्तु का संगठन
5. अधिगम अनुभवों का चयन
6. अधिगम गतिविधियों का संगठन
7. मूल्यांकन एवं मूल्यांकन के साधन

सोपान 1: आवश्यकताओं की पहचान (Diagnosis of Needs)

प्रस्तुत सोपान के अन्तर्गत समस्याओं, स्थितियों एवं कठिनाइयों का सामान्य विश्लेषण किया जाता है। इसका उद्देश्य पाठ्यचर्या के बारे में नये विचार उत्पन्न करना होता है। प्रस्तुत सोपान में वर्तमान उपलब्ध सूचना अथवा आसानी से प्राप्त होने वाली नई सूचना को प्राप्त करना तथा इसकी सूक्ष्म जाँच आते हैं। पाठ्यचर्या विकास की प्रक्रिया का आरम्भ उन विद्यार्थियों की आवश्यकता की पहचान से होता है, जिनके लिए पाठ्यचर्या निर्मित की जाती है। आवश्यकताओं के विश्लेषण के लिए प्रदत्त विभिन्न स्रोतों, तकनीकों से प्राप्त किये जाते हैं। विद्यालयीन

रेकार्ड से विद्यार्थियों की उपलब्धियों एवं बुद्धि के बारें में प्रदत्त प्राप्त किये जा सकते हैं। विद्यालयीन संचयी आवृत्ति पत्रक में भी अनेक प्रकार की सूचनाएँ जैसे–बालक की चिकित्सकीय रिपोर्ट, पाठ्यसहगामी गतिविधियों में सहभागिता, मनावैज्ञानिक मापन इत्यादि सूचनाएँ मिल सकती हैं। बालक के घर का संवेगात्मक वातावरण कैसा है? इसकी सूचना माता-पिता के साक्षात्कार द्वारा प्राप्त की जा सकती है। समाजमिति प्रदत्त के द्वारा अन्तर्वैयक्तिक सम्बन्धों की सूचना प्राप्त हो सकती है।

सोपान 2: उद्देश्यों का निर्माण (Formulation of Objectives)

आवश्यकताओं की पहचान के द्वारा हमें इस बात के संकेत मिलते हैं कि किन उद्देश्यों एवं पहलुओं पर बल प्रदान किया जाता है। समृद्ध अधिगम उत्पन्न करने के लिए व्यापक उद्देश्यों की आवश्यकता होती है। उद्देश्यों में निम्न बिन्दुओं को सम्मिलित करना चाहिये–

(1) सीखी जाने वाली संकल्पनाएँ अथवा विचार।
(2) विकसित की जाने वाली अभिवृत्तियाँ, संवेदनाएँ एवं अनुभूतियाँ।
(3) पुनर्बलित अथवा शक्ति प्रदान किए जाने वाले चिन्तन के तरीके।
(4) पारंगत की जाने वाली आदतें एवं कौशल।

व्यापक पाठ्यचर्या उद्देश्यों के समुच्चय की सहायता से विषयवस्तु एवं अधिगम गतिविधियों के चयन में सहायता प्राप्त होती है। पाठ्यचर्या निर्माता इस समय विद्यालय के सामान्य उद्देश्यों को विशिष्ट उद्देश्यों में बदलता है, उद्देश्यों का स्पष्ट प्रत्यक्षीकरण उनके मूल्यांकन के साधनों के निर्माण के द्वारा होता है। अतः मूल्यांकन के साधनों का निर्माण उद्देश्यों के निर्धारण का समवर्ती होना चाहिये।

सोपान 3: विषय-वस्तु का चयन (Selection of Content)

आवश्यकताओं के प्राथमिक विश्लेषण एवं उद्देश्यों के स्थूल तौर पर प्रक्षेपण के पश्चात् विषय-वस्तु चयन की समस्या का सामना किया जा सकता है। आवश्यकताओं के विश्लेषण एवं उद्देश्यों के कथन के द्वारा इस बात का पता चल जाता है कि किन बिन्दुओं पर बल दिया जाना है। विषय-वस्तु के चयन के अन्तर्गत निम्न बिन्दुओं को ध्यान में रखना चाहिये–

(अ) प्रकरणों का चयन।
(ब) बुनियादी विचारों का चयन।

(स) विशिष्ट विषयवस्तु का चयन।

(अ) *प्रकरणों का चयन*—प्रकरण को विषयवस्तु का उचित प्रतिनिधित्व करना चाहिये। इनका चयन औचित्यपूर्ण हो तथा इसके चयन में पूर्ण सावधानी रखनी चाहिये। प्रकरणों की विषय-वस्तु वैध होना चाहिये।

(ब) *बुनियादी विचारों का चयन*—दिये गये प्रकरण में किन बुनियादी विचारों को पढ़ाया जाना चाहिये, यह एक महत्वपूर्ण बिन्दु है। किस विषय-वस्तु के मूलभूत का प्रतिनिधित्व बुनियादी विचार करते हैं, ये ज्ञान हैं।

(स) *विशिष्ट विषय-वस्तु का चयन*—जब एक बार सत् विचारों का चयन कर लिया जाता है। तब उनके विकास के लिए विशिष्ट विषय-वस्तु चयन का प्रारम्भ करना होता है। ऐसा प्रत्येक विचार के लिए विशिष्ट विषय-वस्तु के उपयुक्त न्यादर्श का चयन कर किया जा सकता है। विशिष्ट विषय-वस्तु, सामान्य विचार का वैध उदाहरण होनी चाहिये, जिसका विचार के साथ तार्किक संयोजन होना चाहिये। प्रायः एक विचार के लिए विषय-वस्तु के अनेक न्यादर्शों का उपयोग समान वैधता के साथ किया जा सकता है।

सोपान 4: विषय-वस्तु का संगठन (Organisation of Content)

विषय-वस्तु का संगठन, एक कठिन एवं जटिल कार्य है। इसके संगठन के समय कई प्रश्न उठते हैं, जैसे—हम ज्ञान की प्रकृति के बारे में क्या जानते हैं? बालक की अभिवृद्धि एवं विकास के बारे में क्या जानते हैं? तथा अधिगम के बारे में क्या जानते हैं? संगठन के अन्तर्गत हमें निम्न बिन्दुओं को ध्यान में रखना होगाः—

(अ) *क्रम स्थापित करना*—क्रम के द्वारा हम यह तय करते हैं कि कौन-सी विषय-वस्तु पहले पढ़ाई जायेगी, तत्पश्चात् कौन सी विषय-वस्तु एवं अन्त में कौन सी विषय-वस्तु स्मिथ एवं साथियों (1957) ने चार प्रकार के क्रम बताये हैं। प्रथम हैः सरल से जटिल। सरल विषय-वस्तु वह होती है, जिसमें कुछ तत्व होते हैं। जिस प्रकार एक कक्षिका का प्राणी बहुकक्षिका (Cell) के प्राणी से सरल होता है अथवा ऑक्सीजन एवं हाइड्रोजन, रासायनिक यौगिकों से सरल हैं। रसायनशास्त्र एवं जीवविज्ञान के पाठ्यक्रम इसी आधार पर संगठित किये जाते हैं। संगठन का द्वितीय क्रम हैः पूर्व आवश्यक अधिगम के आधार पर। इस प्रकार का संगठन उन विषयों के लिए उपयोग में लाया जाता है, जहाँ नियमों एवं सिद्धान्तों का उपयोग किया जाता है।

भौतिकी, व्याकरण एवं रेखागणित में इस प्रकार के संगठन का उपयोग किया जाता है।

तृतीय प्रकार के संगठन के अन्तर्गत विषय-वस्तु को पूर्ण से अंश में संगठित किया जाता है। भूगोल का प्रारम्भ ग्लोब से होता है। ऐसा इस विचार के आधार पर किया जाता है कि एक पृथ्वी एक गोला है। चूँकि यह अनेक भौगोलिक निरीक्षणों जैसे–समय एवं जलवायु में अन्तर की व्याख्या में सहायता करता है।

चतुर्थ प्रकार का संगठन है: समय-क्रम संगठन। तथ्यों एवं विचारों को समय-क्रम के आधार पर संगठित किया जाता है, ताकि बाद की घटनाओं को पूर्व की घटनाओं की विवेचना के आधार समझा जा सके। समय-क्रम संगठन का उपयोग इतिहास के पाठ्यक्रमों में बहुतायत से किया जाता है।

(ब) *संचयी अधिगम*–संचयी अधिगम के लिए विषय-वस्तु का संगठन अत्यन्त कठिन कार्य है, जिसके लिए जटिल सामग्री, अधिक सटीक विश्लेषण, विचारों की ज्यादा गहाराई एवं विस्तार की आवश्यकता होती है। संचयी अधिगम विचारों की परिपक्वता, अमूर्तन के स्तर, अनुभूति की संवेदनशीलता में आश्रित रहती है।

(स) *एकीकरण*–ज्ञान के विशिष्टीकरण एवं एकीकरण की समस्या में शिक्षाशास्त्रियों का ध्यान अपनी ओर खींचा है। ऐसी मान्यता है कि जब एक क्षेत्र के तथ्य एवं सिद्धान्त दूसरे क्षेत्र से सम्बन्धित होते हैं, तब अधिगम अधिक प्रभावी होता है। संगठन में एकीकरण की संकल्पना अनेक तरीकों से देखी जा सकती है। कुछ परिभाषाएँ क्षैतिज (Horizontal) सम्बन्धों पर बल देती है, जैसे–गणित में जो पढ़ा है, वह विज्ञान से कैसे सम्बन्धित है? दूसरी परिभाषा के अन्तर्गत एकीकरण व्यक्ति के जीवन में जो कुछ घटित होता है, उसके आधार पर संगठित करना।

(द) *तार्किक एवं मनोवैज्ञानिक आवश्यकताओं का संयोजन*–पूर्व विवेचना से स्पष्ट होता है कि पाठ्यचर्या संगठन में विषय-वस्तु के तर्क एवं मनोवैज्ञानिक क्रम दोनों को संगठित किये जाने की आवश्यकता है। विषय-वस्तु के क्रम के साथ ही साथ उनमें सम्बन्ध भी महत्त्वपूर्ण होता है। मनोवैज्ञानिक गेने ने अधिगम के क्रम के लिए आठ प्रकार बताये हैं–

(1) संकेत अधिगम
(2) उद्दीपक–अनुक्रिया अधिगम
(3) श्रृंखलन अधिगम
(4) शाब्दिक साहचर्य अधिगम

(5) बहुभेद अधिगम
(6) संकल्पना अधिगम
(7) नियम अधिगम
(8) समस्या समाधान अधिगम।

अधिगम के प्रकार में विविधता प्रदान करना

हम जानते हैं कि अलग-अलग विद्यार्थी एक ही विषय-वस्तु अलग-अलग प्रकार से सीखते हैं। एक विद्यार्थी स्वास्थ्य के बारे में पारंगतता पुस्तक पढ़कर प्राप्त कर सकता है जबकि अन्य विद्यार्थी उसे निरीक्षण एवं प्रयोग द्वारा प्राप्त कर सकता है। कुछ विद्यार्थियों को इस हेतु समूह चर्चा की आवश्यकता होती है।

विभिन्न व्यक्तियों को उनके आरम्भिक विकास के लिए विभिन्न प्रकार की अधिगम गतिविधियों की आवश्यकता होती है। शर्मीले विद्यार्थियों के लिए समूह चर्चा में सहभागिता की आवश्यकता होती है। अन्य व्यक्ति को सुव्यवस्थित प्रदत्तों के विश्लेषण द्वारा निष्कर्ष की आवश्यकता होती है। अन्ततः विद्यार्थियों को अधिगम की ऐसी विधियों की आवश्यकता होती है, जिससे वे विद्यालय के बाद अपनी शिक्षा को जारी रख सकें।

सोपान 5 एवं 6: अधिगम अनुभवों का चयन एवं संगठन

विषय-वस्तु चयन के पश्चात् अधिगम अनुभव अथवा अधिगम गतिविधियों की योजना बनाना सम्भव है। सभी उद्देश्यों के क्रियान्वयन के लिए उपयुक्त अधिगम गतिविधियों की आवश्यकता होती है।

अधिगम अनुभवों के चयन के लिए प्रथम नियम यह है कि प्रत्येक विचार एवं उसकी विषय-वस्तु के न्यादर्श के लिए अधिगम अनुभव के चयन के लिए यह आवश्यक है कि प्रत्येक को कोई निश्चित कार्य करना चाहिये। बिना किसी निश्चित प्रयोजन के अधिगम अनुभव व्यर्थ हैं। अधिगम अनुभव के कार्यों को निर्धारण करते समय हमें सम्पूर्ण उद्देश्यों को ध्यान में रखना चाहिये। ऐसी अधिगम गतिविधियों पर भी नजर रखनी चाहिये। जिनसे अनेक उद्देश्यों की पूर्ति सम्भव हो सके। प्रभावी अधिगम अनुभवों को कार्यक्रम में बदलने के लिए यह महत्त्वपूर्ण है कि विद्यार्थी क्या करना चाहेंगे अथवा अनुभव करेंगे, ताकि वे वांछित, व्यावहारिक क्षमताएँ अर्जित कर सकें तथा इन अनुभवों का क्रम क्या हो। अधिगम अनुभवों के चयन का निकष अग्र प्रश्नों द्वारा तय किया जा सकता है–क्या गतिविधि, मुख्य विचार के अधिगम के लिए उपयुक्त है? क्या यह इकाई के उद्देश्यों के अनुरूप है? क्या यह सक्रिय अधिगम को आगे बढ़ायेगी? क्या यह एक से अधिक उद्देश्यों की पूर्ति करेगी? क्या यह विद्यार्थियों के परिपक्वता स्तर के अनुरूप है? क्या इसके द्वारा वांछित कौशलों को अर्जित किया जा सकता है?

एक बार अनुभव तय होने के पश्चात् उनके संगठन का प्रश्न उत्पन्न होता है। शायद अधिगम अनुभवों की सर्वाधिक महत्त्वपूर्ण आवश्यकता उनके द्वारा एक क्रम का पालन करना है, जिससे कि सतत् एवं संचयी अधिगम सम्भव हो सके। मनोवैज्ञानिक रूप से उपयुक्त क्रम अभिक्रमित अधिगम अनुभव होता है।

सामान्यतः अधिगम अनुभवों के क्रमण के लिए तीन मुख्य आवश्यकताओं को पार करना होता है। एक अवस्था पर प्रारम्भ की गयी अधिगम गतिविधियाँ प्रारम्भिक, प्रारम्भ करने के लिए, उन्मुखीकरण के लिए होती है। इसमें निम्न गतिविधियाँ शामिल रहती हैं:

(अ) अध्यापक के लिए नैदानिक साक्ष्य प्रदान करना।
(ब) विद्यार्थियों को उनके अनुभवों के साथ संयोजनों में सहायता करना।
(स) रुचि जागृत करना।
(द) मूर्त वर्णनात्मक प्रदत्त प्रदान करना, जिनके द्वारा सामना की जाने वाली समस्या का प्रारम्भिक अनुभव हो।
(इ) सहभागिता एवं अभिप्रेरणा का निर्माण करना।

सोपान 7: मूल्यांकन एवं मूल्यांकन के साधन

पाठ्यचर्या विकास का अन्तिम सोपान मूल्यांकन होता है। मूल्यांकन पाठ्यचर्या, अध्यापन एवं अधिगम में महत्त्वपूर्ण भूमिका निभाता है। मूल्यांकन अनेक कार्य करता है, जैसेः–पाठ्यचर्या जिन परिकल्पनाओं पर आधारित होती है, मूल्यांकन के द्वारा उनकी वैधता का पता चलता है। वास्तव में सभी पाठ्यचर्या योजनाएँ एवं अनुदेशन के उपागम केवल परिकल्पनाएँ ही होती हैं, जिनकी प्रभाविता का परीक्षण किया जाता है। मूल्यांकन के द्वारा अध्यापन विधियों की प्रभाविता का भी पता चलता है।

मूल्यांकन कार्यक्रम के लिए निकष

मूल्यांकन अपने आवश्यक कार्य करे, इस हेतु उसमें निम्न विशेषताएँ होनी चाहियेः–

1. **उद्देश्यों के साथ एकरूपता**–प्रत्यक्ष मूल्यांकन को पाठ्यचर्या के उद्देश्यों के साथ समरूपता पर आधारित होना चाहिये यदि अध्यापन कार्यक्रम व्यक्तिगत विकास पर बल देता है, तब उसे मूल्यांकन में भी इसी बात का ध्यान रखना चाहिये।

2. **व्यापकता**–मूल्यांकन कार्यक्रम को व्यापक होना चाहिये। वर्तमान मूल्यांकन कार्यक्रम की सबसे बड़ी कमी इसमें व्यापकता का अभाव है।

व्यापकता से तात्पर्य है कि मूल्यांकन में पाठ्यचर्या के समस्त पक्षों पर पर्याप्त बल प्रदान किया जाना चाहिये।

व्यापक मूल्यांकन में सबसे बड़ी बाधा है: उपयुक्त उपकरणों का अभाव। ज्यादातर अध्यापकों को मूल्यांकन के उपकरणों का विकास करना नहीं आता है। उन्हें विशेषज्ञों की सहायता की आवश्यकता होती है, जो उन्हें यह बता सके कि जो उन्होंने पढ़ाया है, उसकी प्रभाविता कैसे मापें?

3. **पर्याप्त नैदानिक मूल्य**—मूल्यांकन का अन्य महत्त्वपूर्ण निकष है: इनका पर्याप्त नैदानिक मूल्य होना। इसके परिणामों को पर्याप्त रूप से विभिन्न स्तरों के निष्पादनों, परम्परागतों में भेद करने के लिए नैदानिक होना चाहिये।

4. **वैधता**—मूल्यांकन उपकरण की वैधता इस बात पर निर्भर करती है कि उनकी उद्देश्यों के साथ कितनी समरूपता है। मूल्यांकन किये जाने वाले व्यवहारों के पर्याप्त विश्लेषण पर आधारित हैं।

5. **मूल्यांकनात्मक निर्णयों की एकता**—शायद वैधता को सबसे बड़ा खतरा इस बात से रहता है कि उपलब्ध साक्ष्यों से व्यक्तियों अथवा समूहों के बारे में इस प्रकार से मूल्यांकनात्मक निर्णय उत्पन्न किये गये हैं। व्यवहार का स्पष्ट एवं सुव्यवस्थित मापन करने के लिए तथा व्यक्तियों में इनका ठीक-ठाक अन्तर करने के लिए यह आवश्यक है कि व्यवहार की बड़ी जटिलताओं को लघु इकाइयों में तोड़े तथा इनमें से प्रत्येक का अलग से मापन करे। मूल्यांकन में उद्देश्यों को इसके घटकों/इकाइयों में तोड़ना होगा, ताकि इनका विश्लेषणात्मक अन्तर किया जा सके।

6. **सततता**—मूल्यांकन को पाठ्यचर्या विकास एवं अनुदेशन की एक सतत् प्रक्रिया होना चाहिये। प्रगति के साक्ष्य, शक्तियाँ एवं कमजोरियाँ को वर्षभर जानना आवश्यक है। प्रगति का निरीक्षण एवं अंकन, इसके घटने के समय किया जाना चाहिये। तात्पर्य यह है कि अन्तिम परीक्षण एवं परीक्षाएँ सम्पूर्ण कार्यक्रम का भाग होती हैं।

एक व्यापक मूल्यांकन कार्यक्रम

उक्त बिन्दुओं के परिप्रेक्ष्य में यदि पाठ्यचर्या का विकास करना हो, तब हमें अनेक प्रश्नों का उत्तर देना होगा:

1. पाठ्यचर्या कार्यक्रम के कौन–से उद्देश्य हैं? हमें किन व्यवहारों को पाठ्यचर्या द्वारा प्राप्त करना है?
2. किन स्थितियों में विद्यार्थियों को व्यवहार के प्रदर्शन का अवसर मिलेगा?

3. किस निकष के द्वारा विद्यार्थियों की उद्देश्य की उपलब्धि का निर्धारण किया जायेगा?
4. शैक्षिक उद्देश्यों की प्राप्ति के लिए क्या कारक उत्तरदायी हैं? तथा व्यक्ति इन कारकों का पता कैसे लगायेगा?
5. निष्कर्षों के पाठ्यचर्या अध्यापन निहितार्थ क्या हैं?

व्यापक मूल्यांकन कार्यक्रम का प्रतिमान

1. निर्णय लेना कि किस प्रकार के मूल्यांकन प्रदत्तों की आवश्यकता है:–

   (अ) उनसे सम्बन्धित उद्देश्य एवं साक्ष्य
   चिन्तन योग्यताएँ
   अभिवृत्तियाँ
   कौशल
   सृजनात्मकता
   संकल्पनाएँ
   प्रत्यक्षण का स्तर।

   (ब) अधिगम को प्रभावित करने वाले कारक
   वर्ग, संस्कृति, पृष्ठभूमि
   साथी, संस्कृति, प्रभाव
   सामाजिक अधिगम
   विषयवस्तु पारंगतता का प्रारम्भिक स्तर
   अभिप्रेरणात्मक तरीके
   विशिष्ट योग्यताएँ
   अनुभूतियाँ इत्यादि।

   (स) अध्यापन अधिगम संक्रियाएँ
   प्रदत्त कार्यों की प्रकृति,
   नियन्त्रण बनाये रखने की प्रक्रियाएँ
   विद्यार्थी व्यवहार के लिए अध्यापक की अनुक्रिया के तरीके।

   (द) अध्यापन विधियाँ
   कहना
   खोज
   प्रयोगशाला कार्य
   चर्चा
   समस्याओं का उपयोग
   प्रदर्शन इत्यादि।

2. चाहे गये उपकरण एवं प्रक्रियाओं का चयन एवं निर्माण इनमें शामिल हो सकते हैं:
   वस्तुनिष्ठ परीक्षण
   निबन्धात्मक परीक्षण एवं अन्य लिखित अभ्यास
   वाक्यपूर्ति परीक्षण
   टेप रेकार्डर तकनीक
   अभिवृत्ति मापनियाँ
   सामाजिक वर्ग मापनियाँ
   रुचि अनुसूचियाँ
   व्यवहार जाँच सूचियाँ
   समाज ग्राम तथा सहभागिता प्रवाह–चित्र
   प्रश्नावलियाँ
   साक्षात्कार
   निष्पादन परीक्षण
   निष्पादन एवं उत्पादनों के लिए निर्धारण मापनियाँ इत्यादि।
3. वांछित परिवर्तनों के लिए, परिकल्पना विकसित करने के लिए प्रदत्तों का विश्लेषण एवं निर्वचन परिकल्पनाओं को कार्य में बदलना।

सेलर एवं अलेक्जेन्डर प्रतिमान (Saylor and Alxender Model)

पाठ्यचर्या विकास का सुव्यवस्थित उपागम सेलर एवं अलेक्जेन्डर द्वारा प्रस्तुत किया गया, जिनका क्रमानुसार वर्णन निम्न है (देखिए चित्र 8.3)

लक्ष्य, उद्देश्य एवं प्रभाव क्षेत्र (Goals Objectives and Domain)

पाठ्यचर्या विशेषज्ञ अपने कार्य का प्रारम्भ मुख्य लक्ष्य एवं उद्देश्यों का उल्लेख से कर सकते हैं। प्रत्येक मुख्य लक्ष्य पाठ्यचर्या के प्रभाव क्षेत्र को बताता है। प्रायः चार प्रभाव क्षेत्रों: व्यक्तिगत विकास, मानव सम्बन्ध, सतत् अधिगम कौशल एवं विशिष्टीकरण पर ध्यान जाना चाहिए। लक्ष्य एवं उद्देश्यों का चयन समुदाय की आवश्यकता, राज्य की न्यायिक जरूरत, शोध परिणाम तथा पाठ्यचर्या की दार्शनिक दृष्टि के परिप्रेक्ष्य में किया जाना चाहिए।

पाठ्यचर्या अभिकल्प (Curriculum Design)

प्रथम सोपान के पश्चात् पाठ्यचर्या नियोजक पाठ्यचर्या अभिकल्पन में लग जाते हैं। यहाँ वे विषय-वस्तु, उसके संगठन तथा चयनित विषय-वस्तु के लिए उपयुक्त अधिगम अवसरों के सम्बन्ध में निर्णय लेते हैं।

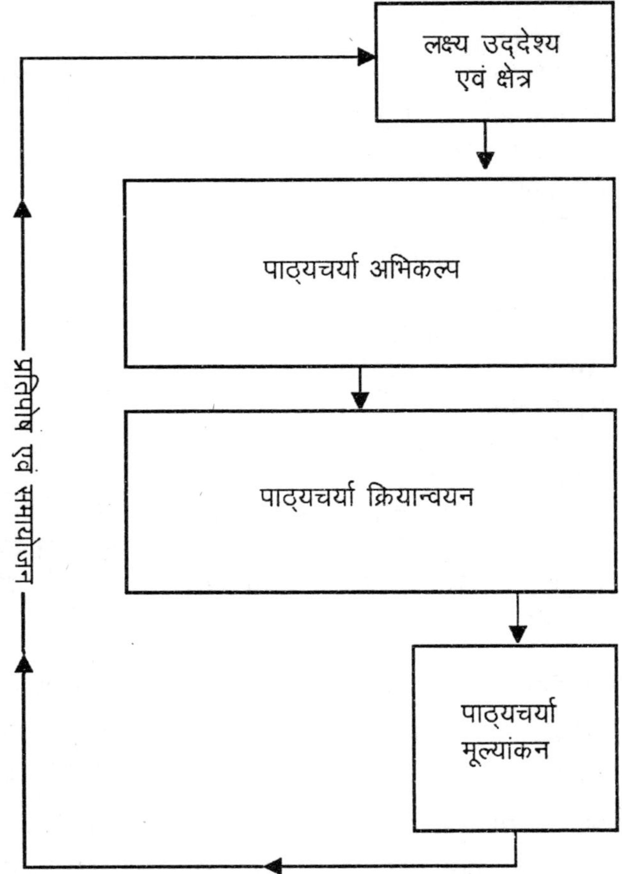

चित्र 8.3: सेलर एवं अजेक्जेन्डर प्रतिमान

पाठ्यचर्या क्रियान्वयन (Curriculum Implementation)

पाठ्यचर्या अभिकल्प तय करने के पश्चात् अध्यापक अनुदेशन की योजना बनाता है। दूसरे शब्दों में वह पाठ्यचर्या का क्रियान्वयन करता है। अध्यापक विद्यार्थियों को विषयवस्तु के सीखने में सहायता करने के लिए विधि एवं सामग्री का चयन करता है।

पाठ्यचर्या मूल्यांकन (Curriculum Evaluation)

यह प्रतिमान का अन्तिम सोपान है, इसके अन्तर्गत अध्यापक एवं पाठ्यचर्या नियोजक उन मूल्यांकन तकनीकों का चयन करते हैं, जिससे पाठ्यचर्या की सफलता का चित्र स्पष्ट हो सके। मूल्यांकन पाठ्यचर्या

योजना, अनुदेशन की गुणवत्ता एवं विद्यार्थियों के अधिगम व्यवहार पर केन्द्रित होना चाहिए। मूल्यांकन से यह ज्ञात होता है कि पाठ्यचर्या में क्या रखना है, इसमें सुधार करना है अथवा नकार देना है।

हन्किन्स विकासात्मक प्रतिमान (Hunkins Developmental Model)

पाठ्यचर्या विकास के इस प्रतिमान के निम्न सात मुख्य सोपान होते हैं–(देखिए चित्र 8.4)

1. पाठ्यचर्या का संकल्पन एवं वैधीकरण (Legitimization),
2. पाठ्यचर्या निदान,
3. पाठ्यचर्या विकास विषय-वस्तु चयन,
4. पाठ्यचर्या विकास अनुभव चयन,
5. पाठयचर्या क्रियान्वयन,
6. पाठ्यचर्या मूल्यांकन एवं
7. पाठ्यचर्या अनुरक्षण।

इस प्रतिमान की विशेषता यह है कि इसमें संकल्पन व वैधीकरण एवं अनुरक्षण (Maintenance) का सोपान है।

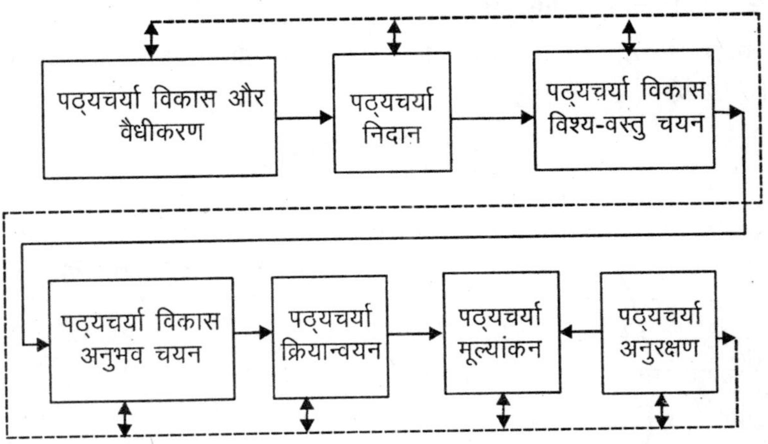

चित्र 8.4: हन्किन्स पाठ्यचर्या विकासात्मक प्रतिमान

मिलर एवं सैलरः पाठ्यचर्या उन्मुखीकरण (Millar & Seller Curriculum Orientation)

मिलर एवं सैलर ने बताया कि पाठ्यचर्या विकास के विभिन्न प्रतिमान पाठ्यचर्या के प्रयोजन (Purpose) के बारे में उन्मुख करते हैं। वे बताते हैं कि–

1. शिक्षा को तथ्यों, कौशलों एवं मूल्यों को विद्यार्थियों को प्रेषित करना चाहिए।
2. विद्यार्थी विवेकी होता है एवं मूल्यों को विद्यार्थियों को प्रेषित करना चाहिए।

मिलर एवं सैलर के प्रतिमान के पाँच सोपान होते हैं–

1. उन्मुखीकरण,
2. अभिप्राय: विकासात्मक लक्ष्य एवं अनुदेशनात्मक व्यूह रचनाएँ,
3. अध्यापन प्रतिमान,
4. क्रियान्वयन योजना और
5. मूल्यांकन।

व्हीलर (1970) तथा निकोल्स एवं निकोल्स (1976) ने पाठ्यचर्या विकास के प्रतिमान दिए इन्हें आर्न्स्टिन एवं हन्किन्स (1988) ने विकास प्रतिमानों में शामिल नहीं किया है। इनके महत्व को देखते हुए इन्हें यहाँ विस्तार से प्रस्तुत किया गया है। ये दोनों प्रतिमान तकनीकी वैज्ञानिक उपागम के अन्तर्गत आते हैं।

व्हीलर प्रतिमान (Wheeler Model)

व्हीलर (1970) ने पाठ्यचर्या प्रक्रिया के पाँच सोपान बताये हैं–(देखिए चित्र 8.5)

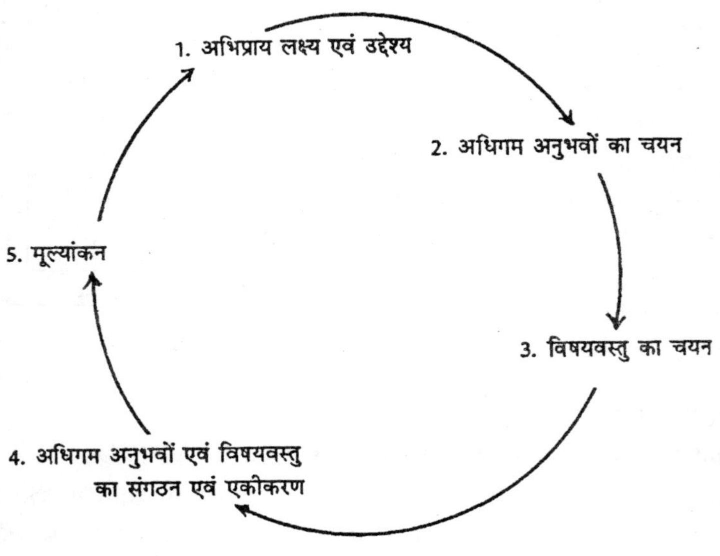

चित्र 8.5: सरल पाठ्यचर्या प्रक्रिया

1. अभिप्रायों, लक्ष्यों एवं उद्देश्यों का चयन।
2. अधिगम अनुभवों का चयन जिनकी सहायता से अभिप्रायों, लक्ष्यों एवं उद्देश्यों को प्राप्त किया जा सके।
3. विषय-वस्तु का चयन जिसके द्वारा निश्चित प्रकार के अनुभव प्रस्तुत किया जा सके।
4. अधिगम अनुभवों एवं विषय-वस्तु का विद्यालय एवं कक्षा के अन्दर अध्ययन अधिगम प्रक्रिया के सन्दर्भ में संगठन एवं एकीकरण।
5. सोपान 2, 3 एवं 4 के सभी पहलुओं की प्रभाविता का प्रथम सोपान के लक्ष्यों की प्राप्ति में, मूल्यांकन।

प्रथम सोपानः अभिप्राय, लक्ष्य एवं उद्देश्य (Aims, Goals and Objectives)

पाठ्यचर्या प्रक्रिया की मुख्य कठिनाई सामान्य अभिप्रायों को कक्षा के विशिष्ट उद्देश्यों में परिवर्तित (Transition) करना है। यहाँ तीन सोपान प्रक्रिया आवश्यक है। अन्तिम (Ultimate) लक्ष्यों को घोषित (Stated) किया जाना चाहिए, मध्यवर्ती लक्ष्य उत्पन्न किये जाते हैं, और अन्तिम रूप में निकटस्थ (Proximate) लक्ष्यों को स्थापित किया जाता है ताकि विशिष्ट (Specific) उद्देश्यों को कक्षा स्तर पर नियोजित किया जा सके।

अन्तिम लक्ष्य अपेक्षित परिणाम हैं जो व्यवहार के वर्गों के रूप में व्यक्त किए जाते हैं। वे अधिक सफलता के व्यवहार के अभिलेखों के विश्लेषण द्वारा एवं सामान्यीकरण द्वारा उत्पन्न किए जा सकेंगे। शिक्षाशास्त्रियों की ऐसी आशा है कि अन्तिम लक्ष्य व्यवहार के वे प्रकार हैं जिन्हें विद्यार्थी शिक्षा प्राप्त करने के परिणाम-स्वरूप प्रदर्शित करेंगे। वह वांछित कार्यों, अनुभूतियों, अभिवृत्तियों एवं ज्ञान के कथन हैं।

शैक्षिक कालांशों में दिए गए सोपानों में मध्यवर्ती लक्ष्य अपेक्षित व्यवहार के तरीके हैं। चूँकि व्यवहार के तरीके अधिगम अनुभवों से विकसित होते हैं। जिस व्यवहार की अपेक्षा हमें 16 वर्ष के बालक से होगी वही अपेक्षा हम 8 वर्ष के बालक से नहीं कर सकते। व्यवहार के मापदण्डों (Norms) की सहायता से मध्यवर्ती लक्ष्यों को स्थापित किया जा सकता है।

विशिष्ट कक्षाओं का चयन बिना किसी विशेष कक्षा के बच्चों की प्रकृति को जाने नहीं किया जा सकता है। बालक का निश्चित प्रकार से व्यवहार करना, बालक एवं उसके मनोवैज्ञानिक पर्यावरण के मध्य अन्तर्क्रिया का परिणाम है। केवल बालक के अपेक्षित व्यवहार को ही ध्यान में नहीं रखा जाना चाहिए। पाठ्यचर्या प्रक्रिया का विकास अनेकों

सोपानों की श्रृंखला से होता है उनमें से प्रत्येक सोपान के लिए प्रवेश व्यवहार (पूर्व ज्ञान) का ज्ञान आवश्यक होता है।

सोपान द्वितीय: अधिगम अनुभवों का चयन
(Second Phase: The Selection of Learning Experiences)

सोपान 1 में स्थापित लक्ष्यों को प्राप्त करने के लिए उपयुक्त अधिगम अनुभवों का चयन किया जाता है। व्हीलर ने अधिगम अनुभवों के चयन के लिए निम्न सात बिन्दुओं का निकष दिया है–

1. *वैधता (Validity)*

अधिगम अनुभव वैध होने चाहिए। अधिगम अनुभव वैध उन स्थितियों में होते है जबकि वे अपेक्षित उद्देश्यों से सम्बन्धित हों। अधिगम अनुभव ऐसे भी होने चाहिए जिन्हें क्रियान्वित किया जा सके। ऐसे अनेक व्यवहार होते हैं जो शैक्षिक रूप से महत्वपूर्ण होते है किन्तु उन्हें परम्परागत विद्यालयीन विषयों के अध्ययन से प्राप्त नहीं किया जा सकता है। अतः हमें इन्हें परिणामों से सम्बन्धित करने के लिए प्रत्यक्ष व्यवस्था करना होगी। यदि विद्यार्थियों में तथ्य एवं अभिवृत्ति में भेद करने की क्षमता विकसित करना हो तब हमें पाठ्यचर्या में इस प्रकार के अभ्यास देना होगा। यदि विद्यार्थियों में उत्तरदायित्वपूर्ण निर्णय लेने की क्षमता का विकास करना है, तब विद्यार्थियों को निर्णय लेना तथा परिणामों का पालन करने की अनुमति देनी होगी। भावात्मक क्षेत्र के अन्तर्गत अभिवृत्ति, विश्वासों एवं मूल्यों का चयन किया जाता है। मनोगामक क्षेत्र के अन्तर्गत समूह कौशलों एवं अन्तरवैयक्तिक सम्बन्ध आते हैं। संज्ञानात्मक क्षेत्र के अन्तर्गत अध्यापक को ज्ञान, व्यापकता, अनुप्रयोग, संश्लेषण, विश्लेषण एवं मूल्यांकन के विकसित करने के लिए अलग-अलग अधिगम अनुभवों का चयन करना चाहिए।

2. *व्यापकता (Comprehensiveness)*

अधिगम अनुभवों की व्यापकता से तात्पर्य है कि उनका चयन इस प्रकार से किया जाना चाहिए ताकि पाठ्चर्या में घोषित प्रत्येक उद्देश्य के लिए उपयुक्त अधिगम अनुभव का चयन हो सके। प्रायः यह देखा गया है कि शैक्षिक उद्देश्यों की सूची तो तैयार की जाती है। किन्तु उनके कार्य रूप में परिणित करने के लिए उपयुक्त अधिगम अनुभव का चयन नहीं किया जाता। प्रायः यह होता है कि उच्च स्तर की प्रक्रियाओं जैसे अनुप्रयोग, संश्लेषण, विश्लेषण एवं मूल्यांकन के लिए कोई प्रावधान नहीं होता।

3. *विविधता (Variety)*

अनुभव की विविधता का व्यापकता से घनिष्ठ सम्बन्ध होता है। चूँकि बालक पूर्ण प्राणियों के रूप में कार्य करते हैं इसलिए अधिगम चुनाव अधिगमक के पूर्ण विकास के परिप्रेक्ष्य में किया जाना चाहिए। बालकों में व्यक्तिगत भिन्नताएँ होती हैं। भिन्न-भिन्न प्रकार के बालक भिन्न-भिन्न विधियों से सीखते है। इसी कारण अधिगम अनुभवों में विविधता होनी चाहिए ताकि बालकों की व्यक्तिगत भिन्नताओं की समस्या का समाधान किया जा सके।

विकासात्मक अध्ययन भी यही बताते हैं कि बालकों की न केवल अधिगम आवश्यकताओं में अन्तर होता है अपितु वे अलग गतियों एवं विधियों से सीखते है। यह सब अनुभवों में विविधता की ओर संकेत करते है। अधिगम अनुभवों में जितनी ज्यादा विविधता होगी उतनी अधिक बालकों की सन्तुष्टि होगी। बालक अलग–अलग गृह पृष्ठभूमियों से अध्ययन के लिए आते है।

यदि विद्यार्थियों के व्यवहार को बदलना है, तब उनकी रुचियों की सन्तुष्टि के लिए कार्य करना विद्यालय का एक महत्वपूर्ण उत्तरदायित्व होगा।

4. *उपयुक्तता (Suitability)*

अधिगम अनुभवों का उपयुक्त होना आवश्यक है। अधिगम अनुभव बालक एवं कक्षा दोनों ही दृष्टियों से उपयुक्त होना चाहिए। छात्रों के समूहों के अनुदैर्ध्य (Longitudinal) एवं आयु समूहों के निरीक्षण से तथा केस अध्ययनों से मानव के सामान्य विकास क्रम के सम्बन्ध में काफी अंश तक ठीक-ठीक अनुमान लगाना सम्भव हो सका है।

बचपन में बालक के जीवन में समाज की माँग उसके मनोवैज्ञानिक विकास से अन्तर्क्रिया करती है, जिससे वह अपने आन्तरिक एवं बाह्य संसार का प्रत्यक्षण करता है। बालक का अपना संसार होता है, जो वयस्कों के संसार से भिन्न होता है। सम्भवतः यह कहना अधिक उपयुक्त होगा कि वह अलग-अलग स्तरों पर अलग-अलग संसारों से होकर गुजरता हुआ वयस्कों के संसार में पहुँचता है। अतः वे अधिगम अनुभव ही बालक के लिए उपयुक्त होंगे जो उसकी उम्र के अनुसार हो।

5. *प्रतिरूप (Pattern)*

विभिन्न अधिगम अनुभवों के पारस्परिक सम्बन्ध एवं तारतम्य को प्रतिरूप कहते हैं। अभिवृद्धि के निर्धारण में प्रतिरूप को ध्यान में रखना आवश्यक होता है। अधिगम अनुभवों के चुनाव के समय प्रतिरूप के दो पहलुओं (1) दिये गये समय में बालक की मापी गयी विशेषताएँ, एवं

(2) समय के साथ होने वाले परिवर्तन के अन्तर्सम्बन्धों को ध्यान में रखना चाहिए। प्रतिरूप के प्रमुख पक्ष भिन्न हैं–

(अ) सन्तुलन,
(ब) सततता,
(स) प्रायोगिक सततता,
(द) संचय,
(इ) अधिगम अनुभवों की पुनरावृति, एवं
(ई) बहु-अधिगम

(अ) *सन्तुलन (Balance)*–मानव अभिवृद्धि प्रक्रिया एवं पर्यावरण के मध्य की अन्तर्क्रिया के द्वारा परिपक्वता की ओर बढ़ता है, परिपक्वता पाने के लिए निश्चित अनुभवों की आवश्यकता होती है। इनमें से कुछ विद्यालय के बाहर पाये जावेंगे, किन्तु विद्यार्थी की अंगीय एकता (Orgnic Unity) के लिए, विकास के सभी पहलुओं में न्यूनतम अनुभवों की आवश्यकता होती है जिन्हें विद्यालय को प्रदान करना चाहिए। यदि ऐसा नहीं होता है, तब असन्तुलन की स्थिति निर्मित हो जाती है। गतिविधियों का सन्तुलन अलग-अलग कालांशो में व्यक्ति-दर-व्यक्ति बदलेगा।

(ब) *सततता (Continuity)*–अधिगम एक सतत् प्रक्रिया है। प्रत्येक अनुभव अलग से निर्धारित नहीं किया जा सकता, प्रत्येक नवीन अनुभव पर पूर्व के अनुभव का प्रभाव कम अथवा ज्यादा अवश्य पड़ता है। जब अनुभवों का प्रत्यक्षण असतत् और असम्बन्धित रूप में किया जाता है, तब विद्यार्थी प्रयोजन अथवा क्रम का भान खो देता है और परिणामस्वरूप उसका अधिगम प्रभावित होता है। यह सततता न केवल विद्यालयीन अनुभवों में होनी चाहिए अपितु विद्यालय के बाहर के अनुभवों में भी होनी चाहिए। विकास विद्यालयीन एवं विद्यालय के बाहर दोनों की अनुभवों से प्रभावित होता है।

अनुभवों की सततता अन्तिम (Eventual) परिणामों के परिप्रेक्ष्य में विषय सामग्री की तुलना में अधिक महत्वपूर्ण है। अनुभवों की सततता (जो कि विषय-वस्तु में क्रम के समतुल्य है) व्यवहार परिवर्तन की एक स्थिति है। विषय सामग्री का क्रम केवल तभी महत्वपूर्ण है जब वह अनुभवों का प्रतिनिधित्व करें जिनसे विशिष्ट परिणाम प्राप्त हों।

(स) *प्रायोगिक सततता (Practical Continuity)*–कक्षा में प्रायोगिक सततता भी होनी चाहिए। सततता का सिद्धान्त यह माँग करता है कि कालांश पर्याप्त लम्बा होना चाहिए ताकि वह अनुभवों से सम्बन्ध स्थापित कर सकें और उद्देश्यों की प्राप्ति की ओर प्रगति की जा

सके। यह पूर्व में बिना उद्देश्यों के ज्ञान के निश्चित नहीं किए जा सकते हैं।

(द) *संचय* **(Cumulation)**–अधिगम अनुभव परस्पर एक-दूसरे से सम्बन्धित होते है। कोई भी अनुभव विशुद्ध रूप से किसी विशेष उद्देश्य की पूर्ति नहीं करता अपितु विभिन्न अधिगम अनुभव किसी एक दूरगामी उद्देश्य की पूर्ति में सहायक होते हैं। प्राथमिक कक्षाओं में छात्रों को कक्षा को स्वच्छ रखने, दूध वितरित करने अथवा पौधों, पशुओं एवं फूलों की देखरेख, का उत्तरदायित्व सौंपा जाता है। माध्यमिक कक्षाओं में उन्हें सामाजिक एवं खेलकूद की गतिविधियाँ आयोजित करने का उत्तरदायित्व सौंपा जाता है। इस प्रकार के संचित प्रयास से अंतिम उद्देश्य की पूर्ति की जा सकती है।

(इ) *अनुभवों की पुनरावृत्ति* **(Repetition of Experiences)**–शिक्षा का उद्देश्य केवल किन्हीं निश्चित व्यवहार प्रतिरूपों को निर्मित करना ही नहीं है अपितु इसका अभ्यास कराना एवं आदत डालना भी है। अतः अधिगम अनुभवों की पुनरावृत्ति करना उपयोगी है। पुनरावृत्ति की प्रक्रिया वैज्ञानिक, गणितीय, साहित्यिक, ऐतिहासिक, व्यक्तिगत एवं सामाजिक समस्याओं के साथ ही साथ अलग–अलग सामग्रियों एवं क्षेत्रों में अपनायी जा सकती है। विद्यार्थियों को इस योग्य बनाया जाना चाहिए ताकि वे एक क्षेत्र में अर्जित ज्ञान का उपयोग अन्य क्षेत्रों में कर सकें।

(फ) *बहु अधिगम* **(Multiple Learning)**–चूँकि अधिगमक एक पूर्ण प्राणी है, अनेक अधिगम साथ-साथ घटित होते हैं। यदि विद्यार्थी को अशोक के बारे में पढ़ाया जा रहा हो तब वे उस समय की भौगोलिक स्थिति, परम्पराओं, शासन प्रणाली, साहित्य, युद्ध कौशल, इत्यादि सभी का साथ–साथ अध्ययन करते है। ब्लूम का यह मानना है कि संज्ञानात्मक क्षेत्र के उद्देश्यों की पूर्ति के समय भावात्मक क्षेत्र में भी अधिगम होता है, इन्हें अलग नहीं किया जा सकता है।

6. *जीवन से सम्बद्ध* **(Relevance to Life)**

अधिगम अनुभवों का जीवन से अधिकतम सम्बन्ध होना चाहिए। यह सम्बन्ध न केवल भावी जीवन के लिए होना चाहिए अपितु इनका वर्तमान जीवन से भी सम्बन्ध होना चाहिए। अधिगम का स्थानान्तरण अधिकतम तब होगा जबकि अधिगम स्थितियाँ उन स्थितियों के समान हों जिसमें उनका उपयोग किया जाना हो। अतः ऐसे परिप्रेक्ष्यों को चयन किया जाना चाहिए जिससे अधिगमक अपने जीवन में उनका उपयोग कर सके।

7. *नियोजन में शिक्षार्थियों की सहभागिता*
(Pupil Participation in Plannning)

शिक्षार्थियों की नियोजन में सहभागिता अवश्य होनी चाहिए। यदि शिक्षार्थी की नियोजन में सहभागिता होगी तब शिक्षार्थी उसमें सहर्ष भाग लेगा एवं उसे अपना कार्यक्रम समझेगा। यदि ऐसा न किया गया तब वह दबाव में आकर अनिच्छा से भाग लेगा। परिणामस्वरूप उसके अधिगम परिणाम न्यून होंगे। शिक्षार्थियों का सहभागित्व तीन स्तरों पर हो सकता है–

1. पूरे समूह का सहभागित्व,
2. लघु समूह का विशिष्ट क्षेत्रों में सहभागित्व एवं
3. व्यक्तिशः सहभागित्व।

इसमें शिक्षक की भूमिका निर्देशक की होती है।

सोपान तृतीयः विषय-वस्तु का चयन
(Third Phase: The Selection of Content)

पाठ्यचर्या निर्माताओं के लिए विषय-वस्तु का चयन महत्वपूर्ण बिन्दु है। विषय-वस्तु का चुनाव करने के लिए व्हीलर ने निम्न निकष दिया है–

1. *वैधता (Validity)*

विषय-वस्तु उस समय वैध होगी जबकि यह वांछित परिणामों को प्राप्त करने में सहायता करे। वैधता के दृष्टिकोण से विषयों के साथ-साथ उनके अंश भी लिए जा सकते हैं। उदाहरण के लिए यदि इतिहास अध्ययन का उद्देश्य विद्यार्थियों को तथ्यों को उसी दृष्टिकोण से देखने के लिए प्रोत्साहित करना है जिस दृष्टिकोण से इतिहासकार देखते है, तब किसी निश्चित काल का अध्ययन के लिए चयन किया जा सकता है।

विषय-वस्तु की वैधता के दूसरे पक्ष का संबन्ध विषय-वस्तु की प्रामाणिकता (Authenticity) से है। विषय-वस्तु उस सीमा तक वैध होगी जिस सीमा तक उसकी विषय-वस्तु सत्य है। आज ज्ञान में द्रुत गति से परिवर्तन हो रहे हैं। इस परिवर्तन के कारण तथ्यों एवं मूल संकल्पनाओं में भी परिवर्तन हो रहा है। इस कारण से प्रत्येक ज्ञान का महत्व शाश्वत न होकर अस्थायी होता है। अतः विषय-वस्तु की वैधता की जाँच के लिए उसका परीक्षण बार-बार किया जाना चाहिए।

वैधता से सम्बन्धित तीसरा बिन्दु विषय-वस्तु की त्रुटि है। कई बार वैध एवं उपयोगी विषय वस्तु को भी पाठ्यचर्या में स्थान नहीं दिया जाता है। ऐसा प्रायः व्यावहारिक विज्ञानों में किया जाता है। उदारहणार्थ–मानवशास्त्र (Anthropology) संस्कृति, संस्कृति परिवर्तन

मानव प्रकृति एवं मानव मूल्यों के बारे में उपयोगी विषय-वस्तु प्रदान करती है किन्तु उसका उपयोग सामाजिक अध्ययन की पाठ्यचर्या में नहीं किया जाता है। टाबा (1962) ने बताया कि समूहों, समाज और समुदाय, साथ ही साथ सामाजिक प्रक्रियाएँ मानव परिस्थिति व्यक्तित्व, समाजीकरण की प्रक्रिया आदि संकल्पनाओं को पहली कक्षा की पाठ्यचर्या में शामिल किया जाना चाहिए तथा क्रमशः इन विचारों का विकास एवं एकीकरण अगली कक्षाओं में किया जा सकता है। इसी प्रकार से उन संस्थाओं में जिनका प्राथमिक सम्बन्ध अधिगम से होता है, वे अधिगम प्रक्रियाओं, पठन कौशलों, कार्य एवं अध्ययन आदतों सम्बन्धी विषय-सामग्री की उपेक्षा करती है।

महत्व (Significance)–विषय-वस्तु चयन का दूसरा निकष विषय-वस्तु के महत्व से सम्बन्धित है। विषयवस्तु का महत्व तब होगा जबकि वह तार्किक रूप से अनेक समस्याओं के समाधान के लिए प्रयुक्त की जा सके। किसी विषय का महत्व उसकी आधारभूत संकल्पनाओं एवं उस विषय से सम्बन्धित उन सिद्धान्तों से होता है जो उसकी सीमाओं को पाटकर उसे अन्य क्षेत्रों तक ले जाते हैं। जैसे पारिस्थितिकी का उपयोग शिक्षा, समाजशास्त्र एवं जीवविज्ञान में किया जाता है।

2. *गौण निकष (Minor Criteria)*

विद्यार्थी की आवश्यकताएँ एवं रुचियाँ न केवल विषय-वस्तु चयन का निकष हैं अपितु पाठ्यचर्या उन्मुखीकरण के भी आधार हैं। इस दोनों में से कोई भी विषय-वस्तु चयन का मूल निकष नहीं हो सकता है। इसलिए इसे पूरक अथवा गौण निकष के रूप में ही स्वीकार किया गया है। विषय-वस्तु के पूर्व निकष पर खरी उतरने के बाद ही इस निकष पर उसका परीक्षण किया जाना चाहिए। अलग-अलग उम्र समूह के विद्यार्थियों की रुचियाँ भी अलग-अलग होती है। अन्य निकषों की पूर्ति होने पर विषय-वस्तु हेतु इन रुचियों पर ध्यान दिया जाना चाहिए। इसी प्रकार कक्षा स्तर पर विषय-वस्तु का चयन अधिगमकों की रुचियाँ या तो सम्पूर्ण समूह के आधार अथवा उनकी व्यक्तिगत रुचियों के आधार पर किया जाना चाहिए।

3. *उपयोगिता (Utility)*

विषय-वस्तु शिक्षार्थियों के लिए उपयोगी होनी चाहिए। विशिष्ट एवं व्यावसायिक शिक्षा में इस निकष का उपयोग किया जाता है। कुछ व्यवसायों एवं प्रशिक्षण संस्थाओं में विषय-वस्तु से सम्बन्धित समझ एवं कौशलों की आवश्यकता होती है। स्पष्ट रूप से इन संस्थाओं में विषय-वस्तु आंशिक रूप से पूर्व में ही तय कर ली जाती है। साथ ही इन संस्थाओं में प्रवेश के लिए विद्यार्थियों में निश्चित स्तर की योग्यता

की आवश्यकता होती है। विषय-वस्तु निर्धारित रहने के बावजूद उसे कैसे पढ़ाया जाये इसकी पूर्ण स्वतन्त्रता अध्यापक को होती है।

4. *सीखने के योग्य होना (Learnability)*

सीखने के योग्य होना एवं कठिनाई एक ही सिक्के के दो पहलू है। हालांकि दोनों में अन्तर होता हैं। कठिनाई को प्रायः सांख्यिकीय शब्दावली में इस प्रकार से व्यक्त किया जाता है कि विषय-वस्तु 9 वर्ष के बालक के लिए उपयुक्त है अथवा छटी कक्षा के लिए। अध्यापक के दृष्टिकोण में सीखने के योग्य होना व्यक्तिगत मामला है। कठिनाई स्तर से विषय-वस्तु की गुणवत्ता का पता नहीं चलता है।

5. *सामाजिक वास्तविकताओं से संगति (Consistency with Social Realities)*

टाबा (1962) ने बताया कि ऐसी विषय-वस्तु का चयन किया जाना चाहिए, जो हमारे आसपास के संसार का सार्वधिक उपयोगी उन्मुखीकरण प्रदान करे।

निष्कर्ष रूप में कह सकते हैं कि पहले हमें विद्यालय में पढ़ाये जाने वाले विषयों को निश्चय करना होगा और दूसरे उन विषयों का निश्चय जिन्हें विद्यार्थी अपनी रुचि के अनुसार चुनेंगे।

सोपान चतुर्थ: अनुभवों, एवं विषय-वस्तु का संगठन एवं एकीकरण (Fourth Phase : Organization and Integration of Experiences and Content)

सोपान 4 का सम्बन्ध शैक्षिक क्रमों से होता हैं, अर्थात् चयनित अधिगम अनुभवों का विषय-वस्तु के साथ क्रम जिन्हें निश्चित व्यवहार उत्पन्न करने के लिए नियोजित किया गया हो। वर्तमान पाठ्यचर्या में संगठन का सिद्धान्त उपस्थित नहीं है अपितु प्रत्येक प्रकार की पाठ्यचर्या विभिन्न बिन्दुओं पर केन्द्रित है। विषय पाठ्यचर्या विद्यालयीन विषयों एवं उनके आन्तरिक भागों पर केन्द्रित है, गतिविधि पाठ्यचर्या रुचियों पर केन्द्रित है, सत पाठ्यचर्या जीवन के क्षेत्रों अथवा सामाजिक कार्यों एवं समस्याओं पर केन्द्रित है। गतिविधि पाठ्यचर्या में व्यक्ति की आवश्यकता पर बल दिया गया है, तथा सत पाठ्यचर्या में सामाजिक आवश्यकताओं पर बल दिया गया।

सोपान 4 प्रत्यक्ष रूप से अध्यापन-अधिगम स्थिति में ले जाता है। इस सोपान को संचालित करने वाले सिद्धान्त सामान्य अधिगम स्थितियों एवं विशेषकर विद्यालय एवं कक्षा से उत्पन्न होंगे। जबकि संगठन प्रयोजनों से निर्मित होता है, पाठ्यचर्या निर्माता द्वारा वापस सोपान 2 एवं 3 में अपने विश्लेषण को भेज दिया जाता है।

सोपान 1 में की गयी गतिविधियाँ सामान्य अभिप्रायों में अन्तर्निहित (Implicit) व्यवहार एवं व्यवहार के तरीकों को बतायेंगी। सोपान 2 की गतिविधियाँ अधिगम अनुभवों के प्रकारों को बतायेंगी। विशेषकर क्या व्यवहार निर्धारित किए गए हैं, साथ ही साथ विभिन्न विषयों की बुनियादी संरचना पर विषय-वस्तु का विस्तृत विश्लेषण कुछ प्रकाश डालेगा। ऐसी संकल्पनाओं एवं सामान्यीकरणों जो कि एक से अधिक विषयों के लिए समान हो, की आगे खोज की आवश्यकता होगी।

सोपान पंचम: मूल्याकंन (Fifth Phase: Evaluation)

पाठ्यचर्या प्रक्रिया का अन्तिम सोपान मूल्यांकन होता है। मूल्यांकन द्वारा शैक्षिक कार्यक्रम की सफलता अथवा असफलता के बारे में निष्कर्ष निकाले जाते हैं। मूल्यांकन के द्वारा व्यवहार परिवर्तन का मापन किया जाता है। प्रस्तुत सोपान का कार्य अनेक शीर्षकों में निर्धारित किया जाता है। सर्वप्रथम निश्चित लक्ष्य घोषित किए जाते हैं।

औपचारिक शिक्षा के परिणामस्वरूप निश्चित व्यवहार परिवर्तन अपेक्षित होते हैं। क्या वे वास्तव में होते हैं? क्या विद्यार्थी ने वास्तव में तथ्यों, ज्ञान, कौशलों, अभिवृतियों, विश्वासों एवं वांछित मूल्यों को अर्जित किया? और क्या उसने आदतन अपेक्षित प्रकार से अनुक्रिया की? साथ ही साथ इस बात का भी पता लगाया जाता है कि क्या चुने गए अनुभव लक्ष्यों की प्राप्ति के लिए उपयुक्त थे अथवा अन्य अनुभव, शायद अधिक उपयुक्त होते? क्या चुनी गयी विषय-वस्तु उपयुक्त थी अथवा अन्य विषय-वस्तु अधिक उपयुक्त होती? क्या विषय-वस्तु एवं अनुभवों का एकीकरण प्रभावी था, अथवा क्या सम्बन्धित क्षेत्रों की विषय-वस्तु खण्ड रूप में सीखी गयी? उपयोग में लाये गये संगठन से किस प्रकार की सहवर्ती अधिगम उत्पन्न हुआ? क्या अलग प्रकार के संगठन से वाछित दिशा में अधिकतम परिवर्तन कुछ या सभी विद्यार्थियों के लिए उत्पन्न किया जा सकता था? इस प्रकार के अनेकों प्रश्नों का उत्तर मूल्यांकन से प्राप्त होता है।

निकोल्स एवं निकोल्स प्रतिमान (Nicholls and Nicholls Model)

निकोल्स एवं निकोल्स (1976) ने पाठ्यचर्या विकास प्रक्रिया के निम्न पाँच सोपान बताये है–

1. स्थिति विश्लेषण,
2. उद्देश्य का चयन,
3. विषयवस्तु का चयन एवं संगठन,
4. विधियों का चयन एवं संगठन, एवं
5. मूल्यांकन।

1. *स्थिति विश्लेषण* (Situation Analysis)

प्रत्येक अध्यापक एक ऐसी स्थिति का सामना करता है जो विभिन्न कारकों जैसे विद्यार्थी, विद्यार्थी का घर एवं पृष्ठभूमि, विद्यालय, विद्यालयीन कर्मचारी, सुविधाएँ एवं उपकरण से मिलकर बनी होती हैं। इन कारकों का विश्लेषण पाठ्यचर्या विकास की प्रक्रिया में मुख्य भूमिका निभाता है। पूर्व में अध्यापन पर अधिगम की तुलना में अधिक बल प्रदान किया जाता था। शायद इसका एक कारण यह हो सकता है कि अध्यापन का निरीक्षण किया जा सकता हैं। वर्तमान में अधिगम पर अधिक ध्यान दिया जा रहा है। अध्यापक ऐसी स्थितियाँ, साम्रगी एवं उपकरण प्रदान करता है, जिससे कि अधिगम को बढ़ावा मिलता है। स्थिति विश्लेषण के अन्तर्गत अध्यापक, विद्यार्थी, पर्यावरण, विद्यालय भवन एवं विद्यालय की आबोहवा का विश्लेषण किया गया है जो निम्नलिखित है–

अध्यापक (Teacher)–अध्यापक पाठ्यचर्या विकास की प्रक्रिया में एक महत्वपूर्ण भूमिका निभाता है। वह औसत से अधिक शैक्षणिक योग्यता, रुचि, विचार एवं अनुभव रखता है जिसका लाभ विद्यार्थियों को मिलता है। अध्यापक को अपनी क्षमताओं की पहचान होना चाहिए। उसे सम्प्रेषण एवं दूसरों के साथ काम करना आना चाहिए। साथ ही साथ उसे इन कौशलों को अपने विद्यार्थियों में विकसित करना भी आना चाहिए। अध्यापक को अपने विषय के अलावा अन्य क्षेत्रों की प्रतिभा जैसे–चित्रकला, यात्रा में रुचि, संगीत फोटोग्राफी, इत्यादि की पहचान कर उसका उपयोग करना चाहिए। आज ज्ञान में लगातार वृद्धि हो रही है। नये सिद्धान्त एवं अध्यापन की नयी विधियों की खोज होती जा रही है। इस सन्दर्भ में अध्यापकों को संगोष्ठी, कार्यशाला, पुनश्चर्या पाठ्यक्रमों द्वारा प्रशिक्षित किया जाना चाहिए।

विद्यार्थी (The Pupils)–विद्यार्थी पाठ्यचर्या प्रक्रिया का केन्द्र बिन्दु होता है। सभी अध्यापक यह जानते हैं कि विद्यार्थियों में अन्तर होता है एवं कोई भी दो विद्यार्थी समान नहीं होते हैं। व्यक्तिगत भिन्नताओं पर शिक्षक प्रशिक्षण में विशेष ध्यान दिया जाता है। कुछ अन्तर ऐसे होते हैं जो अध्यापक को पहली बार कक्षा लेने पर स्पष्ट दिखते हैं। जैसे शारीरिक अन्तर किन्तु व्यक्तिगत एवं स्वभाव में अन्तर को समझने में अध्यापक को ज्यादा समय लगता है। विद्यालय के विद्यार्थियों को घर एवं पूर्व के विद्यालय के अलग-अलग अनुभव होते हैं। अध्यापक को चाहिए कि वह कक्षा में केवल अपने अनुभव ही न बताये बल्कि विविध प्रकार के अनुभव बताये ताकि सम्पूर्ण कक्षा उसमें रुचि ले सके एवं अनुदेशन को समझ सके। ऐसे अध्यापक बिरले ही होते हैं जो कि

व्यक्तिगत अधिगम का अवसर प्रदान करते हैं। और अध्यापक के लिए ऐसा करना कठिन भी है। स्व अधिगम सामग्री, अभिक्रमित अनुदेशन सामग्री, कम्प्यूटर द्वारा अनुदेशन इस कठिनाई को कम कर देते है।

अनेक कारक बच्चे पर बहुत प्रभाव डालते हैं। ये कारक हैं–परिवार का आकार, विद्यार्थी की परिवार में स्थिति, माता-पिता के सम्बन्ध, शिक्षा के प्रति उनकी अभिवृत्ति, उनकी महत्वाकांक्षा का स्तर, माता अथवा पिता की अनुपस्थिति। किशोरावस्था में सहपाठी समूह का काफी प्रभाव होता है। कभी-कभी इस समूह के कारण छात्र सीखने में बाधा का अनुभव करते है। कभी-कभी यह उनके अधिगम को अधिक सुगम बनाता है। प्राथमिक कक्षाओं में भिन्न विद्यार्थियों को समूह कार्य करने को दिए जाते हैं। अध्यापक को परिवार एवं सहपाठियों के प्रभाव को जानना चाहिए तथा इसका उपयोग पाठ्यचर्या की योजना बनाने में किया जाना चाहिए। विद्यार्थियों के बारे में ज्ञान होने से अध्यापक उसका उपयोग ज्ञान प्रदान करने में कर सकता है।

विद्यालय भवन (The School Building)–विद्यालय भवन, परिसर एवं उसके द्वारा प्रदान की गयी सुविधाएँ विद्यार्थी के समायोजन एवं उपलब्धि में महती भूमिका निभाती है। इसलिए पाठ्यचर्या की योजना बनाते समय इसका ध्यान रखा जाना चाहिए। कभी-कभी विद्यालय भवन एवं उसके द्वारा प्रदान की जाने वाली सुविधाओं का अभाव विद्यार्थियों के सीखने में बाधा डालता है। कक्षा में यदि पर्याप्त प्रकाश, एवं स्वच्छता न हो, बहुत अधिक गर्मी एवं ठण्ड लगती हो तथा पानी की बहुत ज्यादा नमी उपलब्ध हो। तब ये विद्यार्थी के सीखने में बाधा डालती है। मनोविज्ञान में इन्हे विमुख उद्दीपक कहा गया है। विद्यालयों के कुछ पुराने भवन जो बाहर से अनाकर्षक लगते है अन्दर से अच्छे रंग किए हुए हाने पर एवं अलग-अलग विषयों के प्रतिमान उपलब्ध होने पर विद्यार्थियों के अधिगम को सुगम बनाते हैं। विद्यालय में उपलब्ध स्थानों का पर्याप्त उपयोग किया जाना चाहिए। इसमें विद्यालय के समस्त अध्यापकों एवं छात्रों का सहयोग लिया जाना चाहिए। विद्यार्थियों में यह भावना विकसित की जानी चाहिए कि यह विद्यालय उनका अपना है।

विद्यालय की आबोहवा (The School Climate)–विद्यालय के बारे में मूल्य एवं अभिवृत्तियाँ विद्यालयीन आबोहवा के अन्तर्गत आती हैं। विद्यालय की आबोहवा पाठ्यचर्या के प्रत्येक पहलू–उद्देश्यों का चुनाव, विषय-वस्तु, सामग्री, मूल्यांकन की विधियों को प्रदर्शित करती हैं। यह धीरे-धीरे विकसित होती है। किन्तु प्रधानाचार्य के नियुक्त होने अथवा कई अध्यपाकों के एक साथ नियुक्त होने पर यह तेजी से परिवर्तित

होती है। विद्यालयीन कर्मचारी शायद ही कभी विद्यालय की आबोहवा का विश्लेषण करते हैं और अकेले ऐसा करना भी एक कठिन कार्य है। इसके लिए अनेक प्रकार के प्रश्न किए जा सकते हैं जैसे विद्यालय क्या प्राप्त करना चाहता था? शिक्षा के किस पहलू को अधिक महत्व दिया गया? क्या अध्ययन अध्यापन विधियाँ उपयुक्त थीं? ऐसे ही अनेक प्रश्न।

2. *उद्देश्य (Objectives)*

शिक्षा को एक प्रक्रिया के रूप में स्वीकार किया गया है जिसके द्वारा विद्यार्थियों के व्यवहार में कुछ वांछित परिवर्तन लाये जाते हैं। उनमें कौन-से परिवर्तन लाने हैं? इस प्रश्न का उत्तर हमें उद्देश्यों की ओर ले जाता है। जब हम उद्देश्यों को निरीक्षण किए जा सकने वाले रूप में लिखते हैं तब उन्हें व्यवहारिक उद्देश्य कहा जाता है। उदाहरण के लिए

(अ) विद्यार्थी .... की परिभाषा लिख सकेंगे।
(ब) .... के दो-दो उदाहरण दे सकेंगे।
(स) .... में अन्तर कर सकेंगे।

व्यावहारिक उद्देश्यों के पक्ष एवं विपक्ष में विद्वानों ने अपनी राय व्यक्त की है। इनका उपयोग स्व अधिगम सामग्री एवं अभिक्रमित अनुदेशन सामग्री में किया जाता है।

3. *विषय-वस्तु (Contents)*

सीखे जाने वाले ज्ञान, कौशल, अभिवृत्ति और मूल्य को विषय-वस्तु के रूप में परिभाषित किया गया है। अधिकांश विद्यालयों में पाठ्यचर्या विषय के आधार पर संगठित की जाती है। विषय सामग्री के मूल्य के बारे में तीन प्रकार के विचार व्यक्त किए गए हैं। पहले मत के अनुसार इनका आन्तरिक मूल्य होता है, दूसरे मत के अनुसार इसे उपयोग के लिए पढ़ाया जाना चाहिए, तीसरे एवं अन्तिम मत के अनुसार इसे बौद्धिक, योग्यताएँ, कौशल, मूल्य और अभिवृत्तियों के विकास के रूप में माना जाना चाहिए।

वर्तमान में विषयों की संरचना पर अधिक बल दिया गया हैं। ब्रूनर ने बताया कि छोटे बच्चों को भी विषय की संरचना पढ़ायी जा सकती है। उनका मानना है कि यदि एक बार बच्चा विषय में वस्तुओं के सम्बन्ध देखता है तब वह नयी वस्तुओं को उनके उचित सम्बन्ध में रख सकता है। विषय-वस्तु का विधि से घनिष्ठ सम्बन्ध होता है। उपयोग में लायी विधि से विद्यार्थी क्या सीखता है? अर्थात् विषय-वस्तु पर बहुत

प्रभाव पड़ता है। उदाहरण के लिए अभिवृत्ति में परिवर्तन के लिए अध्यापक समूह चर्चा का उपयोग कर सकता है। विषय-वस्तु को पाठ्यक्रम में सम्मिलित करने से पूर्व उसका निम्न निकष के आधार पर परीक्षण किया जाना चाहिए:

वैधता का निकष (Criterion of Validity)–विषय-वस्तु प्रामाणिक एवं सत्य होने पर वैध होती है। आज ज्ञान में द्रुत गति से वृद्धि हो रही है, जिससे विद्यालयीन विषय समाग्री शीघ्र ही पुरानी हो जाती है। प्राथमिक स्तर पर अनेकों ऐसी पुस्तके पायी जाती हैं जिनकी विषय-वस्तु प्रामाणिक नहीं होती। अध्यापकों को चाहिए कि वे नवीनतम जानकारी से परिचय प्राप्त कर इस समस्या का समाधान करें। एक अन्य पक्ष अनुसार विषय-वस्तु (विधि) उस समय वैध होगी जबकि उसके उपयोग से उद्देश्यों की प्राप्ति हो सकती हो।

सार्थकता का निकष (Criterion of Significance)–सार्थकता विषय-वस्तु चयन का अन्य निकष है। तथ्यों को पाठ्यक्रम में तभी रखा जाना चाहिए जबकि वे विद्यार्थियों की समझ में सहायक हो। तथ्य विषयों के मूलभूत विचारों, संकल्पनाओं एवं सिद्धन्तों में सहायक होते हैं।

विषय-वस्तु की सार्थकता का सम्बन्ध पाठ्यचर्या के विस्तार एवं गहराई से होता है। इन दोनों में सन्तुलन होना चाहिए। यदि पाठ्यचर्या के क्षेत्र पर बहुत बल दिया जायेगा तब बौद्धिक कौशलों एवं प्रक्रियाएँ जो कि ज्ञान को संगठित कर शिक्षार्थी के लिए उपयोगी बनाती हैं अथवा अनुभूतियों एवं अभिवृत्तियों के विकास में मदद करती हैं, के लिए पर्याप्त ध्यान एवं समय नहीं मिलेगा। इसलिए अध्ययन का आधार ध्यानपूर्वक चयनित मूलभूत विचार, संकल्पनाएँ एवं सिद्धान्त होना चाहिए। तथा इनकी पूर्णतः समझ के लिए पर्याप्त समय दिया जाना चाहिए। इसके परिणाम स्वरूप पाठ्यचर्या के क्षेत्र एवं समझ की गहराई में सन्तुलन हो सकेगा।

रुचि का निकष (Criterion of Interest)–विषयवस्तु के चयन का महत्वपूर्ण निकष है विद्यार्थियों की रुचि, यदि ऐसी पाठ्यचर्या बनायी जावे जो पूर्णतः शिक्षार्थियों की रुचि पर आधारित हो वह सीमित होगी। विद्यार्थियों की रुचि को पाठ्यचर्या की विषयवस्तु के चयन के निकष के रूप में स्वीकार करने के लिए दो उपागमों का सहारा लेना होगा। प्रथम उपागम के अनुसार विषय-वस्तु केवल विद्यार्थियों की रुचि पर आधारित होगी, जबकि दूसरे उपागम के अनुसार विषय-वस्तु जहाँ तक संभव हो विद्यार्थियो की रुचि से सम्बन्धित होगी। दूसरे उपागम में नये अधिगम के लिए विद्यार्थियों की रुचि को प्राथमिकता दी जायेगी।

सीखने योग्य होने का निकष (Criterion of Learnability)– पाठ्यचर्या में ऐसी विषय-वस्तु को शामिल किया जाना चाहिए जिसे विद्यार्थी सीख सके। किन्तु हमेशा ऐसा नहीं होता है। विषय-वस्तु इस रूप में होनी चाहिए जो विद्यार्थियों के लिए उपयुक्त हो। अलग-अलग विद्यार्थियों के लिए उपयुक्त विषय-वस्तु अलग-अलग होगी। सीखी जाने वाली विषय-वस्तु का पूर्व में सीखी गयी विषय-वस्तु से सम्बन्ध होता है। पूर्व में सीखी गयी विषय-वस्तु अलग-अलग विद्यार्थियों के लिए अलग-अलग होगी।

इसलिए यह आवश्यक है कि विषयवस्तु में विविधता होनी चाहिए ताकि सभी विद्यार्थी इससे सन्तुष्ट हो सकें।

पाठ्यचर्या की विषय-वस्तु के चयन करते समय वैधता, सार्थकता, रुचि, सीखने योग्य होने इत्यादि का पर्याप्त ध्यान रखा जाना चाहिए।

4. *विधियाँ* (Methods)

विषय-वस्तु एवं विधि को अलग करना बहुत मुश्किल है। अधिगम अवसर में अध्यापक एवं शिक्षार्थी के साथ में विषय-वस्तु एवं विधियाँ साथ रहती है। अध्यापक, छात्र सामग्री, उपकरण एवं पर्यावरण में नियोजित एवं नियंत्रित सम्बन्ध होता है। एवं ऐसी आशा की जाती है कि वांछित अधिगम होगा।

अध्यापकों के लिए सबसे बड़ी कठिनाई यही होती है कि एक अधिगम अवसर में दो शिक्षार्थियों के लिए समान अधिगम अनुभव नहीं होते। कक्षा अध्यापन में जब अध्यापक विद्यार्थियों को पढ़ाता हैं, कुछ विद्यार्थी अलग बाते सुनेंगे, कुछ जो कि उन्होंने सुना है। उसको अलग समझेंगे। कुछ अलग-अलग याद रखेंगे जिस प्रकार अलग-अलग विषय वस्तु से उद्देश्य प्राप्त किए जा सकते हैं। उसी प्रकार अलग विधियों से समान उद्देश्य प्राप्त किए जा सकते हैं। यह अध्यापक एवं शिक्षार्थियों को विविधता, नम्यता एवं पसंद का अवसर प्रदान करती है।

अध्यापक की भूमिका (Role of Teacher)–यदि विधियों का पहली बार उपयोग किया जा रहा हो तब परिवर्तन एवं विविधता समस्या पैदा कर सकती है। ऐसा इसलिए होता है, क्योंकि अध्यापक को अलग-अलग विधियों के हिसाब से अपनी भूमिका बदलनी होगी। उदाहरण के लिए जब अध्यापक व्याख्यान विधि का उपयोग करता है तब वह अध्यापन का केन्द्र बिन्दु होता है एवं सम्पूर्ण अध्यापन का वह नियंत्रण करता है। इसके विपरीत यदि वह कुछ संकल्पनाओं को खोज विधि के द्वारा सिखाना चाहता है तब अध्यापक ऐसी योजना बनाता है जिसमें शिक्षार्थी व्यक्तिगत रूप से कार्य कर सकें अपने स्वयं के ज्ञान का उपयोग करें, दूसरों के साथ मिलकर संकल्पना सीखने की योजना

बनाएँ एवं सीखें। प्रथम विधि की तुलना में दूसरी विधि में अध्यापक शिक्षार्थियों और जो सीखा जाना है के मध्य नहीं रहता है, न तो वह निर्वचक (Interpretator) हैं, न निदेशक अथवा न ही पूर्ण नियंत्रक। वह एक सलाहकार की भूमिका निभाता है।

तैयारी (*Preparation*)–विभिन्न विधियों की तैयारी कभी-कभी कठिनाई पैदा करती है। तैयारी की प्रकृति विधि एवं उपयोग के समय के आधार पर बदलती रहती है। उदाहरण के लिए संगोष्ठी विधि से अध्यापन की तैयारी के लिए पुस्तकों से विषय-वस्तु का चयन, वितरित करने के लिए सामग्री, चित्रों का चयन, फिल्म अथवा फिल्म स्ट्रिप की तैयारी करनी होगी।

जबकि खोज विधि में विविध प्रकार की स्रोत सामग्री की विविधता की जाँच, जैसे पाठ्यपुस्तक एवं सन्दर्भ पुस्तकें, टेप्स चित्र एवं अन्य सामग्री जिससे सीखें जाने वाली संकल्पनाओं की खोज हो सके की तैयारी करनी होगी।

रेकार्ड रखना (*Record Keeping*)–उन अधिगम अवसरों में जहाँ विविध अध्यापन विधियों का उपयोग किया जा रहा हो जहाँ सीखने में अधिक लचीलापन व्यक्तिगत हो, रेकार्ड रखना काफी मुश्किल होता है। यह छात्रों की वांछित उद्देश्यों की ओर प्रगति के मूल्यांकन के लिए भी आवश्यक है। यह भविष्य में पाठ्यचर्या से सम्बन्धित निर्णयों के लिए साक्ष्य प्रदान करता है।

समूहीकरण (*Grouping*)–उद्देश्यों एवं विधियों के अनुसार समूहीकरण किया जाना चाहिए। समूहीकरण में समूह के आकार को ध्यान में रखना चाहिए। विभिन्न प्रयोजनों पर समूहों का आकार दो से लगाकर सम्पूर्ण कक्षा तक हो सकता है। समूह के सदस्यों का चयन, मित्रता, कौशल मिश्रित अथवा एक योग्यता एवं लिंग के आधार पर किया जा सकता है। अधिकांश समूह समांग होते हैं। एक प्रयोजन के आधार पर यदि समूह के सदस्यों का चयन किया गया हो तब अन्य प्रयोजन के लिए अन्य प्रकार के समूहीकरण का उपयोग किया जा सकता है।

छात्र-अध्यापक सम्बन्ध (*Teacher Pupil Relationship*)–छात्र-अध्यापक सम्बन्ध पाठ्यचर्या विधियों में अपनी अहम् भूमिका निभाते है। छात्र-अध्यापक सम्बन्ध इस बात पर निर्भर होंगे कि छात्र व्यक्तिगत कार्य कर रहे हैं, समूह में कार्य कर रहे हैं अथवा कक्षा में। ये सम्बन्ध अध्यापक द्वारा छात्रों को दिए गए निर्देशों की मात्रा पर भी निर्भर करेंगे।

संगठन (*Organisation*)–विद्यालयों एवं कक्षाओं में अच्छे एवं प्रभावी संगठन हमेशा महत्वपूर्ण होते है। अधिगम अवसरों में जहाँ सामग्री,

उपकरण एवं विभिन्न समूहीकरण का पर्याप्त उपयोग किया जा रहा हो वहाँ विद्यार्थी यह जानना चाहते हैं कि उनके उत्तरदायित्व एवं बाधाएँ क्या हैं। कक्षा में मेज की व्यवस्था दिखने में काफी छोटी लगती है किन्तु हम जानते हैं कि कभी-कभी ठीक व्यवस्था न होने से आगे के विद्यार्थी ही सुनते हैं एवं पीछे के नहीं सुन पाते एवं जब अध्यापक पीछे से बोल रहा हो तब आगे के विद्यार्थियों को पीछे की ओर घूमना होगा। किसी भी अधिगम अवसर पर अध्यापक एक महत्वपूर्ण तत्व होता है। यदि वह अपने आप की कमजोरियों एवं अच्छाइयों को जानता है तब यह उसके अध्यापन में सहायक होता है। उसी आधार पर वह यह निर्णय लेता है कि किस विधि का वह अच्छी प्रकार से उपयोग कर सकता है एवं किन विधियों के उपयोग में उसे कठिनाइयाँ आ सकती हैं। दो अलग-अलग अध्यापक एक ही विषयवस्तु के अध्यापन के लिए अलग-अलग विधियों का उपयोग करते हैं।

हम जानते हैं कि अलग-अलग विद्यार्थी भी अलग-अलग विधियों से सीखते हैं। यह अध्यापकों के लिए समस्या हो सकती है। इस समस्या का समाधान समूहीकरण के द्वारा किया जा सकता है।

अधिगम अवसरों का संगठन (Organisation of Learnnig Opportunities)–पाठ्यचर्या विकास का एक महत्वपूर्ण कार्य होता है। वांछित अधिगम के लिए अधिगम अवसरों का संगठन। अधिगम अवसरों का संगठन इस प्रकार से किया जाना चाहिए जिससे कि वे एक दूसरे को सहायता एवं पुनर्बलन प्रदान करें। इसलिए यह आवश्यक है कि अधिगम किसी न किसी प्रकार से आपस में सम्बन्धित हो। उदाहरण के लिए मनोविज्ञान प्रथम वर्ष में जो पढ़ा हो वह उसी वर्ष शिक्षा में पढ़े गये से उपयुक्त रूप से सम्बन्धित हो। तब यह उन्हें पुनर्बलन प्रदान करेगा।

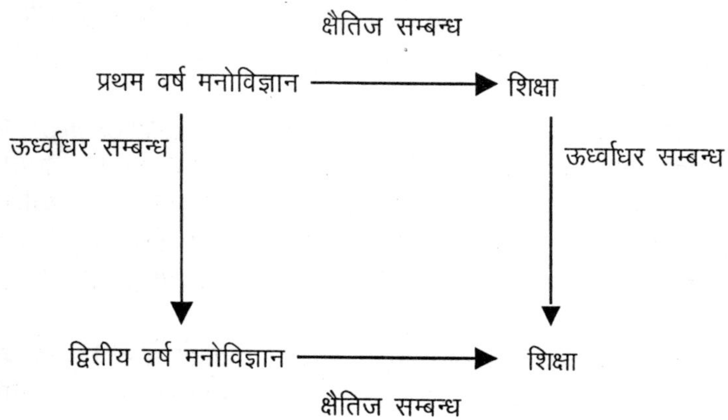

ऊर्ध्वाधर सम्बन्ध के मामले में एक अधिगम अवसर के उपयोग में बताये गये व्यवहारों को सीखने का प्रावधान होना चाहिए। उदाहरण के लिए एक उद्देश्य आम की फसल के उत्पादन के बारे में सूचनाओं की प्राप्ति की योग्यता से सम्बन्धित हो। तब शिक्षार्थियों को यह सीखने के लिए कई अवसर उपलब्ध कराये जाना चाहिए। विद्यार्थी यह चाहेंगे कि निर्देशांक का उपयोग कैसे करें? विश्वकोष एवं पुस्तकालय केटेलाग के उपयोग के बारे में भी वे जानना चाहेंगे।

5. *मूल्यांकन* (Evaulation)

विद्यार्थियों की प्रगति की जानकारी मूल्यांकन द्वारा ज्ञात की जाती है। किन उद्देश्यों की प्राप्ति हुई तथा किन उद्देश्यों की प्राप्ति नहीं हुई यह हमें मूल्यांकन द्वारा ही ज्ञात हो सकता है। अध्यापक अनौपचारिक रूप से भी विद्यार्थियों के व्यवहारों के निरीक्षण द्वारा यह जानने का प्रयास करता है कि वह वांछित दिशा में जा रहा है अथवा नहीं। औपचारिक रूप से मूल्यांकन करने के लिए वह परीक्षण एवं परीक्षाओं का सहारा लेता है। वाइसमेन एवं पिडजियन (1970) ने बताया कि प्रत्येक उद्देश्य का अपेक्षित महत्व तय किया जाना चाहिए एवं उसके अनुसार मूल्यांकन करना चाहिए। उदाहरण के लिए यदि एक पाठ्यक्रम में छः उद्देश्य हैं तब उन्हें निम्नानुसार भार दिया जा सकता है–उद्देश्य एक 25 प्रतिशत, उद्देश्य दो 25 प्रतिशत, उद्देश्य तीन 15 प्रतिशत, उद्देश्य चार 15 प्रतिशत, उद्देश्य पाँच 5-10 प्रतिशत, उद्देश्य छः 10 प्रतिशत।

उद्देश्यों के मापन के लिए जो परीक्षण बनाये जाते हैं उन्हें निकष परीक्षण (Criterion Test) कहा जाता है। मूल्यांकन के द्वारा प्रतिपोष (Feedback) प्राप्त होता है जिससे प्रक्रिया में सुधार किया जाता है।

गैर-तकनीकी गैर-वैज्ञानिक उपागम (Non-technical Non-Scientific Approach)

गैर-तकनीकी गैर-वैज्ञानिक उपागम में विषयनिष्ठ, व्यक्तिगत, सौन्दर्यात्मक, स्वतः शोध (Heuristic), कार्य सम्पादनात्मकता पर बल दिया जाता है। प्रस्तुत उपागम के अन्तर्गत अधिगमक (Learner) पर बल दिया जाता है न कि उत्पादन के निर्गत (Output) पर विशेषकर अध्यापन एवं अधिगम में गतिविधि उन्मुख उपागम द्वारा प्रस्तुत उपागम में, वे व्यक्ति जो पाठ्यचर्या से सर्वाधिक प्रभावित होते हैं, इसके नियोजन में भाग लेते हैं। शिक्षार्थी अपने आपको अन्य किसी से बेहतर जानते हैं अतः वे उन अधिगम अनुभवों की पहचान एवं चयन करने में

सक्षम होते हैं जो उनके संज्ञानात्मक विकास एवं सामाजिक विकास को आगे बढ़ा सकें। प्रस्तुत उपागम व्यक्तियों के स्व प्रत्यक्षीकरणों एवं व्यक्तिगत पसन्दों, उनके द्वारा उनकी स्व-आवश्यकताओं का मापन एवं स्व-समन्वय के लिए उनके प्रयास पर केन्द्रित होता है। प्रस्तुत उपागम के अन्तर्गत अनेक प्रतिमान आते हैं जिनका क्रमानुसार वर्णन निम्न है–

मुक्त कक्षा प्रतिमान (Open Classroom Model)

मुक्त कक्षा प्रतिमान गतिविधि पाठ्यचर्या पर आधारित है। विलियम किलपेट्रिक का विश्वास था कि पाठ्यचर्या की अग्रिम योजना बनाना अनुपयुक्त शैक्षिक व्यवहार है। हाल्ट (1972) ने बताया कि मुक्त कक्षा एक ऐसा वातावरण है जिसमें शिक्षार्थियों की गतिविधियाँ उनकी रुचियों से उत्पन्न होती है। अध्यापक को पाठ्यचर्या नियंत्रित नहीं करनी होती अपितु उसे ऐसा वातावरण तैयार करना होता है जिसमें छात्रों की गतिविधियाँ उनकी रुचियों से प्राकृतिक रूप से उत्पन्न होती है। हाल्ट ने बताया कि पाठ्यचर्या नियोजन प्रौढ़ों द्वारा शिक्षार्थियों के कार्य में हस्तक्षेप है। हम जितना उनके कार्यो में हस्तक्षेप करेंगे, उतना कम समय हम उन्हें उनकी वास्तविक आवश्यकताओं की पहचान एवं सन्तुष्टि के तरीके खोजने के लिए छोड़ेगे। हम उन्हें जितना ज्यादा पढ़ायेंगे उतना ही कम वे हमें समझेंगे।

विन्स्टेन एवं फन्तिनी प्रतिमान (Weinstein and Fantini Model)

प्रस्तुत प्रतिमान द्वारा अध्यापक नयी विषय-वस्तु एवं तकनीकों को उत्पन्न कर सकते हैं तथा वर्तमान पाठ्यचर्या, विषय-वस्तु एवं तकनीकों की सार्थकता का निर्धारण कर सकते है। इस प्रतिमान द्वारा सामाजिक मनोवैज्ञानिक कारकों को ज्ञान से जोड़ा जाता है। (देखिए चित्र 8.6)

सर्वप्रथम यह ज्ञात किया जाता है कि समूह रूप में शिक्षार्थी कौन है? उनकी समान रुचियों एवं विशेषताओं का ज्ञान अध्यापन के लिए पूर्वापेक्षित हैं। इसके पश्चात् विद्यार्थियों की दिलचस्पी की पहचान की जाती है।

विद्यार्थी की दिलचस्पी, विषय-वस्तु के संगठन एवं अध्यापन की विधियों को प्रभावित करेगी।

विन्स्टेन एवं फन्तिनी ने आगे परिणामों की चर्चा की है।

शिक्षा-शास्त्री परिणामों का निर्धारण करने के पश्चात् संगठित विचारों-सामान्यीकरणों, विचारों, नियमों एवं संकल्पनाओं जिनके करीब विशिष्ट पाठ्यचर्या विषय-वस्तु को विकसित किया जायेगा, का चयन करते हैं। संगठित विचारों के चयन के पश्चात् विषय-वस्तु वाहकों का

चयन करते हैं। इस प्रतिमान में विषय-वस्तु परम्परागत स्रोतों, विद्यालय के बाहर के अनुभवों अथवा विद्यार्थियों के स्वयं के अनुभवों से प्राप्त किया जा सकता है। परम्परागत संज्ञानात्मक सामग्री के अलावा विषय-वस्तु तीन भागों में संगठित की जाती है।

प्रथम भाग में व्यक्ति के अनुभवों से प्राप्त विषय-वस्तु संगठित की जाती है।

द्वितीय भाग में भावात्मक विषय-वस्तु संगठित की जाती है। तृतीय भाग में वे अनुभव संगठित किए जाते है जिन्हें व्यक्ति ने सामाजिक सन्दर्भ में सीखा है।

विषय-वस्तु का प्रकार चयन किए गए कौशलों को प्रभावित करता है। पठन-पाठन एवं गणित के बुनियादी कौशलों को चुना जा सकता है। विद्यार्थी को यह कौशल भी अर्जित करना चाहिए कि "कैसे सीखे"? विद्यार्थी को आत्मकौशल एवं समानता कौशलों को भी सीखना चाहिए।

अध्यापक को यह जानना आवश्यक होता है कि वह विद्यार्थियों के उपयुक्त विषय-वस्तु सीखने के लिए कौन-से तरीकों का उपयोग करें। विद्यार्थी को अपने आप से, अपने सहपाठियों एवं अध्यापक के साथ अन्तर्क्रिया कर संवेगात्मक रूप से स्वयं को विकसित करना चाहिए तथा उन्हें अपनी आत्म-शक्ति की अनुभूति की शक्ति प्रदान करना चाहिए।

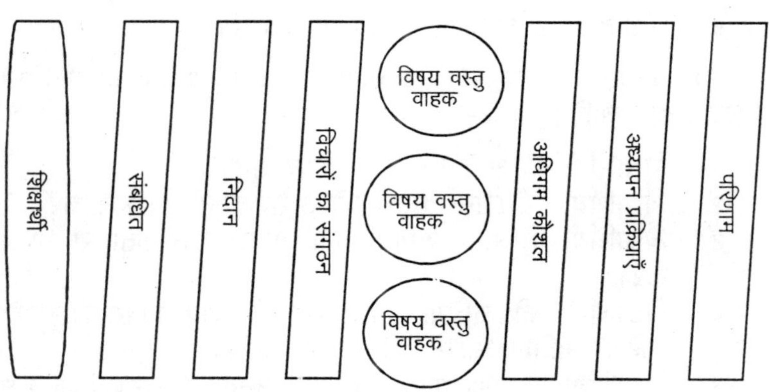

चित्र 8.6: विन्सटेन एवं फन्तिनी प्रतिमान

रोजर्स प्रतिमान: अन्तर्वैयक्तिक सम्बन्ध (Roger's Model: Interpersonal Relations)

कार्ल आर रोजर्स ने मानव व्यवहार परिवर्तन के लिए एक प्रतिमान दिया, जिसका उपयोग पाठ्यचर्या विकास के लिए किया जा सकता है।

उसने विषय-वस्तु अथवा अधिगम गतिविधियों के स्थान पर मानव अनुभवों पर बल दिया। इसका उपयोग व्यक्तिगत एवं समूह समस्याओं के समाधान के लिए किया जाता है।

रोजर्स प्रतिमान का उपयोग समूह अनुभवों का पता लगाने के लिए किया जाता है। उसके अनुसार समूह अनुभवों के द्वारा व्यक्तियों को अपने आपको एवं एक-दूसरे को पूर्णतः जानने का अवसर मिलता है जो कि अन्य सामाजिक स्थितियों में जानना सम्भव नहीं हैं। खुलेपन एवं ईमानदारी के द्वारा विश्वास उत्पन्न होता है, जिसकी सहायता से प्रत्येक प्रतिभागी नवाचारात्मक एवं निर्माणात्मक व्यवहारों का चयन एवं परीक्षण कर सकते है।

रोजर्स ने बताया कि एक सप्ताह के गहन समूह अनुभव द्वारा विद्यालयीन प्रशासकों में पर्याप्त परिवर्तन लाया जा सकता है–

1. वे दूसरों की बातें ज्यादा सुनते हैं एवं अपने विश्वासों का कम बचाव करते हैं।
2. वे नवाचारात्मक विचारों से डरते नहीं है।
3. वे अधिक प्रजातांत्रिक एवं व्यक्ति उन्मुख होते हैं।
4. अपने अधिकारियों एवं अधीनस्थों के साथ सम्प्रेषण के लिए अधिक इच्छुक होते हैं।
5. वे अपने कर्मचारियों के साथ अधिक खुले होते हैं।
6. वे प्रतिपोष प्राप्त करने के इच्छुक होते हैं।

एक सप्ताह के गहन समूह अनुभवों के पश्चात् अध्यापकों में निम्न परिवर्तन होने चाहिए कि वे–

1. विद्यार्थियों को अधिक उत्सुक होकर सुने।
2. विद्यार्थियों के नवीन विचारों को उत्सुकता से स्वीकार करें।
3. विद्यार्थियों के साथ सम्बन्धों की अधिक उत्सुकता से खोज करें।
4. विद्यार्थियों की रुचियों की प्राप्ति के लिए विषय-वस्तु एवं अधिगम गतिविधियों में परिवर्तन हेतु अधिक इच्छुक हों।
5. विद्यार्थियों के साथ कार्य करने एवं उनकी समस्याओं के हल में सहायता करने के इच्छुक हों।
6. अध्यापन में अधिक प्रजातांत्रिक हों।
7. रोजर्स प्रतिमान का उपयोग विद्यार्थियों, अभिभावकों, समुदाय के सदस्यों एवं विद्यालय बोर्ड के सदस्यों की अभिवृत्तियों, व्यवहारों एवं व्यक्तिगत सम्बन्धों में सुधार के लिए उपयोग में लाया जा सकता है।

पाठ्यचर्या विकास के अन्य प्रतिमान

आधारभूत प्रतिमान (Grassroot Model)

प्रस्तुत प्रतिमान सामान्य साध्यों पर आधारित है:

1. पाठ्यचर्या में सुधार किया जायेगा, जबकि अध्यापकों की व्यावसायिक क्षमता सुधरती है।
2. अध्यापकों की क्षमता एवं सुधार होगा, जबकि अध्यापक व्यक्तिगत रूप से पाठ्यचर्या संशोधन में शामिल होगा।
3. यदि अध्यापक प्राप्त किये जाने वाले लक्ष्यों को गढ़ने में, चयन में, परिभाषित करने में, सामना किये जाने वाली समस्याओं के समाधान में, परिणामों के मूल्यांकन साझा करके तब उनकी सहभागिता निश्चित ही होगी।

जैसे व्यक्ति समूह में आमने-सामने मिलते हैं, वे एक-दूसरे को बेहतर समझ सकते है तथा वे मूलभूत नियमों, लक्ष्यों एवं योजनाओं पर एकमत हो सकते हैं।

क्रियात्मक अनुसन्धान प्रतिमान (Action Research Model)

पाठ्यचर्या परिवर्तन को कार्यात्मक रूप में विश्लेषण करने से क्रियात्मक अनुसन्धान का रूप मिलता है। चूँकि पाठ्यचर्या को सामान्यतः विकास के सभी पहलुओं से एक साथ प्रारम्भ नहीं किया जा सकता है। इसलिए इसे सम्पूर्ण विद्यालयीन समुदाय स्थिति के चुने हुए पहलुओं से प्रारम्भ करना चाहिये। प्रायः इसका प्रारम्भ कुछ विशिष्ट स्थिति, जिस पर ध्यान देने की आवश्यकता है, जो कि अध्यापक एवं प्राचार्य को बेचैन कर रही है। जैसे ही इस स्थिति का विश्लेषण किया जाता है, तो यह पता लग जाता है कि इसके सम्पूर्ण विद्यालय समुदाय स्थिति की अन्य वस्तुओं से बहुसंयोजन है। तब विशिष्ट स्थिति, जिस पर तत्काल ध्यान दिया जाना है, का अधिक व्यापक निदान आवश्यक हो जाता है। स्मिथ एवं साथियों (1957) ने विद्यालय समुदाय स्थिति की पहचान के लिए निम्न बिन्दु बताये:

1. *पहचान के पहलू*

पाठ्यचर्या परिवर्तन के प्रत्येक प्रयास को शैक्षिक एवं व्यावसायिक बलों का सामना इससे प्रभावित होने वाले व्यक्तियों के कारण करना होता है। व्यक्ति पर इनका प्रभाव आंशिक रूप से इन संरचनाओं में उसकी स्थिति के आधार पर पड़ता है। निम्न स्तर पर कर्मचारी संगठन में

अध्यापक होता है। अतः वह अधीक्षक की तुलना में कम प्रभावित होगा। पहलुओं की पहचान के लिए विद्वानों ने निम्न 5 क्षेत्र बताये हैं:

(अ) शैक्षिक कार्यक्रम की पर्याप्तता के बारे में अभिभावकों, विद्यार्थियों एवं शैक्षिक व्यक्तियों के दृष्टिकोण।
(ब) व्यक्तियों के सामाजिक स्तर एवं उनके विद्यालय के बारे में दृष्टिकोणों में सम्बन्ध।
(स) समुदाय प्रभाव मार्ग।
(द) मानव स्थिति एवं संकाय का मनोबल।
(इ) समुदाय के अन्य प्रभाव, जैसे कि विधिक नियमों के अन्तर्गत विद्यालय का संचालित होना।

इन क्षेत्रों के ज्ञात हो जाने से तीन प्रयोजन हल होते हैं:–(i) उन बलों का पता चलता है, जिनका सामना पाठ्यचर्या परिवर्तन को करना ही होगा; (ii) इससे सभी व्यक्तियों के लिए स्थिति के समान प्रत्यक्षण स्थापित करने में सहायता मिलती है, और (iii) इससे इस बात का भी पता चलता है कि इस बिन्दु पर परिवर्तन प्रारम्भ किया जाये।

2. *शैक्षिक व्यक्तियों, अभिभावकों एवं विद्यार्थियों के दृष्टिकोण*

चूँकि पाठ्यचर्या परिवर्तन माता-पिताओं, अध्यापकों एवं विद्यार्थियों को प्रभावित करेंगे तथा इनके पक्ष एवं विरोध में बल के रूप में कार्य करते हैं। इनको ज्ञात करने के लिए प्रश्नावलियों एवं साक्षात्कार का उपयोग किया जा सकता है, जो कि नई पाठ्यचर्या के विभिन्न पहलुओं से सम्बन्धित हो। साथ ही विद्यालय के बारे में उनके मत एवं उनसे सामाजिक स्तर के मध्य के सम्बन्धों को ज्ञात किया जाना चाहिये।

3. *विद्यालय समुदाय प्रभाव के मार्गों का पता लगाना*

समुदाय में दिये गये समय में कार्य कर रहे सामाजिक बल विभिन्न मार्गों के द्वारा आते हैं, जैसे–व्यक्ति अथवा लघु समूह। उदाहरण के लिए भोजन की आदतों के सम्बन्ध में लेविन ने यह बताया कि गृहिणी चूँकि घर चलाती है, अतः वह इस बात का पता लगाती है कि कौन-सा भोजन उनकी टेबल पर होगा। यदि हमें किसी परिवार की भोजन की आदतों में परिवर्तन करना है, तो गृहिणी की आदतों में परिवर्तन करना होगा।

प्रभाव के उपयुक्त मार्गों का पता लगाने के लिए समाजमिती तकनीक का उपयोग किया जा सकता है।

4. *संकाय का मनोबल*

दी गई समूह की स्थिति में कोई समूह क्या करता है? वह ज्यादातर इस बात पर निर्भर करता है कि एक-दूसरे के बारे में उनके श्रेष्ठों तथा

कृत्य के बारे में क्या अनुभूत करते हैं? इस बात पर निर्भर करता है यह सामान्य तथ्य है कि यदि हम व्यक्ति को उनके श्रेष्ठों से स्वीकृति एवं समर्थन मिलता है, तब उनका मनोबल उच्च होता है और वे अधिक उत्पादक रूप से उत्साह के साथ कार्य कर सकते हैं। इसके विपरीत यदि उन्हें उनका समर्थन व स्वीकृति नहीं मिलती है तो उनका मनोबल गिर सकता है, जिसके कारण उनकी नई पाठ्यचर्या के प्रति नकारात्मक अभिवृत्ति विकसित हो सकती है। इसलिए अधीक्षक एवं प्राचार्य, प्राचार्य एवं अध्यापकों तथा अध्यापकों एवं विद्यार्थियों के मध्य सामंजस्यपूर्ण सम्बन्ध होना चाहिये।

5. *अन्य समुदाय प्रभाव*

स्थानीय समुदाय के बाहर अन्य कारक उदित होते हैं, जो कि वर्तमान पाठ्यचर्या की वर्तमान स्थिति को बनाये रखते हैं। राज्य के कुछ नियम होते हैं, जिनके अनुसार कुछ बातें पढ़ायी जानी चाहिये। अतः कुछ नियम-कायदे ऐसे भी होते हैं, जिनके द्वारा यह पता चलता है कि पढ़ाने के लिए स्वीकार किया जाये या नहीं। कुछ बातें बोर्ड, विश्वविद्यालय, महाविद्यालयों के कुछ बन्धन होते हैं, जिनके आधार पर प्रवेश एवं उपाधि दी जाती है। इसलिए पाठ्यचर्या परिवर्तन इन्हीं सीमाओं में रखकर किया जा सकता है। इन सभी नियम एवं कायदों की जानकारी शिक्षा-अधीक्षक, प्राचार्य एवं अध्यापकों को पाठ्यचर्या विकास के पहले होना चाहिये।

6. *सतत् निदान की आवश्यकता*

पाठ्यचर्या परिवर्तन अन्तर्वैयक्तिक सम्बन्धों को प्रभावित करती है। इसलिए पाठ्यचर्या परिवर्तन के प्रत्येक सोपान पर विद्यालय समुदाय स्थिति के सभी सार्थक पहलुओं की पहचान करना चाहिये।

यदि संकाय को सहकारिता रूप में समस्या समाधान का अल्प अनुभव है अथवा उसे असफलता का अनुभव है, तब भी सभी व्यक्तियों में कौशल, समझ एवं आत्मविश्वास की वृद्धि आवश्यक है।

अतः एक विशिष्ट स्थिति, एक नये प्रगति-पत्रक अथवा खेल मैदान के उत्तरदायित्वों को प्रदान करने की विधि में परिवर्तन करने के लिए अध्ययन का उद्देश्य हो सकता है। यदि परिस्थितियाँ आज्ञा देती हैं, परिस्थिति स्थिति विस्तार किया जा सकता है। प्रत्येक मामले में व्यक्तियों का एक समूह निर्मित करना होगा, जो कि स्थिति का सामना कर सके। इस समूह का कार्य यदि इसे सफल होना है, तो यह क्रियात्मक अनुसन्धान का रूप लेगा। समूह विशिष्ट स्थिति का सर्वेक्षण कठिनाइयों एवं बलों की पहचान तथा उन स्थितियों, जिनका इससे सामना कर

सकेगा। यह समूह कठिनाइयों का सामना करने के लिए तरीके खोजेगा तथा उन तरीकों का समीक्षात्मक मूल्यांकन करने के पश्चात् इनका परीक्षण करेगा और यह पता लगायेगा कि जो पूर्व में सोचा था, वह पाया गया या नहीं।

समूह सफलता एवं असफलता के बारे में प्रचलित योजनाओं की सूचनाएँ प्राप्त करता है। यदि योजनाएँ पूर्वानुमान अनुसार कार्य नहीं करती, तब उन्हें संशोधित किया जाता है। इस प्रकार से क्रियात्मक अनुसन्धान की प्रक्रिया जारी रहती है, जब तक कि सफल समाधान प्राप्त नहीं किया जा सकता।

क्रमबद्ध प्रतिमान (Systematic Model)

प्रस्तुत प्रतिमान में पाठ्यचर्या की विभिन्न समस्याओं, जैसे–सामग्रियों का श्रेणीकरण, विद्यार्थियों की आवश्यकताओं की पहचान करना तथा अध्यापन की प्रभावी विधियों का विकास करना इत्यादि के लिए क्रमबद्ध विधियों का उपयोग किया जाता है। किन्तु फिर भी चर्चित कार्यक्रमों में परिवर्तन किये गये प्रयासों की चित्र की समीक्षा के द्वारा यह पता चलता है कि पाठ्यचर्या की समस्याओं के समाधान के लिए सामान्य प्रक्रियाओं एवं तकनीकों का प्रयोग किया जाता है। कभी–कभी ये प्रक्रियाएँ एवं तकनीक अपर्याप्त सिद्ध होती हैं।

इनकी असफलता के कारण हमेशा दिये जाते हैं। ऐसा माना जाता है कि अधीक्षक, प्राचार्य अथवा पाठ्यचर्या निदेशक समस्याओं का सामना करने के योग्य नहीं था। या तो वह अध्यापकों के साथ बहुत अधिनायकवादी था अथवा उसने उचित नेतृत्व प्रदान नहीं किया। दूसरी ओर पाठ्यचर्या की सफलता में सक्षम अध्यापक तथा प्राचार्य अथवा अधीक्षक का गतिशील एवं प्रजातान्त्रिक नेतृत्व का योगदान है।

क्रमबद्ध पाठ्यचर्या विकास के सोपान

स्मिथ एवं साथियों (1957) ने क्रमबद्ध पाठ्यचर्या के निम्न 4 सोपान बताये हैं:

1. विद्यालय-समुदाय-स्थिति का एक नैदानिक अध्ययन, ताकि यह सुनिश्चित किया जा सके कि वर्तमान पाठ्यचर्या को बनाये रखने में कौन-से बल कार्य कर रहे हैं।
2. वर्तमान पाठ्यचर्या में परिवर्तन करना, ताकि इन बलों का प्रभाव कम किया जा सके।
3. विभिन्न बलों का नियन्त्रण करना, ताकि पाठ्यचर्या अभ्यास का स्तर वांछित दिशा एवं मात्रा में आगे बढ़ सके।

4. नई पाठ्यचर्या को बनाये रखने के लिए बलों का नया समूह स्थापित करना।

प्रशासनिक प्रतिमान (Administrative Model)

पाठ्यचर्या विकास के प्रस्तुत प्रतिमान के अन्तर्गत विद्यालयों के अधीक्षक पाठ्यचर्या विकास की आवश्यकता की पहचान करने के पश्चात् इसकी पूर्ति हेतु मशीनरी का गठन करते हैं। सर्वप्रथम वह संकाय/स्टॉफ की बैठक आयोजित करते हैं। बैठक में पाठ्यचर्या सुधार की आवश्यकता प्रस्तुत की जाती है। तत्पश्चात् वे शिक्षा मण्डल के पास पाठ्यचर्या विकास का कार्यक्रम स्वीकृति के लिए भेजते हैं। तत्पश्चात् एक संचालन समिति की नियुक्ति की जाती है। संचालन समिति में एक अध्यापक एवं प्रशासनिक अधिकारी होते हैं। प्रस्तुत समिति अधीक्षक के साथ घनिष्ठ रूप से जुड़ी रहती है। समिति निम्न अनेक कार्य करती है:

(अ) सामान्य योजना का निर्माण करना,
(ब) निर्देशक सिद्धान्तों का विकास करना, और
(स) सम्पूर्ण विद्यालय पद्धति को ध्यान में रखते हुये सामान्य उद्देश्यों का कथन तैयार करना।

यह शेष सदस्यों के लिए पाठ्यचर्या विकास, हस्तपुस्तिका (Manual) का कार्य करता है।

उक्त कार्यों के अलावा संचालन समिति, अध्यापकों के लिए पाठ्यचर्या कार्य में प्रशिक्षण के लिए योजनाएँ बनाती हैं। यह इस बात का पता लगाती है कि कितने एवं किस प्रकार के परामर्शदाताओं की नियुक्ति करनी होती है। साथ ही इस बात का भी पता लगाती है कि कितने प्रकार की गतिविधियाँ पाठ्यचर्या निर्माण एवं चलन से परिचित कराने के लिए आवश्यक होगी। संचालन समिति एक सलाहकार समिति का गठन योजना, सिद्धान्तों एवं उद्देश्यों के निर्माण के लिए स्थापित करती है। यह सलाहकार समिति नौसिखिये व्यक्तियों की होती है।

संचालन समिति द्वारा तैयार की गयी अन्तिम योजनाएँ प्रायः अनेक समितियों को प्रदान की जाती हैं, जो कि बड़ी संख्या में अध्यापकों की बनी होती है तथा इन्हें "उत्पादन-समितियाँ" कहते हैं। ये उत्पादन-समितियाँ संचालन समिति द्वारा तैयार उद्देश्यों एवं निर्देशित सिद्धान्तों को ध्यान में रखते हुए अध्ययन के नये पाठ्यक्रम तैयार करती हैं। माध्यमिक विद्यालयों में यह उत्पादन समितियाँ प्रत्येक विषय के लिए

नियुक्त की जाती हैं। उत्पादन-समितियाँ उनसे सम्बन्धित उद्देश्यों का निर्माण करती हैं एवं अध्यापन विधि अनुदेशन की सामग्री को सुझाती हैं। इनका उपयोग अध्ययन पाठ्यक्रम निर्माण तैयार करने में किया जाता है।

अध्ययन के पाठ्यक्रम पूर्ण होने के पश्चात् इनकी समीक्षा संचालन समिति अथवा समीक्षा के लिए नियुक्त समिति द्वारा की जाती है।

अन्त में अध्ययन के पाठ्यक्रम का परीक्षण एवं अधिष्ठापन (Intallation) किया जाता है। सामान्य तौर पर यह उत्तरदायित्व एक अधिष्ठापन समिति द्वारा उठायी जाती है या ली जाती है। अधिष्ठापन समिति, अध्ययन के नये पाठ्यक्रम की अध्यापकों, प्राचार्यों एवं अन्यों को, जो कि प्रत्यक्ष रूप से इसके निर्माण में शामिल नहीं थे कि व्याख्या करती है।

अध्यापकों एवं प्राचार्यों को नई पाठ्यचर्या के तकनीकों एवं प्रयोजनों से चर्चा द्वारा परिचित कराया जाता है। उन्हें कक्षा का भ्रमण भी कराया जाता है। परीक्षण के पश्चात् कक्षा अनुभवों के आधार पर पाठ्यचर्या में संशोधन किया जाता है।

प्रदर्शन प्रतिमान (Demonstration Model)

कुछ समुदायों में विद्यालयीन पाठ्यचर्या में परिवर्तन अध्यापकों के विरोध के कारण सम्भव नहीं होता। वे यह विश्वास करते हैं कि इससे उनकी सुरक्षा एवं प्रतिष्ठा पर आँच आ सकती है। प्रदर्शन उपागम का उपयोग नियमित कार्यक्रम में लघु पैमाने पर परिवर्तन करने हेतु किया जाता है। इससे संकाय सदस्यों को न्यूनतम परेशानी होती है। चूँकि प्रस्तुत उपागम में सम्पूर्ण विद्यालय में परिवर्तन करने से पूर्व प्रस्तावित परिवर्तनों के परिणाम लघु पैमाने पर ज्ञात किये जाते हैं। इससे कई प्रकार की चेतावनियाँ प्राप्त होती हैं।

प्रस्तुत प्रतिमान के दो प्रकार हैं–प्रथम है: विद्यालय में ही एक प्रयोगात्मक इकाई। प्रयोगात्मक परियोजना के संचालन के लिए अलग से संकाय एवं प्रशासन जानबूझकर स्थापित किये जाते हैं। इनका उद्देश्य नए कार्यक्रम, विधियों को विकसित करना होता है, ताकि सम्पूर्ण विद्यालय इससे प्रभावित हो सके।

प्रस्तुत प्रतिमान का दूसरा प्रकार प्रयोजन के अनुसार समान है किन्तु इसमें प्रयोगात्मक इकाई अलग से स्थापित नहीं की जाती है। कुछ अध्यापक, जो कि नियमित विद्यालयीन कार्यक्रम से असन्तुष्ट रहते हैं, इसलिए वे पाठ्यचर्या में परिवर्तन हेतु ज्यांदा उत्साहित रहते हैं–उन्हें नवाचार करने के लिए अवसर एवं प्रोत्साहन दिया जाता है।

जैसे कि पूर्व में बताया जा चुका है कि प्रदर्शन प्रतिमान की विशेषता नए कार्यक्रम का लघु पैमाने पर विकास होती है। इसकी प्रक्रिया के अन्तर्गत सर्वप्रथम प्राचार्य एवं पाठ्यचर्या निदेशक उन अध्यापकों की पहचान करते हैं, जो कि पाठ्यचर्या में सुधार करना चाहते हैं तथा नए विचारों का परीक्षण करना चाहते हैं। इन अध्यापकों को पर्याप्त समय, नेतृत्व और सामग्री, नए कार्यक्रम विकसित करने के लिए प्रदान की जाती है। ऐसा माना जाता है कि यदि नया कार्यक्रम सफल होता है, तब यह अल्प उत्साहित अध्यापकों को प्रभावित करेगा। ताकि वे वर्तमान पाठ्यचर्या का पुनर्परीक्षण कर इसे संशोधित करें। इस प्रकार से नए कार्यक्रम के परिणाम सम्पूर्ण विद्यालय को प्रभावित करेंगे।

प्रदर्शन प्रतिमान में जो अध्यापक प्रयोगात्मक समूह में भाग नहीं लेते हैं, वे नए कार्यक्रम एवं अध्यापकों के प्रति नकारात्मक अभिवृत्ति रखते हैं। ये अध्यापक विद्यार्थियों एवं पालकों को नवाचार के प्रति असहानुभूतिपूर्ण व्यवहार करने के लिए प्रभावित करते हैं। परिणामस्वरूप इसके प्रवक्ता दोनों प्रकार के अध्यापकों के मध्य सम्प्रेषण सुधार की वकालत करते हैं। नए कार्यक्रम की व्याख्या के द्वारा अन्य अध्यापकों, विद्यार्थियों एवं माता-पिता को उसकी अच्छाइयों से अवगत कराया जाता है।

पद्धति विश्लेषण प्रतिमान (System Analysis Model)

प्रस्तुत प्रतिमान को कार्यक्रम नियोजन, लागत प्रभाविता विश्लेषण और कार्यक्रम नियोजन एवं बजट पद्धति नामों से जाना जाता है। शिक्षा में पद्धति विश्लेषण व्यवसाय-दक्षता आन्दोलन का वंशज है। प्रस्तुत प्रतिमान में प्रथम सोपान के अन्तर्गत विद्यार्थियों की वांछित उपलब्धियों, निर्गत (Output), पूर्ण समुच्चय (Set) को बताना होता है। द्वितीय सोपान के अन्तर्गत इन्हें मापने के लिए उपकरणों का निर्माण किया जाता है। तब विद्यार्थियों के अध्यापन के लिए आवश्यक आगत प्राप्त करने वाले आगत स्तर की पहचान एवं उनकी अनुमानित लागत ज्ञात की जाती है। अन्त में विभिन्न शैक्षिक कार्यक्रमों की सापेक्ष लागत एवं लाभ की तुलना मात्रात्मक (Quantitatively) रूप में की जाती है। प्रस्तुत प्रतिमान की सबसे बड़ी कमज़ोरी यह है कि व्यवसाय उपक्रम एवं शैक्षिक उपक्रम एक जैसे कार्य नहीं करते हैं।

कम्प्यूटर आधारित प्रतिमान (Computer Assisted Model)

प्रस्तुत प्रतिमान में बड़ी संख्या में उन पाठ्यचर्या इकाइयों की पहचान की जाती है, जो कि वांछित परिणामों के समूह होती हैं। विद्यार्थियों एवं

अध्यापकों को इन इकाइयों से सम्बन्धित प्रश्नावलियों को पूर्ण करने के लिए कहा जाता है तथा परिणामों को उनकी अभिक्षमता एवं उपलब्धियों के प्रदत्तों को कम्प्यूटर में रखा जाता है। तब कम्प्यूटर इन सूचनाओं का उपयोग प्रत्येक विद्यार्थी के लिए प्रारम्भिक विषय-वस्तु निशिचित (Prescribe) करने में करता है। तत्पश्चात् अध्यापकों एवं विद्यार्थियों की प्रतिक्रियाओं को कम्प्यूटर में रखा जाता है। तब कम्प्यूटर इन्हें स्वतः इसके निर्णय प्रदान करता है, जिससे विद्यार्थियों की उच्चतम उपलब्धियाँ प्राप्त होती हैं। (क्रिस्ट एवं वॉकर, 1971) यद्यपि वर्तमान में इस प्रकार की कोई पद्धति पूर्ण उपयोग में नहीं है। ऐसी आशा है कि निकट भविष्य में कम्प्यूटर द्वारा संचालित पद्धति शीघ्र ही प्रचलन में आ जायेगी। वैसे कम्प्यूटर द्वारा प्रदत्तों के शीघ्र विश्लेषण के बारे में जरा भी सन्देह नहीं है।

व्यवहारिक विश्लेषण प्रतिमान (Behavioural Analysis Model)

प्रस्तुत सदी के प्रारम्भ में किये गये समय गति अध्ययन के उद्वर्धन (Outgroath) के रूप में व्यवहारिक विश्लेषण प्रतिमान का प्रारम्भ प्रशिक्षित विद्यार्थियों से होता है, जो कि पाठ्यचर्या में शामिल होते हैं एवं इसका विश्लेषण उन आण्विक (Moleculur) योग्यताओं के पदानुक्रम में करते हैं, जिनके योग से वांछित जटिल व्यवहार का निर्माण होता है। तत्पश्चात् अनुदेशन के क्रमों का निर्माण किया जाता है। प्रस्तुत प्रतिमान में स्किनर की प्रक्रिया का उपयोग किया जाता है, जिसमें प्रारम्भ से लगाकर विशेषज्ञों द्वारा क्रियान्वयन का नियन्त्रण किया जाता है।

ओलिवा प्रतिमान (Oliva Model)

ओलिवा (1976) ने पाठ्यचर्या का एक ऐसा प्रतिमान प्रस्तुत किया, जो सरल, व्यापक एवं सुव्यवस्थित है। प्रस्तुत प्रतिमान के बारह घटक हैं। प्रतिमान में वर्गों एवं वृत्तों का उपयोग किया गया है। वर्गों का उपयोग नियोजन के स्तर, वृत्त का क्रियात्मक स्तर के लिए किया गया है।

पाठ्यचर्या विकास की प्रक्रिया प्रथम (I) घटक से प्रारम्भ होती है। इस सोपान के समय पाठ्यचर्या विकासक शिक्षा के अभिप्राय बताते हैं। साथ ही उनके दार्शनिक एवं मनोवैज्ञानिक सम्बन्ध बताते हैं। ये अभिप्राय हमारे समाज एवं समाज में रहने वाले व्यक्तियों की आवश्यकताओं से उत्पन्न होते हैं।

द्वितीय (II) घटक में विद्यालय जिस समुदाय में स्थित है, उसकी आवश्यकताओं, उस समुदाय के विद्यार्थियों की आवश्यकताओं तथा

विषयवस्तु की अपेक्षाएँ, जो कि दिये गये विद्यालय में पढ़ाई जानी हों, का विश्लेषण किया जाता है, जहाँ प्रथम घटक के अन्तर्गत विद्यार्थी एवं समाज की आवश्यकता अधिक सामान्य रूप में ली जाती हैं, वहीं द्वितीय में निश्चित विद्यार्थी की निश्चित क्षेत्र की आवश्यकतायें विश्लेषित की जाती हैं।

तृतीय (III) एवं चतुर्थ (IV) घटकों के अन्तर्गत पाठ्यचर्यात्मक लक्ष्यों एवं उद्देश्यों से विशिष्टीकृत किया जाता है। पंचम (V) घटक का कार्य पाठ्यचर्या का संगठन एवं क्रियान्वयन करना होता है। इस घटक के अन्तर्गत उस संरचना का प्रतिपादन एवं स्थापना की जाती है, जिसके द्वारा पाठ्यचर्या संगठित की जायेगी।

षष्ठम् (VI) एवं सप्तम् (VII) घटकों में विशिष्टीकरण का बढ़ता स्तर प्राप्त किया जाता है। प्रत्येक स्तर एवं विषय के लिए अनुदेशन लक्ष्य एवं उद्देश्य कहे जाते हैं।

उद्देश्यों का विशेष रूप से उल्लेख करने के पश्चात् पाठ्यचर्या कार्यकर्त्ता अष्टम् (VIII) घटक पर आता है। यहाँ पर वह विद्यार्थियों के लिए उपयोग में आने वाली अनुदेशनात्मक व्यूह रचना का चयन करता है। साथ ही साथ वह मूल्यांकन तकनीक का प्रारम्भिक चयन भी करता है। यह नवम् (IX) घटना का प्रथम स्तर है। इस अवस्था में पाठ्यचर्या नियोजन विद्यार्थियों की उपलब्धियों के निर्धारण के लिए साधनों का निर्धारण करता है।

इसका क्रियान्वयन दशम् (X) घटक के अन्तर्गत किया जाता है। विद्यार्थियों को सीखने के लिए उपयुक्त अवसर प्रदान करने दशम् (X) के पश्चात् नियोजन विद्यार्थियों की उपलब्धि के मूल्यांकन के लिए तकनीक का चयन करता है। साथ ही अनुदेशक की प्रभाविता का पता लगाता है। तब घटक नवम् (IX) दो चरणों में अलग हो जाता है। पहला ''अ'' अनुदेशन के वास्तविक क्रियान्वयन को तथा दूसरा ''ब'' क्रियान्वयन का अनुसरण करता है। अनुदेशनात्मक सोपान (घटकः X) नियोजन को विद्यार्थियों के निष्पादन के मूल्यांकन के साधनों का चयन करने, संसाधित करने का अवसर प्रदान करता है। घटक एकादश् (XI) वह अवस्था है, जहाँ अनुदेशन का मूल्यांकन किया जाता है। घटक द्वादश् (XII) पाठ्यचर्यात्मक कार्यक्रम के मूल्यांकन का चक्र पूर्ण करती है। प्रस्तुत प्रतिमान में घटक I-V एवं VI-XI नियोजन सोपान हैं जबकि घटक X-XII क्रियात्मक सोपान हैं। घटक पंचम (V) नियोजन क्रियात्मक दोनों है।

ओलिवा प्रतिमान का उपयोग

प्रस्तुत प्रतिमान का उपयोग अनेक प्रकार से किया जा सकता हैः

1. इस प्रतिमान के द्वारा विद्यालयीन पाठ्यचर्या विकसित की जा सकती है;
2. पाठ्यचर्यात्मक घटकों पर संकाय केन्द्रण कर (घटक I-IV एवं VII) कार्यक्रम के बारे में निर्णय ले सकती है; और
3. संकाय अनुदेशन घटकों (VI-XI) पर ध्यान केन्द्रित कर सकती है।

प्रस्तुत प्रतिमान को निम्न सोपानों में भी प्रस्तुत किया जा सकता है:

1. विद्यार्थियों की आवश्यकताओं का सामान्यतः विशेष उल्लेख कीजिये।
2. समाज की आवश्यकताओं का विशेष उल्लेख कीजिये।
3. शिक्षा के दर्शन एवं अभिप्राय का कथन लिखिये।
4. अपने विद्यालय के विद्यार्थियों की आवश्यकताओं का विशेष उल्लेख कीजिये।
5. निश्चित समुदाय की आवश्यकताओं का विशेष उल्लेख कीजिये।
6. विषय सामग्री की आवश्यकताओं का विशेष उल्लेख कीजिये।
7. अपने विद्यालय के पाठ्यचर्यात्मक लक्ष्यों का विशेष उल्लेख कीजिये।
8. अपने विद्यालय के पाठ्यचर्यात्मक उद्देश्यों का विशेष उल्लेख कीजिये।
9. पाठ्यचर्या का संगठन एवं क्रियान्वयन कीजिये।
10. अनुदेशनात्मक लक्ष्यों का विशेष उल्लेख कीजिये।
11. अनुदेशनात्मक उद्देश्यों का विशेष उल्लेख कीजिये।
12. अनुदेशनात्मक व्यूह रचना का चयन कीजिये।
13. मूल्यांकन व्यूह रचना का चयन प्रारम्भ कीजिये।
14. अनुदेशनात्मक व्यूह रचना का क्रियान्वयन कीजिये।
15. मूल्यांकन व्यूह रचना का अन्तिम चयन कीजिये।
16. अनुदेशन का मूल्यांकन कीजिये एवं अनुदेशनात्मक घटकों को संशोधित कीजिये।
17. पाठ्यचर्या का मूल्यांकन कीजिये एवं पाठ्यचर्यात्मक घटकों को संशोधित कीजिये।

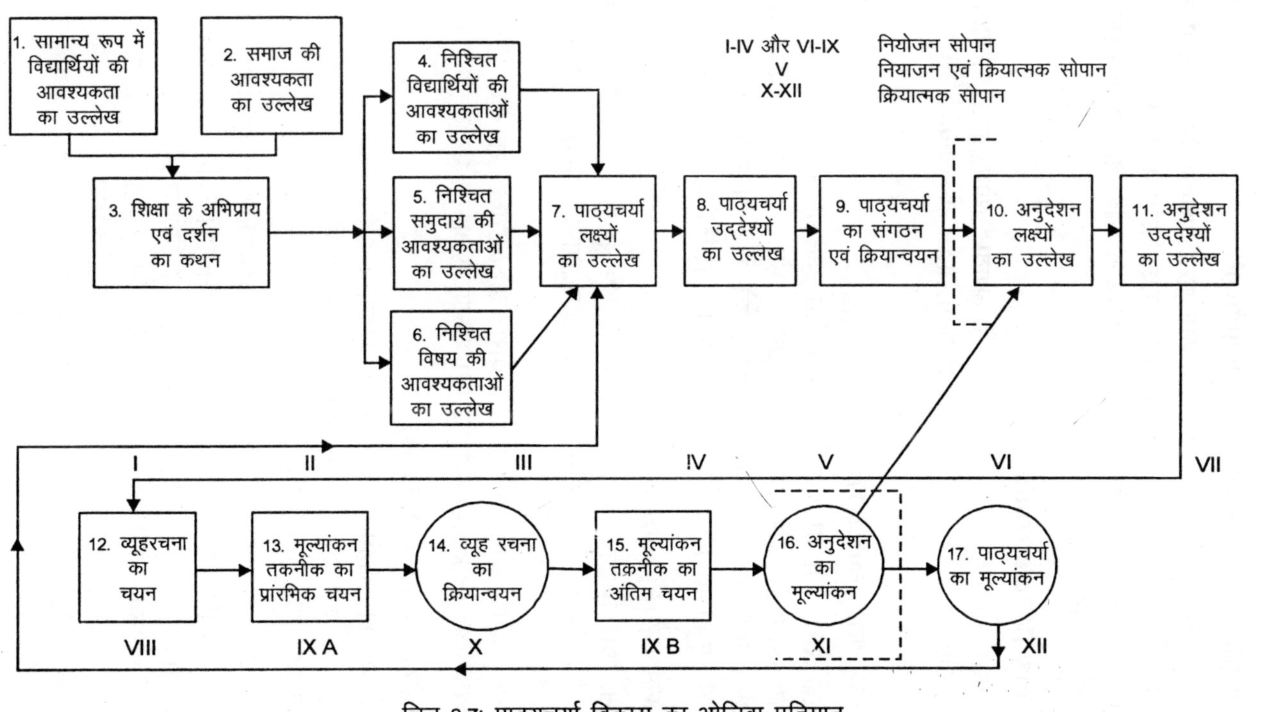

चित्र 8.7: पाठ्यचर्या विकास का ओलिवा प्रतिमान

पाठ्यचर्या विकास के सिद्धान्त
(Principles of Curriculum Development)

पाठ्यचर्या के सिद्धान्त पूर्ण सत्य, आंशिक सत्य अथवा परिकल्पनाओं के रूप में देखे जा सकते हैं। ये सभी क्रियात्मक सिद्धान्त के रूप में कार्य करते हैं। ये इनकी प्रभाविता अथवा जोखिम के अंश के कारण पहचाने जाते हैं। ओलिवा (1992)।

पूर्ण सत्य (Whole Truth)

पूर्ण सत्य या तो स्पष्ट तथ्य होते हैं अथवा प्रयोग द्वारा सत्यापित संकल्पनाएँ होती हैं, जो कि प्रायः बिना परिवर्तन के स्वीकार की जाती हैं।

आंशिक सत्य (Partial Truth)

आंशिक सत्य, सीमित प्रदत्तों पर आधारित होते हैं, जो कि कुछ, कई अथवा ज्यादातर स्थितियों में अनुप्रयुक्त होते हैं, किन्तु ये हमेशा सार्वभौम नहीं होते हैं, जैसे विद्यार्थियों को यदि अनुदेशन हेतु समांग रूप से समूहीकृत किया जाये, तब उनकी उपलब्धियाँ बेहतर होती हैं।

परिकल्पनाएँ (Hypotheses)

अन्ततः कुछ सिद्धान्त न तो आंशिक रूप से सत्य होते हैं, न ही पूर्ण रूप से। किन्तु परिकल्पनाएँ अथवा कामचलाऊ कार्यकारी मान्यतायें होती हैं।

पाठ्यचर्या कार्यकर्ता इन विचारों को उनके सर्वश्रेष्ठ निर्णय, लोकसाहित्य (Folktore) एवं सामान्य समझ के आधार पर बनाते हैं।

दस स्वयंसिद्ध (Ten Axioms)

स्वयंसिद्ध को स्थापित नियम अलग सिद्धान्त अथवा स्वयं साक्ष्य सत्य के रूप में परिभाषित किया गया है। यहाँ सभी दसों स्वयंसिद्धों का क्रमानुसार वर्णन किया गया है:

स्वयंसिद्ध 1: परिवर्तन की अपरिहार्यता (Inevitability of Change)

परिवर्तन अपरिहार्य एवं आवश्यक दोनों हैं। इसके लिए परिवर्तन के द्वारा जीवन के रूप, अभिवृद्धि करते हैं एवं विकसित होते हैं। मानव संस्थाएँ, मानव की तरह अपने-आप परिवर्तन के प्रति अनुक्रिया करने की अपनी क्षमता के अनुपात में उत्पन्न एवं विकसित होती हैं। समाज एवं इसकी संस्थाएँ सतत् समस्याओं का सामना करती हैं अथवा नष्ट हो जाती हैं। हास (1987) ने निम्न मुख्य समस्याएँ बताईं हैं, जिनका सामना समाज कर रहा है:

- पर्यावरण।
- बदलते मूल्य एवं नैतिकता।
- परिवार।
- सूक्ष्म इलेक्ट्रानिक क्रान्ति।
- कार्य का बदलता संसार।
- समान अधिकार।
- शहरी एवं उपशहरी संकट।
- अपराध एवं हिंसा।
- एकाकीपन एवं चिन्ता।
- अन्तर्राष्ट्रीय तनाव।

स्वयंसिद्ध 2: पाठ्यचर्या समय के उत्पाद के रूप में

विद्यालयीन पाठ्यचर्या न केवल प्रदर्शित करती है किन्तु यह इसके समय का उत्पाद है। टर्नी (1976) ने यह बताया कि पाठ्यचर्या कछुए की तरह धीमी चाल से चलती है तथा इसमें अधिक रूपान्तरण होते हैं। उन्होंने बताया कि सामाजिक परिवर्तन धीमी गति से होता है। चूँकि पाठ्यचर्या परिवर्तन सामाजिक परिवर्तन का एक अंश होता है तथा इसकी गति भी सामाजिक परिवर्तन की गति के समान ही होती है।

स्वयंसिद्ध 3: समवर्ती परिवर्तन (Concurrent Change)

प्रारम्भिक समय में किये गये पाठ्यचर्या परिवर्तन बाद के समय में किये गये नये परिवर्तनों के समवर्ती रहते हैं। प्रारम्भिक समय के पाठ्यचर्या परिवर्तन, बाद के समय किये गये पाठ्यचर्या परिवर्तन के समय रहते हैं तथा उसे ढँकते भी हैं।

स्वयंसिद्ध 4: लोगों में परिवर्तन (Change in People)

पाठ्यचर्या परिवर्तन लोगों में परिवर्तन का परिणाम है। पाठ्यचर्या के विकासकर्ताओं को ऐसे लोगों में परिवर्तन करने से प्रारम्भ करना चाहिये, जो कि पाठ्यचर्या परिवर्तन से प्रभावित करते हों, इस हेतु उन लोगों को पाठ्यचर्या परिवर्तन की प्रक्रिया में शामिल करना चाहिये, ताकि उनका समर्पण परिवर्तन के लिए प्राप्त किया जा सके।

स्वयंसिद्ध 5: सहकारी प्रयास (Co-operative Endeavor)

समूह के अंश पर सहकारी प्रयास के परिणामस्वरूप पाठ्यचर्या परिवर्तन प्रभावित होता है। पाठ्यचर्या में दीर्घ एवं बुनियादी परिवर्तन, समूह निर्णयों के आधार पर लाये जा सकते हैं।

स्वयंसिद्ध 6: निर्णय लेने की प्रक्रिया (Decision Making Process)

बुनियादी तौर पर पाठ्यचर्या विकास, एक निर्णय लेने की प्रक्रिया है। पाठ्यचर्या नियोजक अपने सहयोगियों के साथ अनेक प्रकार के चयन करते हैं, जैसे–

1. अनुशासनों में चयन।
2. प्रतिस्पर्धात्मक दृष्टिकोणों में से चयन।
3. जोर देने का चयन।
4. विधियों का चयन।
5. संगठन का चयन।

पाठ्यचर्या नियोजक की दो मुख्य विशेषताएँ होती हैं:–(1) समस्या के पर्याप्त अध्ययन के पश्चात् निर्णय को प्रभावित करने की योग्यता एवं (2) निर्णय लेने की तत्परता।

स्वयंसिद्ध 7: सतत् प्रक्रिया (Continuous Process)

पाठ्यचर्या विकास एक अन्तहीन प्रक्रिया है। एक समस्या के समाधान के पश्चात् पाठ्यचर्या विकास की प्रक्रिया समाप्त नहीं हो जाती है। कार्यक्रम का सतत् अनुश्रवण (Monitoring) किया जाता है, ताकि उसमें सुधार किया जा सके।

स्वयंसिद्ध 8: व्यापक प्रक्रिया (Comprehensive Process)

पाठ्यचर्या विकास एक व्यापक प्रक्रिया है। पाठ्यचर्या नियोजन में भौतिक एवं मानव संसाधनों का उपयोग किया जाता है। टाबा (1962) ने बताया कि पाठ्यचर्या के कुछ क्षेत्रों में परिवर्तन बिना सम्पूर्ण पाठ्यचर्या को ध्यान में रख किए जाते हैं तथा विद्यालयीन पद्धति के एक भाग में त्वरण (Acceleration) बिना अगले के परिवर्तनों को ध्यान में रखे किए जाते हैं।

स्वयंसिद्ध 9: क्रमबद्ध विकास (Systematic Development)

क्रमबद्ध पाठ्यचर्या विकास प्रयास एवं त्रुटि की अपेक्षा अधिक प्रभावी होती है अर्थात् पाठ्यचर्या विकास के लिए एक स्थापित प्रक्रियाओं के द्वारा किया जाना चाहिये।

स्वयंसिद्ध 10: वर्तमान पाठ्यचर्या से प्रारम्भ करना (Starting from Existing Curriculum)

पाठ्यचर्या नियोजक वहाँ से प्रारम्भ करता है, जहाँ पाठ्यचर्या है; जैसे अध्यापक वहाँ से प्रारम्भ करता है, जहाँ विद्यार्थी है।

9

पाठ्यचर्या कार्यान्वयन
(Curriculum Implementation)

कार्यान्वयन की प्रकृति

किसी भी पाठ्यचर्या का महत्व उसके कार्यान्वयन से होता है। कार्यान्वयन के द्वारा ही लक्ष्य एवं उद्देश्यों की प्राप्ति होती है। प्रायः यह देखा गया है कि सुनियोजित कार्यक्रमों का कार्यान्वयन भी कठिनाई से होता है। बिशप (1976) ने बताया कि कार्यान्वयन के लिए पुनर्संरचना एवं प्रतिस्थापन की आवश्यकता होती है। इसके लिए व्यक्तिगत आदतों, व्यवहार के तरीकों, कार्यक्रम के महत्व, सीखने के स्थान एवं वर्तमान पाठ्यचर्या के पुनर्संगठन एवं समायोजन की आवश्यकता होती है। समाज वैज्ञानिकों ने वर्षों पूर्व पूर्ण कार्यान्वयन की जो निम्नलिखित परिभाषा दी थी, वह आज भी उपयोगी है–

(1) स्वीकृति,
(2) अधिक समय कार्य करना,
(3) किसी विशिष्ट पद का एक विचार अथवा चलन,
(4) व्यक्तियों, समूहों अथवा अन्य अनुकूलित इकाइयों से सम्बन्धित,
(5) सम्प्रेषण की विशिष्ट चैनल का,
(6) सामाजिक संरचना का, और
(7) मूल्यों अथवा संस्कृति की दी गयी पद्धति का।

लेथवुड(1982) ने कार्यान्वयन को एक प्रक्रिया माना है, जिसमें वर्तमान पद्धति एवं नवाचारकों अथवा परिवर्तन अभिकर्ताओं द्वारा सुझायी गयी पद्धति में अन्तरों को कम किया जाता है। कार्यान्वयन व्यवहारात्मक परिवर्तन को प्रभावित करने का प्रयास करता है। यह सोपानों में होता है तथा व्यक्तियों को किसी नवाचार के प्रति तैयार करने में समय लगाता है।

आर्न्स्टिन एवं हन्किन्स (1988) ने कार्यान्वयन को पाठ्यचर्या चक्र का एक अलग घटक माना है। इसमें कई व्यक्तियों के व्यापक कार्य शामिल हैं। यह एक अन्तर्क्रियात्मक प्रक्रिया है, जिसमें पाठ्यचर्या

निर्माता एवं उपयोगकर्त्ता के मध्य अन्तर्क्रिया होती है। कार्यान्वयन द्वारा व्यक्तियों के ज्ञान, कार्य एवं अभिवृत्तियों में परिवर्तन का प्रयास किया जाता है।

कार्यान्वयन एवं नियोजन का सम्बन्ध (Relationship of Implementation to Planning)

सफल कार्यान्वयन सावधानीपूर्वक किये गये नियोजन का परिणाम होता है। नियोजन तीन कारकों–व्यक्ति, कार्यक्रम, संगठनों एवं संस्थाओं पर केन्द्रित होता है। इन तीनों को अलग कर देखना मुश्किल है। व्यक्ति में परिवर्तन से कार्यक्रम और संगठन में परिवर्तन होगा ऐसा कुछ विद्वानों का मानना है। प्राथमिक बल कार्यक्रम पर होना चाहिये। यदि लोगों को विद्यालय कार्यक्रमों के उद्देश्यों की प्राप्ति के लिए तरीके बताये जायें तब लोग उसे कार्यान्वित करेंगे। अन्य विद्वानों का कहना है कि संगठन पर बल दिया जाना चाहिये। उनके अनुसार यदि विभाग पुनर्संगठित होंगे तब व्यक्ति उससे समायोजन करेंगे।

तरक्कीवाद (Incrementalism)

हालांकि व्यक्ति परिवर्तन चाहते हैं किन्तु वे परिवर्तन से डरते भी हैं विशेषकर उस समय जब परिवर्तन शीघ्र होता है एवं वे समझते हैं कि उनका परिवर्तन पर नियन्त्रण नहीं है। अधिकतर व्यक्ति धीरे-धीरे व्यवहार में परिवर्तन करना चाहते हैं। प्रायः अध्यापक परिवर्तन को ग्रहण करने में हिचकिचाते हैं। कुलन एवं गुडलेड (1975) ने बताया कि अध्यापकों को अपने साथियों से अन्तर्क्रिया का अल्प अवसर मिलता है जिससे वे एकाकी हो जाते हैं। उनका यह एकाकीपन आंशिक रूप से विद्यालय संगठन एवं अध्यापन अनुसूची का परिणाम होता है।

अध्यापकों को कार्यान्वित किये जाने वाले नये कार्यक्रमों के परीक्षण में समय लगता है। नये लक्ष्य एवं उद्देश्यों, नयी विषयवस्तुओं एवं अधिगम अनुभवों के परीक्षण के लिए उन्हें समय की आवश्यकता होती है।

सम्प्रेषण (Communication)

कार्यक्रम के सफल क्रियान्वयन के लिए आवश्यक है कि अध्यापकों, प्राचार्यों एवं पाठ्यचर्या कार्यकर्त्ताओं के मध्य चर्चा हो। यह चर्चा प्रभावी सम्प्रेषण के द्वारा ही सम्भव है। सम्प्रेषण को निम्न प्रकार से परिभाषित किया गया है–सम्प्रेषण वह प्रक्रिया है जिसमें दो या दो से अधिक व्यक्ति, विचारों, तथ्यों, अनुभूतियों तथा प्रभावों का इस प्रकार से आदान-प्रदान करते हैं जिससे कि उनमें से प्रत्येक सन्देश का अर्थ, उद्देश्य एवं उपयोग सामान्य रूप से ग्रहण करता है। यदि पाठ्यचर्या विशेषज्ञ केवल नई पाठ्यचर्या के बारे में तथ्य बताना चाहते हैं, वे इसे

पत्रों, लेखों, पुस्तकों, बुलेटिनों एवं शोध प्रतिवेदनों एवं वक्तव्यों द्वारा सम्प्रेषित कर सकते हैं। यदि नई पाठ्यचर्या वर्तमान से एकदम भिन्न हो, तब कार्यशालाओं, बैठकों, भूमिका निर्वाह एवं प्रदर्शन से सम्प्रेषण किया जा सकता है।

सहयोग (Co-operation)

सफल परिवर्तन के लिए यह आवश्यक है कि कार्यक्रम कार्यान्वयन में शामिल सभी व्यक्तियों के मध्य सहयोग हो। चूँकि अधिकांश मामलों में अध्यापक ही विशेषज्ञ होते हैं, अतः उनका नयी पाठ्यचर्या के लिए समर्पण आवश्यक है। उनका समर्पण इस बात पर निर्भर करता है कि वे नये कार्यक्रम के संकल्पन एवं विकास में कितने सक्रिय रहे हैं। शोध अध्ययन बताते हैं कि यदि अध्यापक पाठ्यचर्या कार्यान्वयन एवं विकास में सक्रिय सहभागिता करते हैं तब उसके सफल कार्यान्वयन की सम्भावना बढ़ जाती है। आंशिक रूप से ऐसा इसलिए होता है क्योंकि भावनाएँ एवं औचित्य एक-दूसरे से अपरिहार्य रूप से सम्बन्धित हैं। अध्यापक के अलावा अन्य सम्बन्धित व्यक्तियों का सहयोग भी आवश्यक होता है।

समर्थन (Support)

कार्यान्वयन के लिए समय एवं सामग्री की आवश्यकता होती है। पाठ्यचर्या निर्माताओं को अपने द्वारा अनुशंसित कार्यक्रमों/कार्यक्रम संशोधनों के शीघ्र कार्यान्वयन के लिए सहायता देने की आवश्यकता होती है। इससे उनमें आत्मविश्वास का निर्माण होता है। प्रायः शिक्षकों को नये कार्यक्रम के साथ सामंजस्य के लिए सेवाकालीन प्रशिक्षण की आवश्यकता होती है। कार्यक्रम के कार्यान्वयन के लिए कार्यान्वयन प्रक्रिया के दौरान खुली चर्चा आयोजित की जानी चाहिये जिससे कार्यक्रम की सीमाओं एवं बाधाओं का ज्ञान होता है। इसके द्वारा यह भी ज्ञात होता है कि कार्यक्रम द्वारा वांछित उद्देश्यों की पूर्ति हो रही है अथवा नहीं। इससे कार्यक्रम के दर्शन के बारे में भी मालूम होता है। कार्यक्रम के सफल कार्यान्वयन के लिए धन की आवश्यकता होती है। सामग्री एवं उपकरण मानव समर्थन, धन से ही प्राप्त किया जाता है।

कार्यान्वयन परिवर्तन प्रक्रिया के रूप में (Implementation as a Change Process)

पाठ्यचर्या में धीमे एवं तीव्र परिवर्तन होते हैं। धीमा परिवर्तन उस समय होता है जब पुस्तकालय में कुछ नयी पुस्तकें आती हैं अथवा अध्यापक किसी इकाई अथवा पाठ को नवीनतम जानकारियों के आधार पर संशोधित करता है। इस परिवर्तन में पाठ्यचर्या में मामूली परिवर्तन

किया जाता है। तीव्र परिवर्तन उस समय किया जाता है जब कोई नया ज्ञान अथवा सामाजिक प्रवृत्ति विद्यालय पर प्रभाव डालती है। उदाहरण के लिए कम्प्यूटर का कक्षाओं में प्रवेश। पाठ्यचर्या के सफल कार्यान्वयन के लिए लेविन एवं साथियों (1985) द्वारा किये गये शोध ने निम्न पाँच मार्गदर्शिकाएँ दी हैं जिनके उपयोग से पूर्व गलतियों से बचा जा सकता है–

1. विद्यार्थियों की उपलब्धियों में सुधार हेतु निर्मित नवाचार तकनीकी रूप में पुख्ता होना चाहिये।
2. सफल नवाचार के लिए रूढ़िगत विद्यालयों की संख्या में परिवर्तन आवश्यक है।
3. नवाचार औसत अध्यापकों के लिए संचालनीय एवं उचित होना चाहिये।
4. सफ़ल परिवर्तन प्रयासों का कार्यान्वयन सहज होना चाहिये, और
5. पाठ्यचर्या योजना निश्चित होनी चाहिये।

परिवर्तन के प्रकार

बेनिस (1966) ने परिवर्तन के तीन उपयोगी प्रकार बताये हैं–

1. नियोजित परिवर्तन (Planned Change)
2. संशोधन (Correction)
3. अन्तर्क्रियात्मक परिवर्तन (Interactional Change)

1. नियोजित परिवर्तन वह है जिसमें परिवर्तन प्रक्रिया में शामिल सभी व्यक्तियों को निर्धारित रूप में समान शक्ति एवं कार्य होते हैं। व्यक्ति दी गयी गतिविधियों के लिए सुस्पष्ट प्रविधि की पहचान एवं अनुसरण करते हैं।

2. संशोधन की पहचान लक्ष्यों का पता लगाने वाले समूह एवं अन्यों को भाग लेने से अलग करने के कारण होती है।

3. अन्तर्क्रिया परिवर्तन की पहचान परस्पर लक्ष्य निर्धारण तथा समूह के सदस्यों में समान शक्ति वितरण से की जाती है।

चिन (1967) ने तीन परिवर्तन व्यूह रचनाएँ दी हैं जिन्हें 'परिवर्तन प्रकार' के रूप में स्वीकार किया जा सकता है–

1. प्रयोगाश्रित विवेकी (Emperical-Rational) व्यूह रचनाएँ, परिवर्तन की आवश्यकता जानने पर बल देती है तथा इसमें इनके कार्यान्वयन की क्षमता होती है।
2. मानकीय-लघुकारक (Normative-Reducative) व्यूह रचनाएँ मानव विवेक एवं बुद्धि पर आधारित होती है।

3. शक्ति (Power) व्यूह रचनाओं में व्यक्ति अपने से श्रेष्ठ की इच्छाओं का चलन कर परिवर्तन करते हैं।

जटिलता के अनुसार परिवर्तन (Change According to Complexity)

मॅक्लीन (1985) ने जटिलता के अनुसार निम्न परिवर्तन बताये हैं–

1. *प्रतिस्थापन (Substitution)*

एक तत्व दूसरे को प्रतिस्थापित करे, जैसे–एक पुस्तक के स्थान पर दूसरी पुस्तक का उपयोग।

2. *रद्दोबदल (Alteration)*

जब वर्तमान कार्य में गौण (Minor) नयी विषय-वस्तु, पद, सामग्रियों एवं प्रविधियों का उपयोग किया जाये।

3. *अव्यवस्था (Perturbations)*

परिवर्तन प्रारम्भ में कार्यक्रम को अस्तव्यस्त करता है किन्तु थोड़े से समय में कार्यक्रम नेतृत्व द्वारा दृढ़ निश्चय से वर्तमान कार्यक्रम से समायोजित किये जाते हैं।

4. *पुनर्संरचना (Restructuring)*

इन परिवर्तनों द्वारा स्वयं पद्धति में परिवर्तन किया जाता है। जैसे–समूह अध्यापन।

5. *मूल्योन्मुखात्मक परिवर्तन (Value Orientational Change)*

जब सहभागी मूलभूत दर्शन से हटते हैं, तब इसका उपयोग किया जाता है। इसके लिए अध्यापकों का उनके मूल्य पक्ष से सामंजस्य आवश्यक है अन्यथा परिवर्तन का जीवन बहुत छोटा होगा।

परिवर्तन के प्रति प्रतिरोध (Resistance to Change)

यह एक सर्वविदित तथ्य है कि किसी भी प्रकार का परिवर्तन लाया जाये उसके मार्ग में अनेक प्रकार की बाधाएँ आती हैं। इसी प्रकार पाठ्यचर्या परिवर्तन में कर्मचारी, प्रशासक एवं समुदाय द्वारा अवरोध उत्पन्न किया जा सकता है।

अध्यापक विषय के नवीनतम ज्ञान से अपरिचित रहते हैं एवं वे स्वयं को पाठ्यचर्या कार्यान्वयन के लिए समर्पित महसूस नहीं करते हैं। फ्रेण्डबर्ग (1966) ने कहा कि अध्यापक की प्रवृत्ति नवाचारात्मक नहीं होती इसलिए वे परिवर्तन नहीं चाहते हैं।

रोजर्स (1962) ने परिवर्तन की निम्न बाधाएँ बतायी हैं–

1. शिक्षा में नवाचारकों को बहुत कम प्रोत्साहन मिलता है।

2. शिक्षा में परिवर्तन अभिकर्ता नहीं होते हैं।
3. शैक्षिक नवाचारों के लाभ वर्तमान कार्यक्रम जिन्हें कि परिवर्तित किया जाना है, की तुलना में काफी धुंधले हैं।
4. विद्यालय में नवाचारात्मक मामले व्यक्तिगत उत्तरदायित्व नहीं हैं। उसके लिए कुछ प्रविधियों एवं औपचारिक संरचनाओं की आवश्यकता होती है।
5. विद्यालयों के नवाचारों के प्रसार की विधियाँ स्पष्ट परिभाषित नहीं होती। नये कार्यक्रम के सम्प्रेषण एवं अनुवर्तन (Follow up) के अल्प अवसर होते हैं।

पाठयचर्या कार्यान्वयन प्रतिमान (Curriculum Implementation Models)

पाठ्यचर्या के सफल कार्यान्वन के बारे में हैरिस (1983) ने बताया कि इसके लिए व्यूह रचनाओं की पहचान करना एक कठिन कार्य है, किन्तु विशेषज्ञ एवं अभ्यासकर्ता आपस में लगातार चर्चा कर पाठ्यचर्या सुधार के प्रभावी माध्यम खोजते रहते हैं। हैरिस ने परिवर्तन की व्यूह रचनाओं के बारे में निम्न सुझाव दिये हैं–

1. नीति आधार का स्पष्टीकरण,
2. प्रभावित व्यक्तियों को लक्ष्य निर्धारण, कर्मचारी चयन एवं मूल्यांकन में शामिल करना,
3. अध्यापकों को नियम एवं उत्तरदायित्व स्पष्ट करना,
4. परिवर्तन की व्यूह रचनाओं एवं द्वन्द्व हल तकनीक में व्यक्तियों को प्रशिक्षण, और
5. प्रभावित दलों को आवश्यक सहयोग प्रदान करना।

परिवर्तन की बाधाओं को दूर करना प्रतिमान (Overcoming Resistance to Change Model)

यह प्रतिमान इस मान्यता पर आधारित है कि किसी नियोजित संगठनात्मक परिवर्तन की सफलता एवं असफलता इस बात पर निर्भर करती है कि नेतृत्व किस प्रकार से कर्मचारी अवरोधों को अपनी योग्यता से दूर करता है। यदि हमें परिवर्तन लाना है तब हमें कर्मचारियों को समस्याओं, भय, भ्रान्तियों या अन्य कारकों को समझाना होगा। हमें यह भी बताना होगा कि नया कार्यक्रम किस प्रकार से उनकी इच्छा का है तथा उनके लिए फायदेमन्द है। सफल कार्यान्वयन का यह सिद्धान्त है कि अपने अधीनस्थों को आदेश देने की बजाय उन्हें अभिप्रेरित किया जाये।

हाल एवं लाक्स (1981) ने बताया कि पाठ्यचर्या कार्यान्वयन के सम्बन्ध को अग्र चार विकासात्मक सोपानों में समूहीकृत किया जा सकता है–

सोपान 1: असम्बन्धित सम्बन्ध (Stage 1: Unrelated Concerns)

इस अवस्था में अध्यापक उनमें परिवर्तन में कोई सम्बन्ध नहीं देखते। उदाहरणार्थ यदि विद्यालय में विज्ञान का नया पाठ्यक्रम निर्मित किया जाता है तब वह उससे जागृत तो होगा किन्तु ऐसा नहीं सोचेगा कि कार्यक्रम उसे प्रभावित करेगा इसी कारण वह उसका विरोध भी नहीं करेगा।

सोपान 2: व्यक्तिगत सम्बन्ध (Stage 2: Personal Concerns)

इस अवस्था में अध्यापक अपनी व्यक्तिगत स्थिति एवं परिवर्तन के सम्बन्ध में प्रतिक्रिया व्यक्त करेगा। वह नये कार्यक्रम से अपने स्वयं की स्थिति को ध्यान में रखकर तुलना करेगा।

सोपान 3: कार्य सम्बन्धित सम्बन्ध
(Stage 3: Task Related Concerns)

इस सोपान में व्यक्ति नवाचार के वास्तविक उपयोग के आधार पर विरोध करेगा जैसे–समय एवं उपलब्ध सामग्री।

सोपान 4: प्रभाव सम्बन्धित सम्बन्ध
(Stage 4: Impact Related Concerns)

परिवर्तन का उपयोग कर प्रतिक्रिया व्यक्त करने के पश्चात् वह यह बतायेगा कि नवाचार किस प्रकार से विद्यार्थी, सहयोगी शिक्षकों एवं समुदाय के अन्य व्यक्तियों एवं संगठन को प्रभावित करेगा।

नेतृत्व बाधा पाठ्यचर्या प्रतिमान (Leadership Obstacle Models)

इस प्रतिमान का उदय ग्रास (1971) द्वारा संगठनों की सफलता एवं असफलता ज्ञात करते समय हुआ। वास्तव में यह प्रतिमान 'बाधाओं को दूर करना प्रतिमान' का विस्तार है। इस प्रतिमान में परिवर्तन के लिए कर्मचारी विरोध को एक समस्या के रूप में देखकर यह प्रस्तावित किया कि विरोध की सीमा एवं प्रकृति के लिए प्रदत्त एकत्रित किये जाना चाहिये। यह विचार नेताओं के लिए है ताकि वे अवरोधों को समाप्त कर सकें। वे निम्न पाँच (5) सोपानों द्वारा यह कर सकते हैं–

1. संघटनात्मक सदस्यों को प्रस्तावित नवाचार की स्पष्ट समझ होना चाहिये;
2. संगठन के सदस्यों को कौशल दिये जाना चाहिये तथा उनमें नवाचार के लिए आवश्यक क्षमताएँ होना चाहिये;

3. नवाचार के लिए आवश्यक सामग्री एवं उपकरण प्रदान किये जाने चाहिये;
4. संगठन (विद्यालय) को संशोधित किया जाना चाहिये ताकि सुझाया गया नवाचार इसके अनुरूप हो; और
5. नवाचार के सहभागियों को इस बात के लिए अभिप्रेरित किया जाना चाहिए कि पर्याप्त समय एवं प्रयास नवाचार की सफलता के लिए दें।

संयोजन प्रतिमान (Linkage Model)

प्रस्तुत प्रतिमान हेनलाक (1973) द्वारा विकसित किया गया। उसने बताया कि शोध एवं विकास केन्द्रों, विश्वविद्यालयों एवं स्कूल पद्धतियों में नवाचारक हैं। शिक्षकों ने पाया कि नवाचार शैक्षिक समस्याओं के हल के लिए उपयुक्त नहीं है। उन्होंने नवाचारों एवं विद्यालयीन समस्याओं के मध्य संयोजन की आवश्यकता प्रतिपादित की है।

शैक्षिक परिवर्तन का प्रारम्भ बिन्दु उपभोक्ता को अपनी समस्या समाधान प्रक्रिया में होता है। परिवर्तन के लिए उपभोक्ता को अपनी समस्या से सम्बन्धित सभी सार्थक सूचनाओं को बताना होगा। स्रोत पद्धति के पास उपयोगकर्त्ता की समस्याओं का स्पष्ट चित्र होना चाहिये एवं उसे उपयोगकर्त्ता की समस्याओं का सम्भावित समाधान भेजना चाहिये। सफल स्रोत पद्धति निदान, खोज, पुनः प्राप्ति, हल का निर्माण, प्रसार और मूल्यांकन इत्यादि क्रम में आगे बढ़ती है ताकि उसके उत्पादन का परीक्षण हो सके।

संयोजन प्रतिमान में बुनियादी प्रक्रिया ज्ञान का स्थानान्तर है। जो विद्यालय इस प्रतिमान का उपयोग करता है, उसे उक्त चक्र से होकर गुजरना पड़ता है। यदि कोई विद्यालय नये भाषा कला पाठ्यचर्या का कार्यान्वयन करना चाहता है, वह उसे इस प्रकार से उपयोग कर सकता है–

1. विद्यालय सर्वप्रथम इसके वर्तमान भाषा पाठ्यचर्या का विश्लेषण कर समस्याओं का पता लगायेगा।
2. जब एक बार समस्या एवं उसका कारण ज्ञात हो जायेगा तब उसके सम्भावित कारणों की खोज की जायेगी। इस समय विद्यालय अपनी समस्याओं का सन्देश स्रोत पद्धति को भेजेगा।
3. स्रोत पद्धति (विद्यालयीन अथवा बाह्य) समस्या का निदान कर उसके समाधान की खोज करेगी।
4. स्रोत पद्धति समस्या का समाधान प्राप्त कर उपयोगकर्त्ता (विद्यालय) को सन्देश भेजेगी।

5. इसी दौरान विद्यालय विभिन्न भाषा पाठ्यक्रमों का विश्लेषण करेगा तथा खोज द्वारा समस्या का समाधान प्राप्त करेगा। विद्यालय इन सूचनाओं को स्रोत पद्धति को देगा। इस प्रकार सम्पूर्ण प्रक्रिया के दौरान स्रोत पद्धति एवं उपयोगकर्त्ता एक-दूसरे से संयोजित होते हैं।

संगठनात्मक विकास प्रतिमान (Organisational Development Model)

सामुक एवं माइल्स (1977) ने संगठनात्मक विकास को परिवर्तन के बेहतर उपागम के रूप में प्रस्तुत किया। उसने बताया कि नेताओं को यह पूर्ण रूप से समझना चाहिये कि संगठनों के अनेक दृष्टिकोण होते हैं। कार्यान्वयन को संगठनात्मक दृष्टिकोण से देखने पर, शिक्षक ने अनुभव किया कि संगठन ऐसी स्थितियों का निर्माण करता है, जो व्यक्तियों के नवाचारों के प्रत्यक्ष एवं कार्यान्वयन के प्रकार को प्रभावित करती है।

अर्गायरिस ने इस बिन्दु को संगठनात्मक अधिगम की संकल्पना की चर्चा में बताया है। उन्होंने बताया कि अधिगम तब होता है जबकि एक संगठन वांछित उपलब्धि अर्जित करता है यानि कि कार्य के लिए नियोजित एवं कार्यान्वयित योजना के वास्तविक परिणाम के मध्य मिलान। उसने बताया कि एकल एवं दोहरे चाप के द्वारा अधिगम होता है। एकल चाप अधिगम तब होता है जबकि संगठन किसी त्रुटि की पहचान करता है एवं इसे सुधारता है। उदाहरण के लिए थर्मोस्टेट यदि बहुत ठण्डा अथवा बहुत गर्म का पता लगाने के लिए अभिक्रमित किया जाता है तब बहुत ठण्डा अथवा गर्म होने पर वह उसे सुधार देगा। यदि थर्मोस्टेट यह पता करे कि बहुत ठण्ड एवं गर्मी क्यों है? तब यह दोहरा चाप अधिगम होगा।

अधिकतर विद्यालयों में एकल चाप अधिगम का उपयोग किया जाता है। यदि अध्यापकों को यह ज्ञात होता है कि विद्यार्थी कुछ कौशलों में कमजोर हैं तब ये परिवर्तन कार्यक्रम द्वारा इसमें सुधार करते हैं। वे यह जानने का प्रयास नहीं करते कि विद्यार्थी कमजोर क्यों हैं?

ब्लेक एवं माउटन (1979) ने संगठनात्मक विकास के शिक्षा में अनुप्रयोग के कुछ सिद्धान्त प्रतिपादित किये हैं–

1. वह स्वशासी एवं स्वयं के लिए उत्तरदायित्व संगठन परिवर्तन की इकाई है।
2. आवश्यक परिवर्तन लाने के लिए शीर्ष नेतृत्व की निर्णय लेने की प्रक्रिया में सक्रिय सहभागिता होनी चाहिये।
3. संगठन की सम्पूर्ण मानव पद्धति शामिल की जानी चाहिये।

4. परिवर्तन के प्रबन्धन के लिए उत्तरदायित्व को नेतृत्व व्यवहार की पुख्ता संकल्पनाओं को सीखने के लिए आवश्यक अवसर दिये जाने चाहिये।

रेन्ड परिवर्तन अभिकर्त्ता प्रतिमान (Rand Change Agent Model)

प्रस्तुत प्रतिमान के अनुसार पाठ्यचर्या गतिविधि प्रक्रिया की सभी अवस्थाओं विशेषकर कार्यान्वयन के समय को संगठनात्मक परिवर्ती या तो प्रोत्साहित अथवा हतोत्साहित करता है। रेन्ड प्रतिमान ने परिवर्तन प्रक्रिया के तीन सोपान सुझाये हैं–

(1) सूत्रपात (Initiation),
(2) कार्यान्वयन (Implementation), और
(3) समावेशन (Incorporation)

प्रारम्भिक अवस्था में, परिवर्तन के नेता अनुमानित परिवर्तन के लिए समर्थन प्राप्त करते हैं। परिवर्तन के समर्थन के लिए लोगों को यह मालूम होना चाहिये कि संगठन के लक्ष्यों की प्राप्ति के लिए आवश्यक है। संगठन के सदस्यों का समर्थन प्राप्त करने के पश्चात् परिवर्तन की गतिविधि अगले सोपान में प्रवेश करती है।

इस सोपान में प्रस्तावित परिवर्तन या कार्यक्रम और स्थानीय विद्यालय संगठनों में कार्यक्रम के अनुकूलन के लिए संशोधन किया जाता है। यह मान्यता है कि कार्यान्वयन की सफलता निम्न बातों पर निर्भर होती है–

प्रस्तावित कार्यक्रम की विशेषताएँ, अध्यापन एवं प्रशासन कर्मचारियों की योग्यताएँ, स्थानीय समुदाय की प्रकृति तथा विद्यालयीन संगठन की संरचना समावेशन की अवस्था में, कार्यान्वित परिवर्तन स्थापित कार्यक्रम का भाग बन जाता है। सेवारत एवं अनुवर्तन गतिविधियाँ कार्यक्रम के समावेश के लिए आवश्यक होती हैं।

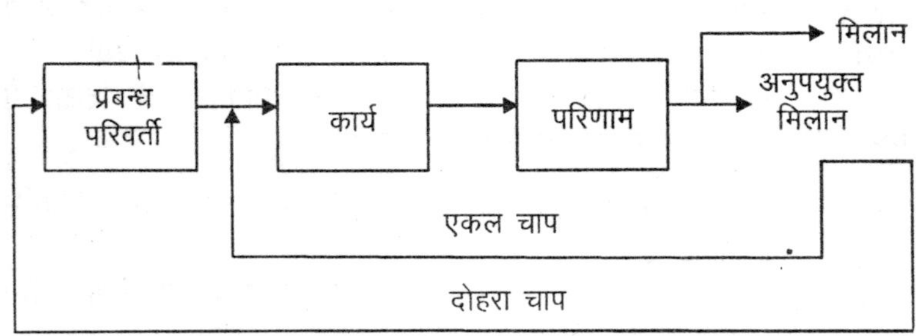

चित्र 9.1: एकल एवं दोहरा चाप अधिगम

10

अनुदेशन एवं पाठ्यचर्या का मूल्यांकन (Evaluation of Instruction & Curriculum)

अनुदेशन का मूल्यांकन (Evaluation of Instruction)

ओलिवा (1992) बताते हैं कि 'विद्यार्थियों की उपलब्धियों के निर्धारण द्वारा अनुदेशन के मूल्यांकन को आगे बढ़ाया जा सकता है।' एक अर्थ में अनुदेशन का मूल्यांकन अनुदेशक की प्रभाविता का मूल्यांकन है। उदाहरणार्थ क्या अध्यापक ने सही पद्धति का चयन किया? क्या अध्यापक के उद्देश्य स्पष्ट हैं? क्या परीक्षण पद उद्देश्यों से सम्बन्धित हैं? क्या अध्यापक ने सामग्री, स्पष्ट रूप से प्रस्तुत की? ऐसे अनेक प्रश्न हैं, जिन्हें मूल्यांकक अध्यापक के निष्पादन के मूल्यांकक के लिए पूछता है। प्रस्तुत अध्याय विद्यार्थियों के निष्पादन पर केन्द्रित है।

अन्य प्रकार से, अनुदेशन का मूल्यांकन, पाठ्यचर्या का मूल्यांकन है। यह इस बात को भी दर्शाता है कि विषय-वस्तु पर्याप्त रूप से पूर्ण की गई। पाठ्यचर्या के मूल्यांकन में इन प्रश्नों के उत्तर नहीं होंगे कि उपयुक्त विषय सामग्री से प्रारम्भ किया गया, बहरहाल विषयवस्तु सार्थक है? यह विद्यार्थियों की सामाजिक आवश्यकताओं की पूर्ति करती है। यह विद्यालय के दर्शन एवं अभिप्राय से मिलती है। ये ऐसी विधाएँ हैं, जिनका विद्यार्थियों की उपलब्धियों के अलावा मूल्यांकन किया जाना चाहिये।

चक्र के साथ चक्र (Cycle Within Cycle)

ओलिवा (1992) के अपने पाठ्यचर्या विकास के प्रतिमान के चक्र के साथ पाठ्यचर्या चक्र दिया है। प्रस्तुत प्रतिमान, पाठ्यचर्या विकास के प्रतिमान का उपप्रतिमान है। पाठ्यचर्या विकास प्रतिमान को प्रस्तुत प्रतिमान के लिए प्रतिपोष रेखाएँ सरल रूप में खींची गई थी। यह अनुदेशन शृखला के अन्तिम सिरे-अनुदेशन का मूल्यांकन से प्रारम्भ

होकर अनुदेशनात्मक प्रतिमान के प्रारम्भ अनुदेशन लक्ष्यों का विशेष वर्णन तक आती हैं।

यह ध्यान देना आवश्यक है कि अनुदेशन के मूल्यांकन से अनुदेशन लक्ष्यों की ओर आती प्रतिपोष रेखा यह प्रदर्शित करती है कि पद्धति में संशोधन क्रम में किये जा सकते हैं। यद्यपि चित्र को अधिक सही बनाया जा सकता है। यदि प्रत्येक घटक को प्रतिपोष रेखा से मिलाया जाये, इसे चित्र 10.1 में दर्शाया गया है। जैसा कि हमने देखा, अनुदेशनात्मक श्रृंखला लक्ष्यों के विशेष वर्णन से प्रारम्भ होती है। यह श्रृंखला तब तक पूर्ण नहीं हो सकती, जब तक कि हमें यह मालूम न हो कि अनुदेशनात्मक लक्ष्य एवं उद्देश्य प्राप्त हो गये हैं। अर्थात् हमारी समस्या अनुदेशन के मूल्यांकन की है।

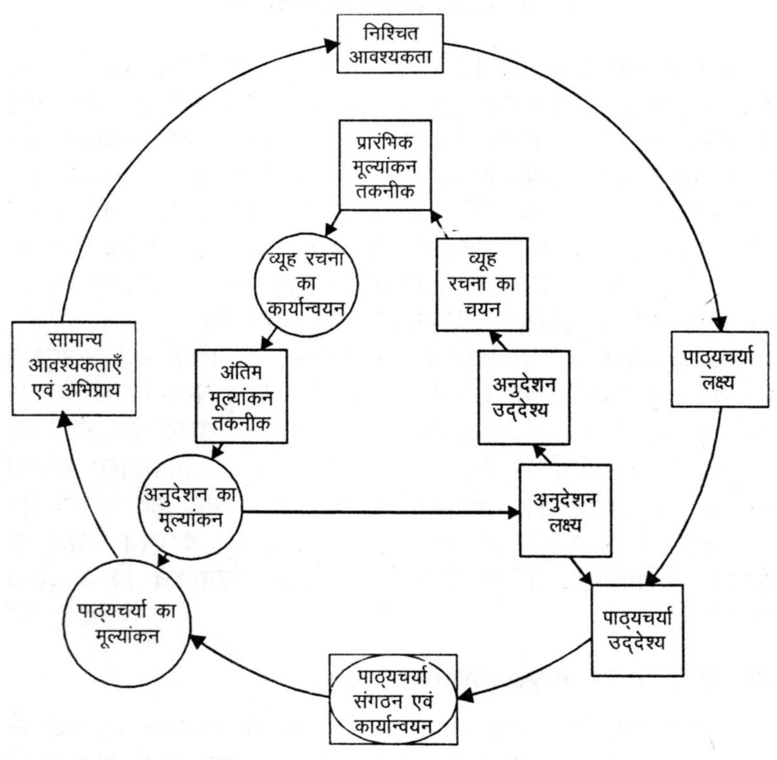

चित्र 10.1: अनुदेशन एवं पाठ्यचर्या चक्र

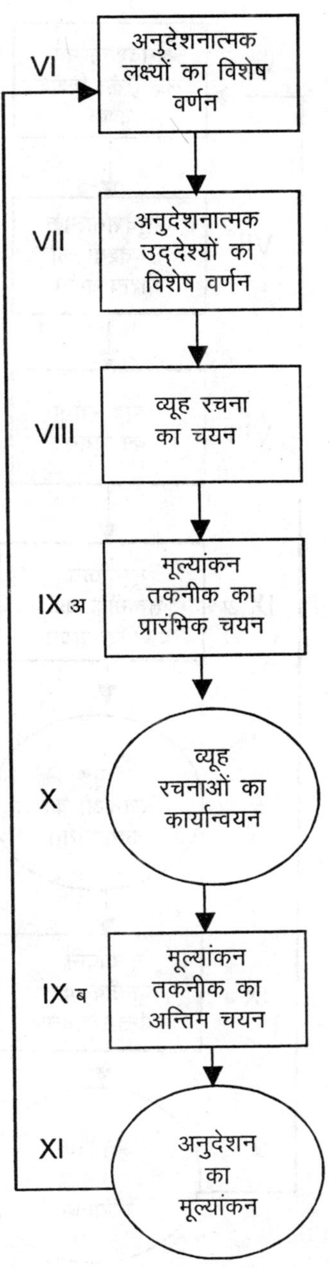

चित्र 10.2: एक प्रतिपोष रेखा सहित अनुदेशनात्मक प्रतिमान

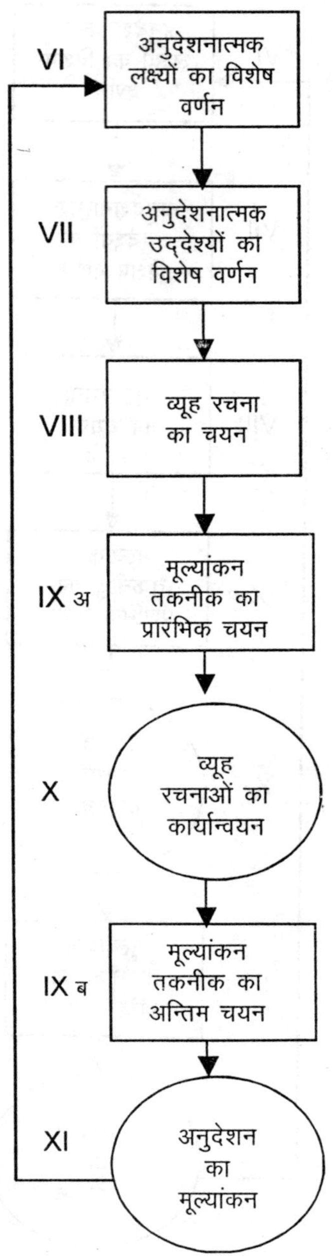

चित्र 10.3: सभी प्रतिपोष रेखाओं सहित अनुदेशन प्रतिमान

मूल्यांकन के लिए नियोजन के सोपान (Stages of Planning for Evaluation)

ओलिवा के पाठ्यचर्या विकास प्रतिमान में मूल्यांकन तकनीक IX को दो घटकों IXअ–मूल्यांकन तकनीक का प्रारम्भिक चयन एवं घटक IX'ब' मूल्यांकन तकनीक का अन्तिम चयन में विभाजित किया गया है। यह अलगाव इस बात को दर्शाने के लिए किया गया कि मूल्यांकन तकनीक का नियोजन अनुदेशन के पूर्व एवं पश्चात् किया जाता है। इसे विस्तारित प्रतिमान (देखिए चित्र 10.3) में दर्शाया गया है।

पाठ्यचर्या मूल्यांकन (Curriculum Evaluation)

मूल्यांकन पाठ्यचर्या विकास का एक आवयश्यक घटक है। मूल्यांकन के द्वारा मूल्यांकनकर्ता के पास प्रदत्त एकत्रित होते हैं, इन प्रदत्तों की सहायता से वह किसी पाठ्यचर्या के बारे में यह निर्णय लेता है कि उसे स्वीकार करे, परिवर्तित करे अथवा समाप्त कर दे। मूल्यांकन के द्वारा पाठ्यचर्या की शक्तियों एवं कमजोरियों का पता इसके क्रियान्वयन के पहले चलता है तथा इसकी प्रभाविता का पता इसके क्रियान्वयन के बाद चलता है।

निकष सन्दर्भित परीक्षण (Criterian Referenced Test)

निकष सन्दर्भित परीक्षणों का उदय मूल रूप से व्यावहारिक उद्देश्यों, व्यक्तिपरक अनुदेशन, अनुदेशन के क्रमण, अभिक्रमित अनुदेशन सामग्री के विकास एवं पारंगतता अधिगम से हुआ है। ऐसा विश्वास था कि मानक सन्दर्भित परीक्षण अस्वास्थ्यकर प्रतिस्पर्धा को बढ़ावा देते हैं। इसलिए यह अल्प फलांक प्राप्त करने वाले विद्यार्थियों के लिए घातक है। इसलिए भी निकष सन्दर्भित परीक्षण का उदय हुआ। परम्परागत विधि में विद्यार्थियों की उपलब्धि, कक्षा, समूह, विद्यालय अथवा राज्य, जिसे विद्यार्थियों के फलांकों के निर्वचन के लिए सन्दर्भक माना जाता है। ऐसे मापन, जिसमें विद्यार्थी के फलांक का निर्वचन समूह सन्दर्भ में किया जाता है, मानक सन्दर्भित परीक्षण कहलाते हैं। ऐसे मापन, जिसमें विशिष्ट निकष का उपयोग विद्यार्थी के फलांकों के निर्वचन के लिए उपयोग में लाया जाता है, निकष सन्दर्भित परीक्षण कहलाते हैं।

पोफम के अनुसार निकष सन्दर्भित परीक्षण का उपयोग किसी व्यक्ति के स्तर के किसी सुपरिभाषित व्यवहार पक्ष के सन्दर्भ में निर्धारण के लिए किया जाता है।

निकष सन्दर्भित परीक्षण में निकष शब्द का उपयोग निम्न को दर्शाने के लिए किया जाता है:

(अ) अनुदेशनात्मक उद्देश्य के लिए।
(ब) एक अपेक्षित पश्च अनुदेशनात्मक अनुदेशन अधिगम परिणाम के लिए।
(स) विद्यार्थी के एक चाहे गये निष्पादन स्तर के लिए।
(द) अधिगमक की उपलब्धि के स्वीकार करने योग्य स्तर के लिए।
(इ) निष्पादन के उत्पाद के वांछित मानक हेतु।

अनेक विद्वानों ने इसे निम्नानुसार परिभाषित किया है:–

निकष सन्दर्भित परीक्षण वह है, जिसका निर्माण जानबुझकर उस मापन का पता लगाने के लिए किया जाता है, जिसका प्रत्यक्ष रूप से निर्वचन विशिष्ट निष्पादन मानकों के रूप में किया जा सके।

निकष सन्दर्भित परीक्षण वह है, जिसमें ऐसे पद शामिल होते हैं, जो व्यावहारिक उद्देश्यों के होते हैं (इवान्स, 1970)।

निकष सन्दर्भित एवं मानक संदर्भित मापन परीक्षणों की तुलना

मनक सन्दर्भित	*निकष सन्दर्भित परीक्षण*
1. मानक सन्दर्भित मापन का मुख्य कार्य मानकीय समूह में विद्यार्थी की सापेक्ष स्थिति का पता लगाना है।	1. निकष सन्दर्भित मापन का मुख्य कार्य इस बात का निर्धारण करना है कि विद्यार्थी ने विशिष्ट निकष अथवा निष्पादन मानक में पारंगतता प्राप्त की है।
2. मानक सन्दर्भित परीक्षण का निर्माण करते समय या तो सामान्य अधिगम परिणाम अथवा सुनिश्चित उद्‌देश्यों का विशेष उल्लेख किया जाता है।	2. निकष सन्दर्भित परीक्षण का निर्माण करते समय पूर्ण व्यावहारिक उद्‌देश्यों (नियोजन उद्‌देश्यों) का विशेष उल्लेख किया जाता है।
3. मानक सन्दर्भित मापन का उपयोग करते समय पारंगतता के लिए निकष का उल्लेख नहीं किया जाता है।	3. निकष सन्दर्भित परीक्षण के उपयोग के लिये पारंगतता के लिये निकष का उल्लेख किया जाना चाहिए।
4. मानक सन्दर्भित मापन के लिए परीक्षण पदों का विद्यार्थियों में विभेद करने के लिए किया जाता है।	4. निकष सन्दर्भित मापन के लिये परीक्षण पदों का निर्माण पूर्व ज्ञात निपुणता के स्तर के मापन के लिये किया जाता है।
5. अर्थपूर्ण निर्वचन के लिए सहायक फलांकों की वैधता वांछित है।	5. वैधता निरर्थक है संतोषजनक निकष सन्दर्भित मापन के लिए यह आवश्यक स्थिति नहीं है।

मनक सन्दर्भित	निकष सन्दर्भित परीक्षण
6. मानक सन्दर्भित परीक्षणों से प्राप्त परिणामों को परम्परागत ग्रेडिंग पद्धति (A, B, C, D, F) में परिवर्तित किया जा सकता है।	6. निकष सन्दर्भित मापन के परीक्षण प्राप्तांक एक द्विआधारी (Binary) पद्धति को सुझाते है। (अर्थात् संतोषजनक-असंतोषजनक, उत्तीर्ण-अनुउत्तीर्ण) हालांकि निकष सन्दर्भित परीक्षण के परिणाम परम्परागत ग्रेडिंग पद्धति में विशिष्ट रूप से निर्मित नियमों का पालन कर किये जा सकते है।

योगात्मक एवं संरचनात्मक मूल्यांकन (Summative and Formative Evaluation)

योगात्मक एवं संरचनात्मक मूल्यांकन में मुख्य भेद निम्न होते हैं (ब्लूम एवं अन्य, 1971):–

(1) प्रयोजन (Purpose)
(2) समय, एवं
(3) सामान्यीकरण का स्तर।

जबकि ये विशेषताएँ सापेक्ष हैं। इसलिए संरचनात्मक एवं योगात्मक मूल्यांकन की परिभाषाएँ भी सापेक्ष रूप में ली जानी चाहिये।

योगात्मक मूल्यांकन, जैसा कि नाम से पता चलता है, पूर्ण की गई पाठ्यचर्या के व्यापक निर्धारण (Assessment) को प्राप्त करने के लिए किया जाता है। इस प्रकार योगात्मक मूल्यांकन प्रक्रिया सामान्यतः पाठ्यचर्या विकास पूर्ण होने के पश्चात् किया जाता है तथा पूर्ण किये उत्पाद का सामान्य शब्दावली में अन्तिम निर्णय प्रदान करता है।

इसके विपरीत संरचनात्मक मूल्यांकन पाठ्यचर्या के निर्धारण की गुणवत्ता प्रदान करने के लिए पाठ्यचर्या विकास प्रक्रिया द्वारा किया जाता है। इसका एक अतिरिक्त प्रयोजन वे प्रदत्त प्रदान करना होता है, जिसका उपयोग बेहतर उत्पाद प्राप्त करने के लिए किया जा सकता है। इस प्रकार संरचनात्मक मूल्यांकन अनेक मध्य बिन्दुओं पर पाठ्यचर्या विकास की प्रक्रिया के दौरान अपेक्षाकृत दूसरे अधिक विशिष्ट पहलुओं का किया जाता है।

योगात्मक एवं संरचनात्मक मूल्यांकन दोनों की ही पाठ्यचर्या विकास में महती भूमिका होती है। इन दोनों मूल्यांकनों की शब्दावली

से यह स्पष्ट है कि योगात्मक मूल्यांकन में ''अन्तिम'', ''परिणाम'' एवं ''उत्पाद'' मूल्यांकन किया जाता है तथा संरचनात्मक मूल्यांकन में ''सतत्'' अथवा ''चल रहे'' (On Going) कार्यक्रम का मूल्यांकन किया जाता है।

यह स्पष्ट है कि पाठ्यचर्या विकास की प्रक्रिया में संरचनात्मक मूल्यांकन, योगात्मक मूल्यांकन की तुलना में अधिक उपयोगी है। यद्यपि दोनों ही प्रकार के मूल्यांकन आवश्यक हैं। योगात्मक मूल्यांकन की मुख्य समस्या यह होती है कि जब एक बार अधिक पूर्ण रूप पाठ्यचर्या तैयार हो जाती है, तब किसी भी प्रकार का मुख्य परिवर्तन सुझाये जाने पर इससे सम्बन्धित प्रत्येक व्यक्ति प्रतिरोध दर्शाता है। दूसरी ओर चूँकि पाठ्यचर्या एक विकासात्मक घटना है। संरचनात्मक मूल्यांकन इसकी उत्पत्ति के निर्देशन के लिए अधिक उपयुक्त उपकरण है। संक्षेप में, प्रतिपोष एवं निर्देशन के रूप में संरचनात्मक मूल्यांकन पाठ्यचर्या विकास की प्रक्रिया को ''खुला'' रखता है।

मूल्यांकन प्रतिमान (Evaluation Model)

विद्वानों ने पाठ्यचर्या मूल्यांकन के कई प्रतिमान प्रस्तुत किये हैं, जिनमें से प्रमुख प्रतिमान निम्न हैं–

टायलर प्रतिमान (Tyler Model)

प्रस्तुत प्रतिमान को आठ वर्षीय अध्ययन प्रतिमान भी कहा जाता है। टायलर के निर्देशन में यह अध्ययन 1933 से 1941 तक किया गया। यह अध्ययन पाठ्यचर्या विकास की सम्पूर्ण प्रक्रिया से सम्बन्धित था, जिसमें मूल्यांकन एक अनिवार्य अंग था। अध्ययन के विभिन्न परीक्षणों, मापनियों, अनुसूचियों, जाँच-पत्रों, प्रश्नावलियों, विद्यार्थी अभिलेखों एवं अन्य माध्यमों का उपयोग प्रदत्त एकत्रित करने के लिए किया गया। टायलर ने मूल्यांककों (Evaluators) के लिए निम्न अनुशंसाएँ अध्ययन के आधार पर की थीं–

1. विस्तृत लक्ष्य अथवा उद्देश्य स्थापित कीजिये।
2. उद्देश्यों को वर्गीकृत कीजिये।
3. उद्देश्यों को व्यावहारिक (Behavioural) रूप में परिभाषित कीजिये।
4. उन स्थितियों को मालूम कीजिये, जिनमें उद्देश्यों की उपलब्धि दिखायी जा सके।
5. मापन तकनीकों को विकसित कीजिये अथवा उनका चुनाव कीजिये।

6. विद्यार्थियों के निष्पादन के प्रदत्त इकट्ठा कीजिये और
7. व्यवहारिक रूप से कहे गये उद्देश्यों से प्रदत्तों की तुलना कीजिये।

मेटफेसल-माइकल मूल्यांकन प्रतिमान
(Metfessel-Michael Evaluation Model)

मेटफेसल एवं माइकल ने 1960 में शैक्षणिक समुदाय के समक्ष एक प्रतिमान प्रस्तुत किया। इस प्रतिमान के आठ मुख्य सोपान हैं–

1. अध्यापकों, व्यावसायिक संगठनों के सदस्यों, विद्यार्थियों एवं आम नागरिकों को प्रत्यक्ष अथवा परोक्ष रूप में मूल्यांकन में शामिल करना चाहिये।
2. व्यापक लक्ष्यों एवं विशिष्ट लक्ष्यों को एक सशक्तिशील (Cohesive) प्रतिमान विकसित करना तथा उन्हें सामान्य से विशिष्ट के क्रम में व्यवस्थित करना।
3. सोपान 2 में उत्पन्न विशिष्ट उद्देश्यों को इस रूप में परिवर्तित करना, जो कि पाठ्यचर्या कार्यक्रम के संचालन में सम्प्रेषण एवं अनुप्रयोग के योग्य हों।
4. निकष मापनों के लिए आवश्यक उपकरणों का निर्माण करना, जिसमें से व्यक्ति पाठ्यचर्या कार्यक्रम की प्रभावित के सम्बन्ध में निष्कर्ष निकाल सके।
5. परीक्षणों, मामलों (Cases) एवं अन्य उपयुक्त उपकरणों की सहायता से कार्यक्रम के कार्यान्वयन एवं रख-रखाव के बारे में नियत कालिक निरीक्षण संचालित करना।
6. उपयुक्त संख्यिकीय प्रक्रियाओं के द्वारा संकलित प्रदत्तों का विश्लेषण करना।
7. प्रदत्तों की व्याख्या करना तथा प्राप्त निष्कर्षों से मूल्यांककों को शिक्षार्थी की अभिवृद्धि, विशिष्ट क्षेत्र में उनकी प्रगति तथा सम्पूर्ण कार्यक्रम की सम्पूर्ण प्रभाविता का ज्ञान होगा।
8. प्राप्त सूचनाओं एवं सामान्य अनुशंसाओं के आधार पर, कार्यक्रम के आगे कार्यान्वयन अथवा पाठ्यचर्या के तत्वों, व्यापक लक्ष्यों एवं विशिष्ट उद्देश्यों, विशिष्ट विषय-वस्तु, अनुभवों एवं सामग्रियों में संशोधन किया जाता है। इस सोपान के निष्कर्ष से प्रक्रिया दोहराने के लिए तैयार होती है।

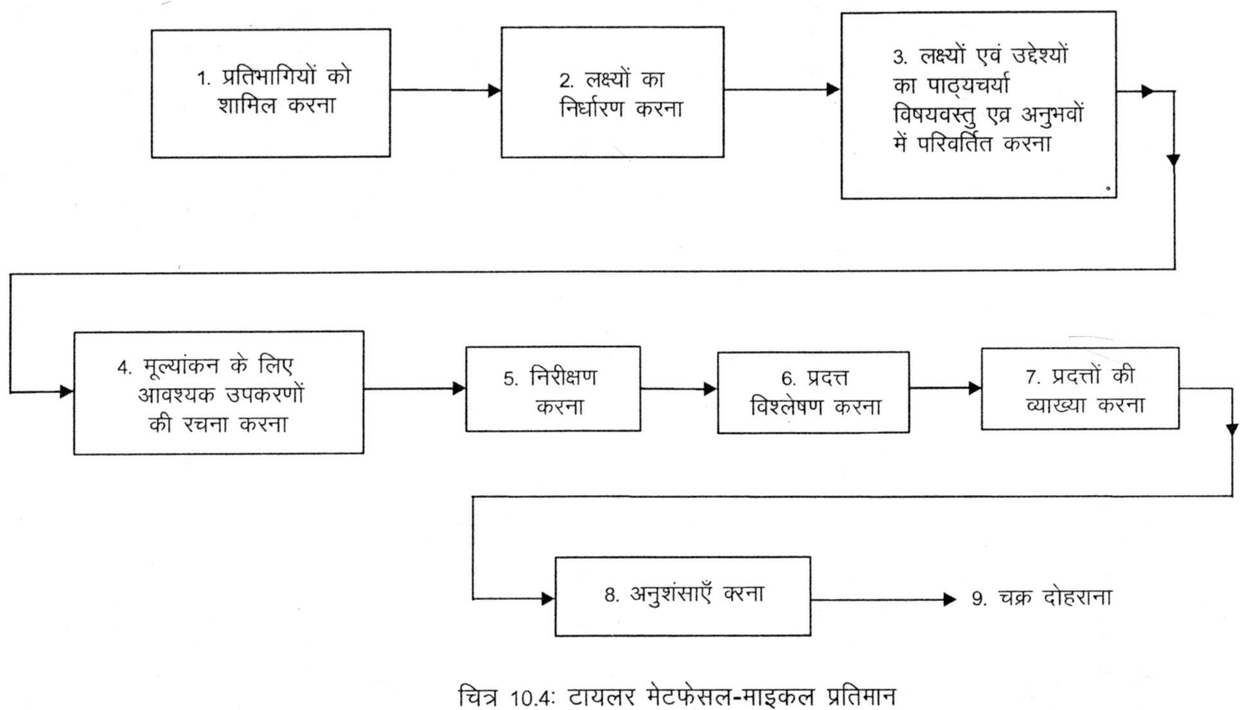

चित्र 10.4: टायलर मेटफेसल-माइकल प्रतिमान

प्रोवस विसंगति मूल्यांकन प्रतिमान
(Provus Discrepancy Evaluation Model)

प्रस्तुत प्रतिमान के प्रतिपादक मालकम प्रोवस (1971) हैं। उन्होंनें मूल्यांकन को पद्धति प्रबन्ध (System-Management) सिद्धान्त से जोड़ा, इसके चार घटक एवं पाँच सोपान हैं।

चार घटक निम्नानुसार हैं–

1. कार्यक्रम के मानकों को ज्ञात करना।
2. कार्यक्रम की निष्पत्ति ज्ञात करना।
3. निष्पत्ति की मानकों से तुलना करना।
4. यह पता लगाना कि क्या निष्पत्ति एवं मानकों में विसंगति है?

प्रोवस के प्रतिमान के 5 सोपान हैं। सभी सोपानों में कार्यक्रम निष्पत्ति की तुलना कार्यक्रम के मानकों से पूर्वस्थापित निकष के आधार पर की जाती है। इसके पाँच सोपान निम्न हैं–(देखिये चित्र 10.5)

1. *अभिकल्प (Design)*

इस सोपान के अन्तर्गत कार्यक्रम के अभिकल्प की तुलना मानक अभिकल्प अथवा निकष से की जाती है। कार्यक्रम के आन्तरिक पुख्तापन कर्मचारी, स्रोतों, सामग्री इत्यादि की पर्याप्तता एवं बाह्य पुख्तापन (समान कार्यक्रम से इसकी तुलना करना) का परीक्षण किया जाता है। मानक अभिकल्प एवं कार्यक्रम के अभिकल्प में यदि विसंगति होती है, तब उसे निर्णायकों को बताया जाता है, ताकि वे निर्णय ले सकें कि अभिकल्प को स्वीकार करें, निरस्त करें अथवा संशोधित करें।

2. *प्रतिष्ठापन (Installation)*

कार्यक्रम के वास्तविक संचालन की तुलना प्रतिष्ठापन अथवा निष्ठा के निकष से की जाती है। कार्यक्रम की सुविधाओं, माध्यमों, विधियों, विद्यार्थियों एवं कर्मचारियों की योग्यताओं सहित कार्यक्रम की विशेषताओं का मूल्यांकन किया जाता है। कार्यक्रम प्रतिष्ठापन एवं प्रतिष्ठापन निकष के मध्य यदि कोई विसंगति होती है, तब उसे निर्णय लेने वाले को उचित कार्यवाही करने के लिए बताया जाता है।

3. *प्रक्रिया (Process)*

विशिष्ट कार्यक्रमों एवं प्रक्रियाओं का मूल्यांकन विद्यार्थियों एवं कर्मचारियों की गतिविधियों एवं सम्प्रेषण सहित किया जाता है। यदि प्रक्रिया अनुपयुक्त हो, तब उसके बारे में निर्णय लेने वाले को सूचित किया जाता है, ताकि वह उचित समायोजन कर सकें। यह उत्पादन

विद्यार्थी एवं कर्मचारी तथा साथ ही साथ विद्यालय एवं समुदाय के रूप में हो सकते हैं। प्राप्त सूचनाओं से निर्णायकों को यह सहायता मिलेगी कि कार्यक्रम को यथावत् जारी रखा जावे, इसमें संशोधन किया जाये अथवा इसे समाप्त कर दिया जाये।

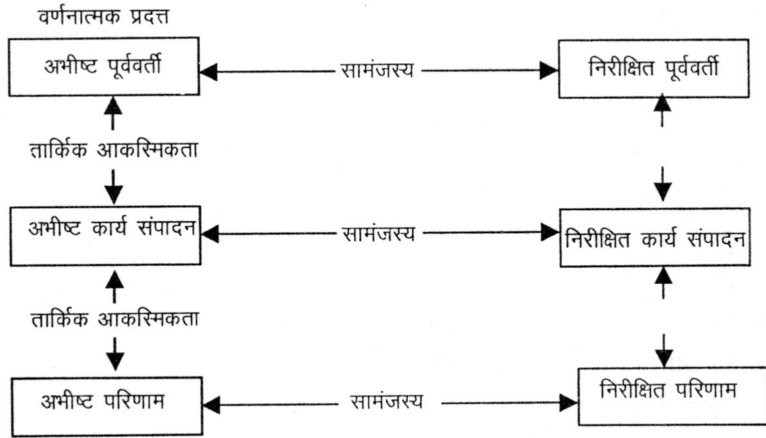

चित्र 10.5: सांमजस्य आकस्मिकता प्रतिमान

4. *उत्पादन (Products)*

इस सोपान के अन्तर्गत मौलिक लक्ष्यों के सन्दर्भ में सम्पूर्ण कार्यक्रम के प्रभाव का मूल्यांकन किया जाता है। यह उत्पादन विद्यार्थी एवं कर्मचारी तथा साथ ही साथ विद्यालय एवं समुदाय के रूप में हो सकते हैं। प्राप्त सूचनाओं से निर्णायकों को यह सहायता मिलेगी कि कार्यक्रम को यथावत् जारी रखा जाये, इसमें संशोधन किया जाये अथवा इसे समाप्त कर दिया जाये।

5. *लागत (Cost)*

अन्तिम सोपान में कार्यक्रम का मूल्यांकन लागत लाभों के सन्दर्भ में किया जाना चाहिये। कार्यक्रम उत्पादनों की तुलना समान कार्यक्रमों के उत्पादन से की जानी चाहिये।

स्टेक समनुरूप-आकस्मिता प्रतिमान (Stakes Congruence-Contingency Model)

स्टेक ने बताया कि शैक्षिक मूल्यांकन सतत् रूप से आकस्मिक निरीक्षण, अन्तर्निहित लक्ष्यों, अन्तर्ज्ञानात्मक मानकों और विषय निर्णयों पर आश्रित रहता है। स्टेक ने कहा कि शिक्षकों को अधिक औपचारिक मूल्यांकन प्रक्रियाओं की तलाश करनी चाहिये।

स्टेक ने आगे कहा कि प्रदत्तों को सूचनाओं के तीन निकायों (Bodies) में संगठित किया जा सकता है, ये निकाय हैं–पूर्ववर्ती (Anticident), कार्य निष्पादन (Transaction) एवं परिणाम। पूर्ववर्ती वह स्थिति होती है, जो अध्यापन–अधिगम से पूर्व उपस्थित रहती है एवं परिणाम को प्रभावित कर सकती है। विद्यार्थी की विशेषताएँ, उनके पूर्व के उपलब्धि फलांक, अनुशासन एवं उपस्थिति इत्यादि पूर्ववर्ती होते हैं। पूर्ववर्ती के अन्तर्गत अध्यापक की विशेषताएँ जैसे अनुभव के वर्ष, शिक्षा का प्रकार तथा अध्यापन व्यवहार निर्धारण भी आते हैं।

स्टेक ने बताया कि कार्य सम्पादन विद्यार्थियों एवं अध्यापकों, विद्यार्थियों एवं विद्यार्थियों तथा विद्यार्थियों एवं स्रोत व्यक्तियों के मध्य होता है। कार्य सम्पादन वे अन्तर्क्रियाएँ हैं, जो विद्यार्थी पाठ्यचर्या सामग्रियों और कक्षा पर्यावरणों के दिये गये समय में समान करने में, स्थान व्यवस्थाएँ एवं सम्प्रेषण प्रवाह के साथ करते हैं।

मूल्यांकन उपागम में हमारा सम्बन्ध परिणामों से होता है। इन्हें हम कार्यक्रम के उत्पादन भी कहते हैं। स्टेक ने बताया कि परिणाम शिक्षा के तात्कालिक एवं दीर्घकालिक, संज्ञानात्मक, क्रियात्मक, निजी एवं सामुदायिक निष्कर्ष हैं।

स्टेक प्रतिमान तीन प्रकार के प्रदत्तों को मेट्रिक्स में व्यवस्थित करता है। प्रतिमान मूल्यांकन के अभीष्ट (Intended) एवं निरीक्षित तत्वों पूर्ववर्तियों, कार्य-सम्पादनों एवं परिणामों को बताता है। मूल्यांकनकर्ता विभिन्न प्रकार के निर्णय विभिन्न दलों, विद्यार्थियों, अध्यापकों, सहयोगी, कर्मचारियों एवं समुदाय के सदस्यों से इकट्ठा करता है एवं मेट्रिक्स में भरने के लिए वर्णन करता है।

मूल्यांकनकर्ता के लिए यह चुनौती होती है कि वह आकस्मिकताओं की पहचान करें तथा बाद में पूर्ववर्तियों, कार्य-सम्पादनों एवं परिणामों के मध्य सामंजस्यता की पहचान करे। आकस्मिकताएँ परिवर्तियों के मध्य तीन वर्गों, पूर्ववर्तियों, कार्य सम्पादनों एवं परिणामों में सम्बन्ध है। आदर्श रूप में यह प्रदर्शित किया जाना चाहिये कि परिणाम पूर्ववर्तिययों एवं कार्य सम्पादनों के निष्कर्ष हैं। यदि यह प्रदर्शित किया जा सकता है कि कार्य सम्पादन पूर्व पूर्ववर्तियों से सम्बन्धित है, तब कार्य सम्पादन तार्किक रूप से पूर्ववर्तियों से सम्बन्धित होंगे। इसी तरह, परिणाम तार्किक रूप से कार्य सम्पादनों से सम्बन्धित होना चाहिये। प्रतिमान बताता है कि मूल्यांकनकर्ता का सम्बन्ध अभीष्ठ एवं निरीक्षित परिणामों के मध्य सामंजस्यता से होता है।

स्टफलबीम सन्दर्भ, निवेश, प्रक्रिया, उत्पादन प्रतिमान (Stufflbeam's Contest, Input, Process Production Model)

प्रस्तुत प्रतिमान के प्रतिपादक डेनियल स्टफलबीम (1971) हैं। प्रस्तुत प्रतिमान मूल्यांकन को सतत प्रक्रिया के रूप में स्वीकार करता है। मूल्यांकन प्रक्रिया के निम्न तीन सोपान होते हैं–

1. संग्रह के लिए आवश्यक सूचनाओं का चित्रण
2. सूचनाएँ प्राप्त करना; और
3. सूचनाओं को सम्बद्ध दलों को प्रदान करना।

स्टफलबीम एवं फाय डेल्टा कापा राष्ट्रीय मूल्यांकन समिति के सदस्यों ने पाया कि मूल्यांकन के प्रयासों में चार प्रकार के निर्णयों की आवश्यकता होती है। (1) नियोजन के निर्णय, (2) संरचना के निर्णय, (3) क्रियान्वयन के निर्णय, एवं (4) पुनर्चक्रण के निर्णय। इन निर्णयों के अनुसार चार प्रकार के मूल्यांकन होते हैं: सन्दर्भ, निवेश, प्रक्रिया और उत्पादन।

1. *सन्दर्भ मूल्यांकन* (Context Evaluation)

सन्दर्भ मूल्यांकन में जिस पर्यावरण में कार्यक्रम चलाया जाता है, का अध्ययन शामिल किया जाता है। इसका प्रयोजन उद्देश्यों के लिए औचित्य प्रदान करना होता है। सन्दर्भ मूल्यांकन वास्तव में 'स्थिति विश्लेषण' है, जिसमें व्यक्ति अपने आपको वास्तविकता के पठन में पाते हैं और वास्तविकता का मापन वे क्या करना चाहते हैं, के सन्दर्भ में किया जाता है।

2. *निवेश मूल्यांकन* (Input Evaluation)

कार्यक्रम के लक्ष्यों को प्राप्त करने के लिए स्रोतों का उपयोग कैसे करें? इसे ज्ञात करने के लिए सूचनाएँ प्रदान करना, निवेश मूल्यांकन के अन्तर्गत आता है। निवेश मूल्यांकन तदर्थ एवं सूक्ष्म विश्लेषक (Micro Analystic) होता है। निवेश मूल्यांकन अनेक प्रश्न करता है: क्या उद्देश्य उपयुक्त प्रकार से समनुरूप (Congruent) है? क्या विषय-वस्तु कार्यक्रम के अभिप्रायों, लक्ष्यों एवं उद्देश्यों के समनुरूप है? क्या अनुदेशन की व्यूह रचनाएँ उपयुक्त हैं?

3. *प्रक्रिया मूल्यांकन* (Process Evaluation)

प्रस्तुत मूल्यांकन का उपयोग नियोजित एवं वास्तविक गतिविधियों के मध्य समनुरूपता को ज्ञात करने के लिए किया जाता है? स्टफलबीम ने प्रक्रिया मूल्यांकन के लिए तीन मुख्य व्यूह रचनाएँ प्रस्तुत की हैं:

1. कार्य विधितात्मक (Procedural) अभिकल्प एवं विसरण अवस्था में इसके कार्यान्वयन की प्रमुख त्रुटियों का पता लगाना अथवा भविष्य कथन करना।
2. अभिक्रमित निर्णयों के लिए सूचनाएँ प्रदान करना।
3. कार्य विधियों का उनके घटने के अनुसार रिकार्ड रखना।

4. *उत्पादन मूल्यांकन (Product Evaluation)*

उत्पादन मूल्यांकनकर्ता प्रदत्तों का संकलन इस बात का पता लगाने के लिए करते हैं कि अन्तिम पाठ्यचर्या उत्पादन (जो कि वर्तमान में उपयोग में है) आशाओं के अनुरूप है अथवा नहीं। निर्मित किये गये उद्देश्य किस सीमा तक प्राप्त किये गये। इसके द्वारा प्राप्त सूचनाओं से इसे बात का निर्णय लिया जा सकता है कि नयी पाठ्यचर्या को जारी रखा जाये, संशोधित किया जाये अथवा समाप्त कर दिया जाये।

स्टफलबीम एवं उसके सहयोगियों ने बताया कि निर्णय लेना चार प्रकार के वातावरण में होता है:

1. उच्च सूचनाओं के साथ लघु परिवर्तन,
2. अल्प सूचनाओं के साथ लघु परिवर्तन,
3. उच्च सूचनाओं के साथ दीर्घ परिवर्तन और
4. अल्प सूचनाओं के साथ दीर्घ परिवर्तन।

विभिन्न पर्यावरण, जिसमें निर्णय लिये जाते हैं। चार प्रकार की परिवर्तन गतिविधि उत्पन्न करते हैं:

1. नवगतिशीलात्मक परिवर्तन (Neomobilistic Change)–जब कोई अल्प सूचनाओं के आधार पर दीर्घ परिवर्तन करता है, तब यह परिवर्तन घटित होता है।
2. वृद्धितात्मक परिवर्तन (Incremental Change)–अल्प सूचनाओं के आधार पर लघु परिवर्तनों की श्रृंखला।
3. अधिक सूचनाओं के आधार पर लघु परिवर्तन।

कार्यान्तरित परिवर्तन (Metamorphic Change)

कार्यान्तरित परिवर्तन तब होता है, जब अत्यधिक सूचनाओं के द्वारा बड़ा परिवर्तन किया जाता है। यह कभी-कभार ही होता है। इसी कारण से स्टफलबीम ने इसे अपने प्रतिमान में शामिल नहीं किया।

आइसनर गुणग्राहकत्व मूल्यांकन प्रतिमान
(Eisner Connoisseurship Evaluation Model)

इलियट आइसनर (1985) ने एक प्रक्रिया की अनुशंसा की थी, जो शैक्षिक आलोचना एवं गुणग्राहकत्व कहलाती है। यह नये कार्यक्रम के

परिणामस्वरूप शैक्षिक जीवन का गुणात्मक वर्णन प्रदान करती है। उसने बताया कि मूल्यांकनकर्ता को ऐसे प्रश्न करने चाहिये, जैसे–नये कार्यक्रम के परिणामस्वरूप किसी विशेष विद्यालय में वर्ष में क्या घटित हुआ? मुख्य घटनाएँ क्या थीं? विद्यार्थियों एवं अध्यापकों ने इन घटनाओं में कैसे भाग लिया। इन घटनाओं के बारे में प्रतिभागियों की प्रतिक्रियाएँ क्या थीं? घटनाएँ अधिक प्रभावी कैसे बनायी जा सकती थीं? नये कार्यक्रम से विद्यार्थियों ने क्या सीखा?

इन प्रश्नों के द्वारा विद्यालय जीवन एवं गुणवत्ता का पता चल सकता है। आइसनर वैज्ञानिक वैधता के स्थान पर विषयक उपयुक्तता (Referential Adequacy) एवं संरचनात्मक समर्थन पर विश्वास करता है। विषयक उपयुक्तता के लिए आलोचक को आलोचनात्मक निरीक्षण एवं निर्वचनों की प्रयोगात्मक की पृष्ठभूमि की आवश्यकता होती है। आइसनर ने संरचनात्मक समर्थन की आलोचना के विभिन्न भाग आपस में एक संगत साथ ही सम्पूर्ण रूप में हैं या नहीं, की जाँच-पड़ताल के रूप में परिभाषित किया है।

स्टेक अनुक्रियाशील मूल्यांकन प्रतिमान
(Stakes Responsive Evaluation Model)

अनुक्रियाशील मूल्यांकन के लिए नियोजन एवं विकास की आवश्यकता होती है, किन्तु यह औपचारिक कथनों, शोध-उन्मुख सूचनाओं पर कम आश्रित होती है। अनुक्रियाशील मूल्यांकन का उपयोग करते हुए मूल्यांकनकर्ता कार्यक्रम को कहानी कहता है, इसकी विशेषताएँ प्रस्तुत करता है, शिक्षार्थियों एवं कर्मचारियों का वर्णन करता है। मुख्य मुद्दों एवं समस्याओं की पहचान करता है तथा निष्पत्तियों की सूचना देता है। स्टेक (1975) ने अनुक्रियाशील मूल्यांकन के निम्न 10 सोपान बताये हैं, जिसमें से सोपान 4 आर्न्स्टिन एवं हन्किन्स द्वारा संशोधित किया गया है।

1. मूल्यांकन के ढाँचे के लिए प्रयोजितों से बातचीत करना।
2. प्रायोजितों से सम्बन्धित प्रकरण, मुद्दे, प्रश्नों को प्राप्त करना।
3. मूल्यांकन को निर्देशित करने के लिए प्रश्नों का निर्माण करना।
4. पाठ्यचर्या को गतिविधियों एवं क्षेत्र की पहचान करना तथा शिक्षार्थियों एवं कर्मचारियों की आवश्यकता की पहचान करना।
5. निरीक्षण कीजिये एवं साक्षात्कार लीजिये तथा विद्यार्थी अभिलेख एवं व्यक्ति अध्ययन तैयार कीजिये।
6. सूचनाओं को सम्पादित करना तथा मुख्य मुद्दों–प्रश्नों की पहचान करना।

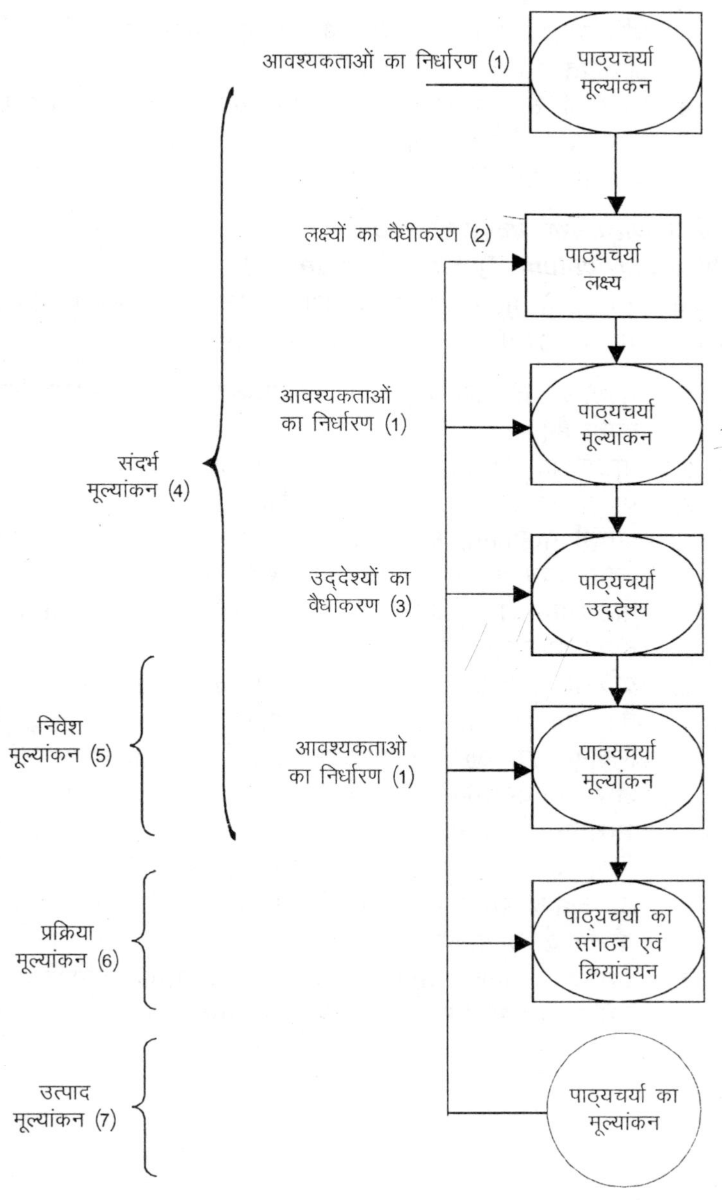

चित्र 10.6: ओलिवा (1992) पाठ्यचर्या मूल्यांकन क्रम एवं प्रकार

7. प्रारम्भिक परिणामों को अन्तरिम (Tentative) प्रतिवेदन में प्रस्तुत करना।
8. प्रतिक्रियाओं का विश्लेषण करना एवं महत्वपूर्ण को पूर्णतः अन्वेषित करना।
9. परस्पर-विरोधी साक्ष्य, जो परिणामों को अवैध करें तथा ऐसे साक्ष्य जो परिणामों का समर्थन करें, को देखना।
10. परिणामों का प्रतिवेदन करना।

ओलिवा पाठ्यचर्याः प्रकार के मूल्यांकन
(Oliva Curriculum: Types of Evaluation)

ओलिवा (1992) ने मूल्यांकन के प्रकारों के लिए एक सरल प्रतिमान प्रस्तुत किया है। उसमें प्रत्येक घटक निम्नानुसार हैः–

1. मूल्यांकन के अंश के रूप में आवश्यकताओं का निर्धारण किया जाता है।
2. पाठ्यचर्या लक्ष्यों का वैधीकरण किया जाता है।
3. पाठ्यचर्या उद्देश्यों का वैधीकरण किया जाता है।
4. सन्दर्भ मूल्यांकन, मूल्यांकन के निर्धारण से प्रारम्भ होता है एवं कार्यान्वयन के सोपान तक जारी रहता है।
5. पाठ्यचर्या के उद्देश्यों के विशेष वर्णन एवं पाठ्यचर्या के कार्यान्वयन के मध्य निवेश किया जाता है।
6. प्रक्रिया मूल्यांकन कार्यान्वयन सोपान के दौरान् किया जाता है। साइवेन (1967) ने तीन प्रकार के प्रक्रिया शोधः–गैर निष्कर्षात्मक अध्ययन प्रक्रिया के बारे में आकस्मिक स्वत्व, और संरचनात्मक मूल्यांकन बताये हैं। गैर निष्कर्षात्मक अध्ययनों में कक्षा में वास्तव में क्या हो रहा है, का अध्ययन किया जाता है। आकस्मिक स्वत्व, वास्तव में क्रियात्मक शोध है जबकि संरचनात्मक मूल्यांकन के अन्तर्गत पाठ्यक्रम के दौरान् के मूल्यांकन आते हैं।
7. उत्पाद मूल्यांकन सम्पूर्ण प्रक्रिया का योगात्मक मूल्यांकन है। इसे कभी-कभी परिणाम मूल्यांकन भी कहा जाता है।

11

पाठ्यचर्या सिद्धान्त
(Curriculum Theory)

सिद्धान्तों की उत्पत्ति के क्रम को निर्दिष्ट करने के लिए ब्यूचेम्प (1968) ने बताया कि सभी सिद्धान्त ज्ञान के तीन विस्तृत वर्गों से उत्पन्न हुए हैं। ये हैं: मानविकी, प्राकृतिक विज्ञान एवं सामाजिक विज्ञान।

मानविकी के अन्तर्गत दर्शन, संगीत, कला एवं साहित्य जैसे अनुशासन आते हैं। सामाजिक विज्ञान में इतिहास, समाजशास्त्र, मनोविज्ञान एवं मानवशास्त्र इत्यादि अनुशासन आते हैं, एवं प्राकृतिक विज्ञान में रसायनशास्त्र, भौतिकशास्त्र, वनस्पतिविज्ञान एवं भूगर्भशास्त्र जैसे अनुशासन आते हैं। ब्यूचेम्प ने बताया कि ज्ञान के इन तीन बुनियादी वर्गों के विभाजन से अनुप्रयुक्त ज्ञान के क्षेत्र जैसे वास्तुशिल्प, अभियान्त्रिकी, शिक्षा, विधि एवं चिकित्सा प्राप्त होते हैं। हालांकि इन क्षेत्रों के विभाजन के पक्ष एवं विपक्ष में विद्वानों ने अपनी राय जाहिर की है, इसके बावजूद भी ये उपयोगी हैं। ब्यूचेम्प ने शिक्षा के उपसिद्धान्तों जैसे प्रशासकीय सिद्धान्त, परामर्श सिद्धान्त, अनुदेशन सिद्धान्त, मूल्यांकन सिद्धान्त एवं पाठ्यचर्या सिद्धान्त को भी पहचान दी है।

सिद्धान्त का अर्थ (Meaning of Theory)

सिद्धान्त की सर्वमान्य परिभाषा नहीं दी गयी है। ज्ञान के तीन बुनियादी क्षेत्रों–मानविकी, समाज विज्ञान एवं प्राकृतिक विज्ञान सभी विज्ञान सभी वास्तविकताओं को अलग प्रकार से देखते हैं तथा अपनी रुचियों के अनुसार सिद्धान्त की परिभाषा भी देते हैं।

काप्लान (1964) के अनुसार "सिद्धान्त किसी विचलित करने वाली स्थिति की अनुभूति का तरीका है, ताकि हम सर्वाधिक प्रभावी ढंग से अपनी आदतों के रंगपटल को जन्म दे सके एवं अधिक महत्वपूर्ण जैसी भी स्थिति की मांग हो आदतो को पूर्णरूप से सुधारें अथवा नकारें, और नई आदतो से प्रतिस्थापित करें।"

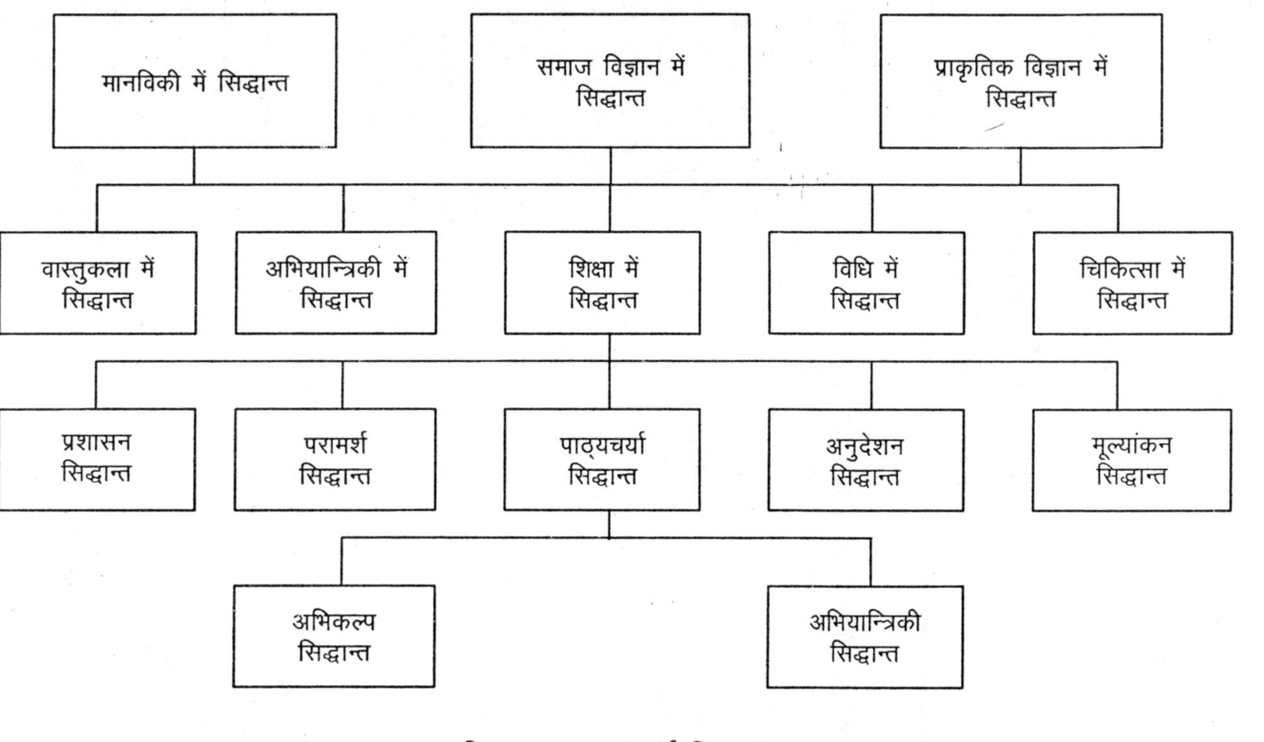

चित्र 11.1: पाठ्यचर्या सिद्धान्त

रिचर्ड स्नो के अनुसार "सिद्धान्त आवश्यक रूप से एक सांकेतिक संरचना है, जिसका उद्देश्य सामान्यीकरण के योग्य तथ्य अथवा नियम का सुव्यवस्थित संयोजन करना है। सिद्धान्त स्वंय इकाईयों का समूह है, जो तथ्य, संकल्पनाएँ अथवा कुछ परिवर्तियों तथा पहचानी गई इकाईयों के मध्य सम्बन्ध का उल्लेख हो सकता है।"

फिग्ल (1951) परिभाषा दी है। उनके अनुसार सिद्धांत–"मान्यताओं का समूह है, जिससे हम शुद्ध तार्किक, गणितीय प्रक्रियाओं द्वारा, प्रायोगिक नियमों के बडे समूह को प्राप्त कर सकते हैं। सिद्धान्त इन प्रायोगिक नियमों की व्याख्या करता है तथा उन प्रायोगिक नियमों द्वारा पहचानी गई अपेक्षाकृत विषमांग विषय-वस्तु के क्षेत्रों का मूलतः एकीकरण करता है।"

कार्लिगर (1978) के अनुसार "सिद्धांत अन्तर्सम्बन्धित अन्वयों संकल्पनाओं, परिभाषाओं, पूर्वसर्गो (जो घटना का परिवर्तियों के मध्य सम्बन्ध एवं पूर्व कथन के लिए घटना की व्याख्या बताकर सुव्यवस्थित दृष्टिकोण प्रस्तुत करते हैं) का समूह है।"

मार्टिन (1985) के अनुसार "सिद्धांत आंशिक रूप से सत्यापित वैज्ञानिक सम्बन्धों (जिनका प्रत्यक्ष रूप से निरीक्षण न किया जा सके) का कथन है यदि सिद्धान्त औपचारिक रूप से कहा जाता है, तब यह कथन अंतर्सबंधित साध्यों तथा इन साध्यों के उपप्रमेयों का बना होता है, तथा वह परिवर्ती (अथवा परिवर्तियों के समूह) एवं कुछ व्यवहार के मध्य सम्बन्ध व्यक्त करता है।"

सिद्धान्त के कार्य (Function of Theory)

सिद्धान्त शब्द अंग्रेजी शब्द "थ्योरी" का हिन्दी पर्याय है। इस शब्द का उदय ग्रीक शब्द थ्योरिया से हुआ है, जिसका अर्थ होता है, "मस्तिष्क की जागरूकता"। सिद्धान्त वास्तविकता की व्याख्या करता है। यह लोगों को उनके संसार एवं इसकी अन्तक्रियाओं के बारे में जागृत करता है। विद्वानों ने सिद्धान्त के छह कार्य बताए हैं:

(1) वर्णन;
(2) पूर्वकथन;
(3) व्याख्या;
(4) निर्देशन;
(5) शोध परिणामों का संगठन एवं निर्वचन; और
(6) शोध उत्पन्न करना।

1. *वर्णन (Description)*–वर्णन द्वारा किसी निश्चित सिद्धांत के क्षेत्र परक ज्ञान के वर्गीकरण का विवरण दिया जाता है। यह ज्ञान का संगठन एवं सार प्रस्तुत करता है। सिद्धान्त हमें यह बताता है कि, ऐसे कुछ परिवर्ती हैं, जो निश्चित प्रकार से अन्तर्क्रिया करते हैं अथवा वे दूसरे परिवर्ती से सम्बन्धित है, किन्तु वे यह नहीं बताते कि कोई परिवर्ती महत्वपूर्ण क्यों है? न ही यह बताते हैं कि वे अन्तर्सम्बन्धित क्यों हैं? वास्तव में सिद्धान्त घटनाओं का ब्यौरा प्रस्तुत करते हैं।

2. *पूर्व कथन (Predicption)*–सिद्धान्त व्याख्यात्मक नियमों के आधार पर किसी अनिरीक्षित घटना के घटने के बारे में पूर्व कथन करते हैं। शायद यह सिद्धांत का अन्तिम कार्य है। लोग सिद्धांत का पूर्वकथन के रूप में उपयोग करते समय इसे कुछ अंश तक अन्तरिम मानते हैं।

3. *व्याख्या (Explanation)*–व्याख्या 'क्यों'? को बताती है। घटनाओं के मध्य सम्बन्ध के साथ-साथ उसके घटने के कारणों को भी बताती हैं। श्रेष्ठ व्याख्या इससे सम्बन्धित होती है कि, लोग क्या जानते हैं? तथा इस बात का विरोध करती हैं कि, वे गलती से क्या विश्वास कर सकते हैं?

4. *निर्देशन (Guidance)*–यह निर्देशन का कार्य करता हैं। यह शोधकों को विश्लेषण के लिए प्रदतों का चुनाव करने में सहायता करता है, ताकि, वे प्रदतों का मितव्यी सार प्रस्तुत कर सकें। यह स्वतः शोध का कार्य करता है। सिद्धान्त निर्माण में पहला सोपान तथ्य होता है किन्तु कौन से तथ्यों का संकलन करे, यह सिद्धांत के द्वारा पता लगता है।

5. *शोध परिणामों का संगठन एवं निर्वचन (Organising and Interpretating Research Results)*–शोध परिणामों के संगठन एवं निर्वचन के लिए सिद्धान्त पुख्ता कार्य संरचना प्रदान करते है। उदाहरणार्थ प्याजे के सिद्धांत के परीक्षण के लिए अभिकल्पित प्रयोग के परिणाम पुष्टि अथवा अपुष्टि की वर्तमान संरचना के अन्तर्गत संगठित किए जायेंगे। इसके अलावा शोध परिणामों का निर्वचन सिद्धान्त के परिप्रेक्ष्य में किया जा सकता है।

6. *शोध उत्पन्न करना (Generating Research)*–सिद्धांत इसलिए भी महत्वपूर्ण है, क्योंकि इनके द्वारा नई शोध के लिए विचार प्राप्त होते हैं। सिद्धांत का खोज (Heuristic) मूल्य होता है।

एक अच्छे सिद्धांत के गुण

एक अच्छे सिद्धांत के निम्न गुण (बोर्डेन्स एवं अबाट, 1996) होते हैं:

1. *प्रदत्त के लिए उत्तरदायी होने की योग्यता*–सिद्धांत अपने पक्षों के वर्तमान प्रदत्तों के लिए उत्तरदायी होना चाहिए। यहाँ पर यह ध्यान

देने योग्य बात है कि, प्रदत्तों की मात्रा 'अधिकतर' है न कि, 'सभी' ऐसा इसलिये होता है कि, कुछ प्रदत्त अविश्वसनीय हो सकते हैं।

2. *व्याख्यात्मक सार्थकता (Explanatory Relevance)*–सिद्धांत में व्याख्यात्मक सार्थकता होनी चाहिए (हेम्पेल, 1966)। किसी घटना की व्याख्या उसके सिद्धांत द्वारा की जानी चाहिए।

3. *परीक्षण योग्यता (Testability)*–एक अच्छे सिद्धांत में परीक्षण योग्यता अवश्य होनी चाहिए। अर्थात् यदि कोई सिद्धांत किसी विशिष्ट स्थिति में परिणामों को बताता है, यदि वैसे परिणाम प्राप्त नहीं होते हैं तब सिद्धांत को त्याग देना चाहिए।

4. *नवीन घटनाओं का पूर्वकथन (Prediction of Novel Events)*–अच्छे सिद्धांत को नई घटना का पूर्वकथन करना चाहिए। उदाहरणार्थ आइंस्टिन के सापेक्षता के सिद्धांत ने समान प्रदत्त के लिए अनेक घटनाओं के लिए समान पूर्वकथन किए।

5. *मितव्यता (Parsimony)*–यदि दो सिद्धांत समान रूप से अच्छा कार्य करते हैं तब उस सिद्धांत को पसंद करते हैं, जिनमें कम मान्यताओं को लिया गया है। इसी कारण मनोविज्ञान में हल के अधिगम सिद्धांत को उतनी सफलता नहीं मिली। हल का सिद्धांत अनेक बार संशोधित किया गया था।

सिद्धांत के प्रकार (Types of Theory)

सिद्धांत का वर्गीकरण अनेक प्रकार से किया जा सकता है। उनमें से प्रमुख निम्न हैः

मात्रात्मक सिद्धांत एवं गुणात्मक सिद्धांत (Quantitative and Qualitative Theory)

(अ) *मात्रात्मक सिद्धांत (Quantitative Theory)*–मात्रात्मक सिद्धांत गणितीय शब्दावली में व्यक्त किया जाता है। यह परिवर्तियों एवं स्थिरांकों जिनका यह संख्यात्मक रूप में सामना करता है, को निर्दिष्ट करता है। विशिष्ट अंकीय निवेश दिए जाने पर मात्रात्मक सिद्धांत संख्यात्मक निर्गत उत्पन्न करता है। इस प्रकार वर्णित संबंध का परीक्षण तब विशिष्ट प्रकार की परिस्थितियाँ उत्पन्न कर तथा यह निरीक्षत कर कि, निर्गत के विशिष्ट मूल्य को प्राप्त किया जा सकता है।

(ब) *गुणात्मक सिद्धांत (Qualitative Theory)*–गुणात्मक सिद्धांत शाब्दिक रूप में कहा जाता हैं। ये सिद्धांत बताते हैं कि कौन-से परिवर्ती महत्वपूर्ण हैं तथा शिथिल रूप में वे कैसे अंतर्क्रिया

करते हैं? गुणात्मक सिद्धांत द्वारा वर्णित संबंध मात्रात्मक हो सकता है।

चोम्स्की (1965) का भाषा अर्जन का सिध्दांतगुणात्मक सिद्धांत का उदाहरण है।

यह सिद्वांत बताता है कि, बालक जो भाषा सुनता है, उसका विश्लेषण कर वह भाषा अर्जित करता है। चोम्स्की बताते हैं कि बालक जो भाषा सुनता है उसे संसाधित कर उसमें से भाषा के नियम निकालता है। तत्पश्चात् वह परिकल्पनाएँ प्रतिपादित करता है कि भाषा कैसे कार्य करती है? तथा उन परिकल्पनाओं का परीक्षण वास्तविकता के विरुद्ध करता है।

वर्णन के स्तर (Level of Description)

सिद्धांत वर्गीकरण का दूसरा आधार सिद्धांत द्वारा दिए गए वर्णन का स्तर होता है, यहाँ उनका वर्णन प्रस्तुत है:

वर्णनात्मक सिद्धांत (Descriptive Theory)

न्यूनतम स्तर पर एक सिद्धांत केवल यह वर्णन कर सकता है कि परिवर्ती कैसे संबंधित हैं? वह संबंध की व्याख्या नहीं करता है।

अनुरूपता सिद्धांत (Analogical Theory)

अगले स्तर पर अनुरूपता सिद्धांत आते हैं, ऐसे सिद्धांत का निर्माण सुबोधित प्रतिमानों (प्रायः भौतिक पद्धतियों के) से यह सुझाव देकर कि, व्याख्या की जाने वाली पद्धति उस सुबोधित प्रतिमान के समान व्यवहार करेगी, होता है।

मौलिक सिद्धांत (Fundamental Theory)

उच्चतम स्तर पर सभी सिद्धांत शोध की किसी निश्चित क्षेत्र की घटना की व्याख्या करते हैं। ये सिद्धांत नई संरचना प्रस्तावित करते हैं, जो कि पद्धति के परिवर्तियों एवं स्थिरांकों को प्रत्यक्ष रूप से संबंधित करती है। प्रस्तुत संरचना में वे प्रक्रियाएँ शामिल होती हैं जिनकी खोज निरीक्षित संबंध के लिए की जाती है। ये सिद्धांत वास्तविकता का अधिक मौलिक वर्णन प्रस्तावित करते हैं। न्यूटन के गति के नियमों का उदय ऐसे ही मौलिक सिद्धांत से हुआ।

सिद्धांत विकास (Theory Development)

अच्छे सिद्धांत का विकास कोई आसान कार्य नही। बोर्डेन्स एवं अबाट (1996) ने पुख्ता सिद्धांत विकास के निम्न सोपान बताए हैं:

सोपान 1 अपने सिद्धांत के क्षेत्र को परिभाषित करना (Defining the Scope of Your Theory)

सिद्धांत विकास का प्रारंभ सिद्धांत के पक्ष में अथवा क्षेत्र के परिभाषित करने से होता है। आप इसलिए सिद्धांत विकसित करना चाहते हैं, ताकि, आप निरीक्षित संबंधों की संतोषजनक व्याख्या कर सकें। कम से कम प्रारंभ में तो सिद्धांत का क्षेत्र संबंध तक ही सीमित रहता है।

सोपान 2 साहित्य को जानना (Knowing the Literature)

जब आप विकसित किए जाने वाले सिद्धांत के क्षेत्र एवं प्रकृति के बारे में निर्णय ले लेते हैं, तब आपका अगला कदम यह होगा कि, आप उस सिद्धांत से संबंधित वर्तमान एवं पूर्व की शोधों से परिचित हो जाएं। आपके लिए उस घटना को जानना आवश्यक होता है, जिसका सामना सिद्धांत को करना होगा। विशेषकर, आपको यह जानना चाहिए कि, क्यों विधिसम्मत् संबंध खोजे गए एवं विश्वसनीय सिद्ध हुए।

सोपान 3 अपने सिद्धांत का प्रतिपादन (Formulating Your Theory)

अच्छे सिद्धांत का प्रतिपादन एक सृजनात्मक कार्य है। इसके लिए प्रयास, अंतर्दृष्टि, प्रेरणा एवं भाग्य की आवश्यकता होती है। अच्छे सिद्धांत के सृजन के लिए आप किसी पहेली का अनोखा हल प्रतिपादित करते हैं। यह एक चुनौतीपूर्ण एवं कठिन कार्य होता है। इसे अच्छी तरह से करने के लिए आपको धैर्य एवं सहनशील होने की आवश्यकता होती है। यदि आप सफल होते हैं, तब इसका पुरस्कार पाएँगे। जिस प्रकार आर्किमिडीज ने राजा के मुकुट में शुद्ध सोना होने की खोज कर किया था। वह टब में नहा रहा था एवं यकायक उसने यह पाया कि, पानी में वस्तु के भार में कमी उसके द्वारा हटाए गए पानी के भार के बराबर होती है। वह यूरेका –यूरेका (मैनें खोज लिया) चिल्ला पड़ा। सिद्धांत निर्माण के दौरान सिद्धांती व्दारा तीन प्रक्रियाओं का उपयोग किया जा सकता हैः तैयारी, अनुरूपता एवं अंतर्दर्शन।

(अ) *तैयारी*–शायद सफल सिद्धांत के निर्माण के लिए सर्वाधिक महत्व है -तैयारी। यदि आप आपकी समस्या से, निरीक्षित परिवर्तियों के संबंध से और संबंधित समस्याओं के समाधानों से जितने ज्यादा परिचित होंगे आप उतना उपयुक्त सिद्धांत विकसित कर सकेंगे।

(ब) *अनुरूपता का उपयोग*–दो पद्धतियों के अनुरूप परिवर्तियों को परिभाषित करते समय आप व्यवहार के लिए उत्तरदायी अनुरूपता सिद्धांत विकसित कर सकते हैं।

(स) *अन्तर्दर्शनों का उपयोग*—अन्तर्दर्शन सिद्धांतियों के लिए उपयोगी स्रोत हो सकता है, किन्तु अन्तर्दर्शन का उपयोग करते समय व्यक्ति को कोई सार्थक फन्दों के प्रति भी जागरूक रहना चाहिए। मानव के अलावा अन्य प्राणियों के व्यवहार की व्याख्या करते समय अपने अन्तर्दर्शन का उपयोग नहीं करना चाहिए।

सोपान 4 पूर्व कथनात्मक वैधता स्थापित करना (Establishing Predictive Validity)

जब आपने इसके प्रारंभिक रूप से सिद्धांत विकास कर लिया हो, तब उपलब्ध प्रदत्तों के विपरित पूर्व कथनों की जाँच कीजिए। यह आपके सिद्धांत के द्वारा पूर्व में खोजे गए संबंधों के अनुसार होना चाहिए। यदि कुछ पूर्व कथनों ने ऐसा नहीं पाया जाता है तब आप सिद्धांत में संशोधन कर सकते हैं।

सोपान 5 आपके सिद्धांत का प्रयोगाश्रित परीक्षण कीजिए

इस हेतु विशिष्ट स्थितियों का निर्माण कीजिए तथा यह निरीक्षण कीजिए कि परिणाम पूर्वकथनों से सहमति व्यक्त करते हैं।

सिद्धांत विकास होमन्स के नियम

सिद्धांत विकास में अनके प्रकार की क्रियाएँ की जाती है। ये क्रियाएँ पसंद के द्वारा तय की जाती है, न कि, किन्हीं निश्चित नियमों द्वारा सिद्धांत निर्माण में क्या सम्मिलित किया जाए इस संबंध में होमन्स ने छह नियम बताये हैः

1. विज्ञान की आधार स्थापना के लिए पहले प्रत्यक्ष, सुपरिचित एवं सामान्य को देखो, ये ही वे वस्तुएँ हैं जो अध्ययन का सर्वश्रेष्ठ प्रतिदान करती हैं।
2. प्रत्यक्ष को इसके पूर्ण सामान्य रूप से कहो। वैज्ञानिक विचारों की मितव्ययता केवल तभी है, जबकि इसकी परिकल्पनाएँ बड़ी संख्या में तथ्यों से एक सरल रूप में जोड़ी जाएँ।
3. एक समय में एक ही चीज के बारे में बात कीजिए। जैसे अपने शब्दों [या अधिक पांडित्य रूप (Formulating your Theory) में संकल्पनाओं] के चुनाव में देखिए कि एक ही समय वे तथ्यों के अनेक श्रेणियों से सम्बन्धित न हों किन्तु एक एवं केवल एक से सम्बन्धित हों। यदि आपने एक बार अपने शब्दों को चुन लिया है, तब समान वस्तुओं के संदर्भ में उन्ही शब्दों का उपयोग कीजिए।

4. आप जितनी वस्तुओं की बात कर रहे हैं अपने साहस के अनुसार उनमें ज्यादा से ज्यादा कटौती करो। उतना कम जितना तुम चाहो, उतना ज्यादा जितना, तुम्हें चाहिए, तथ्य के वर्गों की संख्या निर्धारित करने का यह नियम आपको ध्यान में रखना है।
5. जब आपने वार्ता प्रारंभ कर दी है, वह जब तक पूर्ण न हो रुकिए नहीं, जिससे आपके शब्दों द्वारा नामित (Designated) तथ्यों के मध्य सम्बन्धों का सुस्पष्ट वर्णन हो सके।
6. पहचानिए कि आपका विश्लेषण अमूर्त होना ही चाहिए क्योंकि, इसका सम्बन्ध मूर्त स्थितियों के केवल कुछ तत्वों से ही है। विशेषकर जब कार्रवाई की जरूरत हो, अमूर्तन के खतरों को स्वीकार कीजिए, किन्तु अमूर्तन से डरें नहीं।

शब्दों को परिभाषित करना (Defining Terms)

सिद्धांत निर्माण का बुनियादी नियम है–शब्दों के बारे में स्पष्ट होना। ब्यूचेम्प (1968) के अनुसार शब्दों पर सहमति सिद्धांतविद् के कार्य का एक आवश्यक अवयव है। सिद्धांतों द्वारा प्रयुक्त शब्द तथा शब्दों की संकल्पनाएँ सिद्धांत निर्माण की ईंटें हैं। शब्दों का चयन दो नियमों द्वारा संचालित होता है:

1. शब्द रचना स्पष्ट होना चाहिए, एवं
2. एक बार परिभाषित शब्द का उपयोग संगतता से किया जाना चाहिए।

शब्द संकल्पनाओं से सम्बन्धित होते हैं एवं वे जिनके मध्य प्रयोगात्मक सम्बन्ध प्राप्त किया जाता है, के परिवर्ती हैं। संकल्पनाएँ सांकेतिक/नामधारक (Nominal) एवं परिचालनात्मक (Operational) हो सकती है। नामधारक परिभाषाएँ शब्द अथवा संकल्पना से सम्बन्धित गुण प्रस्तुत करती हैं। परिचालनात्मक परिभाषाएँ उन स्थितियों को बताती हैं, जिनमें संकल्पना का उपयोग किया गया है। इनका उपयोग यदि ऐसा हो तब, के रूप में किया जाता है। यदि कुछ परिस्थितियाँ उपस्थित हैं–तब कथन जिसमें शब्द का उपयोग किया गया है सही हैं। कुछ शब्द ऐसे भी होते है, जिन्हे न तो नामधारक और न ही परिचालन द्वारा परिभाषित किया जा सकता है किन्तु वे सिद्धांत का बुनियादी भाग है। ये पुरातन शब्द उन व्यक्तियों द्वारा स्वीकार किये जाते हैं, जो उनका उपयोग उनके सैद्धांतिक कार्य में करते हैं। जैसे गणित में 'बिन्दु' एवं 'सरल रेखा' पुरातन शब्द हैं। शिक्षा में अनुभूत आवश्यकताएँ एवं 'अनुभव' पुरातन शब्द हैं।

सिद्धांत में प्रयुक्त अन्य वर्ग के शब्द हैंः सैद्धांतिक शब्द अथवा परिचालनात्मक (Operational) अन्वय (Construct)। अन्वय वह संकल्पना, जो वस्तुओं के मध्य एवं अलग घटनाओं एवं उनके गुणों के मध्य सम्बन्धों का प्रतिनिधित्व करती हैं, जैसे–बुद्धि, सामाजिक आवश्यकता, अभिप्रेरणा।

वर्गीकरण (Classification)

सिद्धांत निर्माण की दूसरी गतिविधि है–वर्गीकरण। इसी अवस्था में सिद्धांती स्थापित किए जाने वाले सिद्धांत के क्षेत्र की जानकारी को संगठित एवं एकीकृत करने का प्रयास करते हैं। वे दो परिवर्तियों के मध्य खोजे गए सम्बन्धों की समानताओं का संक्षेप करना प्रारंभ करते है। वर्गीकरण द्वारा सिद्धांतों को उनके ज्ञान की रिक्तताओं का पता चलता है, जिन्हें शोध गतिविधियों द्वारा भरा जा सकता है।

निर्वचन (Interpretation)

अपने प्रदत्तों के निर्वचन के लिए सिद्धांती आगमनात्मक अथवा निगमनात्मक उपागम का उपयोग करता है। आगमनात्मक प्रक्रिया से दार्शनिक अथवा रूढ़िगत प्रकार का सिद्धांत उत्पन्न होता है, जबकि, निगनात्मक उपागम के द्वारा तार्किक प्रकार का सिद्धांत उत्पन्न होता है। दोनों प्रक्रियाएँ अर्थपूर्ण सिद्धांत उत्पन्न करने एवं सामान्य कथनों के उत्पन्न करने के लिए आवश्यक है।

उत्पन्न सामान्य सैद्धांतिक कथनों से सिद्धांती निष्कर्ष निकालते हैं। उन्हें अतिरिक्त मान्यताएँ बनाना चाहिए, परिकल्पनाओं का निर्माण करना चाहिए, अतिरिक्त निरीक्षणों से पूर्ण सामान्यीकरण करना चाहिए तथा अतिरिक्त निरीक्षणों एवं सामान्यीकरणों से परिणाम निकालने चाहिए।

प्रतिमान (Model)

प्रतिमान सिद्धान्त के पहलुओं के प्रदर्शन (Representations) है। प्रतिमान समझ (Understanding) एवं सिद्धान्त निर्माण में सहायता करते हैं। वे आर्थिक रूप से बडी मात्रा में प्रदत्तों के संगठन एवं व्याख्या में सहायता करते है। प्रतिमान सिद्धान्तियों को इस बात में सहायता करते है कि उनके सिद्धान्त कैसे आकार ले रहे हैं? वे ऐसे प्रश्न उठाते हैं, जिनके उत्तर सिद्धान्त उत्पन्न करने के लिए आवश्यक होते है।

गुड (1963) ने प्रतिमान की कुछ निम्न हानियाँ भी बतायी हैं–

1. अति सामान्यीकरण बुलाना;
2. व्यक्तियों को तार्किक दोष (Fallacies) करने के लिए लुभाना;
3. परिवर्तियों में गलत ढंग से सम्बन्ध दर्शाना;
4. अन्वयों (Constructs) के बारे में गलत मान्यताएँ प्रदर्शित करना;
5. व्यक्तिगत प्रदत्तों पर बल देना; एवं
6. उपयोगी ऊर्जा को अनुत्पादक गतिविधि में बदलना।

भाषा विज्ञान प्रतिमान (Linguistc Models)

प्रस्तुत प्रतिमान व्यक्ति के ज्ञान एवं अनुभवों के वर्णन, वर्गीकरण एवं संकल्पन व्दारा चिन्तन में सहायता करते हैं। भाषा का उपयोग विचारों को संसाधित (Processing) करने के लिए किया जाता है। इन प्रतिमानों द्वारा जटिल एवं उलझन वाले विचारों को अधिक अपरिचित एवं अधिक आसानी से समझ में आने वाला बना दिया जाता है।

भौतिक प्रतिमान (Physical Models)

भौतिक अथवा कार्यकारी प्रतिमान प्रायः समझने में आसान होते हैं। वे तीन विमाओं (Dimensions) में होते हैं एवं वास्तविक स्थितियों को लघु पैमाने पर प्रदर्शित करते हैं। रसायनशास्त्र के विद्यार्थी अणु एवं परमाणु के प्रदर्शन के लिए प्रतिमानों का उपयोग करते हैं। भौतिक प्रतिमान सिद्धान्तियों को परिवर्तियों अथवा विचार किये जाने वाले भागों को देखने एवं उनके अन्तर्सम्बन्ध मालूम करने में सहायता करते हैं।

गणितीय प्रतिमान (Mathematical Models)

कभी-कभी विचार किये जाने वाले घटक भागों अथवा परिवर्तियों को प्रदर्शित करने के लिए गणितीय प्रतिमान श्रेष्ठ होते हैं। ये प्रतिमान घटना की जटिल अन्तर्क्रियाओं को गणितीय अभिव्यक्ति द्वारा घटा देते हैं। रासायनिक समीकरण गणितीय प्रतिमान का उदाहरण है। आइन्सटाइन का समीकरण है $E = MC^2$ यह एक सुपरिचित गणितीय प्रतिमान है।

लेखा चित्र प्रतिमान (Graphic Models)

ये प्रतिमान चित्र, रेखाचित्र, किसी संकल्पना के मुख्य घटक एवं उनके अन्तर्सम्बन्ध का चित्र इत्यादि हो सकते हैं। लेखाचित्र प्रतिमान शाब्दिक पाठ्य को स्पष्ट करते हैं।

पाठ्यचर्या सिद्धान्त

पाठ्यचार्या के प्रमुख सिद्धान्तों का वर्णन निम्नलिखित है–

मैकिया का सिद्धान्त

मैकिया (1965) ने चार विभिन्न प्रकार के पाठ्यचर्या सिद्धान्त प्रस्तुत किये। उन्होंने बताया कि पाठ्यचर्या विशेषज्ञ, संरचनाओं, घटनाओं, मूल्यों एवं अभ्यासों के बारे में चिन्तन करते हैं। परिणामस्वरूपण वे संरचनात्मक सिद्धान्त, घटना सिद्धान्त, मूल्यन सिद्धान्त एवं अभ्यासात्मक सिद्धान्त का संगठन करते हैं।

1. *संरचनात्मक सिद्धान्त (Formal Theory)*–इस सिद्धान्त का सम्बन्ध उस अनुशासन की संरचना के बारे में चिन्तन से है जिसके अन्तर्गत पाठ्यचर्या है। पाठ्यचर्या विशेषज्ञ प्रायः इस सिद्धान्त की समझ दार्शनिकों एवं निश्चित अनुशासनों के सदस्य से ज्ञात करते हैं। इसका सम्बन्ध 'यह क्या है' एवं 'क्या विद्यमान' है से है।

2. *घटना सिद्धान्त (Event Theory)*–यह वैज्ञानिक सिद्धान्त के समान है। यह घटना के बारे में चिन्तन करता है। यह पूर्व कथन करने का प्रयास करता है कि दी गयी स्थितियों में क्या होगा?

3. *मूल्यांकनात्मक सिद्धान्त (Valuational Theory)*–प्रस्तुत सिद्धान्त में सर्वाधिक वांछित उद्देश्य एवं सम्मिलित की जाने वाली श्रेष्ठ विषय-वस्तु की प्राप्ति के लिए उपयुक्त साधन (Means) के बारे में चिन्तन किया जाता है। मूल्यांकनात्मक सिद्धान्त में मूल्यों एवं मानकों को शामिल किया जाता है।

4. *अभ्यासात्मक सिद्धान्त (Praxiological Theory)*–प्रस्तुत सिद्धान्त का उपयोग जो मूल्यवान निर्धारित किया गया है, उसे प्राप्त करने के लिए उपयुक्त साधन (Means) के बारे में चिन्तन से सम्बन्धित है। यह पाठ्यचर्या नीति निर्माण, किसी निश्चित उद्देश्य की प्राप्ति के लिए प्रयुक्त साधन एवं विद्यालय में प्रयुक्त विशिष्ट अभ्यास को सहारा देती है।

जॉनसन का प्रतिमान (Johnson's Model)

जॉनसन (1967) ने बताया कि, पाठ्यचर्या विशेषज्ञों को पहले पाठ्यचर्या एवं पाठ्यचर्या 'निर्माण' को परिभाषित करना चाहिए। उसके बाद सिद्धान्त निर्माण की ओर ध्यान देना चाहिए। उसने यह तर्क दिया कि पूर्व में पाठ्यचर्या सिद्धान्त निर्माण के प्रयास पाठ्यचर्या कार्यक्रम पर केन्द्रित थे, इस कारण उनका ध्यान पाठ्यचर्या विकास पर था। जॉनसन ने पाठ्यचर्या योजना एवं पाठ्यचर्या विकास प्रक्रिया में पहले को अन्तिम के निर्गत (Output) के रूप में परिभाषित कर भेद किया है। उसने पाठ्यचर्या, अनुदेशन एवं अध्यापक व्यवहार के मध्य भी भेद

बताये हैं। उसने उद्देश्यों को व्यवहार रूप में रखने की वकालात भी की है। हालाँकि लोग जॉनसन की पाठ्यचर्या की परिभाषा वांछित अधिगम परिणामों की संरचित श्रृंखला से सहमत नहीं होंगे। उसने वस्तुतः सिद्धान्त प्रस्तुत नहीं किया है, अपितु उपयोगी प्रतिमान प्रदान किया है। (देखिये चित्र 11.2)

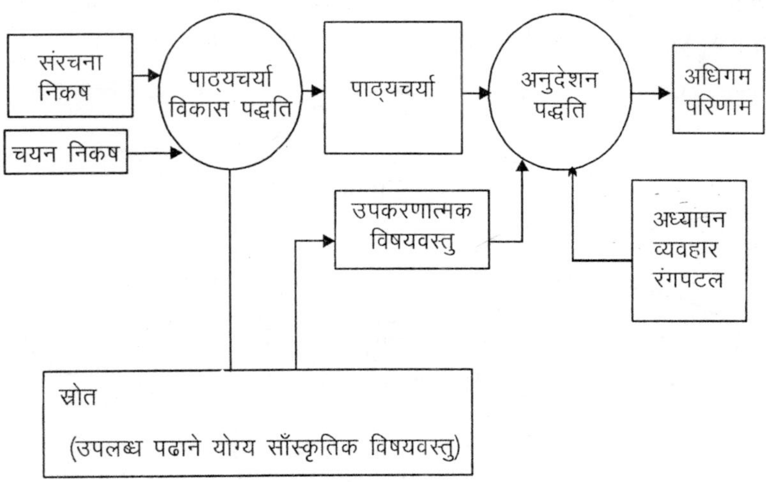

चित्र 11.2: पाठ्यचर्या एक पद्धति के निवेश–निर्गत के रूप में

मॅक्डोनाल्ड का प्रतिमान (Macdonald's Model)

मॅक्डोनाल्ड (1965) ने विद्यालय की प्रमुख पद्धतियों, पाठ्यचर्या अनुदेशन, अ ापन एवं अधिगम का प्रतिमान प्रस्तुत किया है। यह प्रतिमान पाठ्यचर्या एवं अनुदेशन की गत्यात्मकता के प्रमुख तत्वों को प्रदर्शित करता है। मॅक्डोनाल्ड पाठ्यचर्या को सामाजिक पद्धति के रूप में परिभाषित करता है, जिससे अनुदेशन के योजना की उत्पत्ति होती है। अनुदेशन को वह अन्य सामाजिक पद्धति के रूप में परिभाषित करता है, जिसमें अध्यापक निश्चित प्रकार की क्रिया कर अधिगम में वृद्धि करता है। अधिगम को भी उसने व्यक्तित्व पद्धति के रूप मे परिभाषित किया है जिसमे विद्यार्थी कार्य सम्बन्धित व्यवहारो में शामिल होते हैं। (देखिए चित्र 11.3)

चार पद्धितियों की अन्तर्क्रिया

ये चारो पद्धतियाँ केन्द्र पर आती है। इस संयोजन पर अध्यापको के प्रयास एवं विद्यार्थीयों के व्यवहार के कारण पाठ्यचर्या लक्ष्य अनुदेशन

का सामना करने के कारण क्रियात्मक हो जाते हैं। मॅक्डोनाल्ड ने स्थान V को सहगामी अधिगम स्वीकार किया है। स्थान VI में विद्यालय की स्थितियों से प्राप्त तत्काल प्रतिपोषी अनुक्रिया में अध्यापक के संशोधन व्यवहार शामिल है।

स्थान VII अध्यापकों के लिए सेवारत् अनुभवों से सम्बन्धित है, स्थान VIII उनके लिए पर्यवेक्षण अनुभव का सुझाव देता है। स्थान IX एवं X छात्र-अध्यापक नियोजन अनुभवों से सम्बन्धित है।

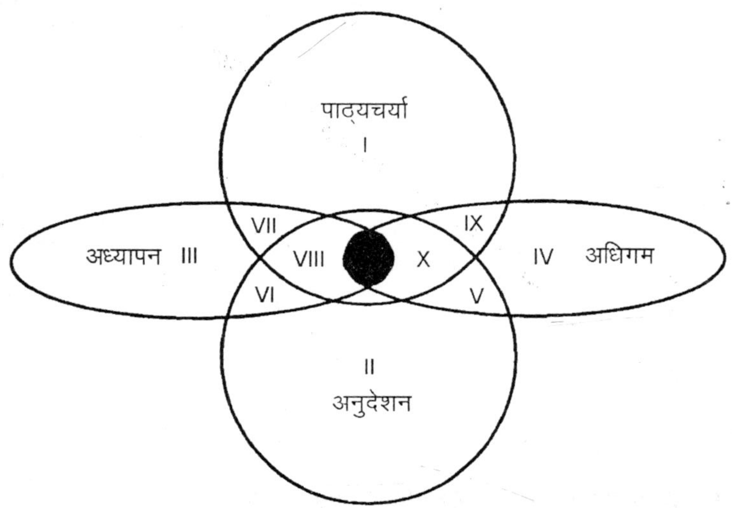

चित्र **11.3**: मॅक्डोनाल्ड का प्रतिमान

विल्सन का मुक्त प्रवेश प्रतिमान (Wilson's open Acess Curriculum Model)

विल्सन (1971) ने बताया कि सिद्धान्त (ज्ञान के संगठन एवं संरचना) पर्यावरण सिद्धान्त (व्यक्ति अपने स्थान का निर्वचन कैसे करते हैं।), एवं प्रबन्धन सिद्धान्त (व्यक्ति संगठन के व्यवस्थापन नियन्त्रण के लिए किन प्रक्रियाओं को अपनायें) का योग होना चाहिये। इसे उसने मुक्त प्रवेश पाठ्यचर्या कहा है। (देखिये चित्र 14.4)

विल्सन प्रतिमान ज्ञान की तीन विमाओं, मुक्त अन्वेषण, प्रतियोगी सत्य एवं तथ्य को प्रदर्शित करता हैं। तथ्यों के लिए प्राथमिक तौर पर अध्यापक व्याख्यान एवं नियंत्रित पठन का उपयोग करता है। प्रतियोगी सत्य के संसाधन के लिए वह संगोष्ठी का उपयोग करेगा। मुक्त अन्वेषण का संसाधन शोधरत् विद्यार्थियों द्वारा किया जायेगा। प्रस्तुत प्रतिमान की शिक्षा की पाठ्यचर्या (तथ्य, प्रतियोगी सत्य, मुक्त अन्वेषण)

एवं अनुदेशनात्मक (व्याख्यान, संगोष्ठी) दोनों विमाओं को प्रदर्शित करता है। यह प्रतिमान यह भी सुझाता है कि विद्यार्थी पाठ्यचर्या पद्धति में मुक्त अन्वेषण अवस्था से प्रवेश कर सकते हैं तथा वहां से प्रतियोगी सत्य एवं तथ्य पर पहुँच सकते है–

विल्सन ने प्रस्तुत प्रतिमान के निम्न विशेष गुण बताये है–

1. बहु प्रवेश बिन्दु।
2. विषय-वस्तु का बढ़ा हुआ क्षेत्र।
3. विद्यार्थियों को कोई सुस्पष्ट क्रम का अनुसरण नहीं करना होता है।
4. अधिगम का तरीका अनुशासन (Discipline) की प्रवृत्ति एवं खोज की विधि पर आधारित होता है।

अध्यापकों को विभिन्न अध्यापन भूमिकाएँ निभानी होती है।

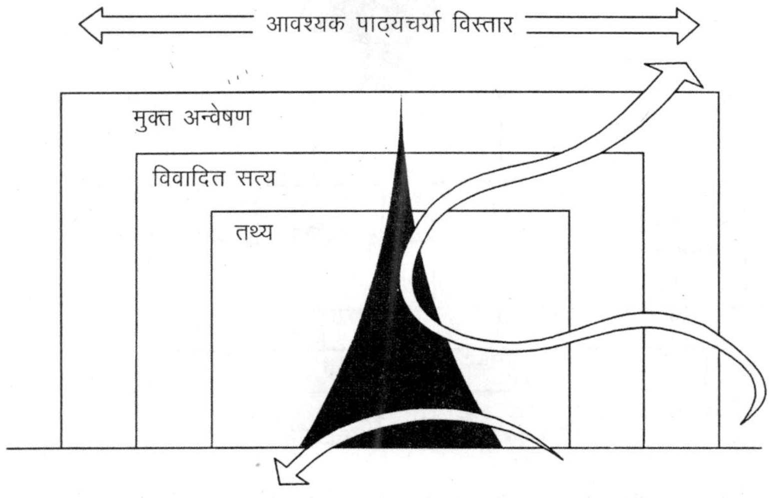

चित्र 11.4: विल्सन का मुक्त प्रवेश प्रतिमान

पाठ्यचर्या के आधार एवं प्रकृतिः संकलक प्रतिमान (The Foundation and Nature of Curriculum: Eclectic Model)

चित्र 11.5 एक सरल संकलक प्रतिमान है, जो पाठ्यचर्या एवं प्रमुख बलोंा, जो इसकी सामग्री एवं अभिकल्प को प्रभावित करते हैं, का चित्रात्मक प्रतिनिधित्व है। इसका उद्देश्य भौगोलिक रूप से मुख्य परिवर्तियों एवं उनके सम्बन्धों, जो नियोजक पाठ्यचर्या निर्माण में आवश्यक मानते हैं, का भौगोलिक चित्र प्रस्तुत करना है।

प्रतिनिधित्व है। इसका उद्देश्य भौगोलिक रूप से मुख्य परिवर्तियों एवं उनके सम्बन्धों, जो नियोजक पाठ्यचर्या निर्माण में आवश्यक मानते हैं, का भौगोलिक चित्र प्रस्तुत करना है।

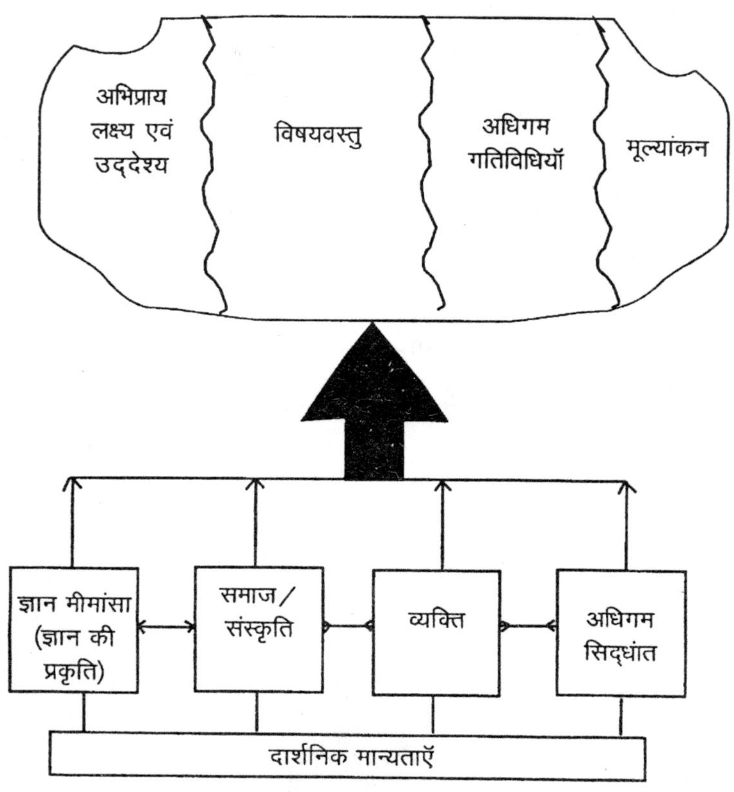

चित्र 11.5: पाठ्यचर्या संकलक प्रतिमान

पाठ्यचर्या को आकारहीन सत्ता (Entity) के रूप में दो रेखाओं के द्वारा दर्शाया गया है। यह बताता है कि यद्यपि पाठ्यचर्या की सीमाएँ सुपरिभाषित नहीं है, आवश्यक रूप से यह एक एकीकृत (Integrated) इकाई है। दोहरी रेखा के अन्दर पाठ्यचर्या बनाने वाले चार घटकों (अभिप्राय, लक्ष्य, उद्देश्य; विषय-वस्तु; अधिगम गतिविधियाँ और मूल्यांकन) को कँटीली (Jagged) रेखाओं द्वारा अलग किया गया है। ऐसे प्रतिनिधित्व से तात्पर्य है कि प्रत्येक घटक, अनेक घटकों से सम्बन्धित है। एक बड़ा ढंका तीर, जो पाठ्यचर्या के चार बुनियादी खण्डों को जोड़ता है। यह पाठ्यचर्या के बुनियादों का पाठ्यचर्या के

अभिकल्प पर प्रभाव को दर्शाता है। चारों में से प्रत्येक बुनियादी क्षेत्रों के नीचे दार्शनिक मान्यताओं का एक व्यापक क्षेत्र है। प्रतिमान का यह पहलू यह बताता है कि चेतना में अथवा अचेतन में बुनियादी दार्शनिक मान्यताएँ, बुनियादी क्षेत्रों के बारे में लिए गए निर्णयों को प्रभावित करते हैं। संकलक प्रतिमान पाठ्यचर्या के अक्षरी स्थित प्रकृति को दर्शाता है।

12

पाठ्यचर्या—मुद्दे, प्रवृत्तियाँ एवं समस्याएँ (Curriculum—Issues, Trends and Problems)

अनेक प्रवृत्तियों एवं घटनाओं ने हाल के वर्षों में पाठ्यचर्या को प्रभवित किया है; एवं भविष्य में प्रभावित करती रहेंगी। आर्न्सटियन्स एवं हन्किन्स (1988) ने चार वृहत्त पाठ्यचर्या के मुद्दे उठाये हैं। ये हैं—(1) नियन्त्रित पाठ्यचर्या; (2) क्षतिपूर्ति पाठ्यचर्या; (3) निरर्थक पाठ्यचर्या एवं (4) उभरती पाठ्यचर्या।

नियन्त्रित पाठ्यचर्या

पाठ्यचर्या पर कुछ न कुछ मात्रा में सदैव नियन्त्रण रहा है। अमरीका में अठारहवीं एवं उन्नीसवीं सदी में परम्परागत अमरीकी मूल्य, जो कि परिवार, चर्च कार्य एवं राष्ट्र पर केन्द्रित हैं, ने पाठ्यचर्या की विषय-वस्तु को नियन्त्रित किया।

बीसवीं सदी के मध्य में इतिहास, नागरिकशास्त्र, अंग्रेजी साहित्य की पाठ्यचर्या में गरीब लोग, अप्रवासी, अल्पसंख्यक, महिला एवं संगठित श्रमिक जैसे प्रकरण नदारद थे अथवा बमुश्किल शामिल थे। ऐतिहासिक आधार में भारतीय पाठ्यचर्या में भी यह स्पष्ट रूप से परिलक्षित होता है कि किस प्रकार समय-समय पर पाठ्यचर्या पर किसी न किसी का नियन्त्रण अवश्य रहा है।

क्षतिपूर्ति पाठ्यचर्या

निम्न वर्ग एवं अल्पसंख्यक बालकों की शैक्षिक (तथा कुछ हद तक मनोवैज्ञानिक) न्यनताओं अथवा हानियों को दूर करने के लिए क्षतिपूर्ति पाठ्यचर्या आंदोलन 1960 एवं 1970 के दशक में आया इसके विभिन्न कार्यक्रमों को निम्न प्रकार से वर्गीकृत किया जा सकता है:

(अ) लक्ष्य समूह (किण्डरगार्डन से महाविद्यालय, शिक्षार्थी अथवा अध्यापक)
(ब) उपचार (उपचारात्मक, संवर्धन एवं चिकित्सा)
(स) सेवा (पाठ्यचर्या, अनुदेशनात्मक, परामर्श, संपूर्ण विद्यालय एवं समुदाय)
(द) विन्यास (शहरी और ग्रामीण) और
(इ) नीति (स्थानीय, क्षेत्रीय, राज्य एवं राष्ट्रीय)

इसके कार्यक्रम एवं अभ्यास निम्न हैं:

(1) शिशु शिक्षा,
(2) प्रांरभिक बाल्यावस्था शिक्षा,
(3) बुनियादी कौशल कार्यक्रम,
(4) सामग्रियाँ एवं माध्यम,
(5) अनुदेशनात्मक पैकेज एवं उपागम,
(6) निर्देशन एवं परामर्श कार्यक्रम,
(7) अनुशिक्षकीय कार्यक्रम,
(8) विद्यालयीन कर्मचारी,
(9) माता पिता श्रृंखला कार्यक्रम,
(10) विद्यालय संगठन,
(11) समुदाय केन्द्रित कार्यक्रम,
(12) विरतता रोकथाम एवं व्यावसायिक कार्यक्रम,
(13) उच्च शिक्षा कार्यक्रम, और
(14) प्रौढ़ शिक्षा।

निरर्थक पाठ्यचर्या (Irrelevant Curriculum)

यदि हम अपने अतीत पर दृष्टि डालें, तो हम यह पाते हैं कि समाज ने हमेशा ही विद्यार्थियों के आचार व्यवहार के लिए विद्यालयों के लिए विद्यालयों की आलोचना की है। यह आलोचना प्रत्यक्ष रूप से पाठ्यचर्या की ही होती है। वे कहते हैं कि पाठ्यचर्या निरर्थक है। इसका तात्पर्य यह है कि वह समाज की आवश्यकताओं की पूर्ति नहीं कर पा रही है। इस पर शिक्षाशास्त्रियों को अनेक प्रकार से विचार करना होगा–(1) पाठ्यचर्या नियत है। अथवा समाज के लिए निरर्थक है, इससे तात्पर्य हैः समाज में परिवर्तन की गति, पाठ्यचर्या में होने वाले परिवर्तनों की गति से तीव्र है; (2) पाठ्यचर्या पूर्तिरोधक (Antiseptic) है, इसका तात्पर्य है कि सामग्रियाँ एवं पाठ्यपुस्तकें

वास्तविकता से भिन्न हैं; और (3) पाठ्यचर्या तुच्छ (Trivial) है, इससे तात्पर्य यह है कि विद्यार्थियों के लिए तथ्य एवं आँकड़े अर्थहीन हैं।

नियत पाठ्यचर्या (Fixed Curriculum)

यह निर्वचन यह सुझाता है कि सामाजिक परिवर्तनों एवं पाठ्यचर्या के मध्य सम्बन्ध होता है। स्मिथ एवं साथियों ने बताया कि पाठ्यचर्या में हमेशा यह प्रतिबिम्बित होता है होना चाहिये कि व्यक्ति क्या विचार करते हैं, विश्वास करते हैं एवं कहते हैं ......पाठ्यचर्या एवं समाज की संस्कृति मे सार्वभौम सम्बन्ध होता है। बेन्जामिन ने पाठ्यचर्या को कालातीत (Outdated) बताया।

आज दिन-प्रतिदिन ज्ञान का विस्फोट हो रहा है, जिसके अनुसार पाठ्यचर्या परिवर्तित नहीं हो रही है। कुछ शिक्षाशास्त्री मानते हैं कि कुछ वर्षों पश्चात् पाठ्यचर्या पुरानी (Obsolate) हो जाती है।

तुच्छ पाठ्यचर्या (Trivial Curriculum)

तुच्छ पाठ्यचर्या वह है, जिसमें रटन्त स्मृति पर बल दिया जाता है। निरर्थक तथ्य एवं आँकड़ों, जिनके लिए अध्यापक जोर देते हैं कि विद्यार्थी उन्हें सीखे, जैसे भारत के सभी राष्ट्रपतियों एवं प्रधानमंत्रियों के नाम, राज्य एवं राजधानियों के नाम इस प्रकार का अधिगम अनुपयोगी एवं निरर्थक है। ज़्यादातर विद्यार्थियों ने अपने विद्यालयीन जीवन में जो तथ्य एवं आँकड़े दोहराकर दिमाग में ठूँसे (Drummed) थे। शायद वे उन्हें महाविद्यालय में आने पर नहीं दोहरा सकते। ज्यादातर विद्यार्थी अपनी पिछली परीक्षा के लिए रटे गये तथ्य एवं आँकड़ों को नहीं दोहरा सकते हैं। 75 प्रतिशत सीखे गये विभिन्न तथ्य एक वर्ष के पश्चात् व्यक्ति भूल जाते हैं। (टायलर, 1934)

एक व्याख्यान सुनने के एक घण्टे पश्चात् धारण (Retention) 60 प्रतिशत रह जाता है। (मेक्लेश, 1968)। हालांकि धारणा का यह प्रतिशत विद्यार्थियों की योग्यताओं के अनुसार अलग-अलग होता है। आसुबेल (1968) ने रटन्त एवं अर्थपूर्ण अधिगम में भेद किया है। वह तर्क करता है कि यदि अनुदेशन रटन्त एवं अर्थहीन प्रदत्त से सम्बन्धित है।, तब पाठ्यचर्या विद्यार्थी के लिए निरर्थक होगी। इसके विपरीत शब्द (थोड़े समय के लिए) याद करने पर पर अर्थपूर्ण अधिगम घटित होता है।

उभरती पाठ्यचर्या (Emerging Curriculum)

उभरती पाठ्यचर्या वह होती है, जो कि वर्तमान में विकसित हुई हो तथा नई पाठ्यचर्या, विषय-वस्तु एवं अध्ययन-क्षेत्र से बनी हो। अध्ययन के क्षेत्र नवाचारात्मक हैं। इसमें परम्परागत विषयों को हटाकर होते हैं तथा इसमें सामाजिक एवं राजनैतिक परिवर्तनों को प्रदर्शित किया जाता है। उभरती पाठ्यचर्या अधिगमक उन्मुख एवं मूल्य उन्मुख होती है।

उभरती पाठ्यचर्या की पहचान सर्वप्रथम गैल ने की थी। उन्होंने 1970 के प्रारम्भ में ऐसी पाँच पाठ्यचर्याएँ बताईं:

(1) मानसिक स्वास्थ्य शिक्षा;
(2) शैक्षिक सृजनात्मकता;
(3) यौन शिक्षा;
(4) मादक द्रव्य व्यवसन की शिक्षा; और
(5) कालों का अध्ययन

कालान्तर में टिल (1976) ने सोलह उभरती पाठ्यचर्याएँ बताईं:

1. युद्ध, शन्ति और अन्तर्राष्ट्रीय सम्बन्ध;
2. अधिक आबादी, प्रदूषण एवं ऊर्जा;
3. अर्थिक विकल्प और समस्याएँ;
4. शासकीय प्रक्रियाएँ;
5. उपभोक्ता समस्याएँ;
6. अन्तरसांस्कृतिक सम्बन्ध;
7. विश्व दृष्टिकोण;
8. मनोरंजन एवं अवकाश;
9. कला एवं सौन्दर्य;
10. आत्मबोध एवं वैयक्तिक विकास;
11. परिवार, सहपाठी समूह एवं विद्यालय;
12. स्वास्थ्य;
13. सामुदायिक विकास;
14. व्यवसाय;
15. सम्प्रेषण; और
16. वैकल्पिक भविष्य।

1980 के प्रारम्भ में आर्न्सटियन ने निम्न दस उभरते विषय-क्षेत्रों की पहचान की:

1. कैरियर शिक्षा;
2. पर्यावरण शिक्षा;

3. मानवजातीय शिक्षा;
4. द्विसांस्कृतिक–द्विभाषीय शिक्षा;
5. मादक द्रव्य कुप्रयोग शिक्षा;
6. मापीय (Metric) शिक्षा;
7. यौन शिक्षा;
8. गैर लैंगिकता;
9. विधि सम्बन्धित शिक्षा;
10. उपभोक्ता शिक्षा।

यहाँ कुछ उभरती पाठ्यचर्या की चर्चा प्रस्तुत हैः–

द्विभाषीय शिक्षा (Bilingual Education)

द्विभाषीय शिक्षा, गैर अंग्रेजी भाषीय विद्यार्थियों को उनकी मातृभाषाओं में शिक्षा प्रदान करती है। द्विभाषीय शिक्षा एक शैक्षिक, सामाजिक, सांस्कृतिक, राजनैतिक एवं अर्थिक मुद्दा है। इसके अमरीका में प्रसार के अनेक कारण हैं–(1) सर्वोच्च न्यायालय ने इसकी वकालात की; (2) नागरिक अधिकार कार्यालय ने इस पर बल दिया; (3) इस हेतु धन उपलब्ध कराया गया।

विकलांगों की शिक्षा (Handicapped Education)

विद्यार्थी एक-दूसरे से अलग होते हैं। कुछ बुद्धिमान होते हैं, कुछ सृजनात्मक, कुछ सामाजिक एवं संवेगात्मक रूप से प्रतिभाशाली होते हैं किन्तु कुछ मन्दबुद्धि होते हैं, कुछ को सामाजिक एवं संवेगात्मक समस्याएँ होती हैं।

शिक्षाशास्त्रियों की चिन्ता, विकलांग विद्यार्थियों की होती हैं, जिन्हें विशिष्ट शिक्षा की आवश्यकता होती है। इनमें वाणी विकलांग, मन्दबुद्धि, अधिगम-निर्योग्य, संवेगात्मक अस्थिर, दृष्टि विकलांग, विकलांग, मूक-बधिर इत्यादि आते हैं।

पी.एल–94-142 की अमेरीकी राष्ट्रीय शिक्षा नीति के अनुसार विकलांगों को (1) निःशुल्क शिक्षा प्रदान करना, चूँकि यह उनका मूलभूत अधिकार है, (2) विकलांग बालकों का वैध परीक्षण एवं निर्धारण, (3) व्यक्तिगत शिक्षा योजनाएँ और (4) न्यूनतम प्रतिरोधात्मक वातावरण में शिक्षा।

विकलांगों के लिए पाठ्यचर्या (Curriculum for the Handicapped)

विकलांगों की शिक्षा के लिए विद्वानों ने निम्न अनुदेशनात्मक व्यूह रचनायें बताईं हैं:

1. विकलांगों सहित सभी विद्यार्थियों की सामाजिक एवं संवेगात्मक आवश्यकताओं पर ज्यादा ध्यान दिया जाना चाहिये।
2. विद्यर्थियों की प्रगति के मापन के लिए सावधानीपूर्वक नियमित मूल्यांकन, व्यक्तिगत निष्पादन के आधार पर किया जाना चाहिये।
3. प्रत्येक विद्यार्थी की क्षमता एवं समस्याओं के पूर्वमापित आधार पर कक्षा में उसे प्रवेश दिया जाना चाहिये।
4. बेहतर मापन प्रक्रियाओं का विकास किया जाना चाहिये, जिनका उपयोग व्यावसायिक रूप से प्रशिक्षित कुशल व्यक्तियों द्वारा किया जाना चाहिये।
5. बालक की समस्या के समाधन के लिए किस सेवा की जरूरत है तथा उसे बेहतर सेवा कैसे दी जा सकती है। इसलिए दल उपागम का अध्यापक के साथ उपयोग किया जाना चाहिये।
6. कक्षा में विद्यार्थियों की संख्या सीमित होनी चाहिये, ताकि विद्यार्थियों की व्यक्तिगत आवश्यकताओं की सन्तुष्टि की जा सके।

स्वास्थ्य शिक्षा (Health Education)

शारीरिक दक्षता के साथ-साथ, आरोग्य एवं पोषण शिक्षा भी प्रदान की जानी चाहिये। शराब, तम्बाकु, अफीम एवं अन्य मादक पदार्थों का सेवन आज विद्यार्थियों में बढ़ता जा रहा है। किशोरियाँ गर्भ धारण कर रही हैं। विद्यार्थी एड्स के शिकार हो रहे हैं। इसलिए आवश्यक है कि विद्यार्थियों को स्वास्थ्य शिक्षा का प्रावधान उनकी पाठ्यचर्या में किया जाना चाहिये। साथ-ही-साथ विद्यालयों में चिकित्सकों के साथ-साथ मनोवैज्ञानिकों एवं परामर्शदाताओं की नियुक्ति भी की जानी चाहिये, ताकि विद्यार्थी इन बुराइयों के प्रति जागरूक होकर इनसे बच सकें। साथ ही वे समुदाय को भी सचेत कर सकें।

बहुसांस्कृतिक शिक्षा (Multicultural Education)

हमारे देश में अनेक मानव जातियाँ एवं संस्कृति वाले लोग रहते हैं। बहुसांस्कृतिक शिक्षा का मूल्य एवं विश्वास, सांस्कृतिक अनेकत्व (Pluralism) में है। यह शिक्षा के सभी स्तरों पर सभी बालकों एवं युवाओं का सांस्कृतिक संवर्द्धन चाहती है। निर्माणात्मक बहुसांस्कृतिक शिक्षा के उन्नयन के लिए अमेरीकी पाठ्यचर्या विकासकों एवं अन्य ने दिशा निर्देशिका दी है। सामान्य तौर पर उन्होंने पाठ्यचर्या सामग्रियों एवं अनुदेशनात्मक तकनीकियों पर जोर दिया है। विशिष्ट रूप से

उन्होंने प्रस्तावित किया–(1) ऐसी सामग्रियों का प्रवेश कराना, जो बहुसांस्कृतिक, बहुमानवजातीय एवं गैरलिंगीय है; (2) ऐसे मूल्यों को पढ़ाना, जो सांस्कृतिक विभिन्नता, व्यक्तिपरकता का उन्नयन करें; (3) विभिन्न सांस्कृतिक एवं मानवतावादी गतिविधियों को कक्षा एवं विद्यालय में शमिल करना; (4) बहुभाषावाद एवं बहुबोलियों को प्रोत्साहित करना; और (5) बहुसांस्कृतिक अध्यापक शिक्षा कार्यक्रमों पर बल देना।

बहुसांस्कृतिक अनुदेशन (Multi-Cultural Instruction)

शिक्षाशास्त्री विभिन्न संस्कृति के विद्यार्थियों के अध्यापन के लिए प्रभावी अनुदेशात्मक उपागमों की पहचान के लिए प्रयास कर रहे हैं। उन्होंने अधिगम के लिए जीव संज्ञानात्मक (Bio-Cognitive) अधिगम उपागम की पहचान की है। उदाहरणार्थ रामीरेज एवं कास्तारिड़ा ने अपने अध्ययन में यह पाया कि हिस्पेनिक विद्यार्थी, गैर अल्पसंख्यक विद्यार्थियों की तुलना में अधिक क्षेत्र संवेदी होते हैं। अर्थात् व्यक्तिगत सम्बंधों एवं प्रशंसा अथवा हिसाब से अधिक प्रभावी होते हैं।

पाठ्यचर्या विकास में समस्याएँ (Problems in Curriculum Development)

पाठ्यचर्या विकास में अनेक समस्याएँ आती हैं। प्रथम वे हैं, जो पाठ्यचर्या के संगठन एवं क्रियान्वयन से सम्बन्धित हैं। ये समस्याएँ हैं:–क्षेत्र, सार्थकता, सन्तुलन, एकीकरण, क्रम-सतत्ता, सन्धि योजन और स्थानान्तरणीयता। यह सभी पाठ्यचर्या के सिद्वान्त भी हैं।

क्षेत्र (Scope)

क्षेत्र को पाठ्यचर्या के विस्तार (Breadth) के रूप में परिभाषित किया गया है। किसी पाठ्यक्रम अथवा ग्रेड स्तर की विष्यवस्तु प्रकरण के रूप में पहचान की गयी। अधिगम अनुभव, गतिविधियाँ, संगठनात्मक तत्व पाठ्यचर्या के क्षेत्र का निर्माण करते हैं। अधिगम अनुभवों को क्षेत्र के अनुसार चुनना एक कठिन समस्या है। वर्तमान ज्ञान का विस्फोट अत्यन्त द्रुत गति से हो रहा है। इस कारण पाठ्यचर्या का क्षेत्र निरन्तर परिवर्तित होना चाहिये किन्तु ऐसा सम्भव नहीं हो पाता है।

सार्थकता (Relevance)

सार्थकता से तात्पर्य विषयवस्तु की अधिगम के लिए उपयोगिता से है। हर व्यक्ति के लिए सार्थकता के अपने अलग प्रत्यक्षण होते हैं। इस कारण पाठ्यचर्या विकास में यह एक बड़ी समस्या है।

सन्तुलन (Balance)

पाठ्यचर्या नियोजकों को अनेक परिवर्तियों के मध्य सन्तुलन बनाने का प्रयास करना चहियें। यदि किसी पाठ्यचर्या में एक विमा (Dimension) अथवा विद्याार्थियों के समूह पर ज़्यादा ध्यान दिया जाता है। तब तक वह दूसरे समूह को अनदेखा करेगा अथवा अल्पतम ध्यान देगा। तब पाठ्यचर्या में सन्तुलन नहीं होगा।

एकीकरण (Integration)

एकीकरण से तापर्य अनुशासनों के एक होने से है। पृथक् विषयों के मध्य सीमाओं का कमजोर होना अथवा स्वच्छन्द होना एकीकरण को दर्शाता है। अनेक शिक्षाशास्त्री ऐसा मानते हैं कि एकीकृत विषय-वस्तु विद्यार्थियों को समस्या-समाधान में सहायता करती है। सार्थकता सन्तुलन एवं एकीकरण इत्यादि को क्षेत्र की जीविकाओं के रूप में देखा जाता है। विषयों के सहसम्बन्ध भी एकीकरण में सहायक होते हैं।

क्रम (sequence)

क्षेत्र में पाठ्यचर्या के ''क्या'' को दर्शाया जाता है, वहीं क्रम में ''कब'' को दर्शाया जाता है। क्रम इस बात का उत्तर देता है कि कब एवं कहाँ बिन्दुओं को रखा जायेगा। क्रमण की समस्या, निम्न के बारे में प्रश्न खड़े करती हैं–

- अधिगमकों की परिपक्वता।
- अधिगमकों की रुचियाँ।
- अधिगमकों की तैयारी।
- सीखे जाने वाले पदों की सापेक्ष कठिनाई।
- पदों के मध्य सम्बन्ध।
- प्रत्येक मामलें में पूर्व आवश्यक कौशल।

क्रमण के निम्न तरीके हो सकते हैं–

1. सरल से कठिन,
2. समयक्रम,
3. समयक्रम के विपरीत क्रम,
4. भौगोलिक रूप के पास से दूर,
5. दूर से पास, और
6. मूर्त से अमूर्त।

सतत्ता (Continuity)

विषय-वस्तु को नियोजित रूप से दोहराना सतत्ता कहलाती है। टायलर के अनुसार सतत्ता से तात्पर्य पाठ्यचर्या के मुख्य तत्त्वों की ऊर्ध्वाधर पुनरावृत्ति से है।

सर्पिल पाठ्यचर्या में सतत्ता के सिद्धान्त का प्रतिनिधित्व किया जाता है। (देखिये)

सन्धियोजन (Articulation)

सन्धि योजन विषय सामग्रियों एवं कौशल विद्यालय स्तरों के मध्य छिद्रन से हैं, ताकि लड़के एवं लड़कियों के लिए निम्न से उच्च स्तर तक सुगम पारगमन (Transtition) हो सके। क्रमण, सतत्ता एवं सन्धियोजन तीनों ही सम्बधित संकल्पनाएँ हैं। सतत्ता एवं सन्धियोजन क्रमण की विमाएँ हैं।

क्षैतिज एवं ऊर्ध्वाधर सन्धियोजन

ओलिवर ने सन्धियोजन का उपयोग क्षैतिज सन्धियोजन अथवा क्षैतिज सहसम्बन्ध से किया है। उसने सतत्ता को उर्ध्वाधर सन्धियोजन का पर्याय बताया है।

सतत् पाठ्यचर्या समस्याओं के शैक्षिक निहितार्थ (Education Implication of Continuing Curricular Problems)

पाठ्यचर्या कार्यकर्त्ताओं के लिए ओलिवा (1992) ने निम्न निहितार्थ बताये हैं:–

- **क्षेत्र**–जब वे अध्ययन किये जाने वाले प्रकरणों का चयन करते हैं। एवं अनुदेशनात्मक उद्देश्यों का विशेष उल्लेख करते हैं।
- **सार्थकता**–सम्पूर्ण विद्यालय पद्धति एवं सामाजिक क्रम जिसमें आज के युवा अपना प्रौढ़ जीवन बितायेंगे, के मध्य सामंजस्य होना चाहिये।
- **सन्तुलन**–जब वे तत्त्वों के निश्चित समुच्चयों को अनुपातिक रूप से बनाये रखते हैं।
- **एकीकरण**–जब वे विषय सामग्री को एक करने का प्रयास करते हैं।
- **क्रम**–जब वे इस क्रम का पता लगाते हैं कि विद्यार्थियों को विषयवस्तु उपलब्ध कराई जायेगी।
- **सतत्ता**–जब वे इस बात का परीक्षण कर खोज करते हैं कि प्रत्येक पाठ्यक्रम एवं ग्रेड स्तर कहाँ विषय-वस्तु की इकाइयों की बढ़ती हुई जटिलता के साथ पुनरावृत्ति हो।

- **सन्धियोजन**–जब वे प्रत्येक अनुशासन एवं ग्रेड स्तर के परीक्षण इस बात के आश्वस्त होने के लिए करते हैं। कि विषय समाग्री क्रम रूप से ग्रेड स्तर की समस्याओं के पार नहीं होती है।
- **स्थानान्तरणीयता**–जब वे अधिगम का अधिकतम स्थानान्तरण प्राप्त करने के तरीकों का पता लगाते हैं।

वर्तमान पाठ्यचर्या समस्याएँ (Current Curriculum Problem)

पाठ्यचर्या नियोजनों को अधिक मजबूत सामाजिक एवं राजनैतिक बलों तथा सामान्य जनता के धक्के (Buffeet) सहन करना होता है। वर्तमान में अनेक ऐसे मुद्दे हैं, जिनका सामना पाठ्यचर्या नियोजन कर रहे है।

शिक्षा में वैकल्पिक पसन्द (Alternative Choice in Education)

अभिभावक के सामने समस्या होती है कि वे अपने बच्चे को निजी विद्यालयों में प्रवेश दिलाये अथवा शासकीय विद्यालयों में।

बुनियादी और शैक्षिक पर जोर (Emphasis in Basics and Academics)

यह माना जाता है कि विद्यालयीन पाठ्यचर्या में बुनियादी शिक्षा को अनदेखा किया जा रहा है। निरीक्षण एवं विद्यार्थियों के द्वारा यह ज्ञात होता है कि विद्यार्थियों में बुनियादी कौशलों का अभाव है। इसलिए तत्त्ववाद (Essentialism) के अन्तर्गत बुनियादी पर वापस जाओ, पाठ्यचर्या (देखिये पृष्ठ 45) की वकालत की गई है।

13

पाठ्यचर्या के लिए भविष्य की दिशाएँ (Future Directions for Curriculum)

शिक्षा का प्रयोजन विद्यार्थियों को ज्ञान, कौशल, क्षमताएँ, अभिवृतियों विश्वासों और मूल्यों को प्राप्त करने के लिए अवसर प्रदान करना है, ताकि वे अपने एवं दूसरों के लिए उत्पादक जीवन का सृजन कर सकें। पाठ्यचर्या निर्माता यह प्रश्न करते हैं कि किस प्रकार के शैक्षिक कार्यक्रमों के द्वारा इन लक्ष्यों को प्राप्त किया जा सकता है? इसके उत्तर से उनकी वर्तमान एवं भविष्य की समझ का पता चलता है। उन्हें वांछित भविष्यों को पता लगाना होगा, इसका पता वर्तमान प्रवृत्तियों एवं चक्रों के द्वारा वे लगा सकते हैं।

पाठ्यचयात्मक गतिविधियाँ भविष्योंन्मुख होनी चाहिए। सभी शिक्षा सार्थक होनी चाहिए तथा शिक्षा को भविष्य की परछाई/परछाइयों को ध्यान में रखना चाहिए। शिक्षा शास्त्री भविष्य के लिए क्या उपयुक्त मानते हैं यह उनके भविष्य के दृष्टिकोण पर निर्भर करेगा।

सामान्य तौर पर वे भविष्य की परछाइयों को उनके पूर्व के ज्ञान एवं तथा वर्तमान के पठन के द्वारा ज्ञात कर सकते हैं। टॉफलर ने बताया कि इसे हम पूर्णतः सही नहीं ज्ञात कर सकते हैं। उन्होंने बताया कि भविष्य एक न होकर अनेक होंगे। यह न केवल एक घटना अथवा एक निर्णय का परिणाम है बल्कि लोगों की पसंदों जो कि असंख्य विकल्पों से बनाते हैं का परिणाम है।

भविष्य एवं भविष्यवाद (Future and Futurism)

वर्तमान युग सूचना का युग है। नैसबिट ने बताया कि हमारा समाज दो युगों औद्योगिक एवं सूचना से जकड़ा हुआ है। अनेक भविष्यवादी तीसरी तरंग का प्रारंभ 1950 से मानते हैं, जबकि पहली बार अमेरिकी इतिहास में तकनीकीय प्रबंधकीय तथा लिपिकीय क्षेत्र के कार्यकर्त्ताओं ने

नीले कालर वालों को पीछे छोड़ दिया। पहली बार समाज के अधिकांश लोगों ने सामग्री उत्पाद की बजाए सूचना के साथ कार्य किया।

सूचना का युग जिस दर से आया उसने भविष्य की परछाई से अपने को ढंक लिया उसने सामाजिक एवं कार्य के संसार को संगठित करने के लिए नए प्रतिमानों को उत्पन्न किया। इससे अनेक लोगों को अपनी भूमिका निर्वाह के बारे में भ्रम बना रहा। अनेक लोगों को लगा कि उनके सुरक्षित कृत्य अब काम के नहीं रहे एवं उन्हें अब नए सिरें से प्रारंभ करना होगा। सूचना का युग दो तीन दशकों में ही छा गया।

यद्यपि शिक्षा शास्त्रियों के पास भविष्य के इन सभी पहलुओं का सामना करने के लिए उपकरण नहीं हो सकते हैं, वे भविष्य का सृजन करने एवं उन्हें देखने के साधन रख सकते हैं। ये उपकरण आंशिक रूप से भविष्य विज्ञान के क्षेत्र से बने होते है। कभी-कभी भविष्यवाद अथवा भविष्य अध्ययन कहते हैं। भविष्यवाणी करने, नियोजन करने एवं क्रिया करने का भविष्यवाद एवं सुव्यवस्थित प्रयास है। जो इस नए क्षेत्र में उन्हें पाठ्यचर्या के नेताओं का वैकल्पिक भविष्य का विकास तथा सहायक परिदृश्यों का निर्माण करना चाहिए। प्रक्षेपित भविष्य के द्वारा ये लोग उन परिवर्तियों को ज्ञात करते हैं जो कि घटना अथवा व्यवहारों को प्रभावित करेंगे तत्पश्चात वे ऐसे शैक्षिक कार्यक्रमों का विकास करते है जो कि इन प्रक्षेपित स्थितियों का सामना कर सकें।

भविष्य के साथ व्यवहार करना (Dealing with the Furture)

पाठ्यचर्या निर्णायकों को भविष्य के सही पूर्वानुमान लगाने के ज्ञान एवं कौशल की आवश्यकता होती है। भविष्यों की अधिकांश तकनीकें वास्तव में पूर्वानुमानों के प्रकार हैं। भविष्यकथन (Prediction) विशिष्ट भविष्य में घटित होने वाली घटनाओं के बारे में कथन हैं। पूर्वानुमान यह नहीं बताते हैं कि क्या होगा? अपितु यह बताते हैं कि क्या हो सकता है यदि निश्चित स्थितियाँ अथवा घटनाएँ घटित होंगी। इनकी शुद्धता इस बात पर निर्भर करेगी कि किस प्रकार से प्रदत्तों का उपयोग हमने इस हेतु किया है।

पूर्वानुमान के मुख्य उपागमों को दो वर्गा में विभाजित किया जा सकता हैः समन्वेषी पूर्वानुमान (Exploratory Forecasting) तथा मानकीय (Normative)। पूर्वानुमान समन्वेषी पूर्वानुमान से तात्पर्य है प्रदत्तों का संसाधन संभावित क्षमताओं, परिवर्तनों, अवसरों एवं समस्याओं को ज्ञात करने के लिए करना जो कि भविष्य में प्रकट हो सकती हों।

मानकीय पुर्वानुमानों का संबंध भविष्य वास्तविकृत होने वाले मानकों का सामना करने से होता है। पूर्वानुमान के मुख्य उपागामों का संक्षिप्त परिचय यहाँ दिया गया है:

अभिरूपता पूर्वानुमान (Simulation Forecasting)

प्रस्तुत तकनीक भविष्य को भौतिक, सामाजिक और पर्यावरणीय नियमों के प्रतिमानों की सहायता से उत्पन्न करती है। ये प्रतिमान परिवर्तियों के समूहों और उनकी अंतक्रियाओं को बताते हैं।

अन्तर्ज्ञानात्मक पूर्वानुमान (Intuitive Forecasting)

प्रस्तुत प्रक्रिया का उपयोग हर व्यक्ति कर सकता है। इसका संबंध व्यक्ति की भविष्य के बारे में अनुभूतियों से होता है। उदाहरणार्थ व्यक्ति यह सोच सकता है कि भविष्य में समाज की बढ़ती तकनीकीय प्रकृति के कारण भविष्य में विज्ञान एवं गणित की अधिक आवश्यकता होगी।

परिदृश्य पूर्वानुमान (Scenario Forecasting)

प्रस्तुत विधि के प्रतिपादक हरमन काह्न थे। इसका मुख्य उद्देश्य भविष्य की घटनाओं का स्व–सुसंगत ढांचा प्रदान करता है। इसके द्वारा पूर्वानुमानों के समूह के सम्मिलित प्रभाव का संभावित चित्र प्रस्तुत किया जाता है। परिदृश्य पूर्वानुमान में भविष्य के पूर्वानुमान के लिए सामग्री प्रदान किया जाता है। परिदृश्य पूर्वानुमान में भविष्य के पूर्वानुमान के लिए सामग्री प्रदान की जाती है। यह निर्णयकर्त्ताओं को आने वाले भविष्य की आवश्यकताओं के अनुरूप उचित निर्णय लेने में सहायता करता है। इस परिप्रेक्ष्य में परिदृश्य पूर्वानुमान तार्किक, सार्थक एवं निर्णयोन्मुख होना चाहिए। इसमें विभिन्न क्षेत्रों के अलग-अलग विशेषज्ञों की सहायता लेनी चाहिए।

परिदृश्य पूर्वानुमान में गैर-परिमाणात्मक कारकों को आसानी से शामिल किया जा सकता है। राजनैतिक एवं अर्थिक प्रभावों के अभिधारित तकनीकीय परिवर्तनों की कल्पनात्मक रूप से छानबीन की जा सकती है। प्रत्येक पूर्वानुमान एक परिदृश्य अथवा परिदृश्यों का ढांचा है। इस अर्थ में सभी नियोजनों में वांछित परिदृश्यों का निर्माण कर इसे वास्तविकता में बदलकर साधनों की खोज की जाती है।

डेल्फी पूर्वानुमान (Delphi Forecasting)

मूल रूप से डेल्फी की खेज डाल्फी एवं हेल्मर (1963) ने की। डेल्फी का उपयोग तकनीकी पूर्वानुमान, सामाजिक पूर्वानुमान, प्रभाव विश्लेषण,

शोध और विकास प्रबंध एवं सामूहिक नियोजन में किया जाता है। 1950 के प्रारंभ में इसका उपयोग सुरक्षा शोधों में हुआ। इसका उद्देश्य विशेषज्ञों के समूह मे मतों की सर्वाधिक विश्वसनीय सर्वसम्मति प्राप्त करना है।

डेल्फी के निम्न दो सुस्पष्ट प्रकार होते हैं।

1. **डेल्फी अभ्यास अथव रूढ़िगत डेल्फी:** प्रस्तुत डेल्फी में अनुश्रवण दल प्रत्येक सर्वेक्षण के परिणामों का संक्षेपण करता है, तथा विभिन्न पैनल समूहों के प्रतिनिधियों के सम्मेलन आयोजित करता है। अंतिम परिणाम बार-बार के सर्वेक्षणों के परिणामों के निर्वाचन सम्मेलन के दौरान विभिन्न सोपानों में घटित सतत विचार-विमर्श के निष्कर्ष होते हैं।
2. **डेल्फी सम्मेलन अथवा वास्तविक समय डेल्फी:** प्रस्तुत डेल्फी में बड़े अंशों तक नायक दल को कंप्यूटर के द्वारा बदला जाता है। जिसे समूह परिणामों के संकलन के लिए अभिक्रमित किया जाता है।
   यह विलंब को दूर कर प्रक्रिया को वास्तविक समय संप्रेषण पद्धति में बदलती हैं।

संकरण प्रभाव पूर्वानुमान (Cross Impact Forecasting)

संकरण प्रभाव विश्लेषण पूर्वानुमान के द्वारा किसी घटना के घटित होने की संभाव्यता तथा अन्य संभाव्य घटनाओं पर इसके घटित होने के प्रभाव का अध्ययन किया जाता है। इसे उत्तर डेल्फी भी कहा जाता है। यह मेट्रिक्स में संभावित भावी घटनाओं के अंतक्रियाओं का प्रतिनिधित्व है। तत्व अंतर्क्रिया हेतु विश्लेषित किए जाने वाले तत्व अथवा घटनाएं मेट्रिक्स के स्तंभ एवं पंक्ति में विश्लेषित की जाती है। तत्वों के मध्य अंतर्क्रियाओं को मेट्रिक्स में अंकों के द्वारा दर्शाया जाता है, जिससे अंतर्क्रिया की शक्ति का पता चलता है। तत्व अथवा घटनाएं तीन प्रकार से अंतर्क्रिया कर सकती है।

1. *बल अंतर्क्रिया:* प्रभाव शक्तिशाली अथवा कमजोर हो सकता है।
2. *समय अंतर्क्रिया:* प्रभाव तुरंत अथवा देर से अनुभूति किया जा सकता है।
3. *रीति अंतर्क्रिया:* एक घटना दूसरी घटना के घटित होने को आगे बढ़ा सकती है, उसे समाप्त कर सकती है, उसे प्रगत अथवा देरी कर सकती है, उसे शक्ति दे सकती है। अथवा रोक सकती है।

भविष्य चक्र पूर्वानुमान (Future Wheel Forecasting)

भविष्य चक्र किसी प्रवृति के संभावित परिणामों के उत्पन्न करने की एक विधि है। विभिन्न प्रकार की प्रवृत्तियों जैसे निरक्षरता उन्मूलन, जनसंख्या वृद्धि, प्राथमिक कक्षा में नामांकन, बेरोजगारी, आत्महत्या, स्वरोजगार विभिन्न संकायों में प्रवेश, शाकाहार, अंतर्जातीय विवाह इत्यादि की पहचान की जा सकती है। प्रस्तुत विधि के अंतर्गत प्रतिभागियों से दी गई प्रवृत्ति के मुख्य परिणाम के परिणामों को लिखने को कहा जाता है। परिणाम उत्पन्न करने की प्रक्रिया का रास्ता रेखीय होता है। परिणाम उत्पन्न करने की गतिविधि तब तक जारी रहती है एवं दोहराई जाती है, जब तक कि भविष्य पर कम से कम चौथे दौर का अभ्यास नहीं हो जाता।

पाठ्यचर्या के नये क्षेत्र (New Curricular Areas)

पाठ्यचर्या के नये-नये क्षेत्रों का उदय हो रहा है जो कि निम्न हैं:

सूचना विज्ञान (Informatics)

सूचना विज्ञान कम्प्यूटर एवं उसके उपयोग के बारे में ज्ञान प्रदान करता है। इसके सूचनाओं का सामना करने के लिए तकनीकों के विज्ञान के रूप वर्णित किया गया है। इस नए संकाय का केन्द्रीय पहलू कम्प्यूटर है, इसके द्वारा विद्यार्थियों को ऐसी सूचनाओं को प्राप्त करना सम्भव है जो कि अप्राप्य थीं। विद्यार्थी दूसरी भाषा में दस्तावेजों को संसाधित कर सकते हैं। अन्तरजाल (Internet) के द्वारा विद्यार्थी अन्य विद्यालय के विद्यार्थियों यहाँ तक कि अन्य देशों के विद्यार्थियों के साथ अंतर्क्रिया कर सकते हैं।

सूचना विज्ञान एक विधि अथवा विधियों का गुच्छ (Clusters) हो सकता है जिसका उपयोग अनेक विषयों एवं गतिविधियों में हो सकता है। वे विद्यार्थी के द्वारा चिन्तन की गई सूचनाओं का अलग प्रकारों से संगठन कर सकता है। इससे विद्यार्थियों का पाठ्यचर्या पर नियंत्रण हो सकता है। यदि वे मशीन को नियंत्रित कर सकते हैं तब वे सूचनाओं को भी नियंत्रित कर सकेंगे। इससे वे कक्षा में अपना प्रभाव भी बढ़ा सकते हैं। इसके परिणाम स्वरूप अध्यापकों की शक्ति विद्यार्थियों में आ जावेगी और अधिगमक का अध्यापन में प्रभुत्व होगा।

कम्प्यूटर विद्यार्थियों के अंशधारी कार्य करेगा वे दोनों साथ-साथ कार्य कर सकेंगे। बंद पथ दूरदर्शन, अन्तरजाल, श्रव्य एवं दृश्य डिस्क लिखित सामग्रियों को बदल रहे हैं/बदल देंगे। विद्यार्थियों का अधिगम केन्द्रों से सीधे सम्पर्क होगा।

पाठ्यचर्या विषय-वस्तु के रूप में भविष्य (The Future as Curriculum Content)

भविष्य मे पाठ्यचर्या में भविष्य को शामिल किया जावेगा। ऐसे कुछ पाठ्यक्रमों का प्रारंभ हो चुका है इन पाठ्यक्रमों के द्वारा विद्यार्थियों को भविष्य के बारे में चिन्तन करने के लिए अधिक परिष्कृत उपागम प्राप्त होगा।

ये पाठ्यक्रम संख्या में बढ़ने के साथ-साथ उच्च शिक्षा से लगाकर प्राथमिक कक्षाओं तक होंगे। कौफमैन (1986) ने छः क्षेत्र बताए हैं:

1. सूचनाओं का निर्धारण।
2. चिन्तन स्पष्टता।
3. प्रभावती रूप से सम्प्रेषण करना।
4. मानवता के पर्यावरण को समझाना।
5. व्यक्ति एवं समाज को समझना।
6. व्यक्तिगत क्षमतओं को बढ़ाना।

भविष्य अध्ययन पाठ्यचर्या के अंश के रूप में विद्यार्थियों को नियोजन प्रक्रिया, निर्णय लेने की प्रकृति, सूचनाओं का सामना करने की विभिन्न प्रकार की खोज तथा द्रुत गति से हो रहे परिवर्तनों से उत्पन्न तनाव का सामना करने के लिए प्रक्रियाओं को सीखना चाहिए।

विषय-वस्तु के नए क्षेत्र (New Areas of Content)

अनेक नए विषय उदित हो रहे हैं/होंगे जैसे जैव सांख्यिकी, अणुयी जीव-विज्ञान, जीव तकनीकी, मानवतावादी-मनोविज्ञान सेटेलाइट खगोलशास्त्र तथा सेटेलाइट की राजनीति, आधार नियंत्रण एवं व्यायाम, उम्र का विज्ञान एवं मनोविज्ञान अन्तर्राष्ट्रीय एवं सार्वभौम शिक्षा, मूल्यन (Valuing), आपका मस्तिष्क, परासंज्ञान (Meta Cognition)।

सन्दर्भ
References

Beauchamp, George, A.: Curriculum Theory, Itasca III, Peacock, 1968.

Bellack, Arno, A.: "Selection and Organization of Curriculum Content: An Analysis". In what shall the High School Teach? Yearbook, Washington D.C.: The Association for Supervision and Curriculum Development, 1956.

Bloom, B.S., ed.: Taxonomy of Educational Objectives. Handbook I: Cognitive Domain, New York: Mc Kay, 1956.

Bobbitt, Franklin: The Curriculum. Boston: Houghton Miffin, 1918.

Brigamn, P.W.: Philosophical Implication of Physics, American Academy of Arts and Science Bulletin, February, 1950.

Broudy, Harry S., Smith, B.O. and Burnett Joe, R.: Democration and Excellence in American Secondary Education. Chicago: Rand Mcnally, 1964.

Bruner, Jerome S.: The Process of Education. Cambridge, Mass: Harvard University Press, 1959.

Bulke, Father Kamil: An English-Hindi Dictionary. New Delhi: S. Chand and Co. Ltd., 1989.

Caswell, Hollis L.: "Emergence of Curriculum as a Field of Professional Work and Study". In Precedents and Promises in the Curriculum Field, Edited by Helen P. Robinson, New York: Teachers College Press, 1966.

Charters, W.W.: Curriculum Construction, New York: Macmillan, 1923.

Chaturvedi, M. and Tiwari, B.N. (eds.): A Practical Hindi-English Dictionary. New Delhi: National Publishing House, 1991.

CHD. A: Consolidated Glossary of Technical Terms. Delhi: Central Hindi Directorate, 1962.

Coleman, James B.: Modern Science and Modern Man. Garden City, New York: Doubleday Anchor Books, 1952.

Das, R.C. et al.: Curriculum and Evaluation. New Delhi: National Council of Educational Research and Training, 1984.

Davies, Ivan K.: Objectives in Curriculum Design. London: McGraw Hill Book Co. Ltd., 1976.

Dewey, John: How We Think? Boston: D.C. Heath, 1910.

Doll, Ronald C.: Curriculum Improvement: Decision Making and Process, Boston Allan and Bacon, 1964.

Eisner, Elliot W.: The Educational Imagination on the Design and Evaluation of School Programs. New York: Macmillan, 1985.

Faunce, Roland C. and Bossing Nelson L.: Developing the Core Curriculum, New Delhi: Prentice Hall of India Pvt. Ltd., 1967.

Feigl, Herbert: "Principles and Problems of Theory Construction in Psychology" in W. Dennis ed., Current Trends of Psychological Theory. Pittsburgh: University of Pittsburgh Press, 1951.

Gagne, Robert M.: The Conditions of Learning. New York: Holt Rinehart, 1985.

Giles, H.H. et al.: Exploring the Curriculum. New York: Harper, 1942.

GOI Shiksha Paribhasa Kosh, N.Delhi: Scientific & Technical Glossary Commission Central Hindi Directorate Ministry of Education & Social Welfare Government of India,1978.

GOI Shiksha Paribhasa Kosh, Vol. II, N.Delhi: Scientific & Technical Glossary Commission Central Hindi Directorate Ministry of Education & Social Welfare Government of India,1990.

Good, C.V.: Dictionary of Education. London: McGraw Hill Book Co., 1973.

Goodman, Paul.: Compulsory Miseducation. New York: Horizon, 1964.

Harrow, A.J.: A Taxonomy of the Psychomotor Domain, New York: McKay, 1972.

Hass, Glen: Curriculum Planning : A New Approach, 5th ed. Boston: Allyn and Becon, 1987.

Havighurst, Robert J.: Human Development and Education. New York: Longman, 1972.

Holt, John: Freedom and Beyond. New York: Duttion, 1972.

Homans, George. The Human Group. New York: Harcourt, Brace, 1950.

Hunkins, Francis P.: Curriculum Development: Program Improvement, Columbus, Ohio: Merril, 1980.

Hutchins, Robert M.: The Higher Learning in America. New Haven: Yale University Press, 1936.

Jayaswal, S.R.: History of Indian Education. Lucknow: Prakashan Kendra, 1970.

Johnson, Mourtiz: Definitions and Models in Curriculum Theory. Educational Theory, April 1967. p. 23.

Kaplan, Abraham: The Conduct of Inquiry. San Franscisco: Chandler, 1964.

Kaushik, S.L.: Shiksha Krama Vikas. Jaipur: Rajasthan Hindi Granth Academy, 1977.

Kerlinger, Fred N.: Behavioral Research: A Conceptual Approach. New York: Holt Rinehart, 1979.

King, Arthur R. and Brownell, John A.: The Curriculum and Disciplines of Knowledge. New York: Wiley, 1966.

Kliebard, Herbert M.: "The Curriculum Field in Retrospect". In Technology and the Curriculum. Edited by Paul, F. Witt. New York: Teachers College Press, 1968.

Kohl, Herbert: The Open Classroom. New York: Random House, 1969.

Krathwohl, D.R., Bloom, B.S. and Masia, B.B.: Taxonomy of Educational Objectives, Handbook II: Affective Domain. New York: Mckay, 1964.

Krug, Edward, A.: Administering Curriculum Planning. New York: Harper and Row Publishers, 1956.

Lewy, A. ed.: The International Encyclopedia of Curriculum. New York: Pergaman Press, 1991.

Linton, Ralph: The Study of Man. New York: D. Appleton Century Company, Inc., 1936.

Lipman, Mathew et al.: Philosophy for Children. Philadelphia: Temple University Press, 1980.

Lipman, Mathew: "The Cultivation of Reasoning Through Philosophy", Educational Leadership. September, 1984.

Mac Donald, James B. and Robert R. Leeper, Robert, R. ed.: Theories of Instruction. Washington D.C. The Association for Supervision and Curriculum Development, 1965.

Maccia, Elizabeth and Maccia George. Occasional Papers. Columbus Ohio: Bureau of Educational Research and Service, Ohio State University, 1965.

Marsh, Colin J.: Perspectives: Key Concepts For Understanding Curriculum (1). London: Falmer Press, 1997.

Marsh, Colin J.: Planning, Management and Ideology: Key Concepts for Understanding Curriculum (2). London: Falmer Press, 1997.

McDonald James B. & Leeper Robert, R. eds.: Theories of Instruction. Alexandria, Va: Association for Supervision and Curriculum Development, 1955.

Metfessel, Newton S. and Michael, William B.: "A Paradigm Involving Multiple Criterion Measures for the Evaluation of the Effectiveness of School Programs". Educational and Psychological Measurement, Winter 1967. PP. 931-943.

MHRDDOE: National Policy on Education: with modification Undertaken in 1992, New Delhi, Ministry of Human Resource Development of Education, 1992.

Miller, John P. and Seller Weyne: Curriculum: Perspectives and Practice. New York: Longman, 1985.

MIO: Report of the Secondary Education Commission (1964-66) Delhi: Ministry of Education, 1966.

Morris, Van Clever: Philosophy and the American School. Boston: Houghton Miffin Company, 1961.

NCERT, Teacher Education Curriculum. New Delhi: National Council of Educational Research and Training, 1978.

NCERT, The Teacher Education Problems and Perspectives: An Approach Paper. New Delhi: National Council of Educational Research and Training, 1976.

NCERT: National Curriculum Framework 2005 New Delhi: National Council of Educational Research and Training, 2005.

NCERT: Secondary Teacher Education Curriculum. New Delhi: National Council of Educational Research and Training, 1975.

Nicholls, A. and Nicholls, S.H.: Developing a Curriculum: A Practical Guide. London: Allen and Unwin, 1976.

Oliva Peter F.: Supervision for Today's Schools 3rd ed. New York: Longman, 1989.

Oliva, Peter F.: Developing the Curriculum 3rd Edition. New York: Harper Collins Publishers, 1992.

Oriosky, Donald E. and Smith, B. Othanel: Curriculum Development: Issues and Insights. Chicago: Rand Mc Nally College Publishing Company, 1980.

Page, G. Jerry, Thomas, J.P. and Marshall, A.R.: International Dictionary of Education. London: The English Language Book Society and Koganpage, 1979.

Pal, Hansraj: "Curriculum Construction for Developing Social Skills in Teachers for Establishing Closer Contact with Community". Unpublished Doctoral Dissertation, Indore University, Indore, 1981.

Pal, Hansraj: Curriculum Foundation and Principles (Hindi). Indore: Scholar Publishing House, 1998.

Pal, Hansraj: Methodologies of Teaching and Training in Higher Education (Hindi). New Delhi: Hindi Madhyam Karyanvayan Nideshalaya, Delhi University, 2000.

Pal, Hansraj: Advanced Educational Psychology .(Hindi). New Delhi: Hindi Madhyam Karyanvayan Nideshalaya, Delhi University, 2006.

Pal, Hansraj: Educational Research (Hindi). Bhopal: M.P.Grinth Acadamy, 2004.

Parker, Francis, W.: Talks on Pedagogies. New York: E.L. Kellogg, 1984.

Pavlov, Ivan P.: Conditioned Reflexes. Tras G.V. Anrep London: Oxford University Press, 1927.

Piaget, Jean: Judgment and Reasoning in the Child. New York: Hurcourt Bruce, 1980.

Popham W. James and Baker Eva L.: Systematic Instruction. New Jersey: Prentice Hall, 1970.

Pratt, David: Curriculum Design and Development. New York: Hurcourt Bruce, 1980.

Program of Action: National Policy On Education. New Delhi, Ministry of Human Resource Development, Government of India, 1986.

Provus, Malcolm: Discrepancy Evaluation for Educational Program Improvement and Assessment. Berkeley, Calif: Mc Cutchan, 1971.

Rath, Louis E. et al.: Value and Teaching. Columbous, Ohio: Merril, 1978.

Rogers: "A Plan for Self-Directed Change in an Educational System", Educational Leadership, May 1967.

Rush, Benjamin: A Plan for the Establishment of Public Schools. Philadelphia: Thomas Dolson, 1786.

Saylor, J. Galen and Alexander, William: Curriculum Planning for Modern Schools. New York: Holt, Rinehart and Winston Inc., 1966.

Saylor, J. Galen and Alexander, Willian M. and Lewis, Arthur J.: Planning for Better Teaching and Learning. New York: Holt Rinehart, 1981.

Schwab, Joseph J.: "The Practical: A Language for Curriculum", School Review, November, 1969.

Seguel, Mary Louse: The Curriculum Fields Its Formative Years. New York: Teachers College Press, 1966.

Skinner, B.F.: Science and Human Behavior. New York: Macmillan, 1953.

Smith, B. Othanel, Stanley William O. and Shores, J. Harlan: Fundamental of Curriculum Development. New York: World Book, 1957.

Snow, Richard E.: "Theory Construction and Research on Teaching in R.M. Travers, ed. Second Handbook of Research on Teaching. Chicago, Rand McNally, 1973.

Stake, Robert E.: "The Countenance of Educational Evaluation". Teachers College Record, April 1967, pp. 523-540.

Stake, Robert, E.: Evaluating the Arts in Education. Columbus. Ohio: Merill, 1975.

Sternberg, Robert J.: "How Can We Teach Intelligence". Educational Leadership, September, 1984.

Stratemeyer, Florence B. et al.: Developing a Curriculum for Modern Living. New York: Teachers College Press, Columbia University, 1947.

Stufflebeam, Daniel I.: Educational Evaluation and Decision Making. Itasca III. Peacock, 1971.

Taba, Hilda: Curriculum Development: Theory and Practice. New York: Harcourt, Bruce, 1962.

Thorndike, Edward L.: Psychology of Learning, Vol. 3. New York: Teachers College Press. Columbia University Press, 1913.

Tuckman, Bruce W.: Evaluating Instructional Programs. Boston: Allyn and Bacon, 1970.

Tykociner, Joseph L.: Outline of Zetetics. Philadelphia: Dorrance, 1966.

Tyler, Ralph W.: "General Statement on Evaluation" Journal of Educational Research, 1942, pp. 492-501.

Vira, Raghu: Comprehensive English-Hindi Dictionary. New Delhi: International Academy of Indian Culture, 1981.

Watson, Jonb B.: Behaviorism. New York: Noton, 1939.

Weinstein, Gerald and Fantini, Marco D.: Towards Humanistic Education, New York: Prager, 1970.

Wilson, L. Craig: The Open Access Curriculum, Boston: Allyn and Bacon, 1971.

Zais, Robert S.: Curriculum: Principles and Foundations. New York: Crowell, 1976.

Zingran, V.: Paschatya Shiksha Ka Ithas. Chandigarh: Haryana Sahitya Academy, 1985.

शब्द सूची
Glossary

अन्तरिम	Tentative
अन्तर्क्रिया	Interaction
अन्तर्ज्ञानात्मक	Intuitive
अन्तर्निहित	Implicit
अन्तवैंयक्तिक	Interpersonal
अग्रिम	Advance
अधिकारी	Master
अधिगम	Learning
अनुक्रिया	Response
अनुक्रियाशील	Responsive
अनुदार	Parochial
अनुदेशन	Instruction
अनुदैर्ध्य	Longitudinal
अनुप्रयोग	Application
अनुबन्धन	Conditioning
अनुभववाद	Empiricism
अनुमानन	Approximation
अनुरक्षण	Maintenance
अनुरूपताएँ	Analogies
अन्वेषणिकी	Zetetics
अभिप्राय	Aim
अभीष्ट	Intended
अभ्यासात्मक	Praxiological
अमूर्तन	Abstraction
आगमनात्मक	Inductive
आत्मवास्तविकीकरण	Self-actualization
आदर्शवाद	Idealism
आनुवांशिकी	Genetics
आप्रवासी	Immigrant
आलोचनात्मक	Critical
एकीकृत	Integrated
इकाई	Unit
इच्छाजनित	Wishful
उत्कृष्टता	Excellence
उत्पन्न	Elicited
उत्सर्जित	Emitted
उद्दीपन	Stimulus
उद्देश्य	Objective
उपयुक्तता	Appropriateness
उपागम	Approach
उभरती	Emerging
औपनिवेशिक	Colonial
कलन	Calculus
कायान्तरित	Metamorphic
कार्य सम्पादन	Transaction
कार्यात्मक	Functional
काल्पनिक	Visionary
क्रियाएँ	Verbs
क्रियान्वयन	Implementation
खनिजकी	Mineralogy
गुणग्राहकत्व	Connoisseurship
चलित	Mobile
चित्रण	Delineation
चेतन	Conscious
जनांकिकी	Demography
जारज	Illegitimate
ज्ञान	Knowledge
ज्ञान मीमांसा	Epistemology
तकनीकी	Technical
तत्ववाद	Essentialism
तर्कनावाद	Rationalism
तार्किक	Logical
तार्किक दोष	Fallacies
दिलचस्पी	Concern
दृढ़	Persistent
दोहन	Tapped

दैवीय	Divine
धर्मनिरपेक्षता	Secularism
नवगतिशीलात्मक	Neomobilistic
नवाचारात्मक	Innovative
नक्षत्र विज्ञान	Astronomy
नाट्यकला	Dramatics
नामधारक	Nominal
नामित	Designated
निकटस्थ	Proximate
निकष	Criterion
निकाय	Body
निगमनात्मक	Deductive
नित्यवाद	Perennials
नियतकालिक	Periodic
नियाकम क्षेत्र	Regulative area
नियोजित	Planned
निर्गत	Output
निर्वचन	Interpretation
नृत्यकला	Choreography
नौकरशाही	Bureaucracy
न्यायशास्त्र	Jurisprudence
परिचालनात्मक	Operational
परियोजना	Project
परिवर्तियों	Variables
पारिस्थिकी	Ecology
पश्चिमोन्मुख	Westward
पाठ्यक्रम	Course
पाठ्यचर्या	Curriculum
पाठ्यचर्या अभिकल्प	Curriculum Design
पाठ्यचर्या निर्देशिका	Curriculum Guide
पाठ्यचर्या परिवर्तन	Curriculum Change
पाठ्यचर्या योजना	Curriculum Plan
पाठ्यचर्या सुधार	Curriculum Improvement
पाठ्यचर्या विवरण	Syllabus
पुनर्बलन	Reinforcement
पुनर्संरचनावाद	Reconstructionism
पुरातन अनुबन्धन	Classical conditioning
पूर्वकथन	Prediction
पूर्ववर्ती	Antecedent
पूर्वाभाषी	Anticipatory
प्रक्रिया	Process
प्रगतिवाद	Progressivism
प्रतिमान	Model
प्रतिरूप	Pattern
प्रतिवेदनात्मक	Reportorial
प्रतिष्ठापन	Installation
प्रतीक शास्त्र	Symbolics
प्रदत्त	Data
प्रभाव	Effect
प्रयोजनवाद	Pragmatism
प्रामाणिकता	Authenticity
बुनियादी	Basic
बोध	Comprehension
भावात्मक	Affective
बुनियादी	Basic
भाषा विज्ञान	Linguistics
भूगर्भ शास्त्र	Geology
भूदृश्य निर्माण	Landscaping
मनोगामक	Psychomotor
मनोवेग	Impulse
मानववादी	Humanistic
मान्यताएँ	Assumptions
मापदण्डों	Norms
मिलान	Matching
मुद्दे	Issues
मूल्य	Value
मूल्य मीमांसा	Axiology
मूर्तिकला	Sculpture
यथार्थवाद	Realism
युग्मन	Pairing
रसास्वादन	Appreciation
रूपान्तरों	Variants
रोमानी	Romantic
लक्ष्य	Goal
लागत	Cost
लेखचित्र	Graphics
वर्गिकी	Taxonomy
वर्गीकरण	Classification
वांछित	Desired
वास्तुकला	Architecture
विकल्प	Alternative
विरासत	Heritage
विविधता	Variety
विषय-वस्तु	Content

विसंगति	Discrepancy	समतावाद	Egalitarianism
वृद्धितात्मक	Incremental	समनुरूप	Consistent
वैधीकरण	Legitimization	समायोजन	Adjustment
व्यवहारिक	Behavioral	समूह	Set
व्यापकता	Comprehensiveness	सामान्यीकरण	Generalization
शरीर क्रिया विज्ञान	Physiology	साधन	Means
शाश्वत	Eternal	साध्य	Feasible
श्रेणीबद्ध	Hierarchical	सार्वभौम	Universal
संकल्पना	Concept	सिद्धान्ती	Theorist
संकेत	Signal	सौन्दर्य शास्त्र	Aesthetics
संगतता	Consistency	स्रोत	Source
समकालीन	Contemporary	स्वतःशोध	Heuristic